Contents

Au Pays des Moines

(Noli me Tangere)

José Rizal

(Translator: Henri Lucas, Ramón Sempau)

Alpha Editions

This edition published in 2024

ISBN : 9789361473319

Design and Setting By
Alpha Editions
www.alphaedis.com
Email - info@alphaedis.com

.

José Rizal

Dans cet horrible drame qu'est l'histoire de la Révolution philippine, une figure se détache, noble et pure entre toutes, celle de José Rizal.

Savant, poète, artiste, philologue, écrivain, qui sait quelles belles œuvres, émancipatrices et fécondes, ce Tagal, cet homme de couleur, ce «sauvage», aurait pu donner à sa patrie et à l'humanité si la barbarie européenne ne l'avait stupidement tué?

C'était en effet un talent, une énergie, une force que ce jeune élève de l'Ateneo Municipal *qui, à treize ans, à peine sorti de son pueblo natal de Calamba, composait un mélodrame en vers,* Junto al Pasig, *qu'applaudissait la société élégante de Manille; que cet adolescent qui, avec une ode,* A la Jeunesse Philippine, *remportait d'abord le premier prix au concours du «Liceo Artistico-Literario», et triomphait encore dans un tournoi littéraire organisé à l'occasion du centenaire de Cervantes, avec une composition en prose, le* Conseil des Dieux, *empreinte du plus pur hellénisme.*

Mais la pauvre science que les Jésuites—plus généreux pourtant que leurs rivaux des autres Congrégations—distribuaient avec parcimonie à leurs élèves ne pouvait lui suffire. Il lui fallait boire aux sources mêmes de la pensée; pour satisfaire cette âme ardente, il fallait toute la flamme de nos grands foyers scientifiques d'Europe. Et, en 1882, ayant à peine dépassé ses vingt ans, il part pour l'Espagne. A Madrid, il a rapidement conquis les grades de Docteur en Médecine et de Licencié en Philosophie et Lettres. Alors, il visite les grandes nations européennes, s'adonnant avec passion à la philologie. A ses deux langues maternelles, le tagal et le castillan, il avait, au cours de ses études classiques, joint le grec, le latin et l'hébreu; passionné pour la littérature et l'art dramatique de l'Empire du Soleil levant, il s'était familiarisé avec le japonais; maintenant c'est le français, c'est l'anglais, c'est l'allemand, c'est l'italien qu'il veut connaître, qu'il lui faut apprendre: il les apprend, il les connaît.

Il habite tour à tour Paris, Bruxelles, Londres, Gand, Berlin, les villes du Rhin, les bords des lacs de Suisse; il s'émerveille des grandeurs de Rome, se laisse charmer par la douceur du beau ciel italien; son esprit s'anime aux héroïques traditions de l'Helvétie, le poète s'intéresse, le rêveur s'émeut aux légendes fantastiques des noires forêts allemandes, des rives escarpées du vieux Rhin.

Mais il n'oublie pas son pays. Il souffre de voir que l'Europe l'ignore, que l'écho de ses souffrances ne traverse pas les larges Océans et pourtant...

Et pourtant alors qu'ici, en Europe, la pensée humaine est libre, là-bas elle est enchaînée. Ici, peu à peu la Raison pourchasse le Dogme; là-bas, le Dogme—et quel Dogme? le plus abrutissant fétichisme!—tient bâillonnée la Raison. Ici on souffre, sans doute, mais on se plaint, mais on crie, mais on se révolte, et parfois, sous la poussée populaire, les pouvoirs chancellent, les trônes s'écroulent, les organismes sociaux parasitaires et oppresseurs s'effondrent; là-bas il faut souffrir en silence, s'avilir en silence, mourir sans une plainte.

Et ses frères de race sont courbés sous ce joug déshonorant, et de ce peuple soumis à un régime politique et religieux que le XVIe siècle eût à peine toléré, pas une voix ne s'élève pour jeter le grand cri de liberté qui a déjà réveillé tant de nations mortes!

Pour éclairer l'Europe trop ignorante et surtout l'Espagne engourdie, pour réveiller la sensibilité de son pays, trop accoutumé à souffrir, il se résolut à présenter le tableau sincère, précis, scientifique, de ses misères et de ses douleurs. En 1886, parut Noli me tangere...

Ouvrez un dictionnaire de médecine et cherchez à ce mot. Vous verrez quels ulcères douloureux et répugnants sont appelés de ce nom. Oh! oui, n'y touchez pas, *si ce n'est pour y porter le fer qui seul peut les guérir; n'y touchez pas non plus, car c'est le danger certain, la mort probable; n'y touchez pas, à moins que vous n'ayez fait le sacrifice de votre vie.*

Courageusement, Rizal y porta la main.

Ce livre, c'est toute la question des Philippines. Elles auraient pu, peut-être, s'accommoder encore du régime espagnol si le régime espagnol avait pu devenir la liberté. Elles ne pouvaient tolérer le régime des Moines.

Rizal n'attaque pas l'Espagne; il voudrait même, sous l'empire de certains préjugés provenant de son éducation, respecter la religion, mais il prend corps à corps le monstre clérical. Quel que soit le personnage par la bouche duquel il parle, Ibarra, Tasio, Elias, toujours la même conclusion s'impose, c'est toujours le même delenda: *il faut détruire les Congrégations. Ce fut, c'est encore le mot d'ordre de l'insurrection d'Aguinaldo.*

Les Moines se sentirent touchés. Dès lors, commença contre Rizal une campagne acharnée.

Vous vous souvenez de ce que notre grand Beaumarchais dit de la calomnie et comment, avec cette arme redoutable, Basile espère venir à bout de tous ses ennemis. Ce furent d'abord des insinuations, rien n'était certifié, tout était rendu admissible; puis des injures, de plus en plus grossières; puis des calomnies, d'autant plus venimeuses qu'elles étaient plus infâmes. Et, en même temps que brochures et libelles inondaient les Philippines, la presse aux ordres des Congrégations, à Manille comme dans la péninsule, ouvrait ses colonnes à tout ce qui pouvait être une attaque dirigée contre celui qui n'avait jamais eu en vue que le bonheur de son pays.

Cette première campagne échoua. Lorsqu'en 1887, après cinq ans d'absence, l'auteur de Noli me tangere *revint à Manille, il pouvait remercier ses adversaires de ce qu'ils avaient fait pour sa popularité personnelle et pour le retentissement de son œuvre.*

Mais, lui présent, la lutte reprit avec une nouvelle vigueur: la terrible accusation de filibustérisme *fut lancée, le sol natal devenait dangereux.*

En février 1888, il s'embarque pour le Japon et en étudie la littérature et les mœurs. On trouverait sur ce sujet dans ses manuscrits de nombreuses notes du plus vif intérêt. Puis, traversant le Pacifique, il visite les États-Unis de l'Amérique du Nord, revient en Europe et se fixe à Londres où les multiples documents que mettait à sa disposition le «British Museum» lui fournissent des sujets d'étude inépuisables.

C'est là qu'il copia de l'original et enrichit de notes de la plus haute importance les Sucesos de las Islas Filipinas, *du Dr. Antonio de Morga, qu'il fit rééditer à Paris en 1890. Depuis l'année 1609, où elle avait été publiée à Mexico, cette œuvre si intéressante avait presque complètement disparu. Seules, quelques rares bibliothèques en possédaient un exemplaire devenu précieux, et les savants, les historiens, les ethnologues se lamentaient et s'étonnaient à bon droit qu'aucun Espagnol n'eût remis en lumière un ouvrage d'une telle valeur. Lord Stanley en avait publié une édition anglaise lorsque parut le travail de Rizal. Il fut accueilli avec enthousiasme par le monde scientifique et le Dr. Ferdinand Blumentritt, dont les travaux sur l'archipel philippin font autorité, écrivit au commentateur de Morga:*

«En ton cœur véritablement noble, tu as senti toute la grandeur de l'ingratitude nationale et toi, le meilleur fils de la race tagale, le martyr d'un patriotisme actif et loyal, tu as payé la dette de la nation espagnole, de cette même nation dont les fils dégénérés se moquent de ta race et lui dénient les qualités intellectuelles.»

L'impression de son travail le retint quelque temps à Paris, puis il partit pour Bruxelles et, enfin, en 1890, retourna à Madrid.

Parcourez les colonnes de la Solidaridad *où il commença, pour la défense des intérêts des Philippines, une campagne ardente et vous admirerez avec quelle vigueur, avec quelle foi en l'avenir, il s'attaque aux plus redoutables préjugés, aux plus indéracinables abus. Mais, hélas! les querelles de races, l'indifférence du public, l'étroitesse d'esprit des politiciens, la mesquinerie des questions qui sont la raison d'être des partis eurent raison de ses efforts. L'indifférence glacée des gens auxquels il s'adressa et que, ni lui ni ses compagnons de lutte, ne réussirent à réchauffer de leur flamme, le découragea.*

Il quitta de nouveau l'Espagne, s'installa en Belgique, à Gand, et y publia un nouveau roman tagal, continuation de Noli me tangere. *Ce livre,* El Filibusterismo, *parut en 1891.*

Dans Noli me tangere, *Rizal était le poète décrivant et pleurant l'esclavage de sa patrie, arrachant de sa lyre des notes émues, lançant aux quatre vents son cri de douleur et de protestation contre la tyrannie qui asservit et dégrade sa race. Dans* El Filibusterismo *apparaît l'homme politique, signalant les remèdes, prévoyant l'avenir et proclamant la destruction de la domination espagnole qui tombera brisée, écrasée sous le poids de ses propres fautes. Une traduction de cette œuvre, non moins remarquable que* Noli me tangere, *est en ce moment en préparation.*

Puis suivit dans la Solidaridad *une série d'articles, profondément étudiés, où il traçait un tableau animé, coloré, de ce que les Philippines pourraient être* dans cent ans; *splendides espérances, visions sublimes d'une âme possédée par l'amour de son peuple.*

Pour se reposer de ces travaux, il cherchait une noble distraction dans l'art. Blumentritt1 nous révèle une face toute particulière de son talent.

«Rizal, dit-il, fut également un artiste remarquable comme dessinateur et comme sculpteur. J'ai eu en ma possession trois statues en terre cuite, modelées par lui, qui se peuvent considérer comme les symboles de sa vie. L'une, c'est Prométhée enchaîné à un rocher; la seconde dit la victoire de la mort sur la vie: un squelette, recouvert d'un froc de moine, emporte dans ses bras le cadavre d'une jeune fille; la troisième, tenant dans ses mains dirigées contre le ciel une torche allumée, représente le triomphe de la science, de l'esprit sur la mort.»

Mais le soleil de sa patrie l'appelait; la nostalgie l'envahit et, en 1891, il quitta l'Europe. Les sanglants événements de Calamba, son pueblo natal, lui interdisaient l'entrée des Philippines; il s'installa à Hong-Kong. Cependant, bien que le ciel surchargé d'électricité le menaçât des plus terribles orages, la maladie du pays l'emporta sur la prudence et, le 23 décembre 1891, il écrivait au capitaine général Despujols2 la lettre suivante:

«Si Votre Excellence croit que mes faibles services puissent lui être utiles pour lui indiquer les maux du pays et l'aider à cicatriser la plaie ouverte par les récentes injustices, qu'elle le dise, et, confiant dans votre parole de gentilhomme, certain que vous ferez respecter mes droits de citoyen, je me mettrai immédiatement à vos ordres. V. E. verra et jugera la loyauté de ma conduite et la sincérité de mes engagements. Si elle repousse mon offre, V. E. saura ce qu'elle fait, mieux que personne; mais j'aurai dans l'avenir la conscience d'avoir fait tout ce que je devais pour, sans cesser de rechercher le bien de ma patrie, la conserver à l'Espagne, par une politique solide, basée sur la justice et la communauté des intérêts.»

Despujols accepta ses offres avec reconnaissance et lui promit toute sécurité pour sa personne. En juillet 1892, sans écouter les conseils, les prières même que ses amis lui adressaient, il s'embarqua pour Manille. Quelques jours après il était arrêté, en violation formelle des promesses du capitaine général, et déporté, pour un temps illimité, à Dapitan, dans l'île de Mindanao.

Dès lors, sa vie était menacée. Il avait des ennemis puissants et cruels dont ce premier coup ne devait point assouvir la haine.

Son âme d'acier ne fut point abattue. Il se résigna, heureux encore de ce que, dans son exil, il retrouvait le sol de sa patrie: Et, poète, il chanta:

Vous m'offrez, ô illusions, la coupe consolatrice

Et venez réveiller mes jeunes années...

Merci à toi, tourmente, merci, vents du ciel

Qui, à l'heure propice, avez su couper mon vol incertain

Pour m'abattre sur le sol de mon pays natal.

Puis, toujours désireux d'employer son activité à des œuvres utiles, il fonda des écoles gratuites où il mit en pratique le système d'enseignement Frœbel et ouvrit une clinique ophtalmologique où des malades accoururent de tous les points de l'Extrême-Orient, soignant gratuitement les pauvres. En même temps il s'occupait d'agriculture, reprenait ses études scientifiques et littéraires et préparait un traité philologique, encore inédit, sur les verbes tagals; le manuscrit de ce dernier ouvrage est en langue anglaise.

L'exilé était devenu l'instituteur des enfants, le médecin des indigents, l'agronome enseignant aux cultivateurs de nouveaux procédés pour travailler la terre, le savant que ses études revêtaient d'un indéniable prestige, le poète inspiré chantant les espérances et les souvenirs, restant toujours, en toutes circonstances, l'ami loyal et dévoué de tous, du plus haut fonctionnaire comme du gamin le plus déguenillé.

Cette vie dura quatre ans.

En août 1896, il fut transféré à Manille. Le 3 septembre, le paquebot Isla de Panay *le prenait à son bord et l'emportait vers Barcelone. Il devait se mettre à la disposition des ministres de la Guerre et des Colonies, auxquels le recommandait vivement le général Blanco.*

Tandis que le vaisseau voguait à la surface des mers, de nombreux câblogrammes étaient échangés entre les Ordres religieux et les hautes personnalités de la Péninsule. Les moines, qui sentaient leur victime leur échapper, redoublèrent d'efforts et de rage. Ils affirmèrent leur volonté et, comme toujours en Espagne, leur volonté fut faite.

Débarqué à Barcelone le matin du 6 octobre, Rizal fut immédiatement conduit à la citadelle de Montjuich. Le même jour à 2 heures de l'après-midi, il était amené devant le général Despujols qu'il retrouvait comme gouverneur militaire de Barcelone. Que se dirent ces deux hommes pendant les trois heures que dura leur conversation? Combien dramatique dut être ce dialogue entre la loyale franchise de l'écrivain et le jésuitisme militaire du soldat?

À cinq heures du soir, entre une escorte de Gardes civils, il traversait de nouveau la promenade de Colon, dans la cité des comtes, et était réembarqué sur le Colon, en partance pour Manille. Le 13 octobre, il posait le pied sur le sol de sa patrie et se voyait aussitôt incarcéré au Fort de Santiago.

Le 30 décembre 1896, au lever de l'aurore, son sang rédempteur arrosait le champ historique de Bagumbayan...

La blessure saigne encore au cœur des Philippines. Nous ne chercherons ni à éclaircir les faits, ni à établir les responsabilités personnelles. La caste théocratique a commis le crime, elle en subira le châtiment. Pas plus que les généraux de la catholique Espagne, ceux de la protestante Amérique ne réussiront à l'imposer à un peuple qui la rejette avec plus de dégoût encore que de haine.

Mais n'anticipons pas sur le jugement de l'impartiale histoire. Le jour de la justice et du châtiment est venu et les bourreaux seront punis qui n'auraient point entendu la voix de leur conscience. Dans l'ombre où ils se terrent, le regret du pouvoir perdu, bien plus que le remords de leurs forfaits, les mordra au cœur et infiltrera dans leurs veines son mortel venin.

—Repose en paix, Rizal, te disent tes amis, jamais ton souvenir ne s'effacera de nos âmes, la couche de l'oubli n'est point celle où tu dormiras. Pour ton pays, tu es passé de cette vie éphémère à la vie d'immortalité; tes œuvres vivront éternellement avec ta mémoire pour la honte de tes ennemis, pour l'enseignement des générations futures...

—Repose en paix, Rizal, ajoute ton peuple, quand les Philippines seront devenues maîtresses de leurs destinées, elles sauront rendre à tes cendres les honneurs qui leur sont dus; quand elles régiront leur propre histoire elles y voudront inscrire ton nom en lettres d'or, à côté des noms de ceux qui ont souffert le même martyre pour la même cause sainte.

En attendant ce jour, dont nous voyons dès maintenant poindre la rouge aurore, que te suffise la reconnaissance que t'ont vouée, avec tes frères de race, tous ceux qui, dans le monde, luttent pour assurer aux hommes une juste part de bonheur et de liberté.

HENRI LUCAS.

D'après les renseignements fournis par M. P. Mario.

---

1 Inter. Archiv. für Aetnographie, 1897, *tome X.*

2 *C'est le même Despujols qui, comme gouverneur de Barcelone, présida aux horreurs de Montjuich.*

Ma dernière pensée

Adieu, Patrie adorée, pays chéri du soleil,
Perle de la mer d'Orient, notre Eden perdu.
Je vais joyeux te donner ma triste et sombre vie.
Et fût-elle plus brillante, plus fraîche, plus fleurie,
Je la donnerais encore pour toi, je la donnerais pour ton bonheur.

Sur les champs de bataille, dans le délire des luttes,
D'autres s'offrent tout entiers, sans hésitation, sans remords;
Qu'importe le lieu du sacrifice, les cyprès, le laurier ou le lys,
L'échafaud ou la rase campagne, le combat ou le supplice cruel,
L'holocauste est le même quand le réclament la Patrie et le foyer.

Je meurs au moment où je vois se colorer le ciel,
Quand surgit enfin le jour derrière la cagoule endeuillée de la nuit;
S'il te faut de la pourpre pour teindre ton aurore,
Prends mon sang, épands-le à l'heure propice,
Et que le dore un reflet de sa naissante lumière.

Mes rêves d'enfant à peine adolescent,
Mes rêves de jeune homme déjà plein de vigueur,
Furent de voir un jour, joyau de la mer Orientale,
Tes yeux noirs séchés, ton tendre et doux front relevé,
Sans pleurs, sans rides, sans stigmates de honte.

Songe de ma vie entière, ô mon âpre et brûlant désir,
Salut! te crie mon âme qui bientôt va partir,
Salut! oh! qu'il est beau de tomber pour que ton vol soit libre,
De mourir pour te donner la vie, de mourir sous ton ciel,
Et de dormir éternellement sous ta terre enchantée.

Sur mon sépulcre, si tu vois poindre un jour
Dans l'herbe épaisse une humble et simple fleur,
Approche-la de tes lèvres et y embrasse mon âme;

Que je sente sur mon front descendre dans la tombe glacée,

Le souffle de ta tendresse, la chaleur de ton haleine.

Laisse la lune m'inonder de sa lumière tranquille et douce,

Laisse l'aube épanouir sa fugace splendeur,

Laisse gémir le vent en long murmure grave,

Et, si quelque oiseau sur ma croix descend et se pose,

Laisse l'oiseau chanter son cantique de paix;

Laisse l'eau des pluies qu'évapore le brûlant soleil

Remonter pure au ciel emportant ma clameur,

Laisse un être ami pleurer ma fin prématurée,

Et, par les soirs sereins, quand une âme pour moi priera,

Prie aussi, ô Patrie! prie Dieu pour mon repos.

Prie pour tous ceux qui moururent sans joie,

Pour ceux qui souffrirent d'inégalables tourments,

Pour nos pauvres mères gémissant leur amertume,

Pour les orphelins et les veuves, pour les prisonniers qu'on torture,

Et prie aussi pour toi qui marches à la Rédemption finale.

Et quand dans la nuit obscure s'enveloppera le cimetière

Et que seuls les morts abandonnés y veilleront,

Ne trouble pas le repos, ne trouble pas le mystère;

Si, parfois, tu entends un accord de cithare ou de psalterion

C'est moi, chère Patrie, c'est moi qui te chanterai.

Et quand ma tombe, de tous oubliée,

N'aura plus ni croix ni pierre qui marquent sa place,

Laisse le laboureur y tracer son sillon, la fendre de sa houe,

Et que mes cendres, avant de retourner au néant,

Se mélangent à la poussière de tes pelouses.

Lors peu m'importera que tu m'oublies,

Je parcourrai ton atmosphère, ton espace, tes rues;

Je serai pour ton oreille la note vibrante et limpide,

L'arome, la lumière, les couleurs, le bruit, le chant aimé,

Répétant à jamais le principe de ma foi.

Patrie idolâtrée, douleur de mes douleurs,

Chères Philippines, écoute l'ultime adieu;

Je laisse tout ici, ma famille, mes amours,

Je m'en vais où il n'y a ni esclaves, ni bourreaux, ni tyrans,

Où la foi ne tue pas, où celui qui règne est Dieu.

Adieu, parents, frères, parcelles de mon âme,

Amis de mon enfance au foyer perdu.

Rendez grâces: je me repose après le jour pénible.

Adieu, douce étrangère, mon amie, ma joie,

Adieu, êtres aimés: mourir c'est se reposer!

JOSE RIZAL.

A ma Patrie

L'histoire des souffrances humaines nous révèle l'existence d'un cancer dont le caractère est tel que le moindre contact l'irrite et réveille les douleurs les plus aiguës. Chaque fois qu'au milieu des civilisations modernes j'ai voulu l'évoquer, soit pour m'accompagner de tes souvenirs, soit pour te comparer aux autres pays, ta chère image m'est apparue comme rongée par un hideux cancer social.

Désirant ta santé qui est notre bonheur et cherchant le meilleur remède à tes souffrances, je ferai avec toi ce que faisaient les anciens avec leurs malades: ils les exposaient sur les marches du temple pour que tous ceux qui venaient adorer la Divinité leur proposassent un remède.

Aussi m'efforcerai-je de décrire fidèlement ton état, sans atténuations; je lèverai une partie du voile qui cache ton mal, sacrifiant tout à la vérité, même l'amour de ta gloire, mais, comme ton fils, aimant passionnément jusqu'à tes vices, jusqu'à tes faiblesses.

Europe 1886.

JOSE RIZAL.

Au Pays des moines

I

Une réunion

C'était vers la fin du mois d'octobre; don Santiago de los Santos, plus connu sous le nom de Capitan Tiago, donnait un dîner et bien que, contre sa coutume, il ne l'eût annoncé que dans l'après-midi même, c'était déjà le thème de toutes les conversations, non seulement à Binondo, mais dans les autres faubourgs de Manille et jusque dans la ville. Capitan Tiago passait alors pour le propriétaire le plus fastueux et l'on savait que les portes de sa maison, comme celles de son pays, n'étaient fermées à personne qu'au commerce et à toute idée nouvelle ou audacieuse.

La nouvelle se répandit donc avec une rapidité électrique dans le monde des parasites, des oisifs et des bons à rien que Dieu créa, par un effet de sa bonté infinie, et multiplia si généreusement à Manille.

Le dîner se donnait dans une maison de la calle de Anloague et l'on pourrait encore la reconnaître, si toutefois les tremblements de terre ne l'ont pas ruinée. Nous ne croyons pas que son propriétaire l'ait fait démolir, Dieu ou la Nature se chargeant ordinairement ici de ce genre de travaux, ainsi que de quelques autres pour lesquels ils ont passé contrat avec notre gouvernement. D'un style commun dans le pays, cet édifice suffisamment grand était situé près d'un bras du Pasig, appelé aussi bouche de Binondo; comme toutes les rivières de Manille, ce rio entraîne les multiples détritus des bains, des égouts, des blanchisseries, des pêcheries; il sert aussi de moyen de transport et de communication et fournit même de l'eau potable, si tel est le gré du porteur d'eau chinois. A peine si, sur une distance d'environ un kilomètre, cette puissante artère du faubourg où le trafic est le plus important, le mouvement le plus actif, est dotée d'un pont de bois délabré d'un côté pendant six mois et infranchissable de l'autre le reste de l'année, ce dont, pendant la saison des chaleurs, les chevaux profitent pour sauter à l'eau, à la grande surprise du mortel distrait qui, dans la voiture, sommeillait tranquillement ou philosophait sur les progrès du siècle.

La maison de Capitan Tiago est un peu basse et de lignes assez incorrectes. Un large escalier de balustres verts, tapissé de distance en distance, conduit du vestibule pavé d'azulejos1 à l'étage principal, entre des vases et des pots de fleurs placés sur des piédestaux chinois bigarrés, parsemés de fantastiques dessins.

Si nous montons par cet escalier, nous entrons dans une large salle, appelée ici *caida*, qui cette nuit sert à la fois de salle à manger et de salon pour la musique. Au milieu, une longue table ornée profusément et luxueusement semble attendre le pique-assiettes et lui promettre les plus douces satisfactions en même temps qu'elle menace la timide jeune fille, la *dalaga* ingénue qui, pendant deux mortelles heures, devra subir la compagnie d'individus bizarres, dont le langage et la conversation ont d'ordinaire un caractère très particulier.

Par contraste avec ces préparatifs mondains, les tableaux bariolés qui pendent aux murailles représentent des sujets religieux: le *Purgatoire*, l'*Enfer*, le *Jugement dernier*, la *Mort du Juste*, la *Mort du Pécheur*; au fond, emprisonné dans un cadre Renaissance aussi élégant que splendide et sculpté par Arévalo, une curieuse toile de grandes dimensions représentant deux vieilles femmes... l'inscription porte: *Notre-Dame de la Paix et du Bon Voyage, vénérée à Antipolo, costumée en mendiante, visite pendant sa maladie la pieuse et célèbre capitana Inès*2. Si cette composition ne révélait ni beaucoup de goût ni grand sens artistique, elle se distinguait par un réalisme exagéré: à en juger par les teintes jaunes et bleues de son visage, la malade semblait déjà un cadavre en putréfaction et les objets; les vases, qui constituent l'ordinaire cortège des longues maladies étaient reproduits avec la minutie la plus exacte. Le plafond était plus agréablement décoré de précieuses lampes de Chine, de cages sans oiseaux, de sphères de cristal étamé rouges, vertes et bleues, de plantes aériennes fanées, de poissons desséchés et enflés, ce que l'on nomme des *botetes*, etc.; du côté dominant la rivière, de capricieux arceaux de bois, mi-chinois, mi-européens, laissaient voir sur une terrasse des tonnelles et des berceaux modestement illuminés par de petites lanternes en papier de toutes couleurs.

La salle était éclairée par des lustres brillants se reflétant dans de larges miroirs. Sur une estrade en bois de pin était un superbe piano à queue d'un prix exorbitant, d'autant plus précieux ce soir que personne n'en touche. Au milieu d'un panneau, un grand portrait à l'huile représentait un homme de figure jolie, en frac, robuste, droit, symétrique comme le bâton de *borlas*3 tenu entre ses doigts rigides, couverts de bagues.

La foule des invités remplissait presque la salle, les hommes étaient séparés des femmes comme dans les églises catholiques et les synagogues. Seule, une vieille cousine de Capitan Tiago recevait les dames; elle paraissait assez aimable mais sa langue écorchait un peu le castillan. Toute sa politesse consistait à offrir aux Espagnoles un plateau de cigarettes et de *buyos*4 et à donner sa main à baiser aux Philippines, exactement comme les moines. La pauvre vieille, finissant par s'ennuyer, profita du bruit causé par la chute d'une assiette pour sortir précipitamment en grommelant des menaces contre les maladroits.

Elle ne reparut pas.

Soit que les images religieuses les incitassent à garder une dévote attitude, soit que les femmes des Philippines fissent exception, le côté féminin de l'assemblée restait silencieux; à peine entendait-on parfois le souffle d'un bâillement étouffé derrière l'éventail; à peine les jeunes filles murmuraient-elles quelques paroles, conversation banale se traînant mourante de monosyllabes en monosyllabes, semblable à ces bruits que l'on entend la nuit dans une maison et que causent les souris et les lézards. Les hommes, eux, étaient plus bruyants. Tandis que dans un coin quelques cadets parlaient avec animation, deux étrangers, vêtus de blanc, les mains croisées derrière le dos, parcouraient la salle d'un bout à l'autre comme font, sur le pont d'un navire, les passagers lassés du voyage. Le groupe le plus intéressant et le plus animé était formé de deux religieux, de deux paysans et d'un militaire, réunis autour d'une petite table sur laquelle étaient du vin et des biscuits anglais.

Le militaire, vieux lieutenant, haut de taille, la physionomie bourrue, semblait un duc d'Albe mis au rancart dans la hiérarchie de la garde civile; il parlait peu et d'un ton dur et bref. L'un des moines, jeune dominicain, beau, coquet, brillant comme la monture d'or de ses lunettes, affichait une gravité précoce; c'était le curé de Binondo. Quelques années auparavant, il avait été chanoine de Saint-Jean-de-Latran. Dialecticien consommé, jamais l'habile argumentateur B. de Luna n'avait pu l'embrouiller ni le surprendre; il s'échappait des *distinguo* comme une anguille des filets du pêcheur. Il parlait peu et semblait peser ses paroles.

L'autre moine, par contre, parlait beaucoup et gesticulait plus encore. Bien que ses cheveux commençassent à grisonner, il paraissait avoir conservé toute la vigueur de sa nature robuste. Son allure, son regard, ses larges mâchoires, ses formes herculéennes lui donnaient l'air d'un patricien romain déguisé. Il semblait gai cependant et, si le timbre de sa voix était brusque comme celui d'un homme qui ne s'est jamais mordu la langue, dont la parole est tenue pour sainte et incontestable, son rire joyeux et franc effaçait la désagréable impression de son aspect, à tel point qu'on lui pardonnait d'exhiber dans la salle des pieds sans chaussettes et des jambes velues qui auraient fait la fortune d'un Mendieta aux foires de Quiapo5.

Un des paysans, petit homme à barbe noire, n'avait de remarquable que le nez qui, à en juger par ses dimensions, ne devait pas lui appartenir en entier; l'autre, jeune homme blond, paraissait récemment arrivé dans le pays. Le franciscain discutait assez vivement avec lui.

—Vous verrez, disait-il, quand vous serez ici depuis quelques mois, vous vous convaincrez que gouverner à Madrid et être aux Philippines, cela fait deux.

—Mais...

—Moi, par exemple, continua le Frère Dámaso, en élevant la voix pour ne pas laisser la parole à son contradicteur, moi qui compte déjà vingt-trois ans de platane et de *morisqueta*6, je puis en parler avec autorité. Sachez que, lors de mon arrivée dans le pays, j'ai été tout d'abord envoyé dans un pueblo petit, c'est vrai, mais très adonné à l'agriculture. Je ne comprenais pas encore très bien le tagal, mais cependant je confessais les femmes et nous nous entendions tout de même. Lorsque je fus nommé dans un pueblo plus grand dont le curé indien était mort, toutes se mirent à pleurer, me comblèrent de cadeaux, m'accompagnèrent avec de la musique...

—Mais cela prouve seulement...

—Attendez, attendez, ne soyez pas si pressé! Eh bien! celui qui me remplaça, bien qu'il ait été beaucoup plus sévère et qu'il ait presque doublé la dîme de la paroisse, eut un cortège plus nombreux encore, plus de larmes et plus de musique.

—Mais, vous me permettrez...

—Bien plus, je suis resté vingt ans dans le pueblo de San Diego; il y a seulement quelques mois que je l'ai... quitté (ici, la figure du moine s'assombrit quelque peu). En vingt ans on connaît un pueblo. San Diego avait six mille âmes; comme je confessais tous ces gens-là, je connaissais chaque habitant comme si je l'avais enfanté et allaité, je savais de quel pied boitait celui-ci, comment bouillait la marmite de celui-là, quel était l'amoureux de cette *dalaga*, quelle chute avait faite une telle et avec qui, etc., etc. Santiago, le maître de la maison, en est témoin; il a beaucoup de biens à San Diego et c'est là que nous avons fait connaissance. Eh bien, vous allez voir ce que c'est que l'Indien: quand je suis parti, c'est à peine si quelques vieilles femmes et quelques franciscains m'accompagnèrent... après vingt ans!

—Mais je ne trouve pas que tout ceci ait rien à voir avec la libre vente des tabacs! répondit le jeune homme blond profitant d'une pause, pendant laquelle le franciscain prenait un verre de Xérès.

Fr. Dámaso, surpris, manqua de laisser tomber le verre. Il regarda fixement le jeune homme puis s'écria, l'air fort étonné:

—Comment? comment? mais c'est clair comme la lumière! Ne voyez-vous pas, mon fils, que c'est une preuve palpable que les réformes projetées par les ministres sont absurdes?

Ce fut au tour du jeune homme à rester perplexe. Le lieutenant fronça les sourcils, le petit brun remua la tête sans que l'on pût savoir s'il approuvait ou non Fr. Dámaso qui se contentait de les regarder tous, jouissant de sa victoire.

—Croyez-vous...? put enfin lui demander son contradicteur, très sérieux, en l'interrogeant du regard.

—Comment, si j'y crois? comme à l'Evangile! l'Indien est si indolent!

—Ah! pardonnez-moi si je vous interromps, reprit le jeune homme d'une voix plus basse en approchant sa chaise. Vous avez dit un mot qui appelle tout mon intérêt: existe-t-elle véritablement, de naissance, cette indolence des naturels, ou bien, ainsi que le dit un voyageur étranger, n'est-elle qu'une excuse à la nôtre propre, à notre état arriéré, à notre système colonial? Ce voyageur parlait d'autres colonies dont les habitants sont de même race...

—Bah! Jalousies que tout cela! demandez au señor Laruja qui, lui aussi, connaît bien le pays, demandez-lui si l'ignorance et la paresse des Indiens ne sont pas sans égales!

—En effet, s'empressa de confirmer le petit brun ainsi pris à témoin, nulle part vous ne trouverez d'hommes plus nonchalants que ces Indiens.

—Ni plus vicieux, ni plus ingrats.

—Ni plus mal élevés.

Le jeune blond regarda autour de lui avec inquiétude.

—Messieurs, dit-il à voix basse, il me semble que nous sommes chez des Indiens et que ces demoiselles...

—Bah! vous êtes trop craintif! Santiago ne se considère pas comme indien. Et puis, il n'est pas là; d'ailleurs, quand il y serait, tant pis pour lui. Ce sont là des scrupules de nouveaux débarqués. Attendez un peu; quand vous aurez passé quelques mois ici vous changerez de ton, surtout quand vous aurez vu des fêtes, des *bailujan*7, que vous aurez dormi dans nos lits de sangle et mangé de la tinola.

—Ce que vous appelez tinola, ne serait-ce point, par hasard, le fruit d'une certaine espèce de lotus qui fait perdre la mémoire à ceux qui en mangent?

—Ni lotus, ni loterie! reprit en riant Fr. Dámaso, ne cherchez pas si loin. La tinola est un *gulai*8 de poule et de citrouille. Depuis quand êtes-vous arrivé?

—Depuis quatre jours, répondit le jeune homme un peu piqué.

—Venez-vous comme employé?

—Non, señor, je voyage pour mon compte personnel, afin d'étudier le pays.

—Quel oiseau rare! s'écria Fr. Dámaso, en le regardant avec curiosité. Venir ici, de soi-même et pour des vétilles! Quel phénomène! Alors qu'il y a tant de livres... et qu'il suffit d'avoir deux doigts d'intelligence.

—Votre Révérence disait, Fr. Dámaso, interrompit brusquement le dominicain en changeant la conversation, qu'elle avait été pendant vingt ans au pueblo de San Diego et qu'elle l'avait quitté... Votre Révérence n'était-elle point satisfaite de ce pueblo?

A cette demande, faite d'un ton très naturel et presque indifférent, Fr. Dámaso devint subitement sérieux, sa joie s'était envolée.

—Non! grogna-t-il sèchement, et il se laissa tomber lourdement contre le dossier de son fauteuil.

Le dominicain poursuivit d'un ton plus indifférent encore:

—Ce doit être une grande douleur de quitter un pueblo après vingt ans de séjour, alors qu'on le connaît comme sa poche. Moi, j'ai regretté Camiling où cependant je n'étais resté que quelques mois... Mais les supérieurs agissaient pour le bien de la Communauté qui sera toujours le mien propre.

Pour la première fois dans cette soirée, Fr. Dámaso parut très préoccupé. Tout à coup, il donna un coup de poing sur le bras de son fauteuil et s'écria avec force:

—Ou il y a une Religion ou il n'y en a pas; donc, ou les curés sont libres ou ils ne le sont pas! Le pays se perd, il est déjà perdu!

Et son fauteuil reçut un second coup de poing.

Tout le monde, surpris, se retourna vers le groupe; le dominicain leva la tête pour regarder sous ses lunettes. Les deux étrangers qui se promenaient s'arrêtèrent un moment, se regardèrent, se sourirent et continuèrent leur promenade.

—Il est de mauvaise humeur parce que vous ne l'avez pas traité de Révérence! murmura le señor Laruja à l'oreille du jeune homme blond.

—Que veut dire Votre Révérence? Qu'y a-t-il? demandèrent à la fois, avec des tons de voix différents, le lieutenant et le dominicain.

—Tous les malheurs viennent de là! Le gouvernement soutient les mécréants contre les ministres de Dieu! continua le franciscain en levant ses poings robustes.

—Que voulez-vous dire? demanda de nouveau le lieutenant aux sourcils froncés, se levant à demi.

—Ce que je veux dire? répéta Fr. Dámaso élevant encore la voix et dévisageant le lieutenant. Je le dis ce que je veux dire. Oui, moi, je dis que lorsque le curé débarrasse son cimetière de la carcasse d'un mécréant, personne, pas même le roi, n'a le droit de s'en mêler et encore moins de le punir. Et un général de rien, un petit général de malheur...

—Père, Son Excellence est vice-roi! cria le militaire, se levant tout à fait.

—Quelle excellence, quel vice-roi?... répondit le franciscain se levant à son tour. En d'autres temps on l'aurait jeté en bas des escaliers, comme l'ont fait une fois les Congrégations avec l'impie gouverneur Bustamente. C'étaient là des temps où l'on avait la foi!

—Je vous avertis que je ne permets pas... Son Excellence représente S. M. le Roi!

—Quel est ce roi? Pour nous, il n'y a qu'un seul roi, le roi légitime...

—Halte! commanda le lieutenant, comme s'il s'adressait à ses troupes; ou vous allez retirer ce que vous avez dit, ou demain même j'en ferai part à Son Excellence.

—Allez-y tout de suite, allez, répondit d'un ton sarcastique Fr. Dámaso; et il s'approchait de lui les poings fermés. Croyez-vous que parce que je porte l'habit de moine je ne sois point un homme? Allez, je vous prête ma voiture!

La scène devenait comique, par bonheur le dominicain intervint:

—Señores, dit-il, d'un ton d'autorité, avec cette voix nasillarde qui sied si bien aux moines; on ne doit pas confondre les choses ni chercher des offenses où il n'y en a pas. Nous devons distinguer dans les paroles de Fr. Dámaso, celles de l'homme et celles du prêtre. Celles de celui-ci, comme telles, *per se*, ne peuvent jamais offenser puisqu'elles proviennent de la vérité absolue. Dans celles de l'homme il convient de faire une sous-distinction: celles qu'il dit *ab irato*, celles qu'il dit *ex ore*, mais non pas *in corde*, et celles qu'il dit *in corde*. Ces dernières sont les seules qui puissent offenser et encore, cela dépend: si déjà elles étaient préméditées *in mente* pour un motif quelconque ou si seulement elles surviennent *per accidens*, dans la chaleur de la conversation; s'il y a...

—Mais moi, par *accidens* et par *mi*, je sais à quoi m'en tenir, père Sibyla! interrompit le militaire qui se voyait embrouillé dans le tas de distinctions et craignait que de subtilités en subtilités, il ne fut prouvé que c'était lui le coupable. Je connais les causes de cet éclat et Votre Révérence va les distinguer. Pendant une absence du P. Dámaso, son vicaire à San Diego enterra un homme très honorable... oui, señor, très honorable, je l'ai reçu plusieurs fois chez moi et il fut également mon hôte. Qu'il ne se soit jamais confessé, c'est possible, mais quoi! moi non plus je ne vais pas à confesse; quant à s'être suicidé, c'est là un mensonge et une calomnie. Un homme comme lui, qui a un fils en qui reposent tout son amour et toutes ses espérances, un homme qui croit en Dieu, qui connaît ses devoirs envers le monde, un homme honorable et juste ne se suicide pas. Cela, je l'affirme. Quant au reste, je me tais, Votre Révérence peut m'en savoir gré.

Et tournant les épaules au franciscain il ajouta:

—A son retour au pueblo, ce prêtre, après avoir maltraité le pauvre vicaire, fit déterrer le cadavre que l'on jeta hors du cimetière pour l'enfouir je ne sais où. Le peuple de San Diego fut assez lâche pour ne pas protester. Il est vrai que la chose resta presque ignorée, le défunt n'avait pas de parents et son fils unique était en Europe. Mais Son Excellence a su ce qui s'était passé et, obéissant à la droiture de son cœur, elle a demandé une punition... Le P. Dámaso fut transféré dans un autre pueblo, meilleur encore. C'est tout. Maintenant, Votre Révérence peut faire ses distinctions.

Ceci dit, il s'éloigna du groupe.

—Je regrette beaucoup d'avoir touché sans le savoir une question si délicate, insinua le P. Sibyla, d'un air contrarié. Mais enfin, si vous avez gagné au changement de pueblo...

—Il ne s'agit pas de gagner... Et ce qui se perd dans les déménagements... et les papiers... et les... et ce qu'on égare? interrompit en balbutiant Fr. Dámaso qui pouvait à grand'peine contenir sa colère.

Peu à peu, la réunion recouvra sa tranquillité primitive.

Diverses autres personnes étaient arrivées, parmi lesquelles un vieil espagnol, boiteux, de physionomie douce et inoffensive, appuyé au bras d'une vieille indigène, affublée de boucles, de frisettes, très fardée et habillée à l'européenne.

C'étaient le docteur de Espadaña et sa femme, la *doctora* Doña Victorina. Ils prirent place avec le groupe que nous connaissons et furent salués amicalement.

Des journalistes, des boutiquiers, allaient, venaient, échangeaient des saluts, sans savoir que faire.

—Pouvez-vous me dire, señor Laruja, quel est le maître de la maison? demanda le jeune blond. Je ne lui ai pas encore été présenté.

—On dit qu'il est sorti: je ne l'ai pas vu.

—Les présentations ne sont pas nécessaires ici, intervint Fr. Dámaso. Santiago est de bonne composition.

—Il n'a pas inventé la poudre, ajouta Laruja.

—Comment, vous aussi, señor de Laruja! reprocha mielleusement Da. Victorina, tout en s'éventant. Comment le pauvre homme aurait-il inventé la poudre puisque, si ce que l'on dit est vrai, les Chinois en fabriquaient déjà il y a plusieurs siècles?

—Les Chinois? Etes-vous folle? s'écria Fr. Dámaso. Allez donc, c'est un franciscain qui l'a inventée, un de mon ordre, Fr. Savalls9, je crois, au... septième siècle!

—Un franciscain, c'est bien cela. Il aura été missionnaire en Chine ce Fr. Savalls, répliqua la dame qui n'abandonnait pas ainsi son idée.

—Schwartz, voulez-vous dire, señora, reprit Fr. Sibyla, sans la regarder.

—Je ne sais pas; Fr. Dámaso a dit Savalls, je n'ai fait que répéter!

—Bien! Savalls ou Chevas10, c'est la même chose. Pour une lettre on n'est pas *Chino*11, répliqua le franciscain avec humeur.

—C'est au quatorzième siècle et non au septième, ajouta le dominicain d'un ton pédant, comme pour mortifier l'orgueil de Fr. Dámaso.

—Bah! un siècle de plus ou de moins n'en fait pas un dominicain.

—Que Votre Révérence ne se fâche pas, dit le P. Sibyla en souriant. S'il l'a inventée, tant mieux; il a ainsi épargné cette peine à ses frères.

—Et vous dites, P. Sibyla, que ce fut au quatorzième siècle? demanda avec grand intérêt Da. Victorina. Avant ou après Jésus-Christ?

Heureusement pour celui à qui cette question était posée, deux personnes entrèrent dans la salle.

---

1 Carreaux de faïence colorés.—N. des T.

2 Un autre tableau semblable existe au couvent d'Antipolo.—N. de l'Ed. esp.

3 Bâton à pompons que portent les *gobernadorcillos*, petits gouverneurs ou chefs de pueblos (villages), et qui est l'insigne des représentants d'une autorité.—N. des T.

4 Feuilles de bétel recouvertes de chaux éteinte et enroulées autour d'un morceau de noix de *bonga* (*Areca Catechu L.*) On se sert, non de chaux vive, mais de chaux fortement hydratée. En langue tagale, *buñga* signifie: le fruit par excellence.—N. des T.

5 Mendieta, personnage populaire à Manille, concierge de l'Hôtel-de-Ville, impresario de théâtres enfantins, directeur de chevaux de bois, etc. Quiapo, village des environs de Manille.—N. des T.

6 Platano, fruit des palmiers du genre *platano*. Morisqueta, riz cuit à l'eau qui forme la base de la nourriture des indigènes.—N. des T.

7 Bals populaires.—N. des T.

8 Ragoût.—N. des T.

9 Savalls, célèbre chef de bande carliste, renommé pour sa férocité, que l'ignorance monastique de Fr. Dámaso confond avec Schwartz.—N. des T.

10 Chevas, autre chef de bande, même confusion.—N. des T.

11 Jeu de mot intraduisible, *chino* qui signifie chinois étant parfois, et par extension, employé dans le sens de niais.—N. des T.

II

Crisóstomo Ibarra

Ce n'étaient pas de belles et fringantes jeunes filles dignes d'appeler l'attention de tous, même de Fr. Sibyla; ce n'était pas non plus S. E. le capitaine général avec ses aides-de-camp, et cependant le lieutenant sortait de son recueillement et s'avançait de quelques pas tandis que Fr. Dámaso restait comme pétrifié: c'était simplement l'original du portrait de l'homme au frac, conduisant par la main un jeune homme rigoureusement vêtu de deuil.

—Bonsoir, señores, bonsoir, Pères! furent les premières paroles que prononça Capitan Tiago en baisant la main des deux prêtres qui oublièrent de donner la bénédiction: le dominicain avait retiré ses lunettes pour mieux regarder le nouvel arrivé; quant à Fr. Dámaso, il restait pâle et les yeux démesurément ouverts.

—J'ai l'honneur de vous présenter D. Crisóstomo Ibarra, fils de mon défunt ami, continua Capitan Tiago. Le señor arrive d'Europe et je suis allé le recevoir.

Le nom d'Ibarra souleva diverses exclamations; le lieutenant ne pensa pas à saluer le maître de la maison, mais il s'approcha du jeune homme et l'examina de pied en cap. En ce moment, celui-ci échangeait les phrases usuelles avec tous ceux qui composaient le groupe. Il semblait n'avoir rien qui le distingua des autres invités que son costume noir. Sa taille avantageuse, ses manières, ses mouvements dénotaient cependant une saine et forte jeunesse dont l'âme et le corps ont été également cultivés. Son visage franc et joyeux, d'un beau brun, traversé de quelques légères rides, traces du sang espagnol, était légèrement rosé aux joues, par suite de son séjour dans les pays froids.

—Tiens! s'écria-t-il, surpris et joyeux à la fois, le curé de mon pueblo! P. Dámaso, l'intime ami de mon père!

Tous les regards se tournèrent vers le franciscain qui ne bougea pas.

—Pardon, s'excusa Ibarra confus, je me suis trompé.

—Tu ne t'es pas trompé, répondit enfin le prêtre d'une voix altérée; mais jamais ton père ne fut mon ami.

Ibarra retira lentement la main qu'il avait tendue, le regarda d'un air étonné, se retourna et trouva devant lui la figure bourrue du lieutenant qui ne l'avait pas quitté des yeux.

—Jeune homme, êtes-vous le fils de D. Rafael Ibarra?

Crisóstomo s'inclina.

Fr. Dámaso s'assit à moitié dans son fauteuil et dévisagea le lieutenant.

—Soyez le bienvenu dans votre pays, et puissiez-vous y être plus heureux que votre père, s'écria le militaire avec émotion. Je l'ai bien connu et je puis dire que c'était un des hommes les plus dignes et les plus honorables des Philippines.

—Señor, répondit Ibarra, l'éloge que vous faites de mon père dissipe mes doutes sur son sort que moi, son fils, j'ignore encore.

Les yeux du vieillard se remplirent de larmes, il fit demi-tour et s'éloigna précipitamment.

Le jeune homme resta seul au milieu de la salle: le maître de la maison avait disparu, personne n'était là pour présenter le nouvel arrivé aux demoiselles dont beaucoup le regardaient avec intérêt. Après avoir un instant hésité, il s'adressa à elles avec une grâce simple et naturelle.

—Permettez-moi, dit-il, de sortir des règles d'une étiquette rigoureuse. Il y a sept ans que j'ai quitté mon pays; en le revoyant, je ne puis m'empêcher de saluer son plus précieux ornement, ses femmes.

Personne ne répondant, le jeune homme s'éloigna, puis se dirigeant vers un groupe qui, à son approche, se forma en demi-cercle:

—Señores, dit-il, en Allemagne la coutume est que lorsqu'un inconnu se trouve dans une réunion où personne ne le présente, il dise lui-même son nom, et chacun se nomme à son tour. Permettez-moi d'agir ainsi, non pour introduire dans notre pays des mœurs étrangères, les nôtres sont assez belles, mais parce que j'y suis obligé. J'ai déjà salué le ciel et les femmes de ma patrie; je veux maintenant en saluer les citoyens, mes compatriotes. Señores, je me nomme Juan Crisóstomo Ibarra y Magsalin.

Les autres déclinèrent à leur tour des noms plus ou moins insignifiants, plus ou moins inconnus.

—Je m'appelle A—a, dit un jeune homme d'un ton sec, en s'inclinant à peine.

—Aurais-je par hasard l'honneur de parler au poète dont les œuvres ont, au loin, réchauffé mon enthousiasme pour ma patrie? On m'a dit que vous n'écriviez plus, mais on n'a pu me dire pourquoi...

—Pourquoi? Parce que l'on n'invoque pas l'inspiration pour la traîner rampante et servile et la prostituer au mensonge. On a poursuivi un auteur qui avait mis en vers une vérité de Pero Grullo1. On m'a appelé poète, on ne m'appellera pas fou.

—Pourriez-vous me dire quelle était cette vérité?

—C'était que le fils du lion était un lion lui-même. Il s'en est fallu de peu qu'on ne l'exilât.

Et l'étrange jeune homme s'éloigna du groupe.

Un homme de physionomie joviale, vêtu comme les indigènes, avec des boutons en brillants à sa chemise, arriva presque en courant, s'approcha d'Ibarra et lui dit:

—Señor Ibarra, je désirais vous connaître; Capitan Tiago est mon ami et j'ai connu votre père... Je suis le Capitan Tinong, j'habite Tondo, où vous avez votre maison; j'espère que vous m'honorerez de votre visite et viendrez demain dîner avec nous.

Ibarra était enchanté de tant d'amabilité. Capitan Tinong souriait et se frottait les mains.

—Merci, répondit affectueusement Crisóstomo, mais demain même, je dois partir pour San Diego...

—Quel malheur! alors ce sera pour votre retour.

—La table est servie! annonça un garçon du café *La Campana*.

Les invités commencèrent à se diriger vers la table, non sans que se fissent beaucoup prier les femmes, surtout les indigènes.

---

1 Pero Grullo, M. de la Palisse naturalisé espagnol.—N. des T.

III

Le dîner

Jele Jele bago quiere1.

Fr. Sibyla paraissait très content de lui. Il marchait tranquillement, et sur ses lèvres fines et pincées ne se lisait que le dédain; il consentait cependant à converser avec le docteur boiteux de Espadaña, qui lui répondait par monosyllabes, tout en bégayant quelque peu. Le franciscain était d'une humeur épouvantable, il donnait des coups de pied aux chaises qui se trouvaient sur son chemin et gratifia même d'un coup de coude un élève de l'école des cadets. Le lieutenant restait toujours aussi grave; quant aux autres, ils parlaient avec animation et ne tarissaient pas en éloges sur la magnificence du service.

Instinctivement, peut-être par habitude, les deux religieux se dirigèrent vers l'extrémité de la table: ce qui était à prévoir se produisit; comme deux candidats pour une chaire vacante, ils commencèrent à se décerner mutuellement les louanges les plus exagérées, tout en se servant de sous-entendus habilement suggestifs, quitte pour l'aspirant évincé à exprimer son mécontentement par des grognements et des murmures.

—Cette place est pour vous, Fr. Dámaso.

—Mais non, pour vous, Fr. Sibyla.

—Je ne saurais... vous êtes plus ancien que moi parmi les amis de la maison... confesseur de la défunte... l'âge, la dignité, l'autorité...

—Pas si ancien que vous le dites. Par contre, vous êtes le curé du faubourg, répondit d'un ton sec Fr. Dámaso, sans cependant abandonner la chaise.

—Puisque vous l'ordonnez, j'obéis, conclut le P. Sibyla en se disposant à s'asseoir.

—Mais je n'ordonne rien, protesta le franciscain, je ne me permettrais pas...

Fr. Sibyla allait cependant s'asseoir sans faire cas de ces protestations quand son regard se rencontra avec celui du lieutenant. Selon l'opinion religieuse aux Philippines, le plus haut gradé des officiers est inférieur au cuisinier du couvent. *Cedant arma togæ*, disait Cicéron au Sénat; *cedant arma cottæ*, disent les moines à Manille. Mais Fr. Sibyla était fin et il reprit:

—Señor lieutenant, nous sommes ici dans le monde et non pas à l'église; cette chaise vous appartient.

Rien qu'à en juger par le son de sa voix il était clair que, même dans le monde, il considérait la place en litige comme la sienne.

Le lieutenant ne voulut-il pas le contrarier? lui déplut-il de s'asseoir entre deux moines? toujours est-il qu'il refusa d'un mot bref.

Pendant leur lutte de politesses, aucun des deux compétiteurs ne s'était occupé du maître de la maison.

Ibarra s'en était aperçu, il avait regardé tout en souriant:

—Comment, dit-il, vous ne vous asseyez donc pas avec nous, D. Santiago?

Mais tous les invités étaient placés, aucun siège ne restait libre, Lucullus ne dînait pas chez Lucullus.

—Ne vous dérangez pas, restez tranquille, répondit Capitan Tiago, posant la main sur l'épaule du jeune homme. Cette fête a été donnée pour rendre grâces à la Vierge de votre heureuse arrivée. Ho! qu'on apporte la tinola! J'ai commandé de la tinola exprès pour vous qui, depuis quelque temps, n'y avez pas goûté.

On apporta un grand plat fumant. Le dominicain, après avoir murmuré le *Benedicite*, auquel presque personne ne sut répondre, commença à servir les invités. Ce fut sans doute par inattention, mais il ne mit dans l'assiette du P. Dámaso qu'un peu de citrouille et de la sauce où nageaient un cou dénudé et une aile de poule suffisamment dure, tandis que les autres se régalaient des pattes et du blanc. Ibarra privilégié avait reçu les rognons. Le franciscain avait tout vu, il hacha les pépins, prit un peu de bouillon, laissa tomber bruyamment la cuiller et repoussa bruyamment l'assiette devant lui. Le dominicain, très distrait, conversait avec le jeune homme blond.

—Depuis combien de temps avez-vous quitté le pays? demanda Laruja à Ibarra.

—Depuis presque sept ans.

—Alors, vous devez l'avoir oublié?

—Bien au contraire! mon pays peut, comme il me semble, ne plus se souvenir de moi, j'ai toujours pensé à lui.

—Que voulez-vous dire? demanda le jeune homme blond.

—Je veux dire que, depuis un an, je n'ai plus reçu de nouvelles d'ici, de telle sorte que je me trouve comme un étranger qui ne sait ni quand ni comment est mort son père.

Le lieutenant ne put retenir un cri de stupéfaction.

—Et où étiez-vous que l'on ne vous a pas télégraphié? interrogea Da. Victorina. Quand nous nous sommes mariés, nous avons envoyé des dépêches dans la *Pegninsule*2.

—Señora, ces deux dernières années, je les ai passées dans le Nord de l'Europe, en Allemagne et dans la Pologne russe.

Le docteur de Espadaña, qui jusqu'alors ne s'était pas risqué à prendre la parole, crut qu'il était convenable de dire quelque chose:

—Co... connaissez-vous en Espagne un Polonais de Va... Varsovie, appelé Stadtnitzki, si je me souviens bien de son nom? L'avez-vous rencontré, par hasard? demanda-t-il timidement et presque en rougissant.

—C'est très possible, répondit Ibarra avec amabilité, mais, en ce moment, je ne me le rappelle pas.

—Mais on ne peut pas le con... confondre avec un autre, ajouta le docteur qui commençait à retrouver un peu de hardiesse; il était blond comme l'or et parlait un bien mauvais espagnol.

—Le signalement est excellent, mais malheureusement, je ne parlais pas un mot d'espagnol si ce n'est dans quelques consulats.

—Et comment vous arrangiez-vous? remarqua avec surprise Da. Victorina.

—Je me servais de la langue du pays, señora.

—Parlez-vous aussi l'anglais? dit le dominicain qui avait été à Hong-kong et parlait assez bien le *Pidgin-English*3, cette corruption de l'idiome de Shakespeare défiguré par les fils de l'Empire Céleste.

—J'ai habité un an en Angleterre avec des gens qui ne parlaient que l'anglais.

—Et quel est le pays qui vous plaît le plus, en Europe? demanda le jeune blond.

—Après l'Espagne, ma seconde patrie, toutes les nations de l'Europe libre!

—Et puisque vous avez tant voyagé, dites-nous ce que vous avez vu de plus intéressant? questionna Laruja.

Ibarra parut réfléchir.

—Intéressant, dans quel sens?

—Par exemple... dans ce qui touche à la vie des peuples, à leur vie sociale, politique, religieuse, en général, dans leur essence même, dans l'ensemble...

Ibarra médita un long moment.

—Franchement, ce qu'il y a de surprenant dans ces pays, à part l'orgueil national de chacun... Avant de visiter un pays, je cherchais à étudier son histoire, son Exode, si je puis employer ce mot et, ensuite, tout me semblait naturel; j'ai vu que toujours la richesse et la misère des peuples étaient en raison directe de leurs libertés et de leurs préjugés et, par conséquent, en proportion avec les sacrifices ou avec l'égoïsme de leurs devanciers!

—N'as-tu rien vu de plus? demanda avec un rire moqueur le franciscain qui, depuis le commencement du dîner n'avait pas dit une parole, occupé qu'il était par le soin de son estomac. Ce n'était vraiment pas la peine de gaspiller ton argent pour apprendre si peu de choses. Il n'est pas un gamin à l'école qui n'en sache autant.

Ibarra, interloqué, ne savait que dire; les convives surpris se regardèrent, craignant un scandale.—Le dîner touche à sa fin, et Sa Révérence en a déjà assez, allait-il répondre, mais il se contint:

—Señores, observa-t-il très doucement, ne vous étonnez pas de ces familiarités de notre ancien curé! Il me parlait ainsi quand j'étais enfant, et, pour Sa Révérence les années ne comptent pas. Aussi, je la remercie de ce souvenir des jours passés, du temps où elle venait fréquemment chez nous et honorait de sa présence la table de mon père.

D'un regard furtif, le P. Sibyla observa le franciscain qui tremblait un peu.

Ibarra se leva:

—Vous me permettrez de me retirer. A peine arrivé, je dois me remettre en route dès demain et j'ai encore beaucoup d'affaires à terminer. Le dîner est presque achevé, je bois peu de vin et prends à peine de liqueurs.

Et, levant un petit verre qu'il n'avait pas touché jusqu'alors:

—Señores, tout pour l'Espagne et pour les Philippines!

Capitan Tiago lui dit à voix basse:

—Ne partez pas; Maria Clara va venir, Isabel est allée la chercher. J'attends aussi le nouveau curé de son pueblo; c'est un saint.

—Je ne puis rester plus longtemps, je dois faire aujourd'hui une très importante visite; demain, je viendrai avant de partir.

Et il s'en alla. Entre temps, le franciscain exhalait sa bile:

—Avez-vous vu, disait-il au jeune blond tout en jouant avec le couteau à confitures, avez-vous vu cet orgueil! Ces jeunes gens se croient des personnages, ils ne peuvent tolérer qu'un prêtre les reprenne. Voilà ce que l'on gagne à les envoyer en Europe: le gouvernement devrait interdire ces voyages.

Cette même nuit, le jeune blond ajoutait, entre autres remarques, à ses «Etudes coloniales» le chapitre suivant: «Comment un cou et une aile de poulet dans l'assiette de tinola d'un moine peuvent troubler la gaieté d'un festin» et, parmi ses observations, se trouvaient celles-ci: «Aux Philippines, la personne la plus inutile dans une fête ou dans un dîner est celle qui invite: on peut commencer par mettre à la porte le maître de la maison et tout va bien.—Dans l'état actuel des choses, c'est presque un bien de ne pas laisser un Philippin sortir de son pays et de ne pas apprendre à lire aux indigènes.»

---

1 Dans le dialecte de Cavite et des Indiens de Manille appelé *español de cocina* (de cuisine), ces mots signifient: Il dit qu'il ne veut pas et précisément c'est ce qu'il désire.—N. des T.

2 Les Philippins illettrés changent d'ordinaire le *n* en *ñ* (*gn* liés).—N. des T.

3 Pour donner une idée de la façon dont les Chinois prononcent les langues européennes, il suffit d'indiquer que le mot *Pidgin* n'est autre que le mot anglais *Business*; le *Pidgin-English*, c'est l'anglais des affaires, la langue commerciale.—N. des T.

IV

Hérétique et flibustier

Ibarra était indécis. Le vent de la nuit qui, d'ordinaire dans cette saison, apporte quelque fraîcheur à Manille parut effacer de son front les légers nuages qui l'avaient un instant obscurci. Il se découvrit et respira longuement. Devant lui des voitures passaient comme des éclairs, des calèches de louage roulaient au petit pas, des promeneurs de toutes nationalités se coudoyaient. De cette marche inégale à laquelle se reconnaît de suite le distrait ou l'oisif, il se dirigea jusqu'à la place de Binondo, regardant de tous côtés comme s'il cherchait quelqu'un. Rien n'était changé: c'était la même rue avec les mêmes maisons blanches et bleues, les mêmes murs badigeonnés à la chaux et peints à fresque, imitant mal le granit; la tour de l'église montrait toujours la même horloge au cadran transparent; c'étaient les mêmes boutiques chinoises avec les mêmes rideaux sales et les mêmes tringles de fer; jadis, un soir, imitant les gamins mal élevés de Manille, il avait tordu une de ces tringles: personne depuis ne l'avait redressée.

—Comme le progrès est lent! murmura-t-il, et il suivit la calle de la Sacristia.

Les vendeurs de sorbets le suivaient en criant: *Sorbeteee...* Des lampions éclairaient encore les mêmes échoppes où des Chinois et des femmes vendaient des comestibles et des fruits.

—C'est merveilleux, s'écria-t-il, ni le Chinois ni la vieille femme n'ont changé depuis sept ans! On dirait que mon voyage en Europe est un rêve et ... Santo Dios! le pavé est toujours aussi mauvais que lors de mon départ.

En effet, la dalle du trottoir qui forme le coin des calles de San Jacinto et de la Sacristia était restée soulevée.

Tandis qu'il contemplait cette merveille de la stabilité urbaine dans ce pays de l'instabilité, une main se posa doucement sur son épaule: il leva la tête et reconnut le vieux lieutenant qui le regardait en souriant. Le militaire n'avait plus cette figure dure ni ces sourcils froncés qui le caractérisaient d'ordinaire.

—Jeune homme, lui dit-il, prenez garde! Souvenez-vous de votre père!

—Pardonnez-moi, mais il me semble que vous avez beaucoup d'estime pour mon père. Pourriez-vous me renseigner à son sujet? lui demanda Ibarra en le regardant.

—Ne savez-vous donc rien?

—J'ai interrogé D. Santiago, mais il ne veut pas me répondre avant demain. Si par hasard vous connaissez son sort, dites-le moi!

—Certainement, je le connais, comme tout le monde!... Votre père est mort en prison.

Le jeune homme recula d'un pas; son regard fixa le lieutenant.

—En prison? qui est mort en prison?

—Votre père! répondit le vieux soldat, non sans quelque surprise.

—Mon père!... en prison?... que dites-vous? savez-vous qui était mon père? êtes-vous...? et Crisóstomo saisit le bras du vieillard.

—Il me semble que je ne me trompe pas, reprit celui-ci, il s'agit bien de D. Rafael Ibarra?

—Oui, D. Rafael Ibarra... put à peine articuler le jeune homme défaillant.

—Je croyais que vous saviez tout! murmura le militaire plein de compassion, devinant ce qui se passait dans l'âme d'Ibarra. Je supposais que vous... mais quoi! vous avez du courage? Ici on ne peut être un honnête homme si l'on n'a pas été en prison.

—J'espère que vous ne vous moquez pas de moi, reprit Ibarra, d'une voix faible, après quelques instants de silence. Pourriez-vous me dire pourquoi il était en prison?

Le vieillard parut réfléchir:

—Je m'étonne beaucoup qu'on ne vous ait pas tenu au courant des affaires de votre famille.

—Dans la dernière lettre qu'il m'a adressée, il y a un an, mon père me recommandait de n'avoir pas d'inquiétude s'il ne m'écrivait pas car il était très occupé: il m'engageait à poursuivre mes études... et m'envoyait sa bénédiction.

—Mais alors, cette lettre, il vous l'a écrite peu de temps avant sa mort; voici bientôt un an que nous l'avons enterré dans son pays.

—Pour quel motif avait-il été arrêté?

—Rassurez-vous, ce motif ne touchait en rien à son honorabilité. Mais, accompagnez-moi, je dois aller au quartier, nous causerons en route. Appuyez-vous sur mon bras.

Ils marchèrent quelque temps en silence; le vieillard réfléchissait, il caressait sa barbiche et semblait lui demander de l'inspirer:

—Ainsi que vous le savez, commença-t-il, votre père était l'homme le plus riche de la province et si beaucoup l'aimaient et le respectaient, nombre d'autres, par contre, le haïssaient et lui portaient envie. Nous autres, Espagnols, qui venons aux Philippines, ne sommes malheureusement pas toujours ce que nous devrions être; je dis ceci aussi bien pour un de vos ancêtres que pour les ennemis de votre père. Les changements continuels, la démoralisation des classes dirigeantes, le favoritisme, le bas prix et la rapidité du voyage sont la cause de tout le mal: ici viennent tous les gens perdus de la Péninsule; s'il en est quelques-uns de bons, le pays a vite fait de les corrompre. Eh bien! votre père s'était fait de très nombreux ennemis, surtout parmi les curés et les Espagnols.

Il s'arrêta un instant et reprit:

—Quelques mois après votre départ, les difficultés commencèrent avec le P. Dámaso, sans que je puisse m'expliquer le véritable motif de leur brouille. P. Dámaso l'accusa de ne pas aller à confesse; il ne se confessait pas plus au temps où ils étaient amis, vous vous en souvenez! Et d'ailleurs, D. Rafael était un homme plus honorable et plus loyal que beaucoup qui confessent les autres et se confessent eux-mêmes: il se conduisait selon les principes d'une morale très rigide et me disait souvent, lorsqu'il m'entretenait de ses ennuis: Señor Guevara, croyez-vous que Dieu pardonne un crime, un assassinat par exemple, simplement parce que le criminel se sera dénoncé à un prêtre, c'est-à-dire à un homme qui a le devoir de garder le secret, et parce que la crainte de brûler en enfer lui aura dicté un acte de contrition? Ce serait un singulier mélange de hardiesse, de lâcheté et de honte. Je me fais une autre idée de Dieu: pour moi, il ne corrige pas un mal par un autre mal, et son pardon ne s'achète pas par de vaines pleurnicheries ni par quelques aumônes jetées à l'Église. Si j'ai assassiné un père de famille, si d'une femme heureuse j'ai fait une malheureuse veuve et d'enfants joyeux des orphelins abandonnés, serai-je quitte envers l'éternelle Justice parce qu'avant de me laisser pendre, j'aurai confié mon crime à un prêtre qui ne peut pas parler, donné de l'argent aux curés qui n'en ont guère besoin, acheté la bulle de pardon et pleurniché nuit et jour. Ainsi raisonnait votre père, et l'on ne peut dire qu'il ait jamais fait le moindre tort à qui que ce soit. Au contraire, il se préoccupait de racheter par ses bonnes œuvres certaines injustices commises par ses parents. Mais, pour en revenir à ses débats avec le curé, ceux-ci prirent rapidement un caractère dangereux. Le P. Dámaso le dénonça presque du haut de la chaire et, s'il ne prononça pas son nom, ce fut un miracle; mais, de lui, on pouvait tout attendre. Je prévoyais que tôt ou tard, les choses tourneraient mal.

Le vieux lieutenant fit une autre pause.

—Un ex-artilleur, chassé de l'armée à cause de sa brutalité et de son ignorance, parcourait alors la province. Comme il devait gagner sa vie et que, en sa qualité d'Espagnol, les travaux manuels qui pourraient nuire à notre prestige lui étaient interdits, il obtint, grâce à je ne sais qui, l'emploi de collecteur de l'impôt sur les véhicules. Le malheureux n'avait reçu aucune éducation, ce dont les indigènes s'aperçurent bien vite: pour eux, un Espagnol qui ne sait ni lire ni écrire est un phénomène. Tout devint prétexte à moqueries contre l'infortuné, on lui faisait payer en avanies de tout genre l'impôt qu'on lui versait; au bout de peu de temps, il n'était plus que le jouet de la risée publique. Il s'en aperçut et son caractère déjà brusque et méchant s'en aigrit encore. On faisait exprès de lui remettre les écrits à l'envers, il faisait semblant de les lire et signait où il voyait une place blanche en griffonnant quelques traits qui le peignaient tout entier. Les indigènes payaient, mais riaient; il se morfondait, mais recevait l'argent; dans cette disposition d'esprit, il en était arrivé à ne plus avoir de considération pour personne et votre père n'échangeait avec lui que de très rares paroles fort peu amicales. Un jour, tandis qu'il retournait pour essayer de le déchiffrer un papier qui lui avait été remis dans une maison indigène, un enfant de l'école se mit à faire des signes à ses camarades, à rire et à le montrer au doigt. L'homme entendit les rires et vit l'ironie dans les regards des personnes qui se trouvaient là. Perdant patience, il se retourna et poursuivit les enfants qui s'enfuirent en criant: *Ba, be, bi, bo, bu!* Fou de colère et impuissant à les attraper, il leur jeta son bâton qui en blessa un à la tête et l'étendit à terre. Il courut alors au pauvre petit et le frappa du pied; personne de ceux qui riaient n'eut le courage d'intervenir. Par malheur, votre père passait; indigné, il s'élança vers le percepteur, le prit par le bras et lui adressa les plus vifs reproches. Celui-ci qui, sans doute, voyait rouge, leva la main, mais votre père vit le geste et, avec cette force qui est l'apanage des petits-fils des Basques... les uns disent qu'il le frappa, les autres qu'il se contenta de le repousser; ce qui est certain, c'est que l'homme vacilla et tomba à quelques pas de là, donnant de la tête contre une pierre. D. Rafael releva tranquillement l'enfant blessé et le porta au tribunal. Quant à l'ex-artilleur, il rendait le sang par la bouche et ne reprit pas connaissance. Quelques minutes après, il expirait. Naturellement la justice s'émut, votre père fut arrêté. Aussitôt tous ses ennemis se découvrirent, les calomnies plurent de tous côtés, il fut dénoncé comme hérétique et flibustier1. Passer pour hérétique est toujours mauvais, et à cette époque où l'alcade de la province faisait profession de dévotion— il récitait le rosaire à voix haute dans l'église afin que tous l'entendissent et récitassent avec lui—le cas était particulièrement dangereux; mais passer pour flibustier est pire encore et mieux vaudrait avoir sur la conscience le meurtre de trois collecteurs d'impôts sachant lire, écrire et raisonner. Ses rares amis l'abandonnèrent, on fit main basse sur ses livres et ses papiers. Tout l'accusa: son abonnement au *Correo de Ultramar* et à quelques autres journaux de Madrid, votre voyage en Europe, des lettres qu'on trouva chez lui, le portrait d'un prêtre qui avait été exécuté, je ne sais quoi encore. On alla jusqu'à l'incriminer parce que, comme descendant de péninsulaires, il faisait usage de chemises. A la place de votre père un autre eût été promptement remis en liberté, le médecin ayant déclaré que la mort du percepteur avait été causée par une congestion, mais sa fortune, sa confiance dans la justice, sa haine de tout ce qui n'était pas légal et droit le perdirent. Moi-même, malgré ma répugnance à implorer la grâce de personne, je me présentai au capitaine général—c'était le prédécesseur du gouverneur actuel. Je lui démontrai que ce ne pouvait être un flibustier, celui qui accueillait si généreusement tout nouvel arrivé d'Espagne, pauvre ou émigré, lui donnant l'abri et la nourriture, celui dans les veines de qui coulait le généreux sang espagnol, je lui répondis sur ma tête de son innocence, je pris à témoin ma pauvreté et mon honneur militaire, je ne trouvai qu'un accueil hostile; on me congédia brusquement tout en me traitant d'imbécile.

Le vieillard s'interrompit encore une fois pour reprendre haleine. Son compagnon silencieux l'écoutait sans le regarder.

—Votre père, reprit-il, m'avait chargé de toutes les démarches relatives à son procès. Je m'adressai au jeune et déjà célèbre avocat philippin A—, mais il refusa de se charger de la cause: «Je la perdrais, me dit-il, et ma plaidoirie serait le sujet de nouvelles accusations; moi-même, je pourrais être compromis. Voyez donc le señor M. C'est un orateur véhément et fécond, ayant ce grand avantage d'être péninsulaire et jouissant d'un très grand prestige.» Je suivis ce conseil, l'éloquent avocat accepta de défendre votre père et soutint cette cause de la façon la plus brillante et la plus grandiose. Mais les ennemis étaient nombreux, beaucoup d'entre eux inconnus et cachés n'étaient pas les moins redoutables. A peine son avocat avait-il réduit à néant une calomnie en mettant les calomniateurs en contradiction avec eux-mêmes et avec les faits, que de nouvelles accusations renaissaient aussitôt. On lui reprocha de s'être emparé injustement de beaucoup de terrains, on lui réclama des dommages et intérêts pour des torts imaginaires, on assura qu'il était en relations avec les tulisanes2 pour que ses plantations et ses troupeaux fussent respectés. Un an après l'arrestation de votre père, l'affaire était embrouillée de telle sorte que personne ne s'y retrouvait plus. L'alcalde dut quitter son poste; son successeur avait une grande réputation d'intégrité, mais, par malheur, il ne resta que quelques mois, et celui qui remplaça cet honnête homme avait pour les beaux chevaux un goût trop prononcé. Quant à votre père, les ennuis, les souffrances morales, les incommodités du régime de la prison, la douleur de voir tant d'ingrats se lever contre lui, altérèrent sa santé de fer; il tomba terrassé par cette maladie que la tombe guérit seule. Et, au moment où, en dépit de l'acharnement et de la puissance de ses adversaires, le procès allait être terminé, où il allait se retrouver libre enfin, absous de la double accusation d'assassinat sur la personne du percepteur et de trahison envers sa patrie, il mourut en prison, sans que personne de ceux qui l'aimaient pût se trouver à son chevet. Je n'arrivai que pour le voir expirer.

Le vieux lieutenant se tut. Ibarra n'avait pas prononcé une seule parole. La porte du quartier était devant eux, ils s'arrêtèrent.

—Jeune homme, ajouta le vieillard en lui tendant la main, Capitan Tiago vous donnera les détails, et maintenant bonne nuit! Il faut que je voie s'il n'est rien arrivé de nouveau.

Ibarra serra avec effusion cette main décharnée, et, toujours en silence, il suivit des yeux son vieil ami. Quand il l'eut perdu de vue, il se retourna lentement, aperçut une voiture et fit un signe au cocher.

—Fonda de Lala! articula-t-il d'un accent à peine intelligible.

—Ce doit être encore quelque échappé de l'Hospice, pensa le cocher en donnant un coup de fouet à ses chevaux.

---

1 On sait que le gouvernement espagnol qualifie de flibustier tout homme qui par la parole, la plume ou les armes, réclame des réformes.—N. des T.

2 Tulisanes, nom particulier des bandits des Philippines et que parfois les Espagnols appliquent aussi aux flibustiers.—N. des T.

V

Une étoile dans la nuit obscure

Ibarra monta à sa chambre qui donnait sur la rivière, se laissa tomber sur un fauteuil et regarda l'espace qui se déroulait devant lui par la fenêtre ouverte. Sur l'autre rive, la maison qui faisait face, brillamment illuminée, retentissait des joyeux accords d'instruments dont les échos arrivaient jusqu'à lui. Si le jeune homme avait été moins préoccupé et plus curieux et qu'à l'aide de jumelles il eût examiné ce qui se passait dans cette atmosphère de lumières, il aurait admiré une de ces apparitions magiques, une de ces fantastiques visions qui, parfois, dans les grands théâtres d'Europe, accompagnées par les mélodies éteintes de l'orchestre, se dévoilent au milieu d'une pluie de lumières, d'une cascade d'or et de diamants, de toute la féerie des pompes orientales. C'est une jeune fille de beauté merveilleuse, svelte, parée du pittoresque costume des natives des Philippines, assise au centre d'un demi-cercle de courtisans de toutes conditions, de toutes races: Chinois, Espagnols, indigènes, militaires, curés, vieilles, jeunes, tous, enivrés de lumière et de musique, gesticulent, causent, discutent avec animation. Tout à côté de la jeune fille, s'est installé le P. Dámaso dont la figure souriante dénote qu'il n'eût pas changé sa place pour celle d'un bienheureux; Fr. Sibyla, Fr. Sibyla lui-même, daigne adresser la parole à la reine de cette fête dans les magnifiques cheveux de qui Da. Victorina arrange un diadème de perles et de brillants reflétant les splendides couleurs du prisme. Elle est blanche, trop blanche peut-être, ses yeux presque toujours baissés laissent voir lorsqu'elle les ouvre toute la pureté de son âme et, quand elle sourit, découvrant ses dents petites et ivoirines, la rose la plus brillante n'est plus que la plus vulgaire des fleurs des champs. Autour de son cou blanc et parfaitement arrondi, entre le tissu transparent de la piña1, clignotent, comme disent les Tagals, les yeux joyeux d'un collier de brillants. Un seul homme paraît insensible à cette attraction toute puissante de la lumière et de la beauté: c'est un jeune franciscain, grêle, décharné, pâle, qui de loin la contemple, respirant à peine, immobile comme une statue.

Mais Ibarra ne voit rien de tout cela. Un autre spectacle s'offre à sa pensée, s'impose à ses yeux. Quatre murs dénudés et sales enferment une étroite prison où par une grille serrée pénètre à peine un jour incertain; sur le sol humide et souillé, une natte; sur cette natte agonise un vieillard. Le moribond, terrassé par la fièvre, promène de tous côtés son regard défaillant; d'une voix entrecoupée il prononce un nom en pleurant. Personne ne l'assiste, d'instant en instant le bruit d'une chaîne, l'écho d'un gémissement traversent seuls les murailles du cachot. Et pendant ce temps, là-bas, au loin, un jeune homme rit, crie, chante, verse le vin sur les fleurs aux applaudissements joyeux de ses compagnons de fête! Hélas! ce jeune homme a sa taille et sa figure, le vieillard agonisant ressemble à son père et le nom que le prisonnier prononce en sanglotant, c'est le sien.

Une à une les lumières s'éteignent dans la maison en fête, on n'entend plus ni le bruit, ni les chants, ni la musique, mais à l'oreille d'Ibarra résonne toujours le cri angoissé de son père mourant. L'haleine profonde du silence a soufflé sur Manille et tout paraît y reposer dans les bras du néant; seul, le chant du coq alterne avec le tintement des horloges des tours et le mélancolique cri d'alerte de la sentinelle lassée; un quartier de lune apparaît éclairant de sa pâle lueur cet universel sommeil. Ibarra, lui aussi, fatigué peut-être de ses tristes pensées autant que de son long voyage, s'est endormi.

Seul, le jeune franciscain que nous avons vu tout à l'heure immobile et silencieux au milieu de l'agitation et du bruit de la fête, veille encore: le coude appuyé sur l'embrasure de la fenêtre de sa cellule, la tête pâle et émaciée posée sur la paume de sa main, il regarde au loin une étoile qui brille dans le ciel obscur. L'étoile pâlit et s'éclipse, l'astre des nuits perd sa faible lueur de lune décroissante, mais le moine ne bouge pas: immobile, il contemple au loin l'horizon perdu dans la brume de l'aurore, vers le camp de Bagumbayan, vers la mer encore endormie.

---

1 Étoffe faite avec la fibre de l'ananas piña (*Bromelia ananas*).—N. des T.

VI

Capitan Tiago

Que soit faite aussi ta volonté sur la terre!...

Tandis que nos héros dorment encore ou déjeunent, nous allons esquisser le portrait de Capitan Tiago; n'ayant jamais été de ses invités nous n'avons aucune raison pour le dédaigner en le passant sous silence.

Petit de taille, le teint moins foncé que celui de la généralité de ses compatriotes, de figure ronde et de corpulence satisfaisante, grâce à un embonpoint qui lui venait du ciel selon ses amis, du sang des pauvres au dire de ses détracteurs, Capitan Tiago semblait plus jeune que son âge. A l'époque où se passaient les faits que nous racontons, l'expression de son visage était toujours celle d'un homme parfaitement heureux. Son crâne arrondi, très petit, couvert de cheveux noirs comme l'ébène, allongé par devant, très court par derrière contenait beaucoup de choses, du moins le disait-on. Ses yeux petits, mais non obliques comme ceux des Chinois, conservaient toujours la même expression; le nez était fin et droit et, si sa bouche n'avait pas été déformée par l'abus du tabac et du *buyo*, dont le *sapa*1 en se réunissant sur une joue déformait la symétrie de ses traits, nous dirions qu'il ne se trompait pas en se croyant et en se faisant passer pour un bel homme. Mais, en dépit de cet abus, il conservait toujours ses dents parfaitement blanches, aussi bien les siennes propres que celles que lui fournissait un dentiste à raison de douze douros la pièce.

Il avait la réputation d'être le plus riche propriétaire de Binondo et l'un des plus importants hacenderos2 par ses terrains dans la Pampanga et à la lagune de Bay, mais surtout dans le pueblo de San Diego, terrains dont le revenu s'accroissait chaque année. Par ses bains agréables, sa fameuse gallera3 et les souvenirs qu'il en conservait, San Diego était son pueblo favori; il y passait environ deux mois tous les ans.

Il avait encore des propriétés à Santo Cristo, dans la calle de Anloague et dans la calle Rosario; l'exploitation de la traite de l'opium était partagée entre un Chinois et lui et il est inutile de dire qu'ils en tiraient de très grands bénéfices. Il avait l'entreprise de la nourriture des prisonniers de Bilibid et fournissait de *zacate*4 plusieurs maisons principales de Manille, moyennant contrat naturellement. Bien avec toutes les autorités, habile, souple, audacieux même, lorsqu'il s'agissait de spéculer sur les besoins des autres, c'était le seul et redoutable adversaire d'un certain Perez pour les adjudications des diverses charges et emplois que le gouvernement des Philippines confie toujours à des mains particulières. Ainsi donc, à ce moment, Capitan Tiago était un homme heureux, aussi heureux que peut l'être en ces pays un homme dont le petit crâne dénonce l'origine indigène:

il était riche, il était en paix avec Dieu, avec le gouvernement et avec les hommes.

Qu'il fut en paix avec Dieu, on n'en saurait douter, cela faisait presque partie du dogme: on n'a pas de motif pour être mal avec Dieu quand on est bien sur la terre, qu'on ne lui a jamais rien demandé et qu'on ne lui a jamais prêté d'argent. Jamais il ne s'était adressé à lui dans ses prières, même dans ses plus grands ennuis; il était riche et son or priait pour lui; pour les messes et les prières, Dieu avait créé des prêtres puissants et orgueilleux; pour les neuvaines et les rosaires, le même Dieu, dans sa bonté infinie, avait créé, pour le salut des riches, de pauvres gens qui, pour un peso, sont capables de réciter seize mystères et de lire tous les Livres Saints, même la Bible hébraïque, pour peu que l'on augmente le prix. Si, dans une grande extrémité, il avait besoin d'un secours céleste et que ne se trouvait point à sa portée un cierge rouge de Chinois, il s'adressait aux saints et aux saintes qu'il vénérait particulièrement en leur faisant toutes sortes de promesses pour les convaincre de la justice de sa cause et du bien fondé de ses désirs. Mais celle à qui il promettait le plus et envers qui il tenait le mieux ses promesses était la Vierge d'Antipolo, *Nuestra Señora de la Paz y de Buenviaje*, car avec certains petits saints il ne se croyait pas tenu à beaucoup de ponctualité ni même de politesse; parfois, ses souhaits étant exaucés, il ne se souvenait plus de ses promesses; il est vrai que, lorsque l'occasion s'en présentait à nouveau, il ne dérangeait plus les malheureux saints qu'il avait trompés; Capitan Tiago savait que le calendrier en compte nombre d'inoccupés, ne sachant parfois à quoi passer leur temps dans le ciel.

Nous avons vu que dans la grande salle était une petite porte cachée par un rideau de soie; elle conduisait à une petite chapelle, à un oratoire, accessoire obligé de toute maison philippine: là étaient les dieux lares de Capitan Tiago et, si nous nous servons de ce terme, dieux lares, c'est que la religion du maître de la maison se rapprochait en effet beaucoup plus du polythéisme que du monothéisme, auquel d'ailleurs il n'avait jamais rien compris. On y voyait des statues et des images de la Sainte Famille avec le buste, les mains et les pieds en ivoire, les yeux de cristal, de longs cils et des chevelures blondes et frisées, chefs-d'œuvre de la sculpture de Santa Cruz. Quatre tableaux à l'huile par les artistes de Paco et Hermita, représentaient des martyres de saints, des miracles de la Vierge, etc., Sainte Lucie regardant le ciel et portant dans un plat deux yeux avec cils et sourcils comme ceux qui sont peints dans le triangle de la Trinité ou sur les sarcophages égyptiens, Saint Pascal Baylon, Saint Antoine de Padoue, en habit de guingon5, contemplant les larmes aux yeux un Enfant Jésus en uniforme de capitaine général, avec tricorne, sabre et bottes, paraissant sortir d'un bal d'enfants de Madrid; cela, pour Capitan Tiago, signifiait que Dieu ajoutait à sa puissance celle d'un capitaine général des Philippines, les moines jouant toujours avec lui comme avec une marionnette. On voyait aussi un Saint Antoine Abad flanqué d'un cochon trottant à son côté, cochon qui, pour le digne Capitan, était aussi miraculeux que le saint lui-même; aussi ne se risquait-il pas à l'appeler *cochon*, mais *créature du saint seigneur Saint Antoine*; un Saint François d'Assises, avec sept ailes et un habit couleur de café, était placé au-dessus d'un Saint Vincent qui n'en avait que deux, mais, en échange, portait une trompette; un Saint Pierre martyr, dont la tête coupée avec une hachette de brigand était pendue au poing d'un infidèle agenouillé près de lui, faisait pendant à un Saint Pierre coupant l'oreille à un Maure, Malcus sans doute, se mordant les lèvres et se contorsionnant de douleur, tandis qu'un coq sasabungin6 chante et bat des ailes sur une colonne dorique; ce dont Capitan Tiago conclut que, pour être saint, il revient au même de couper les autres en morceaux ou d'être partagé soi-même. Qui pourrait énumérer cette armée d'images et dire les qualités et les perfections qui se trouvaient amassées là? Un chapitre ne suffirait pas! Cependant, nous ne pouvons oublier un beau Saint Michel en bois doré et peint, ayant presque un mètre de hauteur; l'archange, se mordant la lèvre inférieure, les yeux brillants, le front ridé, les joues roses, du bras gauche tient un bouclier grec et brandit de la main droite un kris comme ceux dont s'arment les sauvages de Jolo; à son attitude comme à son regard, on voit qu'il menace bien plus le dévot qui s'approche de lui que le démon cornu à longue queue qui enfonce ses crocs dans la maigre jambe de demoiselle de son vainqueur; aussi Capitan Tiago, craignant un miracle, se tient toujours à prudente distance. Car ce ne serait pas la première fois qu'une image, fût-elle aussi mal taillée que celles que fabriquent les charpentiers de Paete, se serait animée pour le châtiment et la confusion des pêcheurs incrédules.

Capitan Tiago, un homme prudent et religieux évitait donc de s'approcher du kriss de Saint Michel.—Fuyons les occasions, se disait-il—je sais bien que c'est un archange, mais je ne m'y fie pas, non, je ne m'y fie pas.

Tous les ans, sans y manquer jamais, il prenait part avec un orchestre à l'opulent pèlerinage d'Antipolo. Alors il payait deux messes d'actions de grâces, puis il se baignait dans le *batís*, c'est-à-dire dans la célèbre fontaine où l'image sacrée elle-même s'était baignée. Là, près de cette même fontaine, Capitan Tiago mangeait du cochon de lait rôti, du *sinigang* de *dalag* avec des feuilles d'*alibambang*7 et d'autres mets plus ou moins appétissants. Les deux messes lui coûtaient environ quatre cents pesos, mais elles lui paraissaient encore bon marché en considération de la gloire qu'acquérait la Mère de Dieu par les roues de feu, les fusées, les bombes, les pétards ou *bersos*, comme on dit là-bas, dont elles étaient accompagnées; de plus, il calculait aussi les gros bénéfices que, grâce à ces messes, il était assuré de réaliser pendant le reste de l'année.

Mais Antipolo n'était pas le seul théâtre de sa bruyante dévotion. A Binondo, dans la Pampanga, à San Diego, quand il avait engagé de forts paris sur un coq, il envoyait au curé quelques pièces d'or pour des messes propitiatoires et, comme les Romains qui, avant une bataille, consultaient les augures en donnant à manger aux poulets sacrés, Capitan Tiago consultait aussi les siens avec les modifications de forme apportées par le temps et les nouvelles vérités. Il observait la flamme des cierges, la fumée de l'encens, la voix du prêtre, etc., et du tout cherchait à déduire son sort futur. Il était généralement admis que Capitan Tiago perdait peu de paris, encore ces rares pertes étaient-elles dues à ce que l'officiant était enroué, à ce qu'il y avait peu de lumières, à ce que les cierges contenaient beaucoup de suif ou à ce qu'une pièce fausse s'était glissée dans l'argent remis au curé, etc., etc. Le surveillant d'une confrérie lui avait assuré aussi que ces pertes étaient des épreuves auxquelles le ciel le soumettait pour mieux s'assurer de sa foi et de sa dévotion. Aimé des curés, respecté des sacristains, flatté par les marchands de cierges chinois et les artificiers ou *castelleros*, notre homme était heureux dans la religion de cette terre et des personnes de caractère et de haute piété lui attribuaient aussi une grande influence à la Cour céleste.

Qu'il fût en paix avec le gouvernement, pour difficile que la chose paraisse, on n'en doit pas douter. Incapable d'imaginer une pensée nouvelle et content de sa situation, il était toujours disposé à obéir au dernier des fonctionnaires, à offrir des jambons, des chapons, des dindons et des fruits de Chine en toute saison. S'il entendait médire des indigènes, lui qui ne se considérait pas comme tel, il faisait chœur et disait pire; si l'on critiquait les métis sangleyes8 ou espagnols, il les critiquait aussi parce qu'il se croyait déjà un pur Ibère. Il était toujours le premier à applaudir toute imposition nouvelle, surtout lorsqu'il flairait qu'elle devait être suivie d'un contrat avantageux pour lui. Il avait toujours des orchestres à sa disposition pour féliciter et aubader toutes sortes de gouverneurs, alcaldes, procureurs, etc., etc., aux jours de fêtes, d'anniversaires, pour la naissance ou la mort d'un parent, à quelque occasion que ce fût qui rompît la monotonie habituelle de l'existence. Il commandait alors des vers louangeurs, des hymnes dans lesquels on célébrait *le suave et aimable gouverneur, le vaillant et intrépide alcalde qu'attend dans le ciel la palme des justes* ou la *palmeta9*—et beaucoup d'autres compliments encore plus flatteurs.

Il fut pendant deux ans gobernadorcillo de la riche association des métis, malgré les protestations de beaucoup qui le prenaient pour un indigène. En résumé, les deux phrases chrétienne et profane le définissaient très exactement: «Heureux les pauvres d'esprit!» et «Heureux ceux qui possèdent!» Et l'on pouvait aussi lui appliquer celle-ci que quelques-uns trouvent être une équivoque traduction du grec: «Gloire à Dieu dans les cieux et paix sur la terre aux hommes de bonne volonté!» Plus loin, la suite de cette histoire nous apprendra qu'il ne suffit pas que les hommes aient bonne volonté pour vivre en paix! Les impies le prenaient pour un fou, les pauvres le disaient impitoyable, cruel, exploiteur de la misère et ses inférieurs, despote et tyran.

Et les femmes? Ah! les femmes! des rumeurs calomnieuses bourdonnaient dans les misérables cabanes de nipa10 et l'on assurait avoir entendu des plaintes, des sanglots mêlés aux vagissements d'un petit enfant. Plus d'une jeune fille est montrée au doigt malicieux des voisins; elle a le regard indifférent et le sein flétri. Mais rien de tout cela n'ôte le sommeil à Capitan Tiago; aucune femme ne trouble sa paix; seule, une vieille le fait souffrir, une vieille qui lui fait concurrence en dévotion, à qui de nombreux curés ont décerné d'enthousiastes louanges, comme il n'en n'avait jamais obtenu dans ses meilleurs jours. Entre Capitan Tiago et cette veuve, héritière de frères et de neveux, existait une sainte émulation qui concourait au bien de l'Église, comme la concurrence entre les vapeurs de la Pampanga concourt au bien du public. Capitan Tiago donnait-il un bâton d'argent enrichi d'émeraudes et de topazes à une Vierge quelconque, aussitôt Doña Patrocinio en commandait un autre d'or et de brillants à l'orfèvre Gaudinez; qu'à la procession de la Naval, Capitan Tiago ait élevé un arc avec des façades de toile bouillonnée, avec des miroirs, des globes de cristal, des lampes, des lustres, aussitôt Doña Patrocinio en élevait un autre avec quatre façades, deux colonnes plus hautes encore, et des ornements et des pendeloques en bien plus grande quantité. Alors, il revenait à ses habitudes, à sa spécialité, aux messes avec bombes et feux d'artifices et Doña Patrocinio n'avait plus qu'à se mordre les lèvres avec ses gencives, car, excessivement nerveuse, elle ne pouvait supporter l'ébranlement des cloches et moins encore la détonation des pétards. Elle prenait sa revanche en payant un beau sermon au plus fameux chanoine de la cathédrale et la lutte continuait ainsi *ad majorem Dei gloriam*. Les partisans de sa vieille ennemie ont pleine confiance qu'à sa mort elle sera canonisée et que Capitan Tiago lui-même sera contraint de la vénérer devant les autels; notre ami ne demande pas mieux, à la condition qu'elle se fasse canoniser bientôt.

Tel était à cette époque Capitan Tiago.

Quant au passé, il était fils unique d'un marchand de sucre de Malabon, suffisamment riche, mais si avare qu'il ne voulut jamais dépenser un sou pour l'instruction de son fils. Aussi ce fut le domestique d'un bon dominicain, homme très vertueux, nommé Santiaguillo, qui s'efforça de lui enseigner tout ce qu'il pouvait et savait de bon. Lorsqu'il allait avoir la joie d'être appelé *logico* par ses amis, c'est-à-dire quand il allait commencer l'étude de la logique, la mort de son protecteur, bientôt suivie de celle de son père, mit fin à ses études et il dut s'adonner tout entier aux affaires. Il se maria avec une jeune fille de Santa Cruz, qui l'aida à faire sa fortune et lui fit partager sa situation sociale. Doña Pia Alba ne se contenta pas d'acheter du sucre, du café et de l'indigo: elle voulut semer et récolter. Le nouveau couple acquit des terrains à San Diego et c'est de ce temps que dataient ses relations avec le P. Dámaso et D. Rafael Ibarra, le plus riche capitaliste du pueblo.

Le manque d'héritier dans les six premières années de mariage faisait presque de cette soif de richesses une ambition blâmable et, cependant, Doña Pia était svelte, robuste et bien formée. En vain elle fit des neuvaines, visita, sur le conseil des dévotes, la Vierge de Caysasay à Taal et prodigua des aumônes; en vain dansa-t-elle à la procession, en plein soleil de mai, devant la Vierge de Turumba à Pakil; rien ne réussit jusqu'à ce que Fr. Dámaso lui eût conseillé d'aller à Obando; là, elle dansa à la fête de saint Pascal Bailon et lui demanda un fils. On sait qu'à Obando est une Trinité qui donne des fils ou des filles au choix: Nuestra Señora de Salambau, sainte Clara et saint Pascal. Grâce à ce sage conseil, Doña Pia se sentit enfin mère... Hélas! comme le pêcheur dont parle Shakespeare et qui cessa de chanter dès qu'il eut trouvé un trésor, elle perdit la gaieté et plus jamais on ne la vit sourire.—Caprices! disaient les gens, et Capitan Tiago lui-même. Une fièvre puerpérale mit fin à sa tristesse, laissant orpheline une belle enfant que tint sur les fonts Fr. Dámaso; et, comme saint Pascal n'avait pas donné le fils qu'on lui avait demandé, la fillette fut nommée Maria Clara en l'honneur de la Vierge de Salambau et de sainte Clara; ainsi fut châtié par le silence l'honorable saint Pascal Bailon.

L'enfant grandit grâce aux soins de la tante Isabel, cette bonne vieille de politesse monacale que nous avons déjà vue; la plus grande partie de l'année, elle habitait San Diego à cause de son climat salutaire et P. Dámaso lui faisait toujours bon accueil.

Maria Clara n'avait pas les petits yeux de son père; ainsi que ceux de sa mère, les siens étaient grands, noirs, assombris par de larges cils; joyeux et rieurs quand elle jouait, tristes, profonds et pensifs quand elle ne souriait pas. Dès l'enfance sa chevelure bouclée était presque blonde; son nez, de correct profil, n'était ni effilé ni camus; la bouche, avec les agréables fossettes des joues, rappelait celle de sa mère, petite et gracieuse; sa peau avait la finesse du lys et aussi sa blancheur, et ses parents bavards trouvaient le trait de parenté de Capitan Tiago dans les oreilles petites et bien modelées de Maria Clara.

La tante Isabel attribuait ses manières demi-européennes aux envies de Doña Pia; elle se rappelait l'avoir vue souvent, dans les premiers mois de la grossesse, pleurer devant saint Antoine; une autre cousine de Capitan Tiago était du même avis, seulement elle différait dans le choix du saint; pour elle, c'était la Vierge ou saint Michel. Un fameux philosophe, cousin de Capitan Tinong, et qui savait l'Amat11 par cœur, cherchait l'explication de ce fait dans les influences planétaires.

Maria Clara, idole de tous, grandit entre des sourires et des amours. Les moines eux-mêmes lui faisaient fête quand, aux processions, ils l'habillaient de blanc, sa chevelure abondante et bouclée entremêlée de jasmins et de lis, deux petites ailes d'argent et d'or enracinées aux épaules du costume et, à la main, deux colombes blanches, attachées avec des rubans bleus. Elle était si joyeuse ensuite, elle avait un babil si candidement enfantin que Capitan Tiago, fou d'amour, passait son temps à bénir les saints d'Obando et à conseiller à tous l'achat de belles sculptures.

Dans les pays du soleil, à treize ou quatorze ans l'enfant se fait femme, comme le bouton de la nuit éclot en fleur à la première aurore. À ce moment de transition plein de mystères, elle entra sur les conseils du curé de Binondo au couvent de Santa Catalina, pour recevoir des sœurs la sévère éducation religieuse. Ce fut avec des larmes qu'elle se sépara du P. Dámaso et de son unique ami, seul compagnon des jeux de son enfance, Crisóstomo Ibarra, qui lui aussi partit bientôt pour son voyage en Europe. Là, dans ce couvent où l'on ne communiquait avec le reste du monde qu'à travers une double grille, et encore sous l'œil vigilant de la Mère-Surveillante, elle vécut sept ans. D. Rafael et Capitan Tiago, chacun avec leurs vues particulières et comprenant la mutuelle inclinaison des jeunes gens, concertèrent l'union de leurs enfants. Cet arrangement, conclu quelques années après le départ du jeune Ibarra, fut accueilli avec une même allégresse par deux cœurs battant aux deux extrémités du monde, placés en des conditions aussi dissemblables qu'était grande la distance qui les séparait.

---

1 Buyo mâché.—N. des T.

2 Propriétaires fonciers.—N. des T.

3 Lieu où se livrent les combats de coqs. V. le chap. XLVI.—N. des T.

4 Herbe à fourrage, *zacate* ou *talango*, *Russelia junceum*?—N. des T.

5 Étoffe de coton fabriquée aux Indes.—N. des T.

6 Coq déjà armé d'un éperon.—N. des T.

7 Sinigang, potage fait de poisson cuit à l'eau et assaisonné de quelques fruits acides. Dalag (*Ophiocephalus*), poisson pullulant dans les rivières, les lacs et les marais, envahissant dans la saison des pluies les rizières et les champs inondés. Alibambang, *Bauhinia malabarica Roxb.*—N. des T.

8 *Sangleyes*, marchands ambulants chinois.—N. des T.

9 Palmeta, férule; le jeu de mots se comprend de lui-même.—N. des T.

10 *Nipa fruticans. Burm.* On appelle aux Philippines *casas de nipa* les maisons indigènes dont les toits sont faits de la large feuille de cet arbre.—N. des T.

11 Du nom de Torres Amat, archevêque de Tarragone, auteur d'une traduction de la Bible.—N. des T.

VII

Idylle sur une terrasse

שיר חשירים1

Ce matin-là, tante Isabel et Maria Clara avaient été à la messe de bonne heure, la jeune fille élégamment vêtue, portant au bras un chapelet à gros grains bleus qui lui servait à demi de bracelet, la respectable dame munie d'un binocle pour lire son «*Ancre de Salut*» pendant le saint sacrifice.

A peine le prêtre était-il descendu de l'autel que la jeune fille voulut se retirer, ce qui causa à la bonne tante autant de surprise que de déplaisir, car elle croyait à sa nièce la plus grande piété et la supposait au moins aussi amie de la prière qu'une religieuse. Tout en se signant, tout en grommelant, elle se leva.

«Bah! croyez-moi, tante Isabel, le Bon Dieu qui connaît mieux que vous le cœur des jeunes filles me pardonnera bien,» lui avait dit Maria Clara pour couper court à ses sermons sévères mais toujours maternels.

Maintenant leur déjeuner est terminé; la jeune fille trompe son impatience en tissant une bourse de soie, pendant que la tante s'efforce de faire disparaître avec son plumeau les traces de la fête. Capitan Tiago examine quelques papiers.

Qu'un bruit quelconque monte de la rue, qu'une voiture passe, et Maria Clara frémit et son sein se soulève! Comme elle regrette son tranquille couvent, ses camarades aimées! Là, elle pouvait le voir sans trembler, sans se troubler. N'était-ce pas son ami d'enfance, le compagnon de ses premiers jeux; tout, jusqu'au souvenir de leurs passagères et puériles querelles, revenait à sa mémoire et charmait sa pensée. Je n'insiste pas; si tu as aimé, lecteur, tu comprendras; sinon, à quoi bon des explications? le profane n'entend rien à ces mystères.

—Je crois, Maria, que le médecin a raison, dit Capitan Tiago, tu as besoin d'aller à la campagne, tu es pâle, il te faut le grand air. Que préfères-tu, Malabon... ou San Diego?

A ce dernier nom, la jeune fille devint rouge comme un coquelicot. Elle ne put répondre.

—Et maintenant, il te faut aller au couvent prendre tes affaires et dire au revoir à tes amies. Isabel t'accompagnera.

Et, sans lever la tête il ajouta:

—Tu n'y retourneras plus.

Maria Clara se sentit au cœur cette vague mélancolie qui s'empare de l'âme quand on quitte pour toujours un lieu où l'on a été heureux; mais une autre pensée amortit aussitôt cette douleur.

—D'ici quatre ou cinq jours, quand tu auras une robe neuve, nous irons à Malabon... Ton parrain n'est plus à San Diego; le jeune Père que tu as vu ici cette nuit l'a remplacé comme curé du pueblo; c'est un saint.

—Je crois qu'elle préfère San Diego, cousin! observa la tante Isabel; de plus la maison y est plus confortable et c'est bientôt la fête.

Maria Clara aurait voulu embrasser sa tante, mais elle entendit s'arrêter une voiture et devint subitement très pâle:

—Ah! c'est vrai! répondit Capitan Tiago, et changeant de ton il ajouta: D. Crisóstomo!

Maria Clara laissa tomber l'ouvrage qu'elle avait dans les mains, elle voulut se remuer mais cela lui était impossible: un frémissement nerveux parcourait son corps. On entendit des pas dans l'escalier, puis une voix fraîche et mâle. Comme si cette voix avait possédé un pouvoir magique, la jeune fille surmonta son émotion et s'enfuit dans l'oratoire où étaient les saintes images. Les deux cousins se mirent à rire et, en entrant, Ibarra put entendre le bruit d'une porte qui se fermait.

Pâle, la respiration haletante, la jeune fille, comprimant son sein palpitant, s'approcha de la porte et tendit l'oreille. C'était bien sa voix, cette voix tant de fois entendue en rêve, cette voix tant aimée! il s'informait d'elle! Folle de joie, elle embrassa le saint qui se trouvait à côté d'elle; c'était Saint Antoine Abad! Heureux Saint Antoine, vivant ou sculpté en bois, toujours l'objet des plus charmantes tentations!

Ensuite elle chercha un observatoire, le trou de la serrure. Quand sa tante vint la tirer de sa contemplation, sans savoir pourquoi, elle se jeta au cou de la bonne dame et l'embrassa à plein cœur.

—Mais, grande sotte! qu'est-ce qui te prend? gronda la vieille en essuyant une larme.

Maria Clara honteuse se couvrit la figure de son bras arrondi.

—Allons, va te faire belle, va! ajouta la tante d'une voix caressante; pendant qu'il parle de toi avec ton père... viens, ne te fais pas attendre.

La jeune fille se laissa emmener comme une enfant et toutes deux s'enfermèrent dans leur chambre.

Capitan Tiago et Ibarra parlaient avec animation quand apparut la tante Isabel, traînant à demi sa nièce dont les regards errants se fixaient sur tout, excepté sur les personnes...

Que se dirent ces deux âmes lorsqu'elles communiquèrent par le langage des yeux, plus parfait que celui des lèvres, langage donné à l'âme pour que le son ne trouble pas l'extase du sentiment? En ces instants, quand les pensées de deux êtres heureux se mêlent au travers des pupilles, la parole est lente, grossière, débile, elle est comme le bruit rauque et lourd du tonnerre comparé à l'éblouissante lumière et à la rapidité de l'éclair; elle exprime un sentiment déjà connu, une idée déjà comprise, et si on l'emploie, c'est que l'ambition du cœur qui domine tout l'être et qui déborde de joie veut que tout l'organisme humain, avec toutes ses facultés physiques et psychiques, répète le poème de joie qu'entonne l'esprit. A la question amoureuse que pose un regard qui brille ou se voile, seuls peuvent répondre les sourires, les soupirs et les baisers.

Et ensuite, lorsque le couple amoureux, fuyant le plumeau de la tante Isabel qui soulevait la poussière de tous côtés, se réfugia sur la terrasse et qu'ils purent causer en liberté, que se contèrent-ils avec des murmures dont vous frémissiez, petites fleurs rouges du cabello de angel2?

Le ciel était bleu, une fraîche brise agitait les feuilles et les fleurs et faisait frémir les cabellos de angel, les plantes aériennes et les multiples ornements de la terrasse. Le bruit d'un saguan3 qui troublait les eaux bourbeuses de la rivière, celui des voitures et des charrettes passant sur le pont de Binondo arrivait distinctement jusqu'à eux. Mais ils n'entendaient pas la voix trop faible de la tante Isabel qui leur disait tout bas:

—Vous êtes bien ici, là vous seriez surveillés par tout le voisinage.

D'abord ils ne se dirent que ces futilités douces et charmantes, si douces et si charmantes pour ceux qui les disent et les entendent, si insignifiantes pour les indifférents.

Elle est sœur de Caïn, c'est-à-dire jalouse; aussi demande-t-elle à son fiancé:

—As-tu toujours pensé à moi? ne m'as-tu pas parfois oublié dans tous tes voyages, dans tant de grandes villes où sont tant de belles femmes...?

Lui aussi est frère de Caïn, un peu menteur et sachant éluder les questions embarrassantes:

—Pourrais-je t'oublier? répondit-il en regardant comme extasié les noires pupilles de la jeune fille; pourrais-je manquer à un serment, à un serment sacré? Te souviens-tu de cette nuit de tempête où, me voyant seul pleurer près du cadavre de ma mère, tu t'approchas de moi, tu posas ta main sur mon épaule, ta main que depuis longtemps déjà tu ne me laissais plus prendre.

«Tu as perdu ta mère,» me dis-tu, «je n'en ai jamais eu...» et tu pleuras avec moi. Tu l'aimais et elle t'aimait comme une fille. Dehors la pluie tombait, les éclairs brillaient, mais il me semblait entendre une douce harmonie et voir sourire le visage pâli de la morte...! O si mes parents vivaient et pouvaient te voir maintenant! Alors moi je pris ta main et celle de ma mère, je jurai de t'aimer, de te faire heureuse quel que soit le sort que le ciel me réservât, et comme ce serment ne m'a jamais causé de regrets, aujourd'hui je le renouvelle. Pouvais-je t'oublier? Ton souvenir ne m'a jamais abandonné, il m'a sauvé des périls du chemin, il a été ma consolation dans la solitude où se trouvait mon âme en ces lointains pays; il a rendu impuissant le lotus d'Europe, la fleur d'oubli qui chasse de la mémoire de beaucoup de nos compatriotes les espérances et les malheurs de la Patrie! Dans mes rêves, je te voyais debout, sur la plage de Manille, regardant l'horizon lointain encore enveloppé dans la tiède lumière de l'aurore; j'écoutais un chant langoureux et mélancolique qui réveillait en moi des sentiments endormis et évoquait dans mon cœur l'image des premières années de mon enfance, nos joies, nos jeux, tout l'heureux passé que je vécus par toi lorsque tu étais à San Diego. Il me semblait parfois que la fée, le génie, l'incarnation poétique de cette Patrie, c'était toi, belle, simple, aimable, candide fille des Philippines, de ce beau pays qui unit les vertus d'un peuple jeune aux grandes qualités de la Mère Espagne, comme s'unissent en tout ton être la grâce et la beauté des deux races; et par là, l'amour que j'ai pour toi et celui que j'ai voué à ma Patrie se fondent en un seul... Pouvais-je t'oublier? Que de fois j'ai cru entendre le son de ton piano ou les accents de ta voix! En Allemagne, à la chute du jour, lorsque trop rarement les trilles variées du rossignol venaient charmer mon oreille, c'était ta présence qui inspirait le céleste chanteur. Si j'ai pensé à toi! la fièvre de ton amour donnait une âme aux brouillards et réchauffait les glaces de ces pays du Nord. En Italie, le beau ciel azuré, par sa limpidité et par sa profondeur me parlait de tes yeux, les gracieux paysages me redisaient ton sourire, comme les campagnes d'Andalousie, embaumées d'aromes, peuplées de souvenirs orientaux, remplies de couleur et de poésie, m'entretenaient de ton amour.

Dans les nuits de lune, de cette somnolente lune d'Europe, je me demandais, voguant dans une barque sur le Rhin, si je ne pourrais pas tromper ma fantaisie pour te voir apparaître entre les peupliers de la rive, assise sur le rocher de la Lorelay ou bien chantant au milieu des ondes, dans le silence de la nuit, comme la jeune fée des consolations chargée d'égayer la solitude et la tristesse de ces vieux châteaux ruinés. J'errais par les bois peuplés des fantastiques créatures, filles des poètes, remplis des mystérieuses légendes des générations passées; je prononçais ton nom, je croyais te voir dans la brume s'élevant du fond de la vallée, je croyais t'écouter dans le murmure des feuilles et, quand les paysans revenant du travail faisaient entendre au loin leurs refrains populaires, il me semblait que ces accords s'harmonisaient avec mes voix intérieures, qu'ils chantaient pour toi, qu'ils donnaient une réalité à mes illusions et à mes rêveries. Parfois, je me perdais dans les sentiers des montagnes et la nuit qui, là-bas, descend très lentement, me trouvait encore vaguant, cherchant mon chemin entre les pins, les hêtres et les chênes; si quelque rayon de lune se glissait entre les branches touffues, je croyais te voir au milieu du bois comme une ombre vague, tour à tour paraissant à la lumière et se cachant dans les épaisses ténèbres des profonds taillis!

—Je n'ai pas voyagé comme toi, je ne connais rien de plus que ton pueblo, Manille et Antipolo, répondit-elle en souriant, car elle croyait jusqu'au moindre mot tout ce qu'il lui avait raconté, mais depuis que je t'ai dit adieu, que je suis entrée au couvent, toujours je me suis souvenue de toi et, bien que mon confesseur me l'ait souvent commandé et que cela m'ait valu nombre de pénitences, jamais je n'ai pu t'oublier. Je me souvenais de nos jeux, de nos querelles quand nous étions enfants. Tu choisissais les plus beaux *sigüeyes*4 pour jouer au *siklot*, tu cherchais dans la rivière les cailloux les plus ronds et les plus fins, ceux qui s'ornaient des plus belles couleurs, pour jouer au *sintak*5; tu étais très lourd, tu perdais toujours et, pour châtiment, je te donnais le *bantil*6 avec la paume de la main, pas fort, car j'avais pitié de toi. Au jeu de la *chouka*7, tu étais très tricheur, plus encore que moi, et tout cela finissait par des brouilles. Te rappelles-tu ce jour où tu te fâchas pour de bon? J'en eus alors beaucoup de peine, mais depuis, lorsqu'au couvent ces souvenirs me revenaient à la mémoire, je souriais, je te cherchais pour nous disputer encore... et faire la paix ensuite, et je ne te trouvais pas. Nous étions encore des enfants; avec ta mère, nous allions nous baigner dans le ruisseau, à l'ombre des roseaux. Sur les rives, croissaient des fleurs et des plantes nombreuses, dont, fier de la science que déjà tu acquérais à l'Athénée, tu me disais les noms étranges en latin et en castillan. Je ne t'écoutais pas; j'étais trop occupée à poursuivre les papillons et les libellules dont le corps, fin comme une épingle, brille de toutes les couleurs de l'arc-en-ciel, de tous les reflets de la nacre, qui pullulent, se mêlent, se poursuivent parmi les fleurs. Parfois, avec la main, je voulais surprendre et saisir les petits poissons qui se glissaient rapides entre la mousse et les cailloux de la rive. Toi, tu n'étais plus là; quand tu revins, tu m'apportas une couronne de feuilles et de fleurs d'oranger que tu posas sur ma tête en m'appelant Chloé; tu t'en étais fait une autre pour toi avec des plantes grimpantes. Mais ta mère prit ma couronne, la broya avec une pierre et en mélangea les débris avec le gogo8 dont elle devait se servir pour laver notre chevelure: les larmes jaillirent de tes yeux et tu lui reprochas de ne rien comprendre à la mythologie:—«Sot! répliqua ta mère, tu verras comme vos cheveux sentiront bon!» Moi, je ris, tu te fâchas de mes rires et ne voulus plus me parler de la journée; ta rancune me donna à mon tour envie de pleurer. De retour au pueblo, comme le soleil était très ardent, je cueillis des feuilles de sauge croissant au bord du chemin et te les donnai pour que tu les misses dans ton chapeau afin d'éviter les maux de tête. Tu me fis comprendre par un sourire ta reconnaissance de cette attention, alors je te pris la main et, bien vite, nous étions réconciliés.

Ibarra souriait de bonheur; il ouvrit son portefeuille, en tira un papier dans lequel étaient enveloppées quelques feuilles noirâtres, desséchées, mais parfumées encore.

—Tes feuilles de sauge! répondit-il au regard qu'elle tournait vers lui; c'est là tout ce que tu m'as donné!

A son tour, elle sortit rapidement de son corsage une petite bourse de satin blanc.

—Fi! dit-elle en lui donnant une chiquenaude sur la main; on ne touche pas! c'est une lettre d'adieux.

—Est-ce celle que je vous ai écrite avant de partir?

—M'en avez-vous écrit d'autres, Señor mio?

—Et, que te disais-je alors?

—Beaucoup de mensonges, des excuses de mauvais payeur! répondit-elle souriante et laissant voir que ces mensonges n'avaient rien qui lui fût désagréable. Reste sage! je te la lirai, mais je supprimerai tes galanteries pour ne pas te faire trop souffrir.

Et levant le papier pour cacher sa figure elle commença:

«Ma...», je ne te lis pas ce qui suit parce que c'est un mensonge! et, des yeux, elle parcourut quelques lignes. «Mon père veut que je parte malgré toutes mes prières.—Tu seras un homme, m'a-t-il dit, tu dois apprendre à penser à l'avenir et aux devoirs qu'il t'impose. Tu dois apprendre la science de la vie, que ta patrie ne peut te donner, afin de pouvoir lui être utile un jour. Si tu restes à mes côtés, à mon ombre, dans cette atmosphère de préoccupations journalières, tu ne sauras jamais regarder au loin, et le jour où je te manquerai, tu te trouveras comme la plante dont parle notre poète Baltazar «crue dans l'eau, quand l'eau lui manque ses feuilles se flétrissent peu à peu, un instant de chaleur achève de la dessécher.» Vois! tu es presque un jeune homme et tu pleures encore!—Ce reproche me fut sensible et je confessai alors à mon père mon amour pour toi. Il se tut, réfléchit et me posant la main sur l'épaule, me dit d'une voix tremblante:—Crois-tu que toi seul saches aimer, que ton père ne t'aime pas aussi, qu'il ne lui coûte rien de se séparer de toi? Il y a peu nous avons perdu ta mère. Déjà je m'approche de la vieillesse, de cet âge où l'on cherche l'appui et les consolations de la jeunesse, et cependant, j'accepte ma solitude, je cours le risque de ne plus te revoir! Mais d'autres pensées plus hautes doivent guider ma conduite... Pour toi, l'avenir s'ouvre, il se ferme pour moi; tes amours naissent, les miennes se meurent; le feu bout dans ton sang, le froid pénètre dans le mien et c'est toi qui pleures, c'est toi qui ne sais pas sacrifier le présent à un lendemain utile pour toi et pour ton pays!—Les yeux de mon père se remplirent de larmes, je tombai à genoux à ses pieds, je l'embrassai, lui demandai pardon et lui dis que j'étais prêt à partir...»

L'agitation d'Ibarra la força d'interrompre cette lecture; le jeune homme était devenu très pâle, il allait et venait d'un côté à l'autre.

—Qu'as-tu? es-tu malade? lui demanda-t-elle.

—Tu m'as fait oublier que j'ai des devoirs à remplir et que je dois partir de suite pour le pueblo: demain est la fête des morts!

Maria Clara se tut. Elle fixa sur lui ses grands yeux songeurs et, cueillant quelques fleurs:

—Va! lui dit-elle d'une voix émue, je ne te retiens plus. Dans quelques jours nous nous reverrons. Dépose ces fleurs sur la tombe de tes parents.

Quelques minutes après, tandis que Maria Clara s'enfermait dans l'oratoire, Crisóstomo accompagné de Capitan Tiago et de la tante Isabel descendait l'escalier.

—Faites-moi le plaisir de dire à Andeng qu'elle prépare la maison, que Maria Clara et Isabel vont arriver. Bon voyage! dit Capitan Tiago à Ibarra qui montait dans la voiture et s'éloignait dans la direction de la place San Gabriel.

Puis, voyant Maria Clara pleurant et priant aux pieds d'une image de la Vierge:

—Allons! lui dit-il pour la consoler, brûle deux cierges de deux réaux chacun, l'un au seigneur saint Roch, l'autre au seigneur saint Raphaël, patron des voyageurs! Allume la lampe de Nuestra Señora de la Paz y Buenviaje, car les tulisanes sont nombreux et mieux vaut dépenser quatre réaux de cire et six cuartos d'huile que leur payer une grosse rançon.

---

1 Le Cantique des Cantiques.—N. des T.

2 Cabello de angel (tête d'ange) ou Cidra cayote, cucurbitacée, *Cucurbita citrulus*.—N. des T.

3 Aviron fait d'une seule pièce de bois.—N. des T.

4 Petits coquillages (*Cypræa moneta*), servant de monnaie comme les cauries. On en exporte beaucoup au Siam.—N. des T.

5 *Sintak* et *Siklot*, jeux d'enfants.—N. des T.

6 Gage payé par le perdant qui doit recevoir des coups sur les bras.—N. des T.

7 Jeu philippin pour deux personnes fait d'une pièce de bois percée de trous où l'on jette de petites pierres.—N. des T.

8 Savon fabriqué avec la racine triturée de l'*Entada scandens*, *Benth.* ou de l'*Entada purseta* (mimosées).—N. des T.

VIII

Souvenirs

La voiture d'Ibarra parcourait une partie du faubourg le plus vivant de Manille; ce qui le rendait triste la nuit précédente le faisait sourire, malgré son chagrin, à la lumière du jour.

L'animation qui bouillait de toutes parts, tant de voitures au galop courant en tous sens, les charrettes, les calèches, les Européens, les Chinois, les indigènes, le mélange des costumes, les vendeuses de fruits, les commissionnaires, le débardeur à demi-nu, les échoppes de victuailles, les auberges, les restaurants, les boutiques, jusqu'aux chariots traînés par le bœuf carabao indifférent et impassible qui semble se distraire par des dissertations philosophiques tout en tirant de lourds fardeaux, le bruit, le roulement des voitures, le soleil lui-même, une certaine odeur particulière, les couleurs bigarrées, tout réveillait dans sa mémoire un monde de souvenirs endormis.

Ces rues n'étaient pas encore pavées. Aussi le soleil brillait-il deux jours de suite, elles se convertissaient en une poussière qui recouvrait tout, transperçait tout, attaquait la gorge et les yeux des passants; au contraire, pleuvait-il une journée, c'était un marais où la nuit se reflétaient les lanternes des voitures qui, à cinq mètres de distance, éclaboussaient les piétons sur les trottoirs étroits. Que de femmes avaient laissé leurs souliers brodés dans ces vagues de boue! En ce moment des forçats en file étaient occupés à damer les rues; la tête rase, vêtus d'une chemise à manches courtes et d'un caleçon tombant jusqu'au genou, leurs effets marqués de chiffres et de lettres bleues, ils portaient aux jambes des chaînes à demi-enveloppées de chiffons sales afin d'atténuer le frottement et peut-être aussi le bruit du fer. Ils travaillaient, attachés deux à deux, grillés par le soleil, énervés par la chaleur et la fatigue, harcelés et rossés par l'un d'entre eux qui, armé d'une verge, se consolait en maltraitant à son tour ses malheureux camarades. C'étaient des hommes de haute taille, de physionomie sombre que n'éclairait jamais la lueur d'un sourire; cependant, leurs yeux brillaient quand la verge sifflait et tombait sur les épaules ou bien quand un passant leur jetait le bout d'un cigare à demi mâché et déroulé: celui qui était le plus près le ramassait et le cachait dans son *salakot*1: les autres, immobiles, regardaient les passants avec une expression étrange. Ibarra croyait entendre encore le bruit qu'ils faisaient en broyant la pierre pour remplir les vides du pavé et le tintement léger des chaînes pesantes rivées à leurs chevilles enflées. Il se rappelait avec émotion une scène qui avait blessé son esprit d'enfant: c'était une après-midi, le soleil laissait tomber d'aplomb ses rayons les plus chauds. A l'ombre d'un tombereau de bois gisait un de ces hommes; il était inanimé, les yeux encore entr'ouverts; les autres silencieux, sans un signe de colère ou de douleur, arrangeaient patiemment—selon ce qui passe pour être le caractère des indigènes—une civière de roseaux. «Aujourd'hui toi, demain nous», semblaient-ils dire entre eux. Autour d'eux, sans se soucier de rien, chacun allait et venait; les femmes passaient, regardaient et continuaient leur route, le spectacle était trop commun pour attirer l'attention, sa fréquence endurcissait les cœurs; les voitures couraient, reflétant dans leur caisse vernie les rayons du soleil qui brillait dans un ciel sans nuages. Lui seul, enfant de onze ans, arrivant de son pueblo, ressentit une émotion profonde et ne dormit pas la nuit suivante.

L'excellent et honorable pont de bateaux, ce pont bien philippin qui faisait tout son possible pour être utile malgré ses imperfections naturelles et s'élevait ou s'abaissait selon les caprices du Pasig, ce brave pont qui plus d'une fois avait été maltraité et détruit par le fleuve, n'existait plus.

Les amandiers de la place San Gabriel toujours chétifs et malingres, n'avaient pas grandi.

La *Escolta* lui parut moins belle, bien qu'un grand édifice orné de cariatides eût remplacé les anciennes *Camarines*2. Le nouveau Pont d'Espagne appela son attention; à l'endroit où se termine la Escolta et où commence l'île du Romero, les maisons espacées sur la rive droite de la rivière parmi les roseaux et les arbres lui faisaient se souvenir des fraîches matinées où il passait là en barque, se rendant aux bains de Ulî-Ulî. Il rencontrait de nombreuses voitures tirées par de magnifiques attelages de petits chevaux nains; dans ces voitures se prélassaient des employés se rendant à leur bureau sommeillant encore à demi, des militaires, des Chinois infatués et ridicules, de graves moines, des chanoines, etc. Dans une élégante victoria, il crut reconnaître le P. Dámaso, sérieux, le front plissé, mais la victoria fila rapide; d'une voiture découverte où il était accompagné de sa femme et de ses deux filles, Capitan Tinong le salua amicalement.

Le pont dépassé, les chevaux prirent le trot vers la promenade de la Sabana. A droite la fabrique de tabacs de Arroceros faisait entendre le bruit des cigarières frappant les feuilles. Ibarra ne put s'empêcher de sourire en se rappelant cette odeur forte qui, vers cinq heures de l'après-midi, saturait le Pont de Bateaux et lui donnait la nausée lorsqu'il était enfant. Les conversations animées, les plaisanteries bruyantes emportaient son imagination vers le quartier de Lavapiés à Madrid, vers ses émeutes de cigarières si fatales aux malheureux *guindillas*3.

Le jardin botanique chassa ces agréables souvenirs. Le démon des comparaisons le replaça devant les jardins botaniques d'Europe où, pourtant, il faut dépenser tant de patience, tant de soins et tant d'argent pour qu'une feuille pousse et que s'ouvre le calice d'une fleur; il revit même ceux des colonies, tous riches, bien soignés et ouverts au public. Puis il détourna son regard vers la droite et l'antique Manille, encore enfermée dans ses fossés et ses murailles, lui fit l'effet d'une jeune anémique affublée d'un costume datant des beaux jours de son aïeule.

Au delà, la mer immense se perdait au loin!...

—Là-bas, de l'autre côté, est l'Europe! pensait le jeune homme, l'Europe et ses belles nations en perpétuel mouvement, recherchant le bonheur, faisant tous les matins de nouveaux rêves dont elles se détrompent au coucher du soleil... toujours heureuses au milieu de toutes les catastrophes! Oui, là-bas, par delà la mer infinie, sont les véritables patries spirituelles, bien qu'elles ne condamnent pas la matière et qu'elles ne se flattent pas d'adorer uniquement l'esprit...!

Mais il vit devant lui la petite colline du camp de Bagumbayan4 et toute autre pensée s'enfuit de son imagination. Le monticule isolé, près de la promenade de la Luneta, attirait seul son attention et s'imposait à ses méditations.

Il pensait à l'homme qui avait ouvert les yeux de son intelligence, qui lui avait appris à distinguer le bon et le juste. Les idées qu'il lui avait inculquées ne constituaient pas un lourd bagage, mais ce n'étaient pas de vaines répétitions de banales formules; c'étaient des convictions qui n'avaient pas pâli à la lumière des plus ardents foyers du Progrès. C'était un vieux prêtre... ce saint homme était mort là!...

A toutes ces apparitions il répondait en murmurant à voix basse:—Non, malgré tout, d'abord la Patrie, d'abord les Philippines, filles de l'Espagne, d'abord la patrie espagnole! Non, ce qui ne se peut empêcher ne saurait ternir la gloire de la Patrie!

Il passa indifférent devant la Hermita, Phénix en bois de nipa, qui renaissait de ses cendres et étalait de nouveau ses maisons blanches et bleues couvertes de toits de zinc peints en rouge. Son attention ne fut pas non plus éveillée ni par Malate, ni par le quartier de cavalerie, ni par les arbres qui lui font face, ni par les habitants, ni par leurs petites maisons de nipa dont les toits plus ou moins pyramidaux ou prismatiques ressemblent à des nids cachés parmi les platanes et les bongas5.

La voiture roule toujours. Elle croise un chariot tiré par deux chevaux dont les harnais d'abaka6 décèlent l'origine provinciale. Le charretier fait de son mieux pour voir le voyageur qu'emporte le brillant attelage et passe sans dire un mot, sans un salut. Parfois, la longue et poudreuse chaussée, baignée par l'éclatant soleil des tropiques, s'anime du pas lent et lourd d'un carabao pensif traînant un pesant tombereau dont le conducteur, juché sur sa peau de buffle, accompagne de son chant monotone et mélancolique le strident grincement des roues frottant sur l'énorme essieu; parfois aussi c'est le bruit sourd des patins usés d'un *paragos*, ce traîneau des Philippines, embarrassé parmi la poussière et les flaques d'eau de la route. Dans les champs, paissent les troupeaux parmi lesquels de blancs hérons se promènent gravement, quelques-uns tranquillement se posent sur le dos de bœufs somnolents, savourant béats les herbes de la prairie; au loin sautent et courent les juments, poursuivies par un jeune poulain bouillant d'ardeur, livrant au vent sa longue et abondante crinière, hennissant et frappant la terre de ses puissants sabots.

Laissons le jeune homme rêver endormi à moitié dans la voiture qui l'emporte. Animée ou mélancolique, la poésie de la campagne ne le distrait pas de ses pensées. Ce soleil qui fait briller les cimes des arbres et courir les paysans dont le sol échauffe et brûle les pieds à travers leurs épaisses chaussures; ce soleil qui arrête la paysanne à l'ombre d'un amandier ou d'un bouquet de gigantesques roseaux et la fait penser à des choses vagues et inexplicables, ce soleil n'a plus d'enchantement pour lui.

Tandis que, chancelant comme un homme ivre, la voiture roule sur le terrain accidenté, qu'elle passe sur un pont de bambous, qu'elle monte la côte rude ou descend la pente rapide, retournons à Manille.

---

1 Chapeau fait de roseaux et de fibres d'anajao, *Coripha minor.*—N. des T.

2 La *Escolta* est une des principales rues de Manille et la plus commerçante; il y a quelques années, on donnait le nom de *Camarines* à certains vieux bâtiments, d'un seul étage, d'aspect délabré, où étaient établies de petites boutiques tenues par des Chinois.—N. des T.

3 *Guindilla*, dans le *calo* de Madrid équivaut à *sergot* ou *flic* dans l'argot parisien.—N. des T.

4 Lieu où se font les exécutions. Rizal y fût fusillé.—N. des T.

5 Bonga, *Areca catechu, L.* C'est avec la noix de bonga que se fait le buyo.—N. des T.

6 Ou abaca, chanvre de Manille, fabriqué avec le tronc d'une des nombreuses variétés de bananiers dont le fruit n'est pas comestible, mais dont l'écorce renferme un filament semblable à celui de l'aloès. Cette plante atteint de 4 à 5 mètres de hauteur, sans compter le développement des feuilles. Elle appartient à la classe *It. Escandria*, ordre *Monoguna*, genre *Musa*. Les variétés aujourd'hui connues sont en grand nombre (René Menant). On en fait un très grand commerce.—N. des T.

IX

Choses du pays

Ibarra ne s'était pas trompé. C'était bien le P. Dámaso qu'il avait vu dans une victoria se dirigeant vers la maison dont lui-même venait de sortir.

Maria Clara et la tante Isabel se disposaient à monter dans une voiture rehaussée d'ornements d'argent quand le moine arriva.

—Où alliez-vous? leur demanda-t-il; et, au milieu de sa préoccupation, il donnait de petites tapes légères sur les joues de la jeune fille.

—Nous allions au couvent, chercher mes effets, répondit celle-ci.

—Ah! ah! c'est bien! nous allons voir qui sera le plus fort, nous allons voir... murmura-t-il distrait en laissant là les deux femmes quelque peu surprises. Et la tête basse, il gagna l'escalier d'un pas lent et monta.

—Il prépare quelque sermon et probablement il l'apprend par cœur! dit la tante Isabel; monte, Maria, nous arriverons trop tard.

Nous ne saurions dire si le P. Dámaso préparait un sermon, mais son attention devait être absorbée par des choses bien importantes, car il ne tendit pas la main à Capitan Tiago qui dut faire une demi-génuflexion pour la baiser.

—Santiago! lui dit-il tout d'abord, nous avons à causer très sérieusement; allons dans ton bureau.

Capitan Tiago se sentit inquiet; il ne put répondre, mais obéit et suivit docilement le gigantesque prêtre qui, derrière lui, ferma la porte.

Tandis qu'ils s'entretiennent en secret, voyons ce qu'est devenu Fr. Sibyla.

Le savant dominicain n'était pas au presbytère; de très bonne heure, sitôt sa messe dite, il s'était mis en chemin vers le couvent de son ordre situé à l'entrée de la ville, près de la porte qui, selon la famille régnante à Madrid, porte tour à tour les noms d'Isabelle II et de Magellan.

Sans s'occuper de la délicieuse odeur de chocolat ni du bruit des tiroirs et des monnaies qui venaient de la procuration et répondant à peine au salut respectueux du frère procureur, Fr. Sibyla monta, traversa quelques couloirs et des doigts frappa à une porte.

—Entrez! soupira une voix.

—Dieu réserve la santé à Votre Révérence! dit en entrant le jeune dominicain.

Assis dans un grand fauteuil, on voyait un vieux prêtre décharné, quelque peu jauni, semblable à ces saints que peignit Rivera. Les yeux se creusaient dans leurs orbites profondes couronnées de sourcils épais qui, toujours contractés, augmentaient encore l'éclat des prunelles moribondes.

P. Sibyla le regarda ému; les bras croisés sur le vénérable scapulaire de saint Dominique. Puis il inclina la tête et, en silence, parut attendre.

—Ah! soupira le malade, on me conseille l'opération! l'opération, à mon âge! oh! ce pays, ce terrible pays! Tu vois ce qu'il fait de nous tous, Hernando!

Fr. Sibyla levant lentement les yeux, les fixa sur la physionomie du malade.

—Et qu'a décidé Votre Révérence? demanda-t-il.

—De mourir! Puis-je faire autre chose? Je souffre trop, mais... j'ai fait souffrir beaucoup... je paye ma dette! et toi? comment vas-tu? qu'apportes-tu?

—Je venais vous parler de ce dont vous m'aviez chargé.

—Ah! et qu'y a-t-il à ce propos?

—On nous a raconté des histoires, répondit avec ennui le jeune moine qui s'assit et détourna le regard; le jeune Ibarra est un garçon prudent; il ne me paraît pas bête, mais je le crois un brave homme.

—Tu le crois?

—Les hostilités ont commencé hier soir.

—Ah! et comment?

Fr. Sibyla raconta brièvement ce qui s'était passé entre le P. Dámaso et Crisóstomo.

—De plus, ajouta-t-il en concluant, le jeune homme se marie avec la fille de Capitan Tiago dont l'éducation a été faite à la pension de nos sœurs; il est riche, il ne voudra pas se faire d'ennemis et compromettre à la fois son bonheur et sa fortune.

Le malade remua la tête en signe d'assentiment.

—Oui, tu as raison, avec une telle femme et un tel beau-père, il est à nous corps et âme. Si, au contraire, il se déclare notre ennemi, tant mieux!

Fr. Sibyla regarda le vieillard avec surprise.

—Pour le bien de notre sainte corporation, s'entend, ajouta-t-il en respirant avec difficulté; je préfère les attaques aux louanges et aux adulations des amis... il est vrai que ceux-ci sont payés.

—Votre Révérence croit-elle cela?

Le vieillard le regarda attristé.

—Rappelle-toi bien ceci! répondit-il, la respiration entrecoupée. Notre pouvoir durera tant qu'on croira en lui. Si l'on nous attaque, le gouvernement se dit: on les combat parce qu'on voit en eux un obstacle à la liberté, donc conservons-les.

—Et si le Gouvernement prêtait l'oreille à nos ennemis, si parfois...

—Il ne le fera pas!

—Cependant si, entraîné par la cupidité, il en arrivait à vouloir pour lui ce que nous avons amassé... s'il se trouvait un homme hardi, un téméraire...

—Alors, gare à lui!

Tous deux gardèrent le silence.

—D'ailleurs, continua le malade, nous avons besoin qu'on nous attaque, qu'on nous réveille; cela nous découvre nos défauts et nous améliore. Les louanges exagérées nous trompent, nous endorment; au dehors, elles nous rendent ridicules, et le jour où nous deviendrons ridicules, nous tomberons comme nous sommes tombés en Europe. L'argent alors ne rentrera plus dans nos églises, personne n'achètera plus ni scapulaires, ni cordes de pénitence, ni rien, et quand nous cesserons d'être riches, nous ne pourrons plus convaincre les consciences.

—Bah! nous aurons toujours nos fermes, nos plantations.

—Nous perdrons tout comme nous avons tout perdu en Europe! Et le pire est que nous-mêmes travaillons à notre propre ruine. Par exemple: cette soif démesurée de gain qui nous fait chaque année élever arbitrairement le prix de nos terrains; cette soif de gain qu'en vain j'ai combattue dans tous les chapitres, cette soif nous perd! L'Indien se voit obligé d'acheter à d'autres des terres qu'il trouve aussi bonnes sinon meilleures que les nôtres. Je crains que nous ne commencions déjà à baisser. Dieu aveugle ceux qu'il veut perdre. Il est temps, le peuple murmure déjà, n'augmentons pas encore le poids dont nous lui pesons sur les épaules. Ta pensée était bonne; laissons les autres arranger là-bas leurs affaires, conservons le prestige qui nous reste et puisque, d'ici peu, nous devons comparaître devant Dieu, lavons-nous les mains... Que le Dieu des miséricordes ait pitié de nos défaillances!

—De sorte que Votre Révérence croit que le revenu...

—Ne parlons plus d'argent! interrompit le vieillard avec une certaine aversion. Tu disais que le lieutenant avait menacé le P. Dámaso...!

—Oui, Père! répondit en souriant à demi Fr. Sibyla. Mais je l'ai vu ce matin et il m'a dit qu'il était fâché de ce qui s'était passé hier soir; que le Xérès lui avait monté à la tête, qu'il croyait qu'il en avait été de même pour le P. Dámaso.—Et la menace? lui demandai-je en plaisantant. «Père curé, me dit-il, je sais accomplir ma parole quand elle n'entache pas mon honneur; je ne suis pas, je n'ai jamais été un délateur et c'est pourquoi je ne suis que lieutenant.»

Après avoir parlé de diverses choses insignifiantes, Fr. Sibyla se retira.

En effet, le lieutenant n'avait pas été à Malacanan1, mais le capitaine général n'en avait pas moins appris ce qui s'était passé.

Comme il s'entretenait avec ses aides de camp des allusions que les journaux de Manille y faisaient sous forme de discussion entre des comètes et des apparitions célestes, un de ses jeunes officiers lui rapporta la sortie du P. Dámaso, non sans charger un peu les couleurs tout en se servant d'une forme plus correcte.

—De qui le savez-vous? demanda Son Excellence en souriant.

—De Laruja, qui le racontait ce matin à la rédaction.

Le capitaine général sourit de nouveau et il ajouta:

—Langue de femme, langue de moine, cela ne blesse pas! Je veux vivre en paix le temps qui me reste à passer ici et je ne tiens pas à m'attirer des histoires avec ces hommes en jupes. Bien plus! je sais que le provincial s'est moqué de mes ordres; pour punir ce moine je lui avais demandé de le changer de paroisse, eh bien! il l'a envoyé dans un autre pueblo meilleur. Ce sont là des moineries, comme nous disons en Espagne!

Mais quand Son Excellence se trouva seule, elle cessa de sourire.

—Ah! si le peuple n'était pas si stupide, comme on les briderait mes Révérences! dit-il. Mais chaque peuple mérite son sort et nous ne faisons que ce que fait tout le monde.

Entre temps, Capitan Tiago achevait sa conférence avec le P. Dámaso ou, pour mieux dire, venait de recevoir ses ordres.

—Et maintenant tu es averti! disait le franciscain en s'en allant. Tout cela aurait pu être évité si tu m'avais consulté auparavant, si tu ne m'avais pas menti quand je t'ai demandé ce qu'il en était. Tâche de ne plus faire de bêtises et aie confiance en son parrain!

Capitan Tiago fit deux ou trois tours dans la salle, réfléchissant et soupirant. Puis, subitement, comme s'il lui était survenu une bonne pensée, il courut à l'oratoire et éteignit immédiatement les cierges et la lampe qu'il avait fait allumer pour la sauvegarde d'Ibarra.

—Il est encore temps et le chemin est bien long! murmura-t-il.

1 Palais du Capitaine général des Philippines.—N. des T.

X

Le pueblo

Presque sur les rives du lac, au milieu de prairies et de rivières, est le pueblo de San Diego1. Il exporte du sucre, du riz, du café, des fruits ou bien vend à bas prix ces marchandises à quelque Chinois qui exploite la simplicité ou les vices des paysans.

Quand, par un ciel serein, les enfants grimpent au dernier étage de la tour de l'église qu'ornent les mousses et les plantes grimpantes, la beauté du panorama qui se déroule à leurs yeux leur arrache de joyeuses exclamations. Dans cet amoncellement de toits de nipa, de tuiles, de zinc et de cabonegro2, séparés par des vergers et des jardins, chacun sait retrouver sa petite maison, son petit nid.

Tout sert de repère, un arbre, le tamarin au feuillage léger, le cocotier chargé de noix, un roseau flexible, une bonga, une croix. Là-bas, c'est le rio, monstrueux serpent de cristal endormi sur le vert tapis, dont le courant est ridé de distance en distance par des fragments de rochers, épars dans le lit sableux. Ici, ce lit se rétrécit entre deux rives élevées où se cramponnent en se contorsionnant des arbres aux racines dénudées; là le courant se ralentit et les eaux s'élargissent et dorment. Plus loin, une petite maison construite tout au bord défie l'abîme, les eaux et les vents et, par ses minces étais, donne l'impression d'un monstrueux échassier qui épie le moment favorable pour se jeter sur le reptile argenté. Des troncs de palmiers, des arbres portant encore leur écorce, branlants et vacillants, unissent les deux rives et si, comme ponts, ils laissent à désirer, ce sont en échange de merveilleux appareils de gymnastique pour exercer aux équilibres. Plongés dans le rio où ils se baignent, les enfants s'amusent des angoisses de la pauvre femme qui passe, la tête chargée d'un lourd panier ou du vieillard tremblant qui laisse tomber son bâton dans l'eau.

Mais ce qu'il est impossible de ne pas remarquer, c'est ce que nous pourrions appeler une péninsule boisée dans cette mer de terre labourée. Il y a là des arbres séculaires, au tronc creusé, qui ne meurent que lorsque quelque éclair frappe leur cime hautaine; on dit qu'alors le feu se circonscrit et s'éteint à l'endroit même où il s'alluma; ailleurs sont des roches énormes que le temps et la nature ont revêtues d'un velours de mousse: la poussière se dépose couche par couche dans les creux de leur tronc, la pluie la fixe et les oiseaux apportent des graines. La végétation tropicale s'y développe librement: buissons, broussailles, rideaux de lianes entrelacées, passant d'un arbre à l'autre, se suspendant aux branches, s'accrochant aux racines, au sol et, comme si Flore n'était pas encore satisfaite, elle sème sur les plantes; des mousses et des champignons vivent sur les écorces crevassées et des plantes aériennes, hôtes gracieux, confondent leurs embrassements avec les feuilles de l'arbre hospitalier.

Ce bois était respecté: il était le sujet d'étranges légendes, mais la plus vraisemblable, et par suite la moins crue et la moins connue, paraît être la suivante.

Quand le pueblo n'était qu'un misérable amas de cabanes dans les rues duquel l'herbe croissait encore et où, la nuit, se risquaient les cerfs et les sangliers, arriva un jour un vieil Espagnol aux yeux profonds qui parlait assez bien le tagal. Après avoir parcouru et visité les divers terrains, il s'informa des propriétaires du bois dans lequel jaillissaient des eaux thermales. Quelques-uns se présentèrent qui tous prétendaient à cette propriété et le vieil Espagnol s'en rendit possesseur en échange de costumes, de bijoux et aussi de quelque argent. Ensuite, sans que l'on sût pourquoi ni comment, il disparut. Les gens du pueblo le croyaient déjà *enchanté* quand une odeur fétide qui partait du bois voisin fut remarquée par quelques pasteurs; ils cherchèrent et trouvèrent le cadavre du vieillard, putréfié, pendu à une branche de balitî3. Vivant, sa voix profonde et caverneuse, ses yeux creux et son rire muet inspiraient déjà une certaine crainte, mais maintenant, mort et suicidé, il troublait le sommeil des femmes. Parmi celles qui avaient reçu quelque chose de lui, il y en eut qui jetèrent les bijoux à la rivière et brûlèrent les costumes; après que le cadavre eût été enterré au pied même du balitî, personne ne voulut plus s'aventurer de ce côté. Un pasteur qui cherchait des animaux égarés de son troupeau raconta avoir vu des lumières; de jeunes gars allèrent voir et entendirent des plaintes. Un amoureux dédaigné qui, pour toucher le cœur de la dédaigneuse, s'était engagé à passer la nuit sous l'arbre, mourut d'une fièvre subite qui le prit le lendemain même de son exploit. D'autres contes, d'autres légendes couraient encore sur cet endroit.

Peu de mois s'étaient écoulés lorsqu'arriva un jeune homme, paraissant être un métis espagnol, qui dit être le fils du défunt; il s'établit en cet endroit, s'adonnant à l'agriculture et surtout à la culture de l'indigo. D. Saturnino était taciturne et de caractère violent, parfois cruel, mais très actif et très travailleur; il entoura d'un mur la tombe de son père que seul il visitait de temps en temps. Plus avancé en âge, il se maria avec une jeune fille de Manille de qui il eut D. Rafael, le père de Crisóstomo.

D. Rafael, dès sa première jeunesse, se fit aimer des paysans: l'agriculture importée et propagée par son père se développa rapidement; de nouveaux habitants affluèrent, de nombreux Chinois vinrent, le hameau fut promptement un village, il eut un curé indigène; puis le village se fit pueblo, le curé indien mourut et Fr. Dámaso le remplaça, mais toujours la sépulture et le terrain qui l'entourait furent respectés. Les enfants se risquaient parfois, armés de bâtons et de pierres, à courir dans les environs pour cueillir des goyaves et des fruits sauvages, papayas, lomboi4, etc.; il arrivait que, au moment où leur cueillette les occupait tout entiers ou bien lorsqu'ils contemplaient silencieux la corde se balançant sous la branche, une ou deux pierres tombaient on ne sait d'où; alors au cri: le vieux! le vieux! ils jetaient fruits et bâtons, sautaient en bas des arbres, couraient entre les roches et les buissons et ne s'arrêtaient qu'après être sortis du bois, tous pâles, les uns essoufflés, les autres pleurant, bien peu ayant le courage de rire.

----

1 Nous n'avons pu trouver aucun pueblo de ce nom, mais nous en avons vu beaucoup dans les mêmes conditions.—N. de l'Éd. esp.

2 *Caryota urens.*—N. des T.

3 Figuier banyan des Indes; cet arbre atteint des proportions gigantesques.—N. des T.

4 Papayas, *Carica papaya, L.*—Lomboi, *Eugenia Jambolana, Lam.*—N. des T.

XI

Les souverains

Divisez et régnez.

NOUVEAU MACHIAVEL.

Quels étaient les *caciques* du pueblo?

Ce n'était pas D. Rafael pendant sa vie, bien qu'il ait été le plus riche, qu'il ait possédé le plus de terres et que presque tous lui aient eu des obligations. Comme il était modeste et s'efforçait de retirer toute valeur à ce qu'il faisait, jamais un parti qui lui fut dévoué ne se forma au pueblo, et nous avons vu comment tous se levèrent contre lui aussitôt que sa fortune fut ébranlée. Serait-ce Capitan Tiago? Quand il arrivait, il est vrai qu'il était reçu en musique par ses débiteurs, ils lui donnaient un banquet et le comblaient de cadeaux, les meilleurs fruits couvraient sa table; si l'on chassait un cerf ou un sanglier, un quartier lui en était réservé; s'il trouvait beau le cheval d'un de ses débiteurs, une demi-heure après il le voyait dans son écurie; sans doute, on lui prodiguait toutes ces marques de respect et de dévouement, mais on riait de lui et, en secret on l'appelait Sacristan Tiago.

Serait-ce par hasard le gobernadorcillo? Celui-là était un malheureux qui ne commandait pas, il obéissait; il ne régnait pas, on régnait sur lui; il ne disposait pas, on disposait de lui; par contre, il devait répondre à l'Alcalde Mayor de tout ce qu'on lui avait commandé, ordonné, de tout ce dont on avait disposé pour lui, comme si tout était sorti de son idée; mais, ceci soit dit à son honneur, il n'avait ni volé ni usurpé cette dignité, elle lui coûtait cinq mille pesos et beaucoup d'humiliations et, étant donné ce qu'elle lui rapportait, il trouvait que c'était très bon marché.

Eh bien! mais alors, serait-ce Dieu?

Ah! le bon Dieu ne trouble ni les consciences ni le sommeil des habitants de San Diego; il ne les fait même pas trembler et il est certain que si, par hasard, en quelque sermon, on leur causait de Lui, ils penseraient en soupirant: Si seulement il y avait un Dieu!... Du bon Seigneur ils s'occupent peu; ils ont assez à faire avec les saints et les saintes. Pour ces braves gens Dieu semble un de ces pauvres rois qui s'entourent de favoris et de favorites; le peuple n'adresse jamais ses suppliques qu'à eux, jamais à lui.

San Diego était une sorte de Rome; non pas une Rome à l'époque où ce fripon de Romulus traçait avec une charrue l'emplacement des murailles, mais une Rome contemporaine où, au lieu d'édifices de marbre et de colisées, s'élèveraient des monuments de saualî1 et une gallera de nipa. Le curé, c'était le pape au Vatican; l'alférez de la garde civile, le roi d'Italie au Quirinal, le tout naturellement en proportion avec le saualî et la gallera de nipa. Ici, comme là-bas, des difficultés naissaient de cette situation, car, chacun voulant être le maître, trouvait que l'autre était de trop.

Fr. Bernardo Salvi était ce jeune et silencieux franciscain dont nous avons déjà parlé. Par ses habitudes et ses manières il se distinguait beaucoup de ses frères et plus encore de son prédécesseur, le violent P. Dámaso. Il était mince, maladif, presque toujours pensif, strict dans l'accomplissement de ses devoirs religieux et soigneux de son bon renom. Un mois après son arrivée, presque tous ses paroissiens se firent frères de la V. O. T.2 à la grande tristesse de sa rivale, la Confrérie du Très Saint-Rosaire. L'âme sautait de joie lorsqu'on pouvait admirer suspendus à tous les cous quatre ou cinq scapulaires, une corde à nœuds autour de toutes les ceintures, et toutes ces processions de cadavres ou de fantômes en habits de guingon. Le sacristain principal gagna un petit capital en vendant—ou en donnant comme aumônes, ainsi que cela doit se dire,—tous les objets nécessaires pour sauver l'âme et combattre le diable. On sait que cet esprit qui, autrefois se risquait à attaquer Dieu lui-même face à face et mettait en doute la parole divine, comme il est dit au saint livre de Job, qui emporta N.-S. Jésus-Christ dans les airs comme il fit depuis au Moyen-Age avec les sorcières et comme il continue, dit-on, à le faire encore avec les asuang3 des Philippines, se trouve aujourd'hui si faible et si honteux qu'il ne résiste pas à la vue d'un morceau d'étoffe où l'on a peint deux bras et qu'il craint les nœuds d'une corde. Ceci ne prouve rien sinon que le progrès s'accomplit aussi de ce côté et que le diable est réactionnaire ou tout au moins conservateur, comme tout ce qui vit dans les ténèbres.

P. Salvi, nous l'avons déjà dit, était très assidu à accomplir ses devoirs religieux; selon l'alférez, il l'était trop. Tandis qu'il prêchait—il aimait beaucoup à prêcher—on fermait les portes de l'église; il ressemblait ainsi à Néron qui ne laissait sortir personne tandis qu'il chantait au théâtre; mais lui le faisait pour le bien et Néron pour le mal des âmes. Il punissait le plus souvent d'amendes les fautes de ses subordonnés, mais frappait très rarement, ce en quoi il se différenciait encore beaucoup du P. Dámaso, lequel arrangeait tout avec des coups de poing et des coups de bâton qu'il distribuait en riant avec la meilleure bonne volonté. On ne pouvait lui en vouloir; il était convaincu que l'indigène ne se traitait qu'à coups de bâton; un frère qui savait écrire des livres le lui avait dit et lui l'avait cru, car il ne discutait jamais les choses imprimées: beaucoup pouvaient se plaindre de cette modestie.

Fr. Salvi frappait très rarement, mais, comme le disait un vieux philosophe du pueblo, ce qui manquait en quantité, abondait en qualité; de cela à lui aussi on n'aurait pu faire de reproches. Les jeûnes et les abstinences appauvrissaient son sang, exaltaient ses nerfs et, comme disait le peuple, le vent lui montait à la tête. Il en résultait que les épaules des sacristains ne distinguaient pas très bien un curé qui jeûnait d'un autre qui mangeait beaucoup.

Le seul adversaire de ce pouvoir spirituel à tendances de temporel était, comme nous l'avons déjà dit l'alférez. Le seul, car, selon ce que racontaient les femmes, le diable fuyait le saint prêtre parce qu'un jour, s'étant avisé de le tenter, il fut pris, attaché au pied d'un lit, flagellé avec une corde et ne fut mis en liberté qu'au bout de neuf jours.

Naturellement, celui qui malgré tout cela se déclarait encore l'ennemi d'un pareil homme en arrivait à avoir une renommée pire que les pauvres diables toujours dupés et battus, et l'alférez méritait son sort. Sa femme, une vieille philippine, poudrée et fardée, se nommait Da Consolacion; le mari et d'autres personnes encore lui donnaient un autre nom. L'alférez vengeait ses malheurs conjugaux sur lui-même en buvant comme un muid, sur ses subordonnés en commandant à ses soldats de faire l'exercice au soleil, lui restant à l'ombre, enfin, et c'était le cas le plus fréquent, sur sa femme en tapant sur elle à cœur joie. Certes, si la brave dame n'était pas une bête à bon Dieu pour décharger personne de ses péchés, elle ne devait pas moins lui éviter beaucoup de souffrances dans le purgatoire, si toutefois il y allait jamais, ce dont doutaient les dévots. Lui et elle, comme pour s'amuser, se battaient merveilleusement, donnant aux voisins des spectacles gratuits, concerts vocaux et instrumentaux à quatre mains, piano, forte, avec pédales, etc.

Pour contrarier le prêtre, l'officier, inspiré par sa femme, défendit que personne se promenât après neuf heures du soir. Da Consolacion prétendait avoir vu le curé, déguisé avec une chemise de piña et un salakot de nitô4 se promenant à toute heure de nuit. Fr. Salvi se vengea saintement: voyant entrer l'alférez dans l'église, il ordonna en secret au sacristain de fermer toutes les portes puis il monta en chaire et commença à prêcher jusqu'à ce que les saints eux-mêmes s'endormissent et que lui demandât grâce l'image de l'Esprit divin, la colombe de bois sculptée au-dessus de sa tête. Comme tous les pécheurs impénitents, l'alférez ne se corrigea pas pour cela; il sortit en jurant et, aussitôt qu'il put attraper un sacristain ou un domestique du curé, il le retint, le frappa, lui fit nettoyer le sol du quartier et celui de sa propre maison qui, grâce à cela, se trouva enfin présentable. Le sacristain, en allant payer l'amende que le curé lui avait imposée pour son absence en exposa les motifs. Fr. Salvi l'écouta silencieusement, garda l'argent, et aussitôt lâcha ses chèvres et ses moutons pour qu'ils pussent aller paître dans le jardin de l'alférez, tandis qu'il cherchait un thème nouveau pour un autre sermon beaucoup plus long et plus édifiant. Cependant tout cela n'empêchait nullement l'alférez et le curé, lorsqu'ils se rencontraient, de se donner la main et de se parler courtoisement.

Quand son mari cuvait son vin ou ronflait pendant la sieste, Da. Consolacion, ne pouvant se disputer avec lui, venait s'installer à la fenêtre, son cigare à la bouche, vêtue d'une chemise de flanelle bleue. Elle, qui ne pouvait supporter la jeunesse, dardait de là ses yeux sur les jeunes filles et les couvrait d'injures. Celles-ci qui la craignaient, s'enfuyaient toutes confuses sans pouvoir lever les yeux, pressant le pas et contenant leur respiration. Da. Consolacion possédait une grande vertu: elle ne s'était probablement jamais regardée dans un miroir.

Tels étaient les souverains du pueblo de San Diego.

----

1 Sorte de treillis fait de roseaux.—N. des T.

2 V. O. T. Venerable Orden Tercera, Vénérable Tiers Ordre de S. François.—N. des T.

3 Sorciers.—N. des T.

4 Le nito est une sorte de liane.—N. d. T.

XII

La Toussaint

Ce qui seul distingue l'homme de l'animal c'est le culte qu'il rend à ceux qui ne sont plus. Et chose étrange! ce culte semble d'autant plus enraciné chez les peuples qu'ils sont parvenus à un degré de civilisation plus élevé.

Les historiens racontent que les anciens habitants des Philippines vénéraient leurs ancêtres et les déifiaient; maintenant tout est changé: les morts doivent se recommander aux bons soins des vivants. Il paraît que les sauvages de la Nouvelle-Guinée gardent dans des boites les os de leurs morts et conversent avec eux; la plupart des peuples d'Asie, d'Afrique et d'Amérique leur offrent les plats les plus raffinés, ceux qu'ils préféraient lorsqu'ils étaient en vie, ils leur donnent des banquets auxquels les défunts sont supposés assister. Les Égyptiens leur élevaient des palais, les musulmans de petites chapelles, etc., mais le peuple qui semble être le maître en cette matière et avoir le mieux connu le cœur humain semble être les Dahoméens. Ces nègres savent que l'homme est rancunier, ils en concluent que rien ne peut mieux satisfaire le défunt que de sacrifier sur sa tombe ceux qui furent ses ennemis, et comme il est également avide de nouvelles, et ne doit savoir comment se distraire dans l'autre monde, on lui envoie chaque année un courrier sous la forme d'un esclave décapité.

Nos coutumes ne ressemblent en rien à celles de tous ces peuples. Malgré les inscriptions gravées sur les tombes, presque personne ne croit que les morts reposent en paix. Le plus optimiste revoit ses bisaïeuls brûlant encore dans le Purgatoire, où, si lui-même n'est pas définitivement condamné, il pourra leur tenir compagnie de nombreuses années.

Que celui qui nous voudrait contredire visite les églises et les cimetières du pays en ce jour de la fête des Morts, qu'il observe et il jugera. Mais puisque nous sommes à San Diego, entrons dans le cimetière de ce pueblo et visitons-le.

Situé à l'ouest, au milieu des rizières, ce n'est pas la ville, c'est le faubourg des morts: on y accède par un étroit sentier, poudreux les jours de soleil, navigable les jours de pluie. Une porte de bois, un entourage fait moitié de pierre, moitié de tiges de bambou et de pieux semble le séparer des hommes, mais non des chèvres du curé ni des porcs des voisins qui entrent et sortent pour explorer les tombes et égayer de leur présence cette triste solitude.

Au milieu de ce vaste enclos, un piédestal de pierre supporte une grande croix de bois. La tempête a plié la feuille de fer blanc où était peint le I. N. R. I. et la pluie a effacé les lettres. Au pied de la croix, comme sur le véritable Golgotha, s'amoncellent confusément des crânes et des os que le fossoyeur indifférent rejette des fosses qu'il vide. C'est là qu'ils attendront probablement, non pas la résurrection des morts, mais la venue des animaux qui les souilleront de leurs ordures. Alentour on remarque de récentes excavations; ici le terrain est creusé, là il forme un petit monticule. Partout croissent dans toute leur vigueur le tarambulo1 et le pandakaki2: le premier pour percer les pierres de ses baies épineuses, le second pour ajouter son odeur à celle du cimetière. Cependant quelques petites fleurettes nuancent le sol, fleurs qui, comme ces crânes entassés, ne sont connues que de leur Créateur: le sourire de leurs pétales est pâle et leur parfum est le parfum du sépulcre. L'herbe et les plantes grimpantes couvrent les angles, escaladent les murailles et les niches, habillant et embellissant cette laideur dénudée; parfois elles pénètrent par les fissures, œuvre des tremblements de terre, et cachent aux regards les vénérables cavités des tombeaux.

A l'heure où nous pénétrons dans ce champ de repos, les hommes sont occupés à chasser les animaux; seul, un porc, difficile à convaincre, se montre avec ses petits yeux à travers un grand trou de la muraille, il secoue la tête, lève en l'air le groin et semble dire à une femme qui prie:

—Ne le mange pas en entier, laisse-moi quelque chose!

Deux hommes creusent une fosse près du mur qui menace ruine; l'un, le fossoyeur accomplit son travail avec la plus complète indifférence; il jette de côté les vertèbres et les crânes comme un jardinier les pierres et les feuilles mortes; l'autre est préoccupé, il sue, il fume, il crache à tout moment.

—Oh! dit ce dernier, en tagal. Ne ferions-nous pas mieux de creuser en un autre endroit. Cette fosse-ci est trop récente.

—Toutes les fosses sont les mêmes, aussi récentes l'une que l'autre.

—Je n'en puis plus! Cet os sur lequel se trouve encore du sang... hem! et ces cheveux?

—Quelle femmelette! s'écrie l'autre en lui reprochant sa délicatesse. Il fallait te mettre commis du tribunal! Si tu avais déterré, comme moi, un cadavre de vingt jours, la nuit, par la pluie, sans lumière... ma lanterne s'étant soufflée...

Son compagnon ému le regarda.

—Le cercueil s'était décloué, le mort sortait à moitié... il sentait... je me vis forcé de le prendre sur mon dos... il pleuvait, nous étions mouillés tous deux, et...

—Brr! Et pourquoi l'as-tu déterré?

Le fossoyeur parut surpris.

—Pourquoi? Est-ce que je le sais? On me l'avait commandé.

—Qui te l'avait commandé?

A cette question, le fossoyeur recula d'un pas et examina l'indiscret des pieds à la tête.

—Écoute! tu es curieux comme un Espagnol; un Espagnol m'a fait ensuite la même demande, mais en secret. Je vais te répondre ce que je lui ai répondu: c'est le grand curé qui me l'avait commandé.

—Ah! et qu'as-tu fait du cadavre?

—Diable! si je ne te connaissais pas et ne savais pas qui tu es, je te prendrais pour un policier; tu me fais les mêmes questions que l'autre. Le grand curé m'avait ordonné de l'enterrer dans le cimetière des Chinois, mais comme le cercueil était pesant et que le cimetière des Chinois était loin...

—Non, non! ne creuse pas plus! interrompit l'autre avec un cri d'horreur, et jetant la pelle il sauta hors de la fosse; j'ai détaché un crâne et je crains qu'il ne me laisse pas dormir cette nuit.

Le fossoyeur, le voyant s'enfuir et faire des signes de croix, se mit à rire et reprit son travail.

Le cimetière s'emplissait d'hommes et de femmes, en habits de deuil. Quelques-uns cherchaient un instant la fosse, discutaient entre eux et, comme s'ils n'étaient pas d'accord, se séparaient, chacun s'agenouillant là où lui paraissait être le bon endroit; d'autres, ceux qui avaient des niches pour leurs parents, allumaient des cierges et se mettaient dévotement à prier. On entendait aussi des soupirs et des sanglots que, selon les cas, on s'efforçait d'exagérer ou de contenir. Et sur le tout, planait un vague ron-ron de *orapreo*, d'*orapreiss* et de *requiem æternams*.

Un petit vieux, aux yeux vifs, entra la tête découverte. A sa vue, beaucoup se mirent à rire, quelques femmes froncèrent le sourcil. Le petit vieux sembla ne faire aucun cas de ces démonstrations, mais il se dirigea vers le tas de crânes, s'agenouilla et pendant un instant, son regard chercha quelque chose parmi les os; ensuite, avec le plus grand soin, il écarta les crânes, l'un après l'autre et, comme s'il n'avait pas trouvé ce qu'il cherchait, son front se plissa, il remua la tête, regarda de tous côtés, puis enfin se leva et se dirigea vers le fossoyeur.

—Oh! lui dit-il.

Celui-ci leva la tête.

—Sais-tu où est une belle tête de mort, blanche comme l'intérieur d'une noix de coco, avec les dents au complet, qui se trouvait ici, au pied de la croix, sous ces feuilles?

Le fossoyeur haussa les épaules.

—Regarde, ajouta le vieillard, en lui montrant une pièce d'argent; je n'ai que cela, mais je te le donnerai si tu me la trouves.

Le brillant de la monnaie fit réfléchir l'homme; il regarda vers l'ossuaire et dit:

—Elle n'est pas là? Non? Alors je ne sais pas où elle peut se trouver.

—Tu ne sais pas? Quand ceux qui me doivent me paieront, je te donnerai plus, continua le petit vieux. C'était le crâne de ma femme, et si tu le trouves...

—Elle n'est pas là? alors je n'en sais rien! Mais si vous voulez je puis vous en donner un autre!

—Tu es comme la tombe que tu creuses! s'écria le bonhomme furieux, tu ne sais pas la valeur de ce que tu perds. Pour qui est cette fosse?

—Le sais-je, moi? Pour un mort! répondit l'autre avec humeur.

—Comme la tombe! comme la tombe! répétait toujours le vieux avec un rire sec; tu ne sais ni ce que tu jettes ni ce que tu portes! Creuse, creuse!

Et se retournant, il se dirigea vers la sortie.

Le fossoyeur pendant ce temps avait fini sa tâche; deux monticules de terre fraîchement remuée et de couleur rougeâtre s'élevaient sur les bords. Tirant du buyo de son salakot, il se mit à le mâcher, en regardant d'un air stupide ce qui se passait autour de lui.

----

1 *Solanum sanctum, L.*—N. des T.

2 Nom vulgaire du genre *Tabernæ montana*, apocinacées.—N. des T.

XIII

Présages de tempête

Au moment même où le petit vieux sortait du funèbre enclos, une voiture qui paraissait avoir fait un long trajet s'arrêtait à l'entrée du sentier; elle était couverte de poussière et les chevaux suaient et haletaient.

Ibarra en descendit, suivi d'un vieux domestique; il congédia le cocher d'un geste et se dirigea vers le cimetière, silencieux et grave.

—Ma maladie et mes occupations ne m'ont pas permis de revenir ici depuis le jour des obsèques de votre père, disait timidement le vieux serviteur; Capitan Tiago a dit qu'il se chargerait de faire élever une niche; mais j'ai planté des fleurs et une croix ouvrée par moi-même.

Ibarra ne répondit pas.

—Là-bas, derrière cette grande croix, señor, continua le domestique en montrant une encoignure, quand ils eurent franchi la porte d'entrée.

Ibarra était si préoccupé qu'il ne remarqua pas le mouvement d'étonnement de quelques personnes qui, le reconnaissant, suspendirent leur prière et le suivirent des yeux avec la plus grande curiosité.

Le jeune homme marchait, évitant soigneusement de passer sur les fosses que l'on reconnaissait facilement à un creusement du terrain. Autrefois, il les foulait aux pieds, aujourd'hui il les respectait, car son père gisait dans l'une d'elles. Arrivé de l'autre côté de la croix, il s'arrêta et regarda de tous côtés. Son compagnon restait confus et embarrassé; il cherchait des traces de pas sur le sol et ne voyait nulle part aucune croix.

—C'est ici? murmurait-il entre ses dents;... non, c'est là;... mais la terre est retournée!

Ibarra le regardait avec angoisse.

—Oui, continua le domestique; je me souviens qu'il y avait une pierre à côté; la fosse était un peu courte; le fossoyeur était malade et ce fut un aide qui dut la creuser; mais, demandons à celui-ci ce qu'il a fait de la croix.

Ils marchèrent vers le fossoyeur qui les observait curieusement; quand ils furent près de lui, l'homme les salua en retirant son salakot.

—Pourriez-vous nous dire quelle est la fosse, là-bas, qui avait une croix? demanda le domestique.

L'homme regarda l'endroit et réfléchit.

—Une grande croix?

—Oui, une grande, affirma avec joie le vieux serviteur en regardant significativement Ibarra dont la physionomie s'anima.

—Une croix ornée, attachée avec des lianes? demanda à nouveau le fossoyeur.

—C'est cela, c'est cela! faite comme ceci, et le vieillard traçait à terre un dessin en forme de croix byzantine.

—Et, sur la tombe, on avait parsemé des fleurs?

—Des lauriers-roses, des sampagas1 et des pensées! c'est cela! ajouta le domestique, tout joyeux, et il lui offrit un cigare.

—Dites-nous quelle est la fosse et où est la croix.

Le fossoyeur se gratta l'oreille et tout en bâillant répondit:

—La croix!... mais, je l'ai brûlée.

—Brûlée! et pourquoi l'avez-vous brûlée?

—Parce que le grand curé me l'a ordonné.

—Qui est le grand curé? demanda Ibarra.

—Qui? Celui qui frappe, le Père Garrote2.

Ibarra se passa la main sur le front.

—Mais, au moins, pouvez-vous nous dire où est la fosse? vous devez vous en souvenir.

Le fossoyeur sourit:

—Le mort n'est plus là! répondit-il tranquillement.

—Que dites-vous?

—Oui, ajouta l'homme avec un air ironique, à sa place j'ai mis une femme, il y a huit jours.

—Etes-vous fou? s'écria le domestique; il n'y a pas un an que nous l'avons enterré!

—C'est possible! mais il y a bien des mois que je l'ai déterré. Le grand curé me l'avait commandé, il m'avait dit de le porter au cimetière des Chinois; mais comme il pleuvait et que le mort pesait lourd...

Il ne put en dire plus; il recula terrifié à la vue de Crisóstomo qui s'élança sur lui, le saisit par le bras et le secouant rudement:

—Et, tu l'as fait? demanda-t-il, avec un accent indescriptible.

—Ne vous fâchez pas, señor; répondit-il, pâle et tremblant, je ne l'ai pas enterré avec les Chinois! Mieux vaut être noyé que parmi les Chinois, me dis-je à part moi, et j'ai jeté le mort à l'eau!

Ibarra lui mit les deux poings sur les épaules et le regarda longtemps avec une expression qui ne peut se définir:

—Tu n'es qu'un malheureux! dit-il, et il sortit précipitamment, foulant aux pieds os, fosses, croix, comme un aliéné.

—Voilà ce que les morts nous valent! Le Père Grand m'a donné des coups de bâton pour l'avoir laissé enterrer pendant que j'étais malade; maintenant, il s'en faut de peu que celui-ci ne me casse le bras pour l'avoir déterré. Voilà ce que c'est que les Espagnols! Je vais encore perdre ma place!

Ibarra marchait très vite, ses regards se dirigeaient au loin; le vieux domestique le suivait en pleurant.

Le soleil était près de se coucher; de gros nuages tapissaient le ciel vers l'Orient; un vent sec agitait les cimes des arbres et faisait gémir les roseaux.

Ibarra allait tête nue; de ses yeux ne jaillissait pas une larme, de sa poitrine ne s'échappait pas un soupir. Sa marche ressemblait à une fuite. Que fuyait-il? peut-être l'ombre de son père, peut-être la tempête qui s'approchait. Il traversa le pueblo, allant vers les environs, vers cette ancienne maison que depuis de longues années il n'avait pas habitée. Entourée d'un mur où croissaient diverses sortes de cactus, il semblait qu'elle lui fît des signes; les fenêtres s'ouvraient; l'ilang-ilang3 se balançait, agitant joyeusement ses branches chargées de fleurs; les colombes voletaient à l'entour du toit conique de leur pigeonnier placé au milieu du jardin.

Mais le jeune homme ne s'arrêtait pas à contempler ces joies du retour à l'antique foyer: il clouait ses yeux sur la figure d'un prêtre qui s'avançait vers lui. C'était le curé de San Diego, le franciscain méditatif que nous connaissons, l'ennemi de l'alférez. La brise pliait les larges ailes de son chapeau; l'habit de guingon s'aplatissait et modelait ses formes, montrant des cuisses minces et quelque peu cagneuses. De la main droite il portait un bâton de palasan4 dont la poignée était d'ivoire. C'était la première fois qu'Ibarra et lui se voyaient.

Au moment où ils se rencontrèrent, le jeune homme s'arrêta un instant et le regarda fixement; Fr. Salvi évita le regard et parut plongé dans ses méditations.

L'hésitation ne dura qu'une seconde: Ibarra s'approcha rapidement du prêtre, l'arrêta en laissant tomber avec force la main sur son épaule et d'une voix à peine intelligible.

—Qu'as-tu fait de mon père? demanda-t-il.

Fr. Salvi, pâle et tremblant, pressentant les sentiments qui se peignaient sur le visage du jeune homme, ne put répondre: il se sentit comme paralysé.

—Qu'as-tu fait de mon père? répéta celui-ci d'une voix étouffée.

Le prêtre, pliant sous la main qui le tenait, fit un effort et répondit:

—Vous vous êtes trompé; je n'ai rien fait à votre père!

—Comment non? continua le jeune homme en pesant si fortement sur ses épaules qu'il le fit tomber à genoux.

—Non, je vous assure! ce fut mon prédécesseur, le P. Dámaso...

—Ah! s'écria le jeune homme, qui se frappa le front, lâcha le pauvre P. Salvi et se dirigea précipitamment vers sa maison.

Le domestique arrivait sur ces entrefaites, et aida le moine à se relever.

---

1 *Jasminum Sambac, Ait.*—N. des T.

2 Le père La Trique.—N. des T.

3 *Cananga odorata* ou *Uvaria aromatica*, anonacée.—N. des T.

4 *Calamus maximus*, sorte de bois très dur.—N. des T.

XIV

Tasio le fou ou le philosophe

L'étrange petit vieux vaguait distrait par les rues.

C'était un ancien étudiant de philosophie qui, pour obéir à sa vieille mère, avait abandonné ses études, bien qu'il ne manquât ni de moyens ni de capacités; sa mère était riche et l'on disait qu'il avait du talent. La bonne femme craignait que son fils ne devînt un savant et oubliât Dieu, aussi lui donna-t-elle à choisir entre devenir prêtre ou quitter le collège de San José. Lui, qui était amoureux, prit ce dernier parti et se maria. Veuf et orphelin en moins d'une année, il chercha une consolation dans les livres et, par eux, se délivra de la tristesse, de la gallera et de l'oisiveté. Malheureusement ses études l'absorbèrent à l'excès, ses achats de livres furent trop répétés, sa fortune dont il délaissa le soin se fondit peu à peu et un jour vint où il se trouva complètement ruiné.

Les gens de bonne éducation l'appelaient Don Anastasio ou Tasio le philosophe; les autres, qui formaient la majorité, Tasio le fou, à cause de ses idées peu communes et de l'étrange façon dont il agissait envers ses concitoyens.

Comme nous l'avons déjà dit, la soirée menaçait d'une tempête; quelques éclairs illuminaient de leur lumière pâle le ciel couleur de plomb, l'atmosphère était pesante et l'air extrêmement chaud.

Le philosophe Tasio paraissait avoir oublié déjà le crâne de sa chère morte; il regardait maintenant avec un sourire les nuages obscurs.

Arrivé à la porte de l'église il entra et, s'adressant à deux petits garçons, l'un de dix, l'autre de sept ans environ:

—Venez-vous avec moi? leur demanda-t-il. Votre mère vous a préparé un dîner de curés.

—Le sacristain principal ne nous laisse pas sortir avant huit heures, señor! répondit le plus âgé. J'attends de toucher ma paye pour la donner à notre mère.

—Ah! et où allez-vous?

—A la tour, señor, sonner les cloches pour les âmes!

—Vous allez à la tour? mais faites attention! ne vous approchez pas des cloches pendant l'orage.

Puis il sortit de l'église, non sans avoir regardé avec pitié les deux pauvres gamins qui montaient les escaliers.

Tasio se frotta les yeux, regarda une autre fois le ciel et murmura:

—Maintenant, je serais désolé que la foudre tombât.

Et, la tête basse, il s'en alla pensif vers les alentours de la bourgade.

—Entrez-vous un instant? lui dit en espagnol un homme accoudé à une fenêtre.

Le philosophe leva la tête et vit une figure, paraissant âgée de trente à trente-cinq ans, qui lui souriait.

—Que lisez-vous là? demanda Tasio en montrant un livre que l'homme tenait à la main.

—C'est un livre d'actualité: *Les peines que souffrent les âmes bénies du Purgatoire!* répondit l'autre toujours souriant.

—Hombre, hombre, hombre! s'écria le vieillard sur des tons de voix différents, et il entra dans la maison; l'auteur doit être un homme bien malin.

En haut de l'escalier, il fut reçu amicalement par le maître de la maison et sa jeune femme. Lui s'appelait D. Filipo Lino et elle Da. Teodora Viña. D. Filipo était le lieutenant principal des *cuadrilleros*1 et le chef d'un parti presque libéral, si l'on peut lui donner ce nom, et s'il est possible qu'il y ait des partis dans les pueblos des Philippines.

—Avez-vous rencontré au cimetière le fils de D. Rafael, qui vient d'arriver d'Europe?

—Oui, je l'ai vu comme il descendait de voiture.

—On dit qu'il y allait chercher le tombeau de son père... Le coup doit avoir été terrible!

Le philosophe haussa les épaules.

—Ne vous intéressez-vous pas à ce malheur? demanda la jeune femme.

—Vous savez que j'ai été l'un des six qui ont accompagné le cadavre, c'est moi qui me présentai au capitaine général quand je vis qu'ici tout le monde, même les autorités, se taisait devant la profanation dont il avait été victime; et vous savez que je préfère honorer un homme que j'estime pendant sa vie qu'après sa mort.

—Alors?

—Vous savez, señora, que je ne suis pas partisan de la monarchie héréditaire. Par les gouttes de sang chinois que ma mère m'a transmises, je pense un peu comme les Chinois: j'honore le père pour le fils, non le fils pour le père. Que chacun reçoive la récompense ou le châtiment de ses œuvres, mais non pas de celles des autres.

—Avez-vous commandé une messe pour votre défunte épouse, comme on vous le conseillait hier? demanda la femme en changeant de conversation.

—Non! répondit le vieillard en souriant.

—Quel malheur! s'écria-t-elle avec un véritable chagrin; on dit que jusqu'à demain dix heures les âmes vaguent libres, attendant les bonnes œuvres des vivants, et qu'une messe dite ces jours-ci équivaut à cinq les autres jours de l'année ou même à six, comme disait ce matin le curé.

—Holà! c'est-à-dire que nous avons un délai gracieux dont nous devons profiter?

—Mais, Doray! intervint D. Filipo; tu sais bien que D. Anastasio ne croit pas au Purgatoire.

—Comment je ne crois pas au Purgatoire? protesta le vieillard, se soulevant à demi sur son siège. J'y crois tellement bien que je sais même quelque peu son histoire!

—L'histoire du Purgatoire! s'exclamèrent, pleins de surprise, les deux époux. Voyons! racontez-nous la?

—Ne la savez-vous pas? ne commandez-vous pas des messes à son intention, ne parlez-vous pas des peines qu'on y souffre? Bon! voici qu'il commence à pleuvoir, et il semble que cela va durer; nous n'aurons pas le temps de nous ennuyer, répondit Tasio; et il médita un moment.

D. Filipo ferma le livre qu'il avait à la main, Doray s'assit près de lui, disposée à ne rien croire de ce que le vieux Tasio allait dire. Celui-ci commença ainsi:

—Le Purgatoire existait bien longtemps avant la naissance de N.-S. Jésus-Christ; il devait être au centre de la terre, selon le P. Astete, ou dans les environs de Cluny, d'après le moine dont nous parle le P. Girard. Mais l'endroit est ici ce qui importe le moins. Eh bien, qui donc brûlait dans ces feux allumés depuis le commencement du monde? Car la philosophie chrétienne nous prouve leur existence très ancienne, puisqu'elle nous dit que Dieu n'a plus rien créé après qu'il se fût reposé.

—Le Purgatoire pourrait avoir existé *in potentia*, mais non *in actu*! objecta le lieutenant.

—Très bien! Cependant je vous répondrai que quelques-uns en ont eu connaissance comme existant *in actu*; l'un de ceux-là fut Zarathustra ou Zoroastre, qui écrivit une partie de l'Avesta et fonda une religion qui a certains points de contact avec la nôtre; ce Zarathustra, selon les savants, existait huit cents ans au moins avant Jésus-Christ.

Je dis au moins car Gaffarel, après avoir examiné les témoignages de Platon, de Xanthe de Lydie, de Pline, d'Hermipos, et d'Eudoxe, le croit antérieur à notre ère de quinze cents ans. Qu'il en soit ce que l'on voudra, il est certain que Zarathustra parlait déjà d'une espèce de Purgatoire et donnait les moyens de s'en délivrer. Les vivants pouvaient racheter les âmes de ceux qui étaient morts en état de péché, en récitant des passages de l'Avesta, en faisant de bonnes œuvres, mais à la condition que celui qui priait fût un parent jusqu'à la quatrième génération. Tous les ans, cinq jours étaient consacrés à l'accomplissement de ce devoir. Plus tard, quand cette croyance se fut répandue dans le peuple, les prêtres de cette religion y virent l'occasion d'un grand commerce et exploitèrent

«ces prisons profondément obscures où règne le remords», comme avait dit Zarathustra. Ils établirent alors que, pour le prix de un *derem*, il paraît que c'était une monnaie de peu de valeur, en pouvait épargner à une âme un an de tortures; mais, comme dans cette religion il y avait des péchés qui coûtaient de 300 à 1000 ans de souffrances, le mensonge, la mauvaise foi, le manquement à une parole donnée, par exemple, etc., il en résultait que les voleurs empochaient des millions de *derems*. Ici vous voyez déjà quelque chose qui ressemble à notre Purgatoire, bien qu'il faille tenir compte de la différence des religions.

Un éclair, suivi d'un retentissant coup de tonnerre, fît lever la tête à Doray qui dit en se signant:

—Jésus, Marie, Joseph! je vous laisse! je vais brûler la palme bénite et allumer les chandelles de pardon.

La pluie commença à tomber à torrents. Le philosophe Tasio poursuivit, tandis qu'il regardait s'éloigner la jeune femme:

—Maintenant qu'elle est partie, nous pouvons parler sur ce sujet plus raisonnablement. Doray, bien qu'un peu superstitieuse est bonne catholique et je n'aime pas arracher la foi du cœur; une foi pure et simple ne ressemble pas plus au fanatisme que la flamme à la fumée, que la musique à un charivari: les imbéciles et les sourds peuvent seuls s'y tromper. Entre nous, nous pouvons dire que l'idée du Purgatoire est bonne, sainte et raisonnable; elle continue l'union entre ceux qui furent et ceux qui sont encore; elle oblige à une plus grande pureté de vie. Le mal est dans l'abus qui s'en fait.

Mais voyons maintenant comment a pu passer dans le catholicisme cette idée qui n'existait ni dans la Bible ni dans les Saints Évangiles. Ni Moïse ni Jésus-Christ n'en font la plus petite mention et l'unique passage que l'on cite des Macchabées est insuffisant, sans compter que ce livre fut déclaré apocryphe par le concile de Laodicée et que la Sainte Église Catholique ne l'admit que longtemps après. La religion païenne non plus n'avait rien qui y ressembla.

Le passage tant cité de Virgile: *Aliæ panduntur inanes*2, qui donna occasion à Saint Grégoire le Grand de parler des âmes opprimées et que Dante amplifia dans sa *Divine Comédie*, ne peut être l'origine de cette croyance. Ni les brahmanes, ni les boudhistes, ni les Égyptiens qui donnèrent à la Grèce et à Rome leur Caron et leur Averne, n'avaient non plus rien qui ressemblât à cette idée. Je ne parle pas ici des religions des peuples du Nord de l'Europe; celles-là, religions de guerriers, de bardes et de chasseurs mais non de philosophes, si elles conservaient encore leurs croyances et jusqu'à leurs rites, même christianisées, n'ont pu accompagner les hordes de leurs fidèles aux sacs de Rome ni s'asseoir au Capitole: c'étaient des religions de brumes qui se dissipaient au soleil du midi.—Donc, les chrétiens des premiers siècles ne croyaient pas au Purgatoire; ils mouraient avec cette joyeuse confiance de voir aussitôt Dieu face à face. Les premiers pères de l'Église qui semblent le mentionner, furent S. Clément d'Alexandrie, Origène et S. Irénée; peut-être avaient-ils été influencés par la religion de Zarathustra qui, alors, florissait et était très répandue dans tout l'Orient, car nous lisons très fréquemment des reproches adressés à l'orientalisme d'Origène. S. Irénée voulut en prouver l'existence par le fait que Jésus-Christ était resté «trois jours dans les profondeurs de la terre», trois jours de Purgatoire, et il en concluait que chaque âme devait y rester jusqu'à la résurrection de la chair, bien que cette assertion semble être contredite par le *Hodie mecum eris in Paradiso*3. S. Augustin parla aussi du Purgatoire, mais, s'il n'affirme pas son existence, il ne la croit pas cependant impossible, en supposant que dans l'autre vie pourraient se continuer les châtiments que nous recevons en celle-ci pour nos péchés.

—Diantre soit de S. Augustin! s'écria D. Filipo; n'était-il pas satisfait de ce que nous souffrons ici-bas qu'il en voulut la continuation?

—Donc, les choses allaient ainsi: les uns y croyaient, les autres n'y croyaient pas. Malgré que S. Grégoire en soit déjà arrivé à l'admettre dans son *de quibusdam levibus culpis esse ante judicium purgatorius ignis credendus est*4, rien sur ce sujet ne fut définitivement établi jusqu'à l'année 1439, c'est-à-dire huit siècles après, dans laquelle le concile de Florence déclara qu'il devait exister un feu purificateur pour les âmes de ceux qui sont morts dans l'amour de Dieu mais sans avoir satisfait encore à la justice divine. Enfin, le Concile de Trente, sous Pie IV en 1563, dans la XXVe session, rendit le décret du Purgatoire qui commence ainsi: *Cum catholica ecclesia, Spiritu Sancto edocta, etc*5, où il est dit que les secours des vivants, les prières, les aumônes et autres œuvres pieuses et surtout et avant tout le sacrifice de la messe, sont les moyens les plus efficaces de délivrer les âmes. Les protestants n'y croient pas, ni non plus les pères grecs, car ils cherchent au moins à leurs dogmes un fondement biblique quelconque et disent que le délai pour le mérite ou le démérite se termine à la mort et que le *Quodcumque ligaberis in terra*6 ne peut dire *usque ad purgatorium*7, mais à cela on pourrait répondre que le Purgatoire étant au centre de la terre tombe naturellement sous la domination de S. Pierre. Mais je n'en finirais pas si je devais répéter tout ce qui s'est dit sur ce fait. Un jour que vous voudrez discuter avec moi là-dessus, venez chez moi et là nous ouvrirons les livres et nous parlerons librement et tranquillement. Maintenant, je m'en vais; je ne sais pourquoi cette nuit la piété des chrétiens permet le vol—les autorités laissent faire—et je crains pour mes livres. Si on devait me les voler pour les lire, je ne dirais rien, mais je sais que beaucoup voudraient les brûler par charité pour moi et ce genre de charité, digne du calife Omar, est terrible. Il en est qui, à cause de ces livres, me croient déjà damné...

—Mais je suppose que vous croyez à la damnation? demanda en souriant Doray qui revenait en apportant dans un petit brasero des feuilles sèches de palme répandant une fumée insupportable mais un agréable parfum.

—Je ne sais pas, señora, ce que Dieu fera de moi, répondit le vieux Tasio tout pensif. Quand je serai près de mourir, je m'abandonnerai à lui sans crainte: il fera de moi ce qu'il voudra. Mais il me vient une idée.

—Laquelle?

—Si les seuls qui se puissent sauver sont les catholiques et si, comme disent beaucoup de curés, cinq sur cent d'entre eux à peine y réussissent, les catholiques ne formant, à en croire les statistiques, que la douzième partie de la population de la terre, il serait donc vrai qu'après des milliards et des milliards d'hommes damnés pendant les innombrables siècles qui précédèrent la venue du Sauveur, maintenant, après qu'un fils de Dieu est mort pour nous, il ne pourrait échapper aux flammes éternelles que cinq âmes sur douze cents? Oh! certainement non! je préfère dire et croire avec Job: *Seras-tu sévère contre une feuille qui vole et poursuivras-tu de ta colère un épi desséché?* Non! une telle prédominance du mal est impossible, le croire c'est blasphémer!

—Que voulez-vous, la justice, la pureté divine...

—Oh! mais la justice et la pureté divine voyaient l'avenir avant la création! répondit le vieillard tout ému en se levant. L'homme est un être secondaire et non nécessaire et ce Dieu ne devrait pas l'avoir créé si, pour faire un heureux, il lui fallait en condamner des centaines à une éternité de souffrances, et pourquoi? pour des fautes originelles ou des erreurs d'un moment? Non, si vous êtes sûr de cela, étouffez alors votre fils endormi; si cette croyance n'était pas un blasphème contre un Dieu qui doit être le Suprême Bien, le Moloch phénicien qui se nourrissait de sacrifices humains et de sang innocent, dans les entrailles de bronze duquel étaient brûlés vivants les petits enfants arrachés au sein de leurs mères, cette divinité horrible et sanguinaire serait à côté de lui une douce jeune fille, une amie, la mère de l'Humanité!

Et rempli d'horreur, le fou ou le philosophe—comme on voudra l'appeler—sortit de la maison, courant dans la rue malgré la pluie et l'obscurité.

Un éclair éblouissant, accompagné d'un épouvantable coup de tonnerre remplissant l'espace d'étincelles meurtrières, illumina le vieillard qui, les mains tendues vers le ciel, criait:

—Tu protestes! Je sais que tu n'es pas cruel, que toi seul dois être appelé le Bon!

Les éclairs redoublaient, la tempête devenait de plus en plus furieuse...

---

1 *Cuadrilleros*, membres de la Sainte-Hermandad, (Fraternité) sorte de milice formée sous Isabelle la Catholique, pour la poursuite des brigands et des hérétiques.—N. des T.

2 Les autres sont suspendus dans les espaces vides.—N. des T.

3 Aujourd'hui tu seras avec moi en Paradis.—N. des T.

4 Il faut croire que le Purgatoire existe avant le jugement pour les fautes légères.—N. des T.

5 Avec l'Église catholique, enseignée par l'Esprit-Saint, etc.—N. des T.

6 Ce que tu auras lié sur la terre.—N. des T.

7 Jusqu'au Purgatoire.—N. des T.

XV

Les sacristains

Les coups de tonnerre retentissaient coup sur coup, chacun étant précédé d'un terrifiant zig-zag de feu. La pluie tombait à torrents et, dominant à peine le sifflement lugubre du vent, les cloches entonnaient d'une voix plaintive leur mélancolique prière en un triste tintement qui semblait une lamentation.

Les deux enfants que nous avons vus tout à l'heure causant avec le philosophe, se trouvaient au second étage de la tour. Le plus jeune, d'apparence timide malgré ses grands yeux noirs, essayait, de se coller contre son frère qui lui ressemblait beaucoup mais dont le regard était plus profond et la physionomie plus décidée; tout deux étaient pauvrement vêtus de costumes où abondaient les pièces et les reprises. Assis sur une poutre, ils tenaient en main chacun une corde dont l'extrémité se perdait au troisième étage, là-bas, plus haut, dans l'ombre. La pluie, poussée par le vent, arrivait jusqu'à eux et faisait vaciller la flamme d'un reste de cierge brûlant sur une grande pierre dont on se servait le vendredi-saint pour imiter le tonnerre en la faisant rouler dans le chœur.

—Tire ta corde, Crispin! dit le plus grand à son petit frère.

Celui-ci obéit et on entendit en haut une faible plainte qu'éteignit aussitôt un coup de tonnerre, répété par mille échos.

—Ah! si nous étions à la maison avec maman! soupira le plus jeune, je n'aurais pas peur.

L'autre ne répondit pas; il regardait la cire s'épancher et semblait soucieux.

—Au moins là, personne ne me traiterait de voleur! ajouta Crispin; maman ne le permettrait pas. Si elle savait qu'ils me battent...

Le plus grand détourna son regard de la flamme, leva la tête, saisit avec force la grosse corde qu'il tira violemment: on entendit une vibration sonore.

—Allons-nous toujours vivre ainsi, frère! continua Crispin. Je voudrais rentrer malade demain à la maison, avoir une grande maladie pour que maman me soignât et ne me laissât pas retourner au couvent! Alors ils ne m'appelleraient plus voleur et ne me battraient plus! Et toi aussi, frère, tu devrais être malade avec moi.

—Non! répondit l'aîné; cela nous ferait mourir tous; maman de peine, nous autres de faim.

Crispin ne répliqua point.

—Combien as-tu gagné ce mois-ci? demanda-t-il au bout d'un moment.

—Deux pesos; on m'a infligé trois amendes.

—Paye ce qu'ils disent que j'ai volé; ainsi on ne nous appellera plus voleurs; paye-le, frère!

—Es-tu fou, Crispin? Maman n'aurait pas de quoi manger; le sacristain principal dit que tu as dérobé deux onces, et deux onces font trente-deux pesos.

Le petit compta sur ses doigts jusqu'à trente-deux.

—Six mains et deux doigts! Et chaque doigt fait un peso, murmura-t-il ensuite tout pensif. Et chaque peso... combien de cuartos?

—Cent soixante.

—Cent soixante cuartos? Cent soixante fois un cuarto? Maman! Et combien est-ce cent soixante?

—Trente-deux mains, répondit le plus grand. Crispin s'arrêta un moment, regardant ses petites mains.

—Trente-deux mains! répétait-il; six mains et deux doigts et chaque doigt trente-deux mains... et chaque doigt un cuarto... Maman, que de cuartos! Un homme ne pourrait les compter tous en trois jours... et avec, on peut acheter des souliers pour les pieds, un chapeau pour la tête quand le soleil chauffe, un grand parapluie pour les mauvais temps, des vêtements pour toi et notre mère, des...

Crispin devint pensif.

—Maintenant, je regrette de ne pas avoir volé!

—Crispin! gronda son frère.

—Ne te fâche pas! Le curé a dit qu'il me tuerait à coups de bâton s'il ne retrouvait pas l'argent; si je l'avais pris, je pourrais le faire retrouver... si je dois mourir, au moins vous auriez eu des vêtements, maman et toi. J'aurais dû le voler!

Le plus grand se tut et tira sa corde: puis il répondit en soupirant:

—Ce que je crains c'est que notre mère ne se fâche après toi quand elle le saura.

—Le crois-tu? demanda le petit surpris. Tu diras qu'ils m'ont battu beaucoup, je lui montrerai les bleus qu'ils m'ont fait et ma poche déchirée: je n'ai jamais eu qu'un cuarto qu'ils m'ont donné à Pâques et le curé me l'a repris hier. Je n'ai jamais vu de cuarto plus beau. Maman ne croira pas que j'aie volé, elle ne le croira pas!

—Si le curé lui dit...

Crispin commença à pleurer, murmurant entre ses sanglots:

—Alors, va-t'en tout seul, je ne veux pas m'en aller; dis à maman que je suis malade; je ne veux pas m'en aller.

—Crispin, ne pleure pas! dit l'aîné. Maman ne le croira pas; le vieux Tasio a dit qu'un bon dîner nous attendait...

—Un bon dîner! Je n'ai pas encore mangé; ils ne veulent pas me donner à manger jusqu'à ce que les deux onces aient été retrouvées...

—Et puis, si maman semblait croire que tu as volé, tu lui dirais que le sacristain principal ment, que le curé qui l'écoute ment aussi; que tous mentent, qu'ils disent que nous sommes des voleurs parce que notre père est un méchant qui...

Mais une tête apparut sortant de l'ombre du petit escalier qui conduisait à l'étage principal et, comme si c'eût été celle de la Méduse, la parole se gela sur les lèvres de l'enfant. La tête était longue, sèche, avec de grands cheveux noirs; des lunettes bleues cachaient un œil borgne. C'était le sacristain principal qui faisait ainsi son entrée à la sourdine.

Les deux frères se sentirent trembler.

—Toi, Basile, je t'impose une amende de deux réaux pour ne pas tirer régulièrement, dit-il d'une voix caverneuse. Et toi, Crispin, tu resteras cette nuit jusqu'à ce que se retrouve ce que tu as volé.

Crispin regarda son frère comme pour lui demander protection.

—Nous avons la permission... mère nous attend à huit heures, murmura timidement Basile.

—Tu ne t'en iras pas non plus à huit heures; tu resteras jusqu'à dix.

—Mais, señor, à partir de neuf heures on ne peut plus passer dans les rues, et la maison est loin.

—Est-ce que tu voudrais me commander? lui demanda l'homme irrité. Et, prenant Crispin par le bras, il chercha à l'entraîner.

—Señor, depuis une semaine nous n'avons pas vu notre mère! supplia Basilio, prenant son frère comme pour le défendre.

D'une gifle, le sacristain principal lui fit lâcher prise, puis il entraîna Crispin qui commença à pleurer, se laissa tomber à terre et cria à son frère:

—Ne me laisse pas, ils vont me tuer!

Mais le sacristain, sans s'occuper de sa résistance, l'entraîna brusquement et l'emporta dans les escaliers qu'il descendit, disparaissant dans les ombres...

Basilio restait muet. Il entendit dans l'escalier les heurts du corps de son petit frère contre les marches, un cri, des coups et des accents déchirants qui se perdirent peu à peu.

L'enfant ne respirait pas, il écoutait debout, les yeux grands ouverts, les poings serrés.

—Quand donc serai-je assez fort! murmura-t-il entre ses dents, et il descendit précipitamment.

Arrivé au chœur, il écouta avec attention: la voix de son petit frère s'éloignait rapidement et le cri: *Maman! mon frère!* s'éteignit tout à fait; il entendit une porte se fermer. Tremblant, suant, il s'arrêta un moment; mordant son poing pour étouffer un cri qui s'échappait de son cœur, il laissa ses regards errer dans la demi-obscurité de l'église. La lampe du chœur brûlait faiblement, le catafalque était au milieu, toutes les portes fermées, des grilles aux fenêtres.

Il remonta le petit escalier de la tour, ne s'arrêta pas au second étage où brûlait le reste du cierge et alla jusqu'au troisième. Là, il détacha les cordes qui assujettissaient les battants des cloches, puis redescendit tout pâle, les yeux brillants mais sans larmes.

La pluie commençait à s'apaiser et le ciel s'éclaircissait peu à peu.

Basilio noua les cordes, attacha une extrémité à un montant de la balustrade et, oubliant d'éteindre la lumière, il se laissa glisser dans l'obscurité.

Quelques minutes après, dans une des rues du pueblo, on entendit des voix, deux coups de feu retentirent; mais personne ne s'alarma et tout rentra dans le silence.

XVI

Sisa

La nuit est obscure, les voisins dorment en silence, les familles qui se sont souvenues de ceux qui n'étaient plus tranquilles et satisfaites s'abandonnent au sommeil, après avoir récité trois parties de rosaire avec *requiem*, la neuvaine pour les âmes et brûlé nombre de cierges en cire devant les images sacrées. Les riches et les puissants ont accompli leurs devoirs envers ceux dont ils ont hérité; demain ils entendront les trois messes que dit chaque prêtre, donneront deux pesos pour une autre à leur intention et ensuite achèteront la bulle d'indulgence des défunts. Il semble que la Justice divine est moins difficile à satisfaire que celle des hommes.

Mais le pauvre, l'indigent qui gagne à peine de quoi vivre et doit encore payer tous les directeurs, fonctionnaires, scribes et soldats pour qu'ils le laissent vivre en paix, ne dort pas avec cette tranquillité que se plaisent à célébrer les poètes courtisans qui n'ont pas souffert des âpres caresses de la misère. Le pauvre est triste et pensif. Cette nuit, s'il a peu récité, il a prié beaucoup, le cœur plein de douleur, des larmes plein les yeux. Il ne sait pas les neuvaines, il ignore les prières jaculatoires, et les vers, et les *oremus* composés par les moines pour ceux qui n'ont pas d'idées à eux, de sentiments qui leur soient propres; à peine s'il les comprend. Il prie dans la langue de sa misère; son âme pleure pour lui et pour les chers morts dont l'amour était son seul bien. Ses lèvres peuvent réciter des salutations, tout son être crie des plaintes et révèle des sanglots. Dis-nous, toi qui as béni l'indigence, dites-nous aussi vous, pauvres ombres tourmentées, est-elle suffisante la simple prière du misérable agenouillé devant une estampe mal gravée, à la lueur d'un *timsin*1, ou bien, par hasard, est-il nécessaire de brûler des cierges de cire devant des Christs sanglants, des Vierges à bouche petite, aux yeux de cristal et de faire dire des messes en latin que récite mécaniquement un prêtre indifférent? Et toi, Religion prêchée pour l'humanité qui souffre, as-tu oublié ta mission, ne te souviens-tu plus que tu es la consolation des opprimés dans leur misère, l'humiliatrice des puissants dans leur orgueil et n'as-tu plus de promesses que pour les riches, pour ceux qui peuvent te les payer!

La pauvre veuve veille entre ses fils qui dorment à son côté; elle pense aux bulles qu'il faut acheter pour le repos de ses parents et du mari défunt. «Un peso, dit-elle, c'est une semaine d'amours pour mes fils, une semaine de plaisirs et de joies, mes économies d'un mois, une robe pour ma fille qui grandit...»

—Mais il est nécessaire que tu les apaises ces feux, dit la voix qu'elle entendait prêcher, il faut que tu te sacrifies.» Oui, il le faut! Pour toi l'Eglise ne sauvera pas gratuitement les âmes chères, elle ne donne pas ses indulgences. Tu dois les acheter et, au lieu de dormir la nuit, tu travailleras. Ta fille, qu'elle continue à marcher à demi-dénudée; toi, jeûne; le ciel coûte cher. Malgré la divine parole, le ciel n'est pas fait pour les pauvres!

Ces pensées prennent leur vol dans le demi-cercle qui sépare le *sahig*2, où est étendue l'humble natte, du *palupu*3, où est suspendu le hamac dans lequel se balance le petit enfant. La respiration du pauvre être endormi est régulière; de moment en moment il mâche sa salive et articule des sons inintelligibles: il rêve qu'il mange, qu'il satisfait enfin son pauvre estomac toujours affamé...

Les cigales continuent leur chant monotone et unissent leur note invariable aux fredonnements du grillon, caché dans l'herbe, ou de la courtillière qui sort de son trou pour chercher sa nourriture, tandis que le chacon4, peu craintif de l'eau, trouble le concert de sa voix fatidique et passe la tête par le trou d'un tronc délabré. Les chiens hurlent lamentablement dans les rues et le superstitieux qui les écoute est persuadé que les esprits et les âmes sont visibles pour les animaux. Mais ni les chiens ni les insectes ne voient les douleurs des hommes et cependant, hélas! le nombre en est immense.

A presque une heure de marche du pueblo, habite la mère de Basilio et de Crispin, femme d'un homme sans cœur qui passe son temps à fainéanter et à jouer au coq, tandis qu'elle s'efforce de faire vivre ses enfants. Le mari et la femme se voient rarement et ces entrevues sont toujours pénibles. Lui l'avait dépouillée de ses rares bijoux pour alimenter ses vices et, quand la malheureuse Sisa5 n'eut plus rien pour satisfaire à ses caprices, il commença à la maltraiter. Faible de caractère, douée de plus de cœur que de raison, elle ne savait qu'aimer et pleurer. Son mari était son Dieu, ses fils étaient ses anges. Lui, qui savait combien il était à la fois adoré et craint, se conduisait comme tous les faux dieux, il devenait de plus en plus autoritaire, barbare, cruel.

Quand Sisa, un jour qu'il paraissait plus sombre que jamais, lui demanda s'il consentait à ce que l'on fît de Basilio un sacristain, il continua à caresser son coq, ne dit oui ni non, et ne s'inquiéta que de savoir s'il gagnerait beaucoup d'argent. Elle n'insista pas cette fois mais, pressée par le besoin et voulant que ses enfants apprissent à lire et à écrire à l'école du pueblo, elle reparla de son projet. Son mari ne lui répondit rien encore.

Cette nuit-là, il pouvait être dix heures et demie ou onze heures, les étoiles brillaient de nouveau dans le ciel que la tempête avait éclairci; Sisa était assise sur un banc de bois, regardant quelques branches qui brûlaient à demi dans son âtre composé de pierres vives, plus ou moins régulières. Sur ces pierres était posée une petite marmite où cuisait du riz et, sur les cendres, trois sardines sèches, de celles que l'on vend à raison de trois pour deux cuartos.

Le menton appuyé sur la paume de la main, elle regardait la flamme jaune et débile que donnaient les roseaux, dont la braise fugitive se réduisait bien vite en cendres: un triste sourire illuminait son visage. Elle se souvenait de la naïve devinette de la marmite et du feu que Crispin lui avait un jour proposée. L'enfant disait:

Naupû si Maitim, sinulut ni Mapulà

Nang malaó y kumará-kará6.

Elle était jeune encore et l'on voyait qu'elle avait dû être belle et gracieuse. Ses yeux que, avec son âme, elle avait donnés à ses fils, étaient beaux, d'un profond regard ombragé de longs cils; son nez correct, ses lèvres pâles, d'un dessin élégant. Elle était ce que les tagals appellent *kayumanging-kaligátan*, c'est-à-dire brune mais de teint clair et pur. Malgré sa jeunesse, la douleur, parfois même la faim, commençait à creuser les joues pâlies; la chevelure abondante, autrefois l'ornement de sa personne, était encore soignée mais par habitude, non par coquetterie: un chignon très simple, sans aiguilles ni peignes...

Depuis plusieurs jours elle n'était pas sortie, restant chez elle pour achever le plus promptement possible un travail de couture dont on l'avait chargée. Pour gagner quelque argent elle avait manqué la messe ce matin; il lui aurait fallu perdre deux heures pour aller au pueblo et en revenir—la pauvreté force à pécher. Son travail terminé, elle le porta à celui qui l'avait commandé, mais il lui en promit seulement le payement.

Toute la journée elle avait pensé au plaisir qui l'attendait ce soir, elle savait que ses fils allaient venir et voulait les régaler d'un bon repas. Elle acheta des sardines, cueillit dans son jardin les tomates les plus belles, parce qu'elle savait que c'était le mets favori de Crispin; à son voisin, le philosophe Tasio, qui habitait à un demi-kilomètre, elle demanda un filet de sanglier et une cuisse de canard sauvage pour Basilio, puis, toute à son espérance, elle fit cuire le riz le plus blanc qu'elle ait elle-même pu choisir sur les aires; ce devait être pour les pauvres enfants un véritable repas de curés.

Mais par malheur le père arriva. Adieu le dîner! Il mangea le riz, le filet de sanglier, la cuisse de canard, les cinq sardines et les tomates. Sisa ne dit rien, heureuse de voir son mari satisfait; d'autant plus heureuse qu'aussitôt repu, il se souvint qu'il avait des enfants et demanda où ils étaient; la pauvre mère sourit; elle se promit de ne rien manger, car il ne restait pas assez pour trois, mais le père avait pensé à ses fils, cela valait plus pour elle que le meilleur des repas.

Puis il prit son coq et fit mine de s'en aller.

—Ne veux-tu pas les voir? demanda-t-elle tremblante; le vieux Tasio m'a dit qu'ils tarderaient un peu; Crispin sait déjà lire et... peut-être que Basilio apportera sa paie!

Cette dernière raison parut le toucher, il hésita, mais son bon ange triomphant:

—En ce cas, garde-moi un peso! dit-il et il partit. Sisa, restée seule, pleura amèrement; mais elle se souvint de ses enfants et sécha ses larmes. Elle fit cuire un peu de riz qui lui restait et prépara les trois dernières sardines: chacun en aurait une et demie.

—Ils auront bon appétit, pensait-elle, la route est longue et les estomacs affamés n'ont pas de cœur.

Attentive à tout bruit, nous la trouvons écoutant les plus légers bruits de pas; forts et nets, c'était Basile; légers et inégaux, Crispin.

La kalao7 avait déjà chanté deux ou trois fois dans le bois depuis que la pluie avait cessé, mais ses fils n'arrivaient pas.

Elle mit les sardines dans la marmite pour qu'elles ne se refroidissent pas, puis s'approcha de l'entrée de la porte pour regarder sur le chemin. Pour se distraire, elle fredonna à voix basse; sa voix était belle et, quand ses fils l'entendaient chanter «*kundiman*8», ils pleuraient sans savoir pourquoi. Mais ce soir, sa voix tremblait et les notes paresseuses sortaient avec peine de ses lèvres.

Elle suspendit son chant et fouilla l'obscurité de son regard. Personne ne venait du côté du pueblo, on n'entendait rien que le vent secouant les larges feuilles des platanes dont l'eau tombait en grosses gouttes.

Regardant dehors pour la seconde fois, elle vit devant elle un chien noir; il semblait chercher quelque chose sur le chemin. Sisa eut peur, elle ramassa une pierre et la jeta au chien qui s'enfuit en hurlant lugubrement.

Sisa n'était pas superstitieuse, mais elle avait entendu parler si souvent des pressentiments et des chiens noirs que la terreur la saisit. Elle ferma précipitamment la porte et s'assit à côté de la lumière. La nuit favorise les folles croyances et, facilement, l'imagination peuple de spectres l'obscurité des deux.

Elle pria, invoqua la Vierge, Dieu lui-même, pour qu'ils prissent soin de ses fils, surtout de son petit Crispin. Puis distraite de la prière par son unique préoccupation, elle ne pensa plus qu'à eux, se rappelant les manières de chacun, ces manières qui lui paraissaient si douces, dans toutes leurs actions comme pendant leur sommeil. Mais de nouveau, elle sentit ses cheveux se hérisser, ses yeux démesurément s'ouvrirent: illusion ou réalité, elle voyait Crispin debout, près de l'âtre: c'était là qu'il s'asseyait pour babiller avec elle. Maintenant il ne disait rien; il la regardait avec de grands yeux pensifs et souriait.

—Mère, ouvre-moi! ouvre-moi, mère! disait au dehors la voix de Basilio.

Sisa frémit et la vision disparut.

---

1 Mot chinois désignant la mèche d'une petite lampe.—N. des T.

2 Parquet fait de tiges de roseaux.—N. des T.

3 Faîtage du toit.—N. des T.

4 Lézard habitant les maisons indigènes des Philippines et remarquable par son cri qui répète plusieurs fois le mot *toco*.—N. des T.

5 Diminutif de Basilisa, Narcisa, et d'autres noms de même terminaison.—N. des T.

6 Le noir s'assit, le rouge le regarda; un moment s'écoula et le cocorico retentit.—N. des T.

7 *Buceros hydrocorax.*—N. des T.

8 Réponds-moi.—N. des T.

XVII

Basilio

La vie est un songe.

Basilio eut à peine la force d'entrer; tout trébuchant, il se laissa tomber dans les bras de sa mère.

Un froid inexplicable s'empara de Sisa lorsqu'elle le vit arriver seul. Elle voulut parler, mais ne trouva pas de mots; elle voulut embrasser son fils mais ne trouva pas non plus de forces; pleurer et parler lui étaient également impossibles.

Cependant, à la vue du sang qui baignait le front de l'enfant, elle recouvra la voix et cria d'un accent qui semblait annoncer la rupture d'une corde de son cœur:

—Mes enfants!

—Ne crains rien, maman! lui répondit Basilio; Crispin est resté au couvent.

—Au couvent? Il est resté au couvent? Vivant? L'enfant levant ses yeux vers elle.

—Ah! s'écria-t-elle, passant de la plus grande angoisse à la plus grande joie. Elle pleurait, embrassant son fils, couvrant de baisers son front ensanglanté.

—Crispin vit! tu l'as laissé au couvent... et pourquoi es-tu blessé, mon fils? Tu es tombé.

Elle l'examinait soigneusement.

—En emmenant Crispin, le sacristain principal me dit que je ne pourrais sortir avant dix heures, et comme il est très tard, je me suis échappé. En traversant le pueblo, deux soldats me crièrent: *qui vive?* je me mis à courir, ils firent feu et une balle m'effleura le front. Je craignais qu'ils ne me prissent et ne me fissent nettoyer le quartier à coups de bâtons comme ils l'ont fait avec Pablo qui en est encore malade.

—Mon Dieu! mon Dieu! murmura la mère tout émue; merci, tu l'as sauvé!

Et tandis qu'elle cherchait des mouchoirs, de l'eau, du vinaigre et de la charpie, elle ajouta:

—Un doigt de plus et ils te tuaient, ils tuaient mon fils! Les gardes civils ne pensent pas aux mères!

—Tu diras que je suis tombé d'un arbre, personne ne doit savoir que l'on m'a poursuivi.

—Et pourquoi Crispin est-il resté? demanda Sisa après qu'elle eut soigné son fils.

Celui-ci la regarda un instant, puis l'embrassa, puis enfin lui raconta peu à peu l'histoire de l'argent volé; mais cependant il ne lui parla pas des tourments que l'on infligeait à son petit frère.

La mère et l'enfant confondirent leurs larmes.

—Mon bon Crispin, accuser mon bon Crispin! C'est parce que nous sommes pauvres et que les pauvres doivent tout souffrir! murmura Sisa en regardant, les yeux pleins de larmes, le *tinhoy*1 dont l'huile finissait de brûler.

Ils restèrent un moment ainsi sans rien dire.

—As-tu mangé? Non? il y a du riz et des sardines sèches.

—Je n'ai pas mangé, mais je n'ai pas faim; donne-moi de l'eau, je ne veux rien de plus.

—Si, mange, reprit la mère avec tristesse; je savais que tu n'aimais pas les sardines sèches, je t'avais préparé autre chose, mais ton père est venu, mon pauvre enfant!

—Mon père est venu? demanda Basilio, et instinctivement il examina la figure et les mains de sa mère.

La question de son fils peina Sisa qui comprit quelle était la pensée de l'enfant; aussi s'empressa-t-elle de répondre.

—Oui, il est venu et il a demandé après vous; il voulait vous voir; mais il avait très faim. Il a dit que si vous étiez de bons enfants il reviendrait vivre avec nous...

—Ah! interrompit Basilio, et ses lèvres se contractèrent avec déplaisir.

—Mon fils! reprit-elle.

—Pardonne-moi, mère! ne sommes-nous pas bien nous trois, toi, Crispin et moi? Mais tu pleures; je ne dis rien.

Sisa soupira.

—Tu ne manges pas? Alors couchons-nous, car il est déjà tard.

Sisa ferma la porte de la hutte et couvrit avec de la cendre la braise qui restait encore pour conserver un peu de feu. L'homme fait de même avec les sentiments de l'âme, il les couvre de cette cendre de la vie qui s'appelle l'indifférence, pour que ne les étouffent pas les rapports quotidiens avec ses semblables.

Basilio murmura ses oraisons et se coucha près de sa mère qui priait agenouillée.

Il avait froid, il avait chaud; il chercha à fermer les yeux en pensant à son petit frère qui espérait dormir cette nuit dans le sein de sa mère et, maintenant, tremblait de peur dans un coin obscur du couvent.

Ses oreilles lui répétaient les cris du pauvre petit tels qu'il les avait entendus dans la tour, mais la nature confondit bientôt ses idées et le génie du sommeil descendit sur ses yeux.

Il vit une sorte d'alcôve où brûlaient deux cierges. Le curé, un jonc à la main, l'air sombre, écoutait le sacristain principal qui lui parlait dans une langue étrangère avec des gestes horribles. Crispin tremblait et tournait de tous côtés des yeux pleins de larmes, comme s'il cherchait quelqu'un pour le protéger ou un endroit pour se cacher. Le curé se retournait vers lui et l'interpellait irrité, le jonc sifflait. L'enfant courait se cacher derrière le sacristain, mais celui-ci le prenait et l'exposait à la fureur du curé; le malheureux frappait des poings, des pieds, criait, s'attachait au sol, se roulait, se levait, fuyait, glissait, tombait et parait les coups avec ses mains que, blessées, il cachait vivement en hurlant. Basilio le vit se tordre, frapper le sol de la tête: il vit, il entendit siffler le jonc! Désespéré, son jeune frère se levait; fou de douleur, il se ruait sur ses bourreaux et mordait le curé à la main.

Celui-ci poussait un cri, laissait tomber le terrible jonc; le sacristain principal prenait un bâton, en frappait un coup sur la tête de l'enfant qui tombait assommé; le curé, le voyant blessé, lui donnait un coup de pied, mais le pauvre petit ne se défendait plus, il ne criait plus; roulé sur le sol comme une masse inerte, il laissait une trace humide2...

La voix de Sisa le rappela à la réalité.

—Qu'as-tu? pourquoi pleures-tu?

—Je rêve... Mon Dieu! s'écria Basilio couvert de sueur en se blottissant près de sa mère. C'était un rêve; dis-moi, maman, n'est-ce pas que ce n'était qu'un rêve et rien de plus!

—Qu'as-tu rêvé?

L'enfant ne répondit pas. Il s'assit pour essuyer ses larmes et éponger la sueur qui coulait de son front. Dans la pauvre cabane, l'obscurité était complète.

—Un rêve, un rêve! répétait Basilio à voix basse.

—Raconte-moi ce que tu as rêvé, je ne puis dormir! dit la mère quand son fils revint se coucher.

—Eh bien! dit-il à voix basse, je rêvais que nous étions en train de glaner... dans un champ où il y avait beaucoup de fleurs... les femmes avaient des paniers pleins d'épis... les hommes avaient aussi des paniers pleins d'épis... et les enfants aussi! Je ne me rappelle plus, mère, je ne me souviens pas du reste!

Sisa n'insista pas; elle n'attachait aucune importance aux songes.

—Mère, j'ai projeté quelque chose ce soir, dit Basilio après quelques minutes de silence.

—Quel est ce projet? demanda-t-elle à son fils, humble en tout, même devant ses enfants à qui elle croyait plus de bon sens qu'à elle-même.

—Je ne voudrais pas être sacristain.

—Comment?

—Écoute, maman, ce que j'ai projeté: Le fils du défunt D. Rafael est arrivé aujourd'hui d'Espagne, il sera aussi bon que père. Eh bien! demain, va chercher Crispin, touche ma paye et dis que je ne serai pas sacristain.

Aussitôt que je le pourrai, j'irai voir D. Crisóstomo et je le supplierai de me prendre comme gardeur de vaches ou de carabaos, je suis assez grand pour cela. Crispin pourra continuer à apprendre chez le vieux Tasio, qui ne frappe pas et est très bon, meilleur que ne le croit le curé. Qu'avons-nous à craindre du Père? Peut-il nous faire plus pauvres que nous ne le sommes? Crois-moi, mère, le vieux est un brave homme; je l'ai vu souvent à l'église quand il n'y avait personne; il s'agenouillait et priait. Crois-moi! Que perdrai-je à n'être pas sacristain? On gagne peu et, encore, tout ce que l'on gagne sert à payer des amendes! Tous en sont là. Je serai berger, et en soignant bien les animaux qu'il m'aura confiés, je me ferai aimer de mon maître; peut-être qu'il nous laissera traire une vache pour prendre le lait; Crispin aime beaucoup le lait. Qui sait! peut-être nous fera-t-il cadeau d'une petite génisse s'il voit que je me comporte bien; nous la soignerons et l'engraisserons comme notre poule. Dans le bois je cueillerai des fruits et je les vendrai au pueblo avec les légumes de notre potager, et ainsi nous aurons de l'argent. Puis je disposerai des lacets et des pièges pour prendre des oiseaux et des chats sauvages, je pêcherai dans la rivière et, quand je serai plus grand, j'irai à la chasse. Je pourrai aussi couper du bois pour le vendre ou le donner au maître des vaches, et ainsi il sera content de nous. Quand je pourrai labourer, je lui demanderai de me confier un bout de terrain pour semer de la canne à sucre ou du maïs et tu n'auras plus besoin de coudre jusqu'à minuit. Nous aurons des habits neufs à chaque fête, nous mangerons de la viande et de grands poissons. Et cependant je vivrai libre, nous nous verrons tous les jours et prendrons ensemble nos repas. Et puisque le vieux Tasio dit que Crispin a beaucoup de facilité, nous l'enverrons étudier à Manille et je travaillerai pour lui. N'est-ce pas, ma mère? Il sera docteur. Qu'en dis-tu?

—Qu'en puis-je dire sinon que tu as raison! répondit Sisa en embrassant son fils.

Elle remarqua que, dans ses projets d'avenir, l'enfant ne tenait pas compte de son père et pleura silencieusement.

Basilio, poursuivant ses projets, parlait avec cette confiance propre à la jeunesse qui ne voit rien de plus que ce qu'elle veut voir. Sisa disait oui à tout, tout lui paraissait bien. Le sommeil cependant redescendait de nouveau peu à peu sur les paupières fatiguées de l'enfant et, cette fois, le Ole-Luköie dont nous parle Andersen déploya au dessus de sa tête son beau parasol orné d'allègres peintures.

Il se voyait pasteur avec son petit frère; ils cueillaient dans le bois des goyaves, des alpay3 et d'autres fruits encore; ils allaient de branche en branche, légers comme des papillons, ils entraient dans les cavernes et en admiraient les parois brillantes; ils se baignaient dans les sources et le sable était comme de la poudre d'or, les pierres comme les brillants de la couronne de la Vierge. Les petits poissons les saluaient et leur souriaient; les plantes inclinaient vers eux leurs branches chargées de monnaies et de fruits. Ensuite, il vit une cloche pendue à un arbre, avec une longue corde pour la mettre en branle; à la corde une vache était attachée, entre ses cornes était un nid d'oiseaux, et Crispin était dans la cloche qui se mit à sonner...

Mais la mère, qui n'était plus à l'âge des insouciants sommeils et n'avait pas couru pendant une heure, ne dormait pas.

---

1 Petite lampe d'argile.—N. des T.

2 Songe ou réalité, nous ne savons pas que ceci soit arrivé à aucun franciscain; du Père augustin Piernavieja, on raconte quelque chose de semblable.—N. de l'Éd. esp.

3 *Nephelium glabrum, Noronh.*—N. des T.

XVIII

Ames en peine

Il était sept heures du matin quand Fr. Salvi acheva de dire sa dernière messe: les trois avaient été expédiées en une heure.

—Le Père est malade, disaient les dévotes; il n'a pas officié avec la lenteur élégante qui lui est habituelle.

Il se dépouilla de ses ornements sacerdotaux sans dire une parole, sans regarder personne, sans faire aucune observation.

—Attention! chuchotaient les sacristains; sa mauvaise humeur augmente. Les amendes vont pleuvoir, et tout cela par la faute de ces deux enfants!

Il sortit de la sacristie pour monter au presbytère sous le perron duquel l'attendaient sept ou huit femmes assises sur un banc et un homme qui se promenait de long en large. En le voyant venir elles se levèrent, une femme se leva pour lui baiser la main, mais le religieux fit un tel geste d'impatience qu'elle s'arrêta net.

—Il aura perdu un réal *Kuriput*1? s'écria, d'un ton moqueur, la femme vexée d'une telle réception. Ne pas donner la main à baiser à la zélatrice de la confrérie, à la sœur Rufa! voilà qui ne s'est jamais vu!

—Il n'a pas siégé au confessionnal, ce matin! ajouta sœur Sipa, une vieille édentée. Je voulais me confesser pour communier et gagner les indulgences...

—Oh! moi, répondit une jeune femme de physionomie candide, j'ai gagné trois indulgences plénières et je les ai appliquées à l'âme de mon mari.

—Vous avez eu tort, sœur Juana! dit Rufa offensée. Une plénière suffisait pour le sortir du Purgatoire; vous ne devez pas prodiguer les saintes indulgences, faites comme moi.

—Je me disais: plus il y en aura, mieux cela vaudra! répondit en souriant l'innocente sœur Juana. Mais dites-moi, qu'est-ce que vous en faites?

Sœur Rufa ne répondit pas immédiatement; d'abord elle demanda un buyo, le mâcha, regarda son auditoire attentif, cracha, puis enfin se décida à parler tout en suçant encore un peu de tabac.

—Je ne gâche jamais un jour du Paradis! Depuis que j'appartiens à la confrérie, j'ai gagné 457 indulgences plénières et 760.598 années d'indulgences simples. Je marque tout ce que je gagne, parce que j'aime à tenir mes comptes en règle ne voulant pas tromper personne ni être trompée moi-même.

Sœur Rufa fit une petite pause et continua à mâcher son tabac; les femmes la regardaient avec admiration, mais l'homme qui se promenait s'arrêta et lui dit un peu dédaigneusement.

—Eh bien, moi! dans cette année seulement, j'ai gagné quatre plénières et cent ans d'indulgences de plus que vous, sœur Rufa, et cependant j'ai fort peu prié.

—Vous en avez gagné plus que moi? plus de 689 plénières et de 994.856 années? répéta sœur Rufa sans cacher son dépit.

—Mais oui, huit plénières et cent quinze années de plus, et tout cela en quelques mois! assura l'homme au cou de qui pendaient des rosaires et des scapulaires crasseux.

—Ce n'est pas étonnant, fit la Rufa, s'avouant vaincue, vous êtes le maître et le chef de la province!

L'homme sourit flatté:

—En effet, il n'est pas étonnant que je gagne plus d'indulgences que vous; je puis presque dire que, même en dormant, j'en gagne.

—Et qu'en faites-vous? demandèrent quatre ou cinq voix à la fois.

—Bah! répondit l'homme avec un geste de souverain mépris, je les dépense par ci par là!

—Il n'y a pas de quoi vous en vanter! protesta la Rufa. Vous irez vous-même au Purgatoire pour avoir gâché des indulgences. Sachez que chaque parole inutile se paie par quarante jours de feu, d'après ce que dit le curé; chaque bout de fil par soixante, chaque goutte d'eau par vingt! Vous irez au Purgatoire!

—Je saurai bien en sortir, répondit le frère Pedro avec une confiance sublime. J'ai retiré du feu tant d'âmes, j'ai fait tant de saints! Et de plus, à l'article de la mort, je puis gagner encore, si je veux, sept plénières et ainsi, même mourant, me sauver moi-même et en sauver d'autres!

Ceci dit, il s'éloigna orgueilleusement.

—Cependant, vous devriez faire comme moi, reprit sœur Rufa; je n'en perds pas un jour et je tiens bien mes comptes. Je ne veux tromper personne, mais je ne veux pas non plus qu'on me trompe.

—Que faites-vous donc? demanda la Juana.

—Eh bien! il faut imiter ce que je fais. Par exemple: supposez que je gagne une année d'indulgences; je la marque sur mon cahier et je dis: Bienheureux Père Señor saint Dominique, faites-moi la grâce de voir si dans le Purgatoire il y a quelqu'un qui ait précisément besoin d'une année, ni un jour de plus, ni un jour de moins. Puis je joue à pile ou face; s'il retourne face, non; s'il retourne pile, oui. Supposez qu'il sorte pile, j'écris reçu; s'il sort face? alors je retiens l'indulgence et je fais ainsi des petits groupes de cent ans dont j'ai toujours l'emploi. Il est malheureux qu'on ne puisse faire avec les indulgences ce que l'on fait avec l'argent: les prêter à intérêts, on pourrait sauver plus d'âmes. Croyez-le, faites comme moi.

—Mais, je fais mieux que cela! répondit sœur Sipa.

—Comment mieux? mais c'est impossible, mon système ne peut pas être perfectionné!

—Écoutez-moi un moment et vous serez convaincue, ma sœur! reprit sévèrement la vieille Sipa.

—C'est à voir, écoutons! dirent les autres.

Après avoir toussé un peu cérémonieusement la vieille s'expliqua ainsi:

—Vous savez très bien qu'en récitant le *Bendita-sea-tu-Pureza* et le *Señor-mio-Jesucristo, Padre-dulcisimo-por-el-gozo*2, on gagne dix ans pour chaque lettre...

—Vingt!—Non, pas tant!—Cinq! dirent quelques voix.

—Un an de plus ou de moins, cela ne fait rien! Maintenant, quand un domestique ou une servante me casse une assiette, un vase ou une tasse, je lui fais ramasser tous les morceaux et pour chacun, même pour le plus petit, le coupable doit me réciter le *Bendita-sea-tu-Pureza* et le *Señor-mio-Jesucristo-Padre-dulcisimo-por-el-gozo*; les indulgences qu'il gagne ainsi je les applique aux âmes du Purgatoire. Chez moi, il n'y a que les chats qui ne savent pas ces prières.

—Mais ces indulgences ce sont vos servantes qui les gagnent, ce n'est pas vous, sœur Sipa, objecta la Rufa.

—Et mes tasses, et mes plats, qui me les rembourse? Elles sont contentes de les payer de cette façon et moi aussi. Je ne les frappe pas, mais pas un éclat, pas une pincée...

—Je vais faire comme vous!—Et moi aussi!—Et moi! disaient les femmes.

—Mais si l'assiette ne s'est cassée qu'en deux ou trois morceaux, vous ne gagnez pas grand chose! observa encore l'obstinée Rufa.

—Vous croyez! répondit la vieille Sipa; non seulement je les fais prier aussi, mais de plus ils recollent les morceaux et je ne perds rien.

Sœur Rufa ne sut plus que dire.

—Permettez-moi de vous soumettre un doute, dit timidement la jeune Juana. Vous autres, señoras, vous comprenez très bien toutes ces choses du Ciel, de l'Enfer et du Purgatoire... j'avoue que je ne suis qu'une ignorante.

—Parlez!

—J'ai vu souvent dans les neuvaines et dans les autres livres cette recommandation: *Trois Pater noster, trois Ave Maria et trois Gloria Patri...*

—Eh bien?

—Je voudrais savoir comment on doit les dire: est-ce trois Pater noster de suite, trois Ave Maria de suite et trois Gloria Patri de suite, ou trois fois un Pater noster, un Ave maria et un Gloria patri?

—Cela doit être ainsi: trois fois un Pater noster...

—Pardonnez, sœur Sipa, interrompit la Rufa; on doit réciter autrement: on ne doit pas mêler les mâles avec les femelles; les Pater noster sont les mâles, les Ave Maria les femelles et les Gloria sont les fils.

—Hé! pardonnez, sœur Rufa, Pater noster, Ave Maria et Gloria sont comme du riz, de la viande et de la sauce; c'est un seul mets pour les saints...

—Vous êtes dans l'erreur! Voyez un peu: vous qui priez de cette façon vous n'obtenez jamais ce que vous demandez!

—Et vous, parce que vous priez autrement, vous ne retirez rien de vos neuvaines! répliqua la vieille Sipa.

—Que dites-vous? dit la Rufa en se levant; il n'y a pas longtemps, j'ai perdu un petit cochon, j'ai fait une prière à saint Antoine et je l'ai retrouvé; peu après je l'ai vendu un bon prix, voilà!

—Oui, c'est pour cela que votre voisine dit que vous avez vendu un petit cochon qui lui appartenait.

—Quoi! l'effrontée! Alors je suis comme vous...?

Pedro dut intervenir pour rétablir la paix; on ne se souvenait plus des Pater noster, on ne parlait que des cochons.

—Allons, allons, il ne faut pas se brouiller pour un cochon, mes sœurs! Les saintes Écritures nous en donnent un exemple: les hérétiques et les protestants n'ont pas renié N.-S. Jésus-Christ qui avait jeté à l'eau un troupeau de porcs qui leur appartenait, et nous qui sommes chrétiens, et de plus frères du Très saint Rosaire, nous devrions nous fâcher pour un petit cochon? Que diraient de nous nos rivaux, les frères du Tiers-Ordre?

Toutes se turent, admirant la profonde sagesse du maître et craignant les moqueries des frères du Tiers-Ordre. Lui, satisfait de tant d'obéissance, changea de ton et poursuivit:

—Le curé va bientôt nous appeler. Il faut lui dire quel prédicateur nous choisissons parmi les trois qu'il nous a proposés hier: le P. Dámaso, le P. Martin ou le vicaire. Je ne sais si ceux du Tiers-Ordre ont déjà choisi; il faut décider.

—Le vicaire... murmura timidement la Juana.

—Hem! le vicaire ne sait pas prêcher! dit la Sipa, le P. Martin vaudrait mieux.

—Le P. Martin! s'écria une troisième avec dédain; il n'a pas de voix; le P. Dámaso, voilà celui qu'il faut.

—C'est cela, c'est cela! dit la Rufa. Le P. Dámaso sait très bien prêcher, lui. On dirait un acteur, c'est cela!

—Mais nous ne le comprenons pas! murmura la Juana.

—C'est parce qu'il est très profond! Pourvu qu'il prêche bien...

Sur ces entrefaites, Sisa entra portant une corbeille sur la tête; elle dit bonjour aux femmes et monta les escaliers.

—Puisque celle-là monte, montons aussi! dirent-elles.

Sisa sentait battre son cœur avec violence; elle ne savait que dire au curé pour apaiser sa colère ni quelles raisons lui donner pour défendre son fils. Ce matin, aux premières lueurs de l'aurore, elle était descendue au potager cueillir les plus beaux de ses légumes qu'elle avait placés dans une corbeille entre des feuilles de platane et des fleurs. Comme elle savait que le curé aimait la salade de *pakô*3, elle en avait été chercher sur les bords de la rivière. Puis, parée de ses plus beaux vêtements, la corbeille sur la tête, sans réveiller son fils, elle était partie pour le pueblo.

S'efforçant de faire le moins de bruit possible, elle monta les marches lentement, écoutant attentivement si, par hasard, elle n'entendait pas une voix connue, fraîche, enfantine.

Mais elle ne rencontra ni n'entendit personne et s'en fut droit à la cuisine.

Là, elle regarda de tous côtés; les domestiques et les sacristains la reçurent froidement. Elle salua, c'est à peine s'ils lui rendirent son salut.

—Où pourrai-je laisser ces légumes? demanda-t-elle sans paraître offensée.

—Là... où vous voudrez! répondit le cuisinier sans se déranger de son travail; il plumait un chapon.

Sisa plaça en ordre sur la table les aubergines, les amargosos, les patolas, les zarzalidas[4] et les tendres branches de pakô. Puis, par dessus, elle étendit les fleurs, sourit à demi et demanda à un domestique qui lui paraissait plus aimable que le cuisinier:

—Pourrais-je parler au Père?

—Il est malade, lui répondit cet homme à voix basse.

—Et Crispin, savez-vous s'il est à la sacristie?

Le domestique la regarda surpris:

—Crispin? répondit-il en fronçant les sourcils. N'est-il pas chez vous?

—Basile est bien à la maison, mais Crispin est resté ici, reprit Sisa; je veux le voir...

—Oui, fît le domestique; il est resté, mais ensuite... ensuite il s'est sauvé, en volant toutes sortes de choses. Le curé m'a envoyé ce matin de bonne heure au quartier pour en prévenir la garde civile. Les gardes doivent être partis chez vous pour chercher les enfants.

Sisa ne voulait pas entendre, elle ouvrit la bouche, mais ses lèvres se remuèrent vainement, aucun son n'en sortit.

—Allez avec vos fils! ajouta le cuisinier. On voit bien que vous êtes une femme fidèle; les enfants sont le portrait de leur père! Prenez garde, le petit pourrait bien le dépasser!

Sisa étouffa un amer sanglot; à bout de forces, elle se laissa tomber sur un banc.

—Ne pleurez pas ici! lui cria le cuisinier. Vous savez que le Père est malade, ne le dérangez pas! Allez pleurer dans la rue.

La pauvre femme descendit l'escalier presque de force, en même temps que les sœurs qui murmuraient et bavardaient sur la maladie du curé.

La malheureuse mère cachait sa figure dans son mouchoir et comprimait ses larmes.

Dans la rue, elle regarda autour d'elle indécise, puis comme si elle avait pris une résolution subite, s'éloigna rapidement.

---

1 *Kuriput*, mesquin, avare.—N. des T.

2 *Bénie-soit-ta-Pureté* et *Mon-Seigneur-Jésus-Christ, Père-très-doux-pour-la-joie.*—N. des T.

3 *Hemionitis incisa*, espèce de chou originaire de la Chine que Baillou nomme *pak-choï.*—N. des T.

4 Amargoso, *Momordica balsamino*, dont le fruit s'emploie à la confection du potage. Patola, *Luffa ægyptica Mill.*; son fruit est très apprécié aux Philippines. Zarzalida ou salsalida, *Mollugo subserrata.*—N. des T.

XIX

Aventures d'un maître d'école

Le vulgaire est stupide et, comme il paye, il est juste

De lui parler stupidement pour lui faire plaisir.

LOPE DE VEGA.

Le lac, entouré de ses montagnes, dort tranquille, comme si la nuit précédente il n'avait pas lui aussi été secoué par la tempête. Aux premiers reflets de lumière qui réveillent dans les eaux les génies phosphorescents, se dessinent au loin, presque aux confins de l'horizon, des silhouettes grises; ce sont les barques des pêcheurs qui lèvent leurs filets, des cascos et des paraos1, qui tendent leurs voiles.

Du sommet d'une hauteur, deux hommes, vêtus de deuil, regardaient l'eau, silencieux; l'un n'est autre qu'Ibarra; son compagnon est un jeune homme d'humble aspect et de physionomie mélancolique.

—C'est ici! disait ce dernier. C'est ici que le fossoyeur nous a conduits, le lieutenant Guevara et moi.

Ibarra serra avec effusion la main du jeune homme.

—Vous n'avez pas à me remercier. Je devais beaucoup à votre père et tout ce qu'a pu faire ma reconnaissance a été de l'accompagner au tombeau. J'étais venu ici sans y connaître personne, sans recommandations, sans fortune, comme maintenant. Mon prédécesseur avait abandonné l'école pour se consacrer à la vente du tabac. Votre père me protégea, me procura une maison et m'aida autant qu'il fut nécessaire au commencement de mon installation; il venait visiter l'école et distribuait des cuartos aux enfants pauvres et appliqués; il leur fournissait aussi des livres et du papier. Mais hélas! comme tout ce qui est bon, ce temps fut de courte durée.

Ibarra se découvrit et sembla prier un long moment. Puis il se retourna vers son compagnon et lui dit:

—Vous disiez que mon père secourait les enfants pauvres, mais maintenant?

—Maintenant ils font de leur mieux et écrivent comme ils peuvent, répondit le jeune homme.

—Et pourquoi?

—La cause en est dans leurs chemises trouées et dans leurs yeux humiliés.

Ibarra garda le silence.

—Combien d'élèves avez-vous? demanda-t-il avec un certain intérêt.

—Plus de deux cents sur la liste; dans la classe vingt-cinq.

—Comment cela se fait-il?

Le maître d'école sourit mélancoliquement:

—Vous en dire les causes serait vous raconter une longue et fastidieuse histoire.

—N'attribuez pas cette question à une vaine curiosité, reprit Ibarra en regardant gravement au loin. J'ai beaucoup réfléchi et je crois que réaliser les pensées de mon père vaut mieux que de le pleurer, mieux même que de le venger. Sa tombe est la Nature sacrée et ses ennemis le peuple et un prêtre: je pardonne à l'ignorance du premier; je respecte le caractère du second, parce que l'on doit respecter la Religion qui fait l'éducation de la société. Je veux m'inspirer de l'esprit de celui qui m'a donné la vie et c'est pour cela que je désire connaître les obstacles qui s'opposent ici à l'instruction des enfants.

—Le pays bénira votre mémoire, señor, si vous réalisez les beaux projets de votre défunt père, dit l'instituteur. Vous voulez connaître les obstacles auxquels nous nous heurtons? Eh bien, dans les circonstances actuelles, sans un puissant concours jamais il n'y aura d'enseignement organisé ici, d'abord parce que l'enfance n'est ni attirée ni stimulée, ensuite parce que, quand même il serait remédié à ce double défaut, les moyens manquent et les besoins sont trop nombreux. On dit qu'en Allemagne le fils du paysan étudie pendant huit ans à l'école du village; qui voudrait ici consacrer à apprendre la moitié de ce temps quand on en retirerait si peu de fruits? On lit, on écrit, on apprend par cœur des passages, des livres entiers même, en castillan sans en comprendre un seul mot; de quelle utilité est l'école pour le fils de nos campagnards?

—Puisque vous voyez distinctement le mal, quel remède y proposeriez-vous?

—Ah! répondit le pauvre maître en remuant tristement la tête, seul, je ne puis lutter contre tous les besoins ni contre certaines influences. Il faudrait avant tout avoir une école, un local et non, comme maintenant, faire la classe à côté de la voiture du P. Curé, en bas du couvent. Là, les enfants qui aiment lire tout haut incommodent le Père; souvent il descend énervé, surtout quand il a ses attaques; il crie après eux et parfois même m'insulte. Comprenez-vous que de cette façon je ne puis les instruire, ils ne puissent rien apprendre; l'enfant ne respecte plus le maître qu'il a vu maltraiter, qu'il sait ne pouvoir faire prévaloir ses droits. Le maître, pour être écouté, pour que l'on ne doute pas de son autorité, a besoin de prestige, de bonne renommée, de force morale, d'une certaine liberté; permettez que je vous parle de ces tristes détails. J'ai voulu introduire des réformes et l'on s'est moqué de moi. Pour remédier à ce mal que je vous signalais, je cherchai à enseigner l'espagnol aux enfants, non seulement parce que c'était l'ordre du gouvernement mais parce que je pensais que ce serait avantageux pour tous. J'employai la méthode la plus simple, des phrases et des mots, sans me servir de règles compliquées, attendant pour leur apprendre la grammaire qu'ils aient acquis un vocabulaire. Au bout de quelques semaines, déjà les plus intelligents me comprenaient et composaient de petites phrases.

Le maître s'arrêta et parut hésiter, puis, comme s'il avait pris une décision, il continua.

—Je ne dois pas être honteux des insultes que j'ai reçues; qui que ce soit à ma place aurait agi de même. Comme je vous le disais, cela commençait bien; mais quelques jours après le P. Dámaso, le curé d'alors, me fit appeler par le sacristain principal. Comme je connaissais son caractère et craignais de le faire attendre, je montai immédiatement, le saluai et lui dis bonjour en castillan. Lui qui pour tout salut me tendait sa main à baiser la retira et, sans me répondre, se mit à rire aux éclats d'une façon burlesque. Je restai déconcerté; devant moi était le sacristain principal. Je ne savais que dire, je le regardais, il riait toujours. Je commençais à m'impatienter et craignais de commettre une imprudence, car il me semble que l'on peut à la fois être bon chrétien et garder sa dignité. J'allais lui demander ce que cela signifiait quand, passant du rire à l'insulte, il me dit d'un air sournois: «Que de *buenos dias? buenos dias?* c'est très gracieux! tu sais parler l'espagnol?» Et il continua à se réjouir.

Ibarra ne put réprimer un sourire.

—Vous riez, reprit l'instituteur; moi aussi, maintenant; mais j'avoue qu'alors je n'en avais pas envie. J'étais debout; je sentis que le sang me montait à la tête, un éclair obscurcit mon cerveau. Je voyais le curé loin de moi, très loin; je m'approchai pour lui répondre, sans savoir ce que j'allais dire. Le sacristain principal s'interposa; le P. Dámaso se leva et me dit très sérieusement en tagal: «Ne porte pas des habits qui ne sont pas les tiens; contente-toi de parler ton idiome et n'estropie pas l'espagnol qui n'est pas fait pour vous. Connais-tu maître Ciruela? Eh bien! Ciruela était un maître qui ne savait ni lire ni écrire et pourtant il faisait l'école2.» Je voulus le retenir, mais il partit dans sa chambre et ferma violemment la porte. Qu'allais-je faire, moi qui avais à peine de quoi vivre avec mes appointements, qui pour les toucher avais besoin du visa du curé et devais aller au chef-lieu de la province? que pouvais-je contre lui, la première autorité morale, politique et civile du pueblo, soutenu par sa corporation, craint par le gouvernement, riche, puissant, consulté, écouté et cru toujours par tous? S'il m'insultait, je devais me taire; si je répliquais, je perdais ma place, je brisais ma carrière sans espoir de gagner ma vie autrement; au contraire, car tous se seraient mis avec le prêtre, m'auraient maudit, appelé vaniteux, orgueilleux, fanfaron, mauvais chrétien, peut-être même anti-espagnol et flibustier. D'un maître d'école on n'attend ni savoir ni zèle, on ne lui demande que de la résignation, de l'humilité et de l'inertie. Que Dieu me pardonne si j'ai renié ma conscience et ma raison, mais je suis né en ce pays, je dois y vivre, j'ai une mère et je m'abandonne à mon sort comme un cadavre à la vague qui le roule!

—Et cet obstacle vous a découragé pour toujours? Vous n'avez plus rien tenté depuis?

—Plût à Dieu que cela m'eût corrigé! répondit-il; mes malheurs se seraient terminés là. Il est vrai que depuis lors j'avais pris en dégoût mon métier; je pensais pouvoir faire comme mon prédécesseur et chercher une autre occupation, parce que le travail, quel qu'il soit, quand on le fait avec honte et dégoût, est un martyre et l'école, me rappelant tous les jours mon affront, me faisait passer des heures bien amères. Mais, que faire? Je ne pouvais détromper ma mère; je devais lui dire que les trois années de sacrifices qu'elle s'était imposés pour me donner cette carrière faisaient maintenant mon bonheur; il fallait lui faire croire que cette profession était la plus honorable, que le travail y était agréable, le chemin semé de fleurs, que l'accomplissement de mes devoirs ne me valait que des amitiés; que les gens me respectaient et me comblaient de leur considération; autrement, sans cesser d'être malheureux, je faisais une autre malheureuse, ce qui eût été un péché inutile. Je restai donc à mon poste et, ne me laissant pas décourager, j'essayai de lutter.

Le maître d'école s'arrêta un instant, puis il poursuivit:

—Du jour où j'avais été si grossièrement insulté, je m'examinai moi-même et je me vis en effet, tel que j'étais, très ignorant. Je me mis à étudier jour et nuit l'espagnol et tout ce qui se rapportait à ma carrière: le vieux philosophe me prêta quelques livres, je lus ce que je trouvai et j'analysai ce que je lus. Avec les nouvelles idées que j'acquérais ainsi de part et d'autre, mon point de vue se modifia et l'aspect de beaucoup de choses changea à mes yeux. Je vis des erreurs là où j'avais vu des vérités, des vérités m'apparurent que j'avais cru être des erreurs. Les châtiments corporels, par exemple, qui depuis un temps immémorial étaient la base de l'éducation et passaient pour le seul moyen efficace de forcer l'attention des enfants, me semblèrent non seulement inutiles mais nuisibles aux progrès de leur éducation. Je me convainquis qu'il était impossible de raisonner la verge ou le fouet en main; la crainte, la terreur troublent l'esprit du plus tranquille, et d'autant plus que l'intelligence de l'enfant est plus vive et plus impressionnable. Et comme, pour que l'esprit s'imprègne des idées il est nécessaire qu'il conserve le calme intérieur et extérieur, qu'il ait la sérénité, la tranquillité matérielle et morale et la bonne volonté, je crus qu'il me fallait avant tout inspirer aux enfants la confiance, la sûreté et la juste appréciation d'eux-mêmes. Je compris de plus que le spectacle journalier des châtiments corporels tuait la pitié dans le cœur et éteignait cette flamme de la dignité, le levier du monde, avec laquelle se perd aussi cette pudeur morale qui ne revient jamais. J'observai aussi que lorsqu'un enfant est frappé, il trouve une consolation à ce que les autres le soient à leur tour et sourit avec satisfaction en entendant les pleurs de ses camarades; quant à celui que l'on charge de frapper, si le premier jour il n'obéit qu'avec répugnance, par la suite il s'accoutume et finit même par prendre plaisir à sa triste mission. Le passé me peinait, je voulus sauver le présent en modifiant l'ancien système. Je m'efforçai de rendre l'étude aimable et souriante, je voulus faire du petit livre de classe, non pas le triste et noir instrument de torture baigné des larmes de l'enfance, mais l'ami qui va lui découvrir de merveilleux secrets; je voulus que l'école au lieu d'être un lieu de douleurs devînt un endroit de récréation intellectuelle. Je supprimai donc, peu à peu, les punitions corporelles, je laissai chez moi verges et fouet et les remplaçai par l'émulation et par l'estime de soi-même. Si une leçon n'avait pas été apprise, j'en attribuais la faute au manque de volonté, jamais au manque d'intelligence; je leur faisais croire qu'ils avaient de meilleures dispositions qu'ils n'en pouvaient avoir en réalité et cette croyance qu'ils s'efforçaient de confirmer les obligeait à travailler, de même que la confiance qui conduit à l'héroïsme. Au commencement il semblait que le changement fût impraticable, beaucoup cessèrent d'étudier; mais je ne me laissai pas rebuter et je vis que peu à peu les âmes s'élevaient, que les enfants venaient à l'école plus nombreux et plus assidus; de plus celui qui avait été félicité devant les autres apprenait mieux encore le lendemain. Le bruit se répandit rapidement dans le pueblo que je ne frappais plus les élèves; le curé me fit appeler et, craignant une autre scène, je le saluai sèchement en tagal. Cette fois, il resta très sérieux. Il me dit que je gâtais les enfants, que je perdais leur temps et le mien, que je n'accomplissais pas mon devoir, que le père qui ne châtiait pas son fils ne l'aimait pas, ainsi que le dit l'Esprit-Saint, que l'on n'apprend que par la force, etc., etc.; il me rappela une partie de tous les dictons des temps barbares, comme s'il suffisait qu'une chose eût été dite par les anciens pour être indiscutable. Enfin, il me recommanda de faire attention à ses observations et de revenir à l'ancien système, sinon il ferait à l'Alcalde un rapport contre moi. Mon malheur ne s'arrêta pas là; quelques jours après, les parents des enfants se présentèrent devant le couvent et je dus appeler à mon aide toute ma patience et toute ma résignation.

Ils commencèrent à me faire l'éloge du vieux temps où les maîtres avaient du caractère et enseignaient comme enseignèrent leurs ancêtres. «Ceux-là étaient des savants, disaient-ils, ceux-là battaient et redressaient l'arbre tordu. Ce n'étaient pas des jeunes, c'étaient des vieillards à cheveux blancs, expérimentés et sévères. D. Catalino, le roi de tous et le fondateur de cette école, ne donnait jamais moins de vingt-cinq coups de bâton, aussi fit-il de savants élèves dont quelques-uns devinrent prêtres. Ah! les anciens valaient mieux que nous, oui, señor, mieux que nous.» D'autres ne se contentèrent pas de ces grossièretés indirectes; ils me dirent clairement que si je suivais mon système, leurs fils n'apprendraient rien et qu'ils se verraient obligés de les retirer de l'école. Il était inutile de raisonner avec eux: comme j'étais jeune ils n'avaient guère confiance en moi. Que n'aurais-je pas donné pour avoir des cheveux blancs? On me cita l'autorité du curé, de celui-ci, de celui-là, ils se citèrent eux-mêmes, disant que s'ils n'avaient pas été battus par leurs maîtres, ils n'auraient jamais rien appris. La sympathie que quelques personnes me témoignèrent adoucit un peu l'amertume de mon chagrin.

Je dus donc renoncer à un système qui, après beaucoup de travail, commençait à porter ses fruits. Désespéré, je rapportai le lendemain à l'école les verges et les fouets, je repris ma tâche barbare. La joie disparut, la tristesse revint sur les visages de ces pauvres enfants qui, déjà, commençaient à m'aimer; c'étaient les seules personnes que j'eusse fréquentées, mes seuls amis. Bien que je m'efforçasse d'économiser les punitions et de les infliger avec toute la douceur possible, les pauvrets ne s'en sentaient pas moins vivement blessés, humiliés, ils pleuraient avec amertume. J'en avais le cœur déchiré mais, bien qu'irrité intérieurement contre leurs stupides familles, je ne pouvais cependant me venger sur ces innocentes victimes des préventions de leurs parents. Leurs larmes me brûlaient; le cœur se gonflait dans ma poitrine et, ce jour-là, je quittai la classe avant l'heure et partis pleurer chez moi dans la solitude... Ma sensibilité vous étonne peut-être, mais si vous aviez été à ma place vous eussiez fait comme moi. Le vieux D. Anastasio me disait: «Les parents demandent des corrections? Pourquoi ne les corrigez-vous pas eux-mêmes?» A la fin, le chagrin me rendit malade.

Ibarra écoutait pensif.

—A peine rétabli, je revins à l'école; le nombre de mes élèves était réduit au cinquième. Les meilleurs avaient déserté lorsqu'on avait rétabli l'ancien système et, parmi ceux qui restaient, quelques-uns ne venaient en classe que pour fuir les travaux domestiques. Aucun ne manifesta de joie en me revoyant, aucun ne me félicita de ma guérison; ma santé leur importait peu; ils auraient préféré même que je restasse malade, car mon substitut, s'il frappait plus que moi, s'absentait la plupart du temps.

Mes autres élèves, ceux que leurs parents continuaient à envoyer à l'école, allaient se promener aux champs. On m'accusait de les avoir gâtés et tous les jours c'étaient de nouvelles récriminations. Un seul, le fils d'une paysanne, était venu me voir pendant ma maladie; il s'est fait sacristain et le sacristain principal dit que les serviteurs de l'église ne doivent pas fréquenter l'école: ce serait déchoir.

—Et vous vous êtes résigné à votre nouvelle situation? demanda Ibarra.

—Pouvais-je faire autrement, répondit l'instituteur. D'ailleurs, pendant ma maladie, divers événements s'étaient produits, nous avions changé de curé.

Je conçus un nouvel espoir et tentai une autre expérience, pour que les enfants ne perdissent pas tout à fait leur temps et tirassent le plus grand profit possible des corrections.

Puisque maintenant ils ne pouvaient m'aimer, je voulais que leur ayant appris quelque chose d'utile, ils conservassent au moins de moi un souvenir qui ne fût pas uniquement amer. Vous savez que, dans la plus grande partie des écoles, les livres sont en castillan, à l'exception du catéchisme tagal qui varie selon la corporation religieuse à laquelle appartient le curé. Ces livres ne sont que des recueils de neuvaines et de rosaires avec le catéchisme du P. Astete; ils sont aussi édifiants que les ouvrages des hérétiques. Comme il m'était impossible de leur apprendre le castillan ni de traduire tant d'écrits divers, je m'efforçai de les remplacer peu à peu par de courts passages, extraits d'œuvres tagales utiles telles que le traité de politesse de Hortensio et Feliza, quelques petits manuels d'agriculture, etc., etc. Parfois, je traduisais moi-même des opuscules comme l'*Histoire des Philippines* du P. Barranera et les leur dictais ensuite pour qu'ils les réunissent en cahiers, les augmentant parfois de leurs propres observations. Comme je n'avais pas de cartes pour leur apprendre la géographie, je copiai celle de la province que j'avais vue au chef-lieu et, avec cette reproduction et les carreaux du sol, je leur donnai quelques idées sur le pays. Cette fois, ce furent les femmes qui s'ameutèrent; les hommes se contentaient de sourire ne voyant là qu'une de mes folies. Le nouveau curé me fit appeler et si, à vrai dire, il ne me reprocha rien, il me déclara cependant que je devais en premier lieu m'occuper de l'enseignement de la religion et que, avant d'apprendre toutes ces choses, les enfants devaient prouver par un examen qu'ils savaient bien et par cœur les Mystères, le Rosaire et le Catéchisme de la Doctrine Chrétienne.

Et depuis lors je travaille de mon mieux à convertir ces pauvres petits en perroquets qui apprennent et récitent tant de choses auxquelles ils ne comprennent pas un seul mot. Beaucoup savent déjà les Mystères et le Rosaire, mais je crains que mes efforts ne se brisent contre le P. Astete, car ils ne distinguent pas encore bien les demandes des réponses ni ce que ces deux choses peuvent signifier. Et nous mourrons ainsi, et ainsi feront à leur tour ceux qui doivent naître, et en Europe on parlera de progrès!

—Ne soyons pas si pessimistes! répondit Ibarra. Le lieutenant principal m'a envoyé une invitation pour assister à une assemblée au tribunal... Qui sait si là vous n'aurez pas une réponse à vos questions?

L'instituteur secoua la tête en signe de doute.

—Vous verrez que le projet dont on m'a parlé ne s'exécutera pas plus que les miens. Sinon, nous le verrons!

1 Petites barques, les paraos sont ornés de roseaux.—N. des T.

2 Ciruela, personnage proverbial, dont on donne le nom à ceux qui se mêlent de ce qui ne les regarde pas.—Note des T.

XX

L'assemblée au tribunal1

C'était une salle de douze à quinze mètres de long sur huit à dix de large. Les murs, blanchis à la chaux, étaient couverts de dessins au charbon, plus ou moins laids, plus ou moins indécents, avec des inscriptions qui complétaient leur sens. Dans un coin, appuyés ordinairement au mur, une dizaine de vieux fusils à pierre parmi des sabres rouillés, des espadons et des casse-tête: c'était l'armement des cuadrilleros..

A une extrémité de la salle qu'ornaient des rideaux rouges sales se cachait, accroché au mur, le portrait de S. M. le Roi; sous le portrait, sur une estrade de bois, un vieux fauteuil ouvrait ses bras dépecés; devant, une grande table tachée d'encre, gravée et entaillée par des inscriptions et des monogrammes comme beaucoup de tables des tavernes allemandes fréquentées par les étudiants. Des chaises boiteuses et des bancs délabrés complétaient le mobilier.

Dans cette salle se tenaient les réunions, siégeait le tribunal, s'infligeait la torture, etc. En ce moment les autorités du pueblo et des divers quartiers y sont réunies; le parti des vieillards ne se mélange pas avec celui des jeunes, les uns et les autres ne peuvent se souffrir: ils représentent les conservateurs et les libéraux, seulement ces luttes politiques acquièrent dans les pueblos un caractère très violent.

—La conduite du gobernadorcillo m'indigne! disait à ses amis le chef du parti libéral, D. Filipo; il apporte un plan préconçu pour retarder jusqu'au dernier moment la discussion du projet. Notez qu'il nous reste à peine onze jours.

—Il est resté au couvent à conférer avec le curé qui est malade! observa un des jeunes.

—Cela ne fait rien! reprit un autre; nous avons déjà tout préparé. Pourvu que le projet des vieux n'obtienne pas la majorité...

—Je ne le crois pas! dit D. Filipo; je présenterai le projet des vieux...

—Comment? que dites-vous? demandèrent ses auditeurs surpris.

—Je dis que, si je parle le premier, je présenterai le projet de nos adversaires.

—Et le nôtre?

—Vous vous en chargerez, vous, répliqua le lieutenant en souriant et il s'adressa à un jeune *cabeza de barangay*2: vous parlerez après que ma proposition aura été rejetée.

—Nous ne vous comprenons pas, señor! dirent ses interlocuteurs en le regardant, pleins de doute.

—Écoutez! dit D. Filipo à voix basse à deux ou trois amis qui l'écoutaient. Ce matin je me suis rencontré avec le vieux Tasio.

—Eh bien?

—Il m'a dit: «Vos ennemis en veulent plus à votre personne qu'à vos idées. Voulez-vous qu'une chose ne se fasse pas? Proposez-la et, serait-elle plus utile qu'une mitre, elle sera repoussée. Une fois qu'ils vous auront battu, faites que le plus modeste d'entre vous présente ce que vous vouliez, et, pour vous humilier, vos adversaires l'approuveront.» Mais, gardez-moi le secret.

—Mais...

—C'est pour cela que je proposerai le projet de nos adversaires en l'exagérant jusqu'au ridicule. Silence! voici le señor Ibarra avec le maître d'école!

Les deux jeunes gens saluèrent tous les groupes, sans prendre part à leurs conversations.

Quelques instants après le gobernadorcillo entra, l'air mécontent. Aussitôt les murmures cessèrent, chacun prit place et le silence régna peu à peu.

Le capitaine3 s'assit dans le fauteuil placé sous le portrait de Sa Majesté, toussa quatre ou cinq fois, se passa la main sur le crâne et sur la figure, toussa de nouveau et, d'une voix défaillante, commença enfin:

—Señores, je me suis risqué à vous convoquer tous pour cette assemblée... hem! hem!... parce que nous devons célébrer le 12 de ce mois la fête de notre patron S. Diego... hem! hem! aujourd'hui, nous sommes le 2... hem! hem!

Il en était à ce point de son discours lorsqu'une toux sèche et régulière le réduisit au silence.

Alors, du banc des vieux, se leva un homme d'aspect arrogant, paraissant âgé d'environ quarante ans. C'était le riche Capitan Basilio, un ennemi du défunt D. Rafael; il prétendait que, depuis la mort de saint Thomas d'Aquin, le monde n'avait pas fait un pas en avant et que, depuis que saint Jean de Latran l'avait quitté, l'Humanité avait commencé à reculer.

—Que Vos Seigneuries me permettent, dit-il, de prendre la parole dans une circonstance si intéressante. Je parle le premier, bien que beaucoup de ceux qui sont ici aient plus de droits que moi, mais si je parle le premier c'est qu'il ne me semble pas que, dans ce cas, parler le premier signifie que l'on soit le premier, de même que parler le dernier ne signifierait pas non plus que l'on soit le dernier. De plus, les choses que j'aurai à dire sont d'une telle importance qu'elles ne doivent ni être laissées de côté ni être dites en dernier, et c'est pour cela que j'ai voulu parler le premier afin de leur donner la place qui leur convenait. Vos Seigneuries me permettront donc de parler le premier dans cette assemblée où je vois de très notables personnes comme le señor

Capitan actuel, son prédécesseur, mon distingué ami D. Valentin, son autre prédécesseur, mon ami d'enfance D. Julio, notre célèbre capitaine des cuadrilleros, D. Melchior et tant d'autres encore que, pour être bref, je ne veux pas mentionner et que vous voyez ici présents. Je supplie Vos Seigneuries de me permettre l'usage de la parole avant que quelqu'un d'autre ne parle. Aurai-je le bonheur que l'Assemblée accède à mon humble prière?

Et l'orateur s'inclina respectueusement, souriant à demi.

—Vous pouvez parler, nous vous écoutons avec plaisir! dirent les amis louangeurs et les autres personnes qui le tenaient pour un grand orateur; les anciens toussaient avec satisfaction et se frottaient les mains.

Capitan Basilio, après avoir épongé la sueur de son front avec un mouchoir de soie, continua:

—Puisque Vos Seigneuries ont été assez aimables et assez complaisantes envers mon humble personne pour me concéder l'usage de la parole avant tout autre de ceux qui sont ici présents, je profiterai de cette permission, si généreusement accordée, et je vais parler. Je m'imagine, avec mon imagination, que je me trouve au milieu du très respectable Sénat romain, *senatus populusque romanus*, comme nous disions en ces beaux temps qui, malheureusement pour l'Humanité, ne reviendront plus, et je demanderai aux *patres conscripti*, comme dirait le sage Cicéron s'il était à ma place, je leur demanderai, puisque le temps nous manque et que le temps est d'or, comme disait Salomon, que, dans cette importante question, chacun expose son avis clairement, brièvement et simplement. J'ai dit.

Et, satisfait de lui-même et de l'attention de la salle, l'orateur s'assit, non sans adresser à Ibarra qui était placé dans un coin un regard de supériorité et à ses amis un autre fort expressif, leur disant: «Ha! Ai-je bien parlé? Ha!»

Ses amis reflétèrent les deux regards en se tournant vers les jeunes, comme pour les faire mourir d'envie.

—Maintenant la parole est à celui qui voudra que... hem! reprit le gobernadorcillo sans pouvoir achever sa phrase, la toux lui livrant une nouvelle attaque.

A en juger par le silence général, personne ne voulait accepter d'être l'un des *patres conscripti*, personne ne se leva; alors D. Filipo profita de l'occasion et prit la parole.

Les conservateurs se regardèrent, échangeant des œillades et se faisant des gestes significatifs.

—Señores, je vais présenter mon projet pour la fête, dit D. Filipo.

—Nous ne pouvons pas l'admettre! répondit un vieux poitrinaire, conservateur intransigeant.

—Nous votons contre! dirent les autres adversaires.

—Señores, dit D. Filipo en réprimant un sourire, je ne vous ai pas encore exposé le projet que nous, *les jeunes*, nous apportons ici. Ce grand projet, nous en sommes *sûrs*, sera préféré par *tous*, quoi que pensent ou que puissent penser nos contradicteurs.

Ce présomptueux exorde acheva d'irriter les conservateurs qui jurèrent *in corde* de lui faire une terrible opposition. D. Filipo poursuivit:

—Nous avons un budget de 3,500 pesos. Eh bien! avec cette somme nous pouvons faire une fête qui surpasse toutes celles que nous avons vues jusqu'ici, soit dans notre province, soit dans les provinces voisines.

—Quoi? s'écrièrent les incrédules; tel pueblo avait 5000, tel autre 4000! C'est de la plaisanterie!

—Ecoutez-moi, señores, et vous serez convaincus, continua D. Filipo intrépide. Je propose que, au milieu de la place, on élève un grand théâtre, qui coûtera 150 pesos.

—150 ne suffiront pas, il faut en mettre 160! objecta un tenace conservateur.

—Notez, señor directeur, 200 pesos pour le théâtre! dit D. Filipo. Je propose que l'on traite avec la troupe de comédie de Tondo pour qu'elle donne des représentations pendant sept soirées consécutives. Sept représentations à 200 pesos par soirée font 1400. Notez 1400, señor directeur.

Vieux et jeunes se regardèrent surpris; seuls, ceux qui étaient dans le secret ne bougèrent pas.

—Je propose encore de grands feux d'artifices; pas de ces toutes petites lumières, de ces toutes petites fusées qui n'amusent que les enfants et les vieilles filles, rien de tout cela! Nous voulons de grosses bombes et de colossales fusées. Je propose donc 200 grosses bombes à deux pesos chacune et 200 fusées du même prix. Nous les commanderons aux artificiers de Malabon.

—Hum! interrompit un vieux, une bombe de deux pesos ne m'effraye guère et ne me rend pas sourd; elles doivent être à trois pesos.

—Notez 1000 pesos pour 200 bombes et 200 fusées.

Les conservateurs ne purent se contenir; quelques-uns se levèrent et conférèrent entre eux.

—De plus, pour que nos voisins voient que nous sommes des gens qui n'épargnent rien et que l'argent ne nous manque pas, continua D. Filipo en élevant la voix et en lançant un rapide regard vers le groupe des vieux, je propose: 1° quatre frères principaux pour les deux jours de fête et 2°, que chaque jour on jette au lac 200 poules rôties, 100 chapons farcis et 50 cochons de lait, comme faisait Sylla, contemporain de ce Cicéron dont vient de parler Capitan Basilio.

—C'est cela, comme Sylla! répéta Basilio flatté.

L'étonnement s'accroissait par degrés.

—Comme beaucoup de gens riches vont accourir et que chacun apporte les pesos par milliers, ses meilleurs coqs, le *liampo*4 et les cartes, je propose quinze jours de gallera, la liberté d'ouvrir toutes les maisons de jeu...

Mais les jeunes se levèrent, l'interrompirent; ils croyaient que le lieutenant principal était subitement devenu fou. Les vieux discutaient avec chaleur.

—Et enfin, pour ne pas négliger les plaisirs de l'âme...

Les murmures et les cris partis de tous les coins de la salle couvrirent totalement sa voix: ce ne fut bientôt plus qu'un tumulte.

—Non! criait un intransigeant conservateur; je ne veux pas qu'il se flatte d'avoir fait la fête, non! Laissez-moi, laissez-moi parler!

—D. Filipo nous a trompés! disaient les libéraux. Nous voterons contre. Il est passé aux vieux. Nous votons contre.

Le gobernadorcillo, plus abattu que jamais, ne faisait rien pour apaiser le tumulte; il attendait que l'ordre se rétablît de lui-même.

Le capitaine des cuadrilleros demanda la parole; on la lui octroya, mais il n'ouvrit pas la bouche et retourna s'asseoir confus et honteux.

Par bonheur, Capitan Valentin, le plus modéré des conservateurs, se leva et dit:

—Nous ne pouvons admettre ce qu'a proposé le lieutenant principal, cela nous semble une exagération. Tant de bombes et tant de théâtres ne peuvent être proposés que par un jeune homme comme le lieutenant, qui peut passer beaucoup de soirées au théâtre et entendre de nombreuses détonations sans devenir sourd. J'ai pris l'opinion des personnes sensées et toutes désapprouvent unanimement le projet de D. Filipo. N'est-il pas vrai, señores?

—Oui! oui! dirent à la fois jeunes et vieux. Les jeunes étaient enchantés d'entendre un vieux parler ainsi.

—Qu'avons-nous à faire de quatre frères principaux? poursuivit D. Valentin. Qu'est-ce que ces poules, ces chapons et ces cochons de lait jetés dans le lac? Plaisanterie! diraient nos voisins, et ensuite nous jeûnerons la moitié de l'année. Qu'avons-nous à voir avec Sylla et avec les Romains? Nous ont-ils par hasard invités à leurs fêtes? Pour ma part, tout au moins, je n'ai jamais reçu aucun billet de leur part et réfléchissez que je suis déjà vieux!

—Les Romains vivent à Rome, où est le Pape! lui murmura tout bas Capitan Basilio.

—Je comprends maintenant, continua l'orateur sans se troubler. Ils célébraient leur fête lors d'une vigile et le Pape leur commanda de jeter les victuailles à la mer pour ne pas commettre un péché. Mais, de toutes façons, votre projet de fête est inadmissible, impossible, c'est une folie.

D. Filipo, vivement combattu, dut retirer sa proposition.

Les conservateurs les plus intransigeants, satisfaits de la défaite de leur plus grand adversaire, virent sans inquiétude se lever un jeune cabeza de barangay qui demanda la parole:

—Je prie Vos Seigneuries de m'excuser si, à mon âge, je me permets de parler devant tant de personnes très respectables, tant par leur expérience que par la prudence et par le discernement avec lesquelles elles jugent toutes choses, mais puisque l'éloquent orateur, Capitan Basilio, nous a invités tous à manifester notre opinion, sa parole autorisée servira d'excuse à l'insuffisance de ma personne.

Les conservateurs satisfaits inclinèrent la tête.

—Ce jeune homme parle bien!—Il est modeste!—Il raisonne admirablement, se disaient-ils.

—Si je vous présente, señores, un programme ou un projet, ce n'est pas avec la pensée que vous le trouverez parfait ni que vous l'accepterez; je veux, en même temps que je me soumets une fois de plus à la volonté de tous, prouver aux anciens que nous pensons toujours comme eux puisque nous faisons nôtres les idées que Capitan Basilio a si élégamment exprimées.

—Très bien! très bien! s'écriaient les conservateurs si délicatement encensés. Capitan Basilio faisait des signes au jeune homme pour lui indiquer comment il devait remuer le bras et placer le pied. Seul, le gobernadorcillo restait impassible; il semblait à la fois distrait et préoccupé. Le jeune homme poursuivit en s'animant:

—Mon projet, señores, se réduit à ceci: inventer de nouveaux spectacles qui ne soient pas les banalités que nous voyons chaque jour et faire en sorte que l'argent recueilli ne sorte pas du pueblo, ne se dépense pas vainement en poussière, en un mot l'employer à quelque chose d'utile pour tous.

—C'est cela! c'est cela! interrompirent les jeunes, c'est ce que nous voulons.

—Très bien! ajoutèrent les vieillards.

—Quel profit tirerons-nous d'une semaine de comédie, comme le demande le lieutenant? Que nous apprendront ces rois de Bohême ou de Grenade qui commandent de couper la tête à leurs filles ou les font mettre en guise de boulet dans un canon lequel, à leur grande surprise, se convertit en trône? Nous ne sommes ni des rois, ni des barbares, nous n'avons pas de canons et, si nous imitions tous ces gens-là, on nous ferait pendre à Bagumbayan. Qu'est-ce que ces princesses qui prennent part aux combats et frappent de taille et d'estoc, font la guerre comme des princes et chevauchent seules par monts et vallées, comme séduites par le *Tikbâlang*5? Nous avons pour habitude d'aimer dans une femme la douceur et la tendresse et nous ne pourrions unir sans crainte notre main à la main tachée de sang de quelque damoiselle, ce sang fût-il celui d'un More ou d'un Géant; de même nous méprisons et tenons pour vil l'homme qui lève la main sur une femme, que ce soit un prince, un alférez ou même un rude paysan. Ne vaudrait-il pas mieux mille fois que nous fissions la peinture de nos propres mœurs, pour corriger nos vices et nos défauts et faire l'éloge des qualités que nous nous reconnaissons?

—C'est cela! répétèrent ses partisans.

—Il a raison, murmurèrent pensifs quelques vieux.

—Je n'avais jamais pensé à cela! murmura Capitan Basilio.

—Mais, comment allez-vous faire? objecta l'obstiné conservateur.

—C'est très facile, répondit l'orateur. J'apporte ici deux comédies que, très certainement, le bon goût et le discernement bien connus des hommes respectables qui sont ici réunis trouveront acceptables et divertissantes. La première a pour titre: L'*Election du Gobernadorcillo*; c'est une comédie en prose, en cinq actes, écrite par l'une des personnes présentes. L'autre est en deux actes et la représentation en durera deux soirées; c'est un drame fantastique, de caractère satirique, écrit par un des meilleurs poètes de la province; il est intitulé *Mariang Makiling*6. Voyant que la discussion des préparatifs de la fête était retardée et craignant que le temps ne manquât, nous avons cherché en secret nos acteurs et nous leur avons fait apprendre leurs rôles. Nous espérons qu'avec une semaine de répétitions ils pourront jouer avec succès. Et remarquez, señores, que non seulement cette façon de faire est neuve, utile et raisonnable, mais qu'elle a le grand avantage d'être économique. Point de costumes à acheter, les nôtres, ceux que nous portons tous les jours, sont les seuls qui doivent servir.

—Je paie le théâtre! s'écria enthousiasmé Capitan Basilio.

—S'il est besoin de cuadrilleros je prête les miens, dit le capitaine de cette brave milice.

—Et moi... et moi... s'il faut un vieux... balbutiait un vieillard avec ostentation.

—Accepté! accepté! crièrent nombre de voix.

Le lieutenant principal était pâle d'émotion, ses yeux se remplirent de larmes.

—Il pleure de dépit, pensa l'intransigeant et il cria: Accepté, accepté sans discussion!

Et satisfait de sa vengeance et de la complète défaite de son adversaire, il commença à faire l'éloge du projet du jeune homme. Celui-ci poursuivit:

—Une partie de l'argent recueilli, le cinquième par exemple, peut être employée à distribuer quelques prix, au plus studieux élève de l'école, au meilleur berger, au plus habile laboureur, au plus adroit pêcheur, etc. Nous pourrons organiser des régates sur la rivière et sur le lac, des courses de chevaux, élever des mâts de cocagne et organiser d'autres jeux auxquels nos paysans prendront part. Quant aux feux d'artifice, comme l'habitude prise est telle qu'on s'imaginerait difficilement une fête où ils seraient supprimés, je leur laisse une place: des roues et des châteaux de feu offrent d'ailleurs de très beaux et très intéressants spectacles, mais je crois inutiles les bombes que proposait le lieutenant. Deux orchestres sont suffisants pour donner de la gaieté à la fête et nous éviterons ainsi ces inimitiés et ces querelles qui faisaient de ces malheureux, dont le travail est de nous réjouir, de véritables coqs de combat s'en allant ensuite mal payés, mal nourris, battus et parfois blessés. Avec le surplus des fonds on pourrait commencer la construction d'un petit édifice pour servir d'école, car nous ne pouvons guère attendre que Dieu lui-même descende du ciel et nous la bâtisse; il est triste de penser qu'alors que nous avons une gallera de premier ordre l'endroit où nos enfants s'instruisent n'est pas même l'écurie du curé. Voici le projet tracé dans ses grandes lignes, le perfectionner sera l'œuvre de tous.

Un léger murmure s'éleva dans la salle; presque tous étaient de l'avis du jeune homme, quelques-uns seulement murmuraient:

—Nouveautés que tout cela! ce sont des choses nouvelles! Dans notre jeunesse...!

—Acceptons-les pour aujourd'hui, disaient les autres, le principal est d'humilier celui-ci!

Et ils montraient le lieutenant.

Quand le silence se rétablit, tous étaient d'accord. Il ne manquait plus que la décision du gobernadorcillo.

Celui-ci suait, s'agitait, se retournait, se passait la main sur le front et put enfin bégayer en baissant les yeux:

—Moi aussi, j'approuve... mais, hem!

Toute l'assemblée écoutait en silence.

—Mais? demanda Capitan Basilio.

—J'approuve complètement, répéta le fonctionnaire; c'est-à-dire... je n'approuve pas... je dis oui,... mais...

Il se frotta les yeux avec le revers de la main.

—Mais, continua le malheureux se décidant enfin, mais le curé, le Père curé veut autre chose.

—Est-ce le curé ou bien nous qui payons la fête? A-t-il donné au moins un cuarto? s'écria une voix pénétrante.

Tous regardèrent du côté d'où était partie cette demande: là siégeait le philosophe Tasio.

Le lieutenant restait immobile, les yeux fixés sur le gobernadorcillo.

—Et que veut le curé? demanda D. Basilio.

—Mais le curé veut... six processions, trois sermons, trois messes solennelles... et, s'il reste de l'argent, une comédie avec du chant dans les entr'actes.

—Mais nous ne voulons pas de cela, dirent les jeunes et quelques vieux.

—Le Père curé le veut! répéta le gobernadorcillo, j'ai promis au curé que ce qu'il voulait serait fait.

—Alors, pourquoi nous avez-vous convoqués?

—Précisément, pour vous en faire part.

—Et pourquoi ne l'avez-vous pas dit dès le commencement?

—Je voulais le dire, señores, mais Capitan Basilio a parlé et je n'ai pas eu le temps... Il faut obéir au curé!

—Il faut lui obéir! répétèrent quelques vieux.

—Il faut lui obéir, ou l'Alcalde nous enverrait tous en prison! ajoutèrent tristement d'autres conservateurs.

—Eh bien! obéissez et faites la fête à vous seuls! s'écrièrent les jeunes en se levant. Nous retirons notre contribution.

—Tout a déjà été recouvré! dit le gobernadorcillo.

D. Filipo s'approcha de lui et lui dit amèrement:

—J'ai sacrifié mon amour-propre en faveur d'une bonne cause; vous sacrifiez votre dignité d'homme pour une mauvaise et vous brisez tout ce qui pouvait être fait de bien.

Ibarra disait au maître d'école:

—Avez-vous une commission pour le chef-lieu de la province, je pars immédiatement?

—Pour vos affaires?

—Pour nos affaires! répondit Ibarra d'un ton mystérieux.

Sur la route, en s'en retournant, le vieux philosophe disait à D. Filipo qui maudissait son sort:

—C'est notre faute! Vous n'avez pas protesté quand ils vous ont donné pour chef un esclave et moi, fou que je suis, je l'avais oublié!

---

1 On appelle *tribunal* aux Philippines, la mairie qui, en Espagne, porte le nom de *ayuntamiento*.—N. des T.

2 Chef de *barangay* ou *balangay* c'est-à-dire d'un groupe de 50 à 60 familles, officier municipal. «A une époque inconnue mais certainement très lointaine, les Malais, ancêtres des Philippins, débarquaient sur les rivages des îles et s'y établissaient à demeure: le nom de *balangay* ou *barque*, donné encore de nos jours aux villages, rappelle le temps où l'équipage, la *barquée*, désormais campée sur la grève, avait à peine changé son genre de vie et travaillait d'abord comme si elle s'était encore trouvée sur son banc de rame. Plus tard, les colons chinois vinrent à leur tour sur des sampan ou nefs «à trois planches» et l'appellation de cet esquif, hissé sur l'estran, est également devenue celle des groupes d'habitations qu'ils élevèrent. Chaque balangay, chaque sampan était le berceau d'une colonie.—ELISEE RECLUS».—N. des T.

3 C'est le titre que l'on donne aux gobernadorcillos.—N. d. T.

4 Jeu chinois.—N. des T.

5 Suivant la croyance populaire, les âmes des enfants morts-nés se transforment en *duendes*, en *tianaks* ou en *tikbâlangs*. Ces derniers sont des

géants qui tiennent à la fois de Tantale, du Juif-Errant et des Génies des contes orientaux.—N. des T.

6 Marie du Makiling, le Makiling est une montagne de l'île de Luzon.—N. des T.

XXI

Histoire d'une mère

. . . .

Il marchait incertain—il courait errant,

Sans se reposer—un seul instant.

ALAEJOS.

Sisa courait maintenant vers son pauvre logis; dans son cerveau s'était opéré ce bouleversement qui se produit dans notre être quand, au moment d'un grand malheur, nous ne voyons aucun recours possible et que s'enfuient toutes nos espérances. Il semble alors que tout s'obscurcisse en nous; si parfois quelque petite lueur brille au loin nous courons vers elle, sans nous inquiéter de savoir si le sentier n'est pas coupé par un précipice.

Cette mère voulait sauver ses fils; comment? les mères ne s'occupent guère des moyens quand il s'agit de leurs enfants.

Elle courait rapide, poursuivie par toutes sortes de craintes et de sinistres pressentiments. Auraient-ils déjà pris son Basilio? Où s'était enfui son Crispin?

Arrivée près de chez elle, elle distingua les casques de deux soldats dépassant la clôture de son jardin. On ne saurait décrire ce qui se passa en son cœur; elle oublia tout, et la brutalité de ces hommes qui n'usaient de ménagements qu'avec les riches, et ce qui pouvait advenir d'elle et de ses fils accusés de vol. Les gardes civils ne sont pas des hommes, ils n'écoutent pas les prières, ils sont accoutumés à voir couler les larmes, ce ne sont que des gardes civils.

Instinctivement Sisa leva les yeux au ciel: le ciel souriait d'une ineffable lumière, quelques petits nuages blancs, nageaient dans le transparent azur. Elle s'arrêta pour réprimer le frisson qui s'emparait de tout son corps.

Les soldats avaient abandonné sa maison; ils revenaient seuls n'ayant rien pris que la poule qu'elle engraissait. Elle respira et recouvra ses sens.

—Comme ils sont bons, quel bon cœur ils ont! murmura-t-elle, presque pleurant de joie.

Les soldats auraient brûlé la maison mais laissé ses fils en liberté qu'elle les aurait encore comblés de bénédictions.

Elle regarda de nouveau, cette fois avec des yeux reconnaissants, le ciel que sillonnait une bande de *garzas*, ces nuages gris et légers particuliers au ciel des Philippines, et, la confiance renaissant en son cœur, elle reprit son chemin.

En approchant de ces hommes terribles, la malheureuse s'efforça de regarder de tous côtés comme distraite; elle feignit de ne pas voir sa poule qui piaillait en criant au secours. A peine les avait-elle croisés qu'elle voulut courir, mais la prudence modéra ses pas.

Elle n'était pas encore éloignée qu'elle s'entendit appeler impérieusement. Tout émue, elle fit la sourde et continua sa route. Ils l'appelèrent de nouveau, mais cette fois avec un cri et une parole insultante. Elle se retourna, malgré elle pâle et tremblante. Un garde civil lui faisait des signes avec la main.

Machinalement, elle revint sur ses pas; elle sentait que sa langue se paralysait, que sa gorge se séchait.

—Dis-nous la vérité ou sinon nous t'attachons à cet arbre et te fusillons, dit l'un d'eux d'une voix menaçante.

La malheureuse ne put que regarder l'arbre.

—Tu es la mère des voleurs!

—La mère des voleurs! répéta Sisa sans comprendre.

—Où est l'argent que tes fils t'ont apporté cette nuit?

—Ah! l'argent...

—Ne nie pas, ce sera pire pour toi! ajouta le premier. Nous sommes venus pour arrêter tes fils; le plus grand s'est sauvé; où as-tu caché le petit?

Sisa respira.

—Señor, répondit-elle, il y a longtemps que je n'ai pas vu mon Crispin; j'espérais le trouver ce matin au couvent et c'est là seulement que j'ai appris que...

Les deux soldats échangèrent un regard significatif.

—C'est bon! s'écria l'un d'eux; donne-nous l'argent et nous te laisserons tranquille.

—Señor, supplia la malheureuse; mes fils ne volent pas, même quand ils ont faim; nous sommes habitués à souffrir. Basilio ne m'a pas apporté un cuarto; fouillez toute la maison et, si vous y trouvez un réal, faites de nous ce que vous voudrez. Les pauvres que nous sommes ne sont pas tous des voleurs.

—Alors, reprit lentement le soldat en fixant ses yeux dans les yeux de Sisa, viens avec nous; tes fils se décideront peut-être à se montrer et à rendre l'argent qu'ils ont pris. Suis-nous!

—Moi?... vous suivre? murmura-t-elle en reculant d'un pas et terrifiée, elle regardait les uniformes des soldats.

—Pourquoi pas?

—Ah! ayez pitié de moi! supplia-t-elle presque à genoux. Je suis bien pauvre, je n'ai rien à vous donner, ni or, ni bijoux; la seule chose que j'avais vous me l'avez déjà prise, c'est la poule que je pensais vendre... emportez tout ce que vous trouverez dans ma misérable cabane, mais laissez-moi, laissez-moi mourir ici en paix!

—En avant! tu dois venir, si tu ne nous suis pas de bon gré nous t'attacherons.

Sisa poussa une amère plainte. Ces hommes étaient inflexibles.

—Laissez-moi au moins marcher devant à quelque distance! supplia-t-elle, quand elle sentit qu'ils se saisissaient d'elle et la poussaient brutalement.

Les deux soldats s'émurent et causèrent entre eux à voix basse.

—Bien, dit l'un d'eux; comme d'ici à ce que nous soyons au pueblo tu peux t'échapper, tu seras entre nous deux. Une fois là tu pourras marcher devant à une vingtaine de pas, mais fais attention! n'entre dans aucune boutique, ne t'arrête pas. En avant et vivement!

Les prières furent vaines, vaines les raisons, inutiles les promesses. Les soldats répondaient qu'ils se compromettaient déjà suffisamment et lui accordaient trop de faveurs.

A se voir ainsi, entre ses deux gardiens, elle se sentit mourir de honte. Personne il est vrai ne venait sur la route, mais et l'air? et la lumière du jour? N'est-ce pas le fait de la véritable pudeur de voir des regards de tous côtés? Elle se couvrit la figure de son mouchoir et marchant ainsi, comme une aveugle, elle pleura en silence sur son humiliation. Certes sa misère était grande, elle savait que tous, même son mari, l'avaient abandonnée, mais jusque-là elle s'était toujours considérée comme honorable et estimée: c'était avec compassion qu'elle regardait ces femmes aux toilettes scandaleuses que tous flétrissaient du nom de «femmes à soldats». Et voici qu'il lui semblait descendre sur l'échelle sociale à un degré inférieur encore à celui de ces malheureuses.

Des pas de chevaux résonnèrent: c'était une de ces petites caravanes d'hommes et de femmes qui, juchés sur de mauvais bidets, entre deux paniers pendus de chaque côté de l'animal, portent le poisson dans les pueblos de l'intérieur. Parmi ces voyageurs quelques-uns la connaissaient, soit pour lui avoir donné un peu de poisson, soit pour lui avoir demandé de l'eau lorsqu'ils passaient devant sa cabane. Lorsqu'elle fut près d'eux, il lui sembla qu'ils l'insultaient, qu'ils l'écrasaient, que leurs regards pitoyables ou dédaigneux traversaient son mouchoir et s'enfonçaient dans sa figure comme des dards.

La caravane s'éloigna, Sisa se sentit soulagée. Elle écarta un instant son mouchoir pour voir à quelle distance se trouvait le pueblo. Il restait encore à franchir quelques postes de télégraphe avant d'arriver au bantayan1. Jamais le chemin ne lui avait paru si long.

Au bord de la route croissait une cannaie très feuillue. Souvent à son ombre elle s'était reposée autrefois. Jeune fille, elle s'y arrêtait pour écouter les doux propos de son fiancé; il l'aidait à porter le panier plein de légumes et de fruits, elle le récompensait d'un sourire. Ah! comme tout ce passé était loin maintenant! le fiancé était devenu le mari, le mari... Le malheur avait frappé à sa porte et s'était pour toujours assis à son foyer.

Comme le soleil dardait ses plus chauds rayons, les soldats lui offrirent de se reposer. Terrifiée à l'idée de voir se prolonger encore son martyre, elle les remercia.

Ils étaient près du pueblo, la peur la saisit. Angoissée, elle regarda de tous côtés cherchant dans la nature un secours quelconque: de vastes rizières, un petit canal de navigation, des arbres rachitiques, c'était tout; pas un rocher, pas un précipice où pouvoir se briser. Pourquoi avait-elle suivi les soldats si longtemps? elle se le reprochait; près de sa pauvre maison, la rivière profonde, aux rives escarpées, semée de roches aiguës, lui aurait offert une mort si douce! Mais non! elle pensa à ses enfants, à son Crispin dont elle ignorait le sort, et dans cette nuit ce fut une lumière qui éclaira son âme. Résignée, elle murmura:

—Après!... après, nous irons habiter au plus profond des bois.

Elle sécha ses yeux, prit un air plus assuré et s'adressant à voix basse aux gardes:

—Nous voici maintenant au pueblo!

Son accent était indéfinissable; c'était à la fois une prière, un raisonnement, une plainte, une supplication, toute la douleur condensée dans une parole.

Les soldats eurent pitié: ils répondirent d'un geste. Rapidement elle les devança et s'efforça de marcher d'un pas tranquille.

Un tintement de cloches annonçait la fin de la grand'messe. Elle pressa le pas pour éviter la foule qui sortait de l'église: ce fut en vain.

Deux femmes qu'elle connaissait passèrent, l'interrogeant du regard; elle les salua avec un amer sourire; mais pour éviter de nouvelles mortifications elle baissa la tête et fixa ses yeux sur le sol, ce qui ne l'empêchait pas de trébucher contre les pierres du chemin.

A sa vue, on se retournait, on chuchotait, on la suivait des yeux; malgré qu'elle ne regardât rien, elle devinait, elle sentait, elle voyait tout.

Une femme qu'à sa tête nue, à sa robe jaune et verte, à sa chemise de gaze bleue, à son costume et à ses manières on reconnaissait comme faisant le bonheur de la soldatesque cria aux gardes d'une voix effrontée:

—Où l'avez-vous prise? et l'argent, l'avez-vous?

Sisa crut avoir reçu un soufflet: cette femme l'avait publiquement mise à nu. Elle leva la tête pour connaître d'un seul coup tout le sarcasme et toute la honte; les gens qui la montraient au doigt étaient loin d'elle, très loin même, mais cependant elle sentait le froid de leurs regards, elle entendait la méchanceté de leurs propos. Le sol se dérobait sous ses pieds.

—Par ici! lui cria un garde.

Comme un automate dont se brise le mécanisme, elle tourna rapidement sur ses talons et, sans rien voir, sans penser à rien, courut pour se cacher; une porte gardée par une sentinelle était devant elle; elle voulut y entrer; mais, plus impérieuse encore, une autre voix la détourna. Comme elle cherchait d'où venait cette voix, elle sentit qu'on la poussait par les épaules. Ses yeux se fermèrent, elle fit deux pas, puis les forces lui manquèrent et la malheureuse se laissa tomber sur le sol, d'abord à genoux, assise ensuite. Un sanglot sans larmes, sans cris, sans exclamations, l'agitait convulsivement.

C'était le quartier. Il y avait là des soldats, des femmes, des porcs, des poules. Quelques gardes raccommodaient leurs habits; une des femmes couchée sur le banc, la tête appuyée sur la cuisse d'un soldat, fumait et regardait vers le toit d'un air ennuyé; d'autres aidaient les gardes à laver leurs hardes, à nettoyer leurs armes, etc., fredonnant des chansons lubriques.

—Tiens, les poulets se sont sauvés, vous ne ramenez que la poule! dit l'une, sans que l'on pût savoir si elle faisait allusion à Sisa ou au malheureux volatile qui continuait à piailler.

—Oui, la poule vaut toujours mieux que les poussins! ajouta-t-elle, quand elle vit que les soldats se taisaient.

—Où est le sergent? demanda l'un des gardes d'un ton fâché. A-t-on prévenu l'alférez?

Un haussement d'épaules fut la seule réponse qu'il obtint: personne ne voulait se déranger pour la pauvre femme.

Elle resta ainsi deux longues heures, à demi folle, accroupie dans un coin, la tête cachée dans les mains, échevelée. A midi l'alférez arriva; il commença par ne rien croire des accusations du curé.

—Bah! mesquines moineries! dit-il, et il ordonna que l'on rendît la liberté à la femme et que personne ne s'occupât plus de cette affaire.

—S'il veut retrouver ce qu'il a perdu, ajouta-t-il, qu'il le demande à son saint Antoine ou qu'il se plaigne au nonce! Voilà!

Sisa, qui pouvait à peine se mouvoir, fut donc conduite presque de force hors du quartier.

Lorsqu'elle se vit au milieu de la rue, elle partit rapide, se dirigeant vers sa maison, la tête découverte, la chevelure défaite, le regard fixe. Le soleil, alors au zénith, brûlait de tous ses feux; pas un nuage ne voilait son disque resplendissant; le vent agitait faiblement les feuilles des arbres, la route était déjà presque sèche; malgré la tempête de la veille, pas un oiseau ne se risquait à abandonner l'ombre des branches.

Enfin Sisa était arrivée. Emue, silencieuse, elle entra dans son triste logis, le parcourut, sortit, alla, vint de tous côtés. Elle courut ensuite chez le vieux Tasio, frappa à la porte; le vieux n'y était pas. La malheureuse retourna chez elle et commença à crier, à appeler: Basilio! Crispin! s'arrêtant à chaque instant, prêtant l'oreille avec attention. L'écho qui répétait ses appels, le doux murmure de l'eau dans la rivière voisine, la musique des roseaux agités par la brise étaient les uniques voix de la solitude. De nouveau elle appela, monta sur une hauteur, descendit dans un ravin; ses yeux errants prenaient une expression sinistre, d'instant en instant ils s'illuminaient de vifs reflets, puis s'obscurcissaient comme le ciel dans une nuit de tourmente; on aurait dit que la lumière de la raison, prête à s'éteindre, se ranimait et se mourait tour à tour.

Revenue chez elle, elle s'assit sur la natte où ils s'étaient couchés la nuit précédente et leva les yeux: au bout de l'un des roseaux de la cloison qui pendait près du précipice elle aperçut un morceau de la chemise de Basilio. Se levant, elle le prit et l'examina à la lumière du soleil: le morceau d'étoffe avait des taches de sang. Par hasard Sisa ne les vit pas: elle se baissa et continua à examiner ce débris du vêtement de son fils, l'élevant dans l'air, baigné des rayons embrasés: puis, comme si elle avait senti tout s'obscurcir et la clarté lui manquer, elle regarda le soleil en face, les yeux démesurément ouverts.

Enfin elle erra de côté et d'autre, criant, hurlant d'étranges sons; qui l'eut entendue aurait eu peur, sa voix avait un timbre que ne saurait donner le larynx humain. Lorsque pendant la nuit rugit la tempête et que, vertigineusement rapide, le vent bat de ses ailes invisibles une armée d'ombres qui le poursuivent, si vous vous trouvez dans un édifice ruiné et solitaire, vous entendez certaines plaintes, certains soupirs que vous savez être le murmure du vent battant les hautes tours et les murs délabrés; vous n'en êtes pas moins saisi de terreur et vous frémissez! eh bien, l'accent de cette mère était plus lugubre et plus terrible encore que ces sanglots inconnus retentissant dans les nuits obscures où rugit la tempête.

Le soleil se coucha, l'ombre la surprit. Peut-être le ciel lui accorda-t-il quelques heures de sommeil pendant lesquelles l'aile invisible d'un ange, caressant son visage pâli, emporta sa mémoire qui ne lui rappelait plus que des douleurs; peut-être que, tant de souffrances dépassant la résistance possible de l'humanité débile, la Mère Providence intervint, apportant sa plus douce consolation, l'oubli. Le jour suivant, Sisa vaguait souriante, chantant et conversant avec tous les êtres de la grande Nature.

---

1 Guérite.—N. des T.

XXII

Lumières et ombres

Trois jours se sont écoulés, trois jours et trois nuits que les habitants de San Diego ont employés à commenter les faits qui s'étaient passés et à faire les préparatifs de la fête du pueblo.

Tout en savourant par avance les réjouissances futures, les uns médisaient du gobernadorcillo, les autres du lieutenant principal, ceux-ci des jeunes, ceux-là des vieux, il n'était personne qui ne dît son mot et beaucoup rejetaient la faute sur tous.

On commentait aussi l'arrivée de Maria Clara accompagnée de la tante Isabel. On s'en réjouissait parce qu'on l'aimait, mais en même temps que l'on admirait sa beauté on s'étonnait aussi des changements qui survenaient dans le caractère du P. Salvi.—«Il a des distractions nombreuses pendant le saint sacrifice; il ne nous parle presque plus; à vue d'œil il devient plus maigre et plus sombre», telles étaient les réflexions de ses pénitentes. Le cuisinier le voyait s'émacier de jour en jour et se plaignait du peu d'honneur qu'il faisait à ses plats. Mais ce qui soulevait le plus de murmures c'étaient les deux lumières que l'on voyait briller au couvent lorsque le P. Salvi était en visite... en visite chez Maria Clara! Les dévotes faisaient des signes de croix mais continuaient à jaser.

Personne ne s'occupait plus de la malheureuse Sisa ni de ses fils.

Crisóstomo Ibarra avait télégraphié du chef-lieu de la province pour saluer la tante Isabel et sa nièce, mais sans leur expliquer la cause de son absence. Beaucoup croyaient qu'on l'avait arrêté à cause de sa conduite envers le P. Salvi dans l'après-midi de la Toussaint. Mais les commentaires changèrent de ton lorsque, le soir du troisième jour, on le vit descendre d'une voiture devant la petite maison de sa fiancée et saluer courtoisement le prêtre qui s'y rendait lui aussi.

C'était un délicieux petit nid parmi les orangers et les ilang-ilang. Nous y retrouvons les deux jeunes gens accoudés à une fenêtre d'où l'on voyait le lac. Des fleurs et des plantes grimpantes, s'enroulant autour des roseaux et des fils métalliques disposés pour les recevoir, répandaient à l'entour leur ombre fraîche et leur parfum léger.

Ils causaient: leurs lèvres murmuraient des mots plus doux que le bruissement des feuilles et plus parfumés que l'air tout imprégné des aromes du jardin. C'était l'heure où les sirènes du lac, profitant des ombres du crépuscule rapide, sortaient des flots leurs têtes rieuses pour admirer et saluer de leurs chants le soleil moribond. Ibarra disait à son amie:

—Demain, avant que l'aube paraisse, ton désir sera satisfait. Je disposerai tout dès cette nuit pour que rien ne manque.

—Alors j'écrirai à mes amies pour les inviter. Fais en sorte que le curé ne vienne pas!

—Pourquoi?

—Parce qu'il semble qu'il me surveille. Ses yeux creux et sombres me font mal; quand il les fixe sur moi, j'ai peur. Quand il me cause il a une voix... il me parle de choses si extraordinaires, si incompréhensibles, si étranges... un jour il m'a demandé si je n'avais pas rêvé à des lettres de ma mère; je crois qu'il est à moitié fou. Mon amie Sinang et Andeng, ma sœur de lait, disent qu'il est un peu... atteint, parce qu'il ne mange pas, ne se baigne pas et vit constamment dans l'ombre. Arrange-toi pour qu'il ne vienne pas.

—Nous sommes forcés de l'inviter, répondit Ibarra pensif. Les habitudes du pays nous y obligent; il vient chez toi et, de plus, sa conduite avec moi a été pleine de noblesse. Quand l'Alcalde l'a consulté sur l'affaire dont je t'ai parlé, il n'a eu que des louanges pour moi et n'a pas fait la moindre réclamation: mais je vois que tu es contrariée; je prendrai soin qu'il ne puisse nous accompagner.

On entendit des pas légers: c'était le curé qui s'approchait, un sourire forcé sur les lèvres.

—Le vent est frais, dit-il, quand on a pris un rhume on le garde jusqu'à ce que revienne la chaleur. Ne craignez-vous pas de vous refroidir?

Sa voix était tremblante et son regard fixé au loin se détournait des jeunes gens.

—Au contraire, la soirée nous paraît agréable et le vent délicieux! répondit Ibarra. En cette saison nous avons notre automne et notre printemps; quelques feuilles tombent, mais les bourgeons poussent.

Fr. Salvi soupira.

—Je trouve très belle la réunion de ces deux saisons sans qu'intervienne l'hiver glacé, continua Ibarra. En février les branches des arbres fruitiers bourgeonnent, en mars déjà nous aurons les fruits mûrs. Viennent les mois de chaleur, *nous* irons ailleurs.

Fr. Salvi sourit. La conversation s'engagea sur des sujets indifférents: le temps, le pueblo, la fête; Maria Clara chercha un prétexte et se retira.

—Puisque nous parlons de la fête, dit Ibarra, permettez-moi de vous inviter à celle que nous donnerons demain matin. C'est une fête champêtre que nous organisons entre amis.

—Et, où se fera-t-elle?

—Près du ruisseau qui serpente dans le bois voisin, à côté du *balit*: aussi nous lèverons-nous de bonne heure pour que le soleil nous rejoigne en route.

Le moine réfléchit, puis répondit:

—L'invitation est très tentante et je l'accepte pour vous prouver que je ne vous garde pas rancune. Mais je ne pourrai m'y rendre qu'après avoir rempli mes devoirs. Vous êtes heureux d'être libre!

Quelques minutes après, Ibarra partit pour s'occuper de la fête du lendemain. La nuit était déjà très obscure.

Dans la rue, un homme s'approcha qui le salua respectueusement.

—Qui êtes-vous? lui demanda le jeune homme.

—Vous ne connaissez pas mon nom, señor. Je vous attends depuis deux jours.

—Que me voulez-vous?

—Personne ne prend pitié de moi parce que l'on dit que je suis un bandit, señor. Mais j'ai perdu mes fils, ma femme est folle et tout le monde prétend que je mérite mon sort.

Ibarra examina rapidement l'homme et lui demanda:

—Que voulez-vous en ce moment?

—Implorer votre pitié pour ma femme et pour mes enfants.

—Je ne puis m'arrêter. Si vous voulez me suivre, vous me direz en route ce qui vous est arrivé.

L'homme le remercia, et tous deux disparurent bientôt dans les ténèbres des rues où l'éclairage faisait presque entièrement défaut.

XXIII

La pêche

Les étoiles brillaient encore à la voûte de saphir et, dans les branches, les oiseaux n'avaient pas terminé leur sommeil que déjà une troupe joyeuse parcourait les rues du pueblo se dirigeant vers le lac, à la faible lueur de ces torches de goudron, que l'on appelle communément *huepes*.

C'étaient cinq jeunes filles, marchant d'un pas rapide, se tenant par les mains ou par la ceinture, suivies de quelques vieilles dames et de servantes portant gracieusement sur leur tête des paniers remplis de provisions, de plats, etc. A voir leurs figures où rit la jeunesse, où brille l'espérance, à contempler leurs abondantes et noires chevelures flottant au vent et les larges plis de leurs vêtements, nous les prendrions pour des divinités de la nuit s'enfuyant à l'approche du jour, si nous ne savions pas que ce sont Maria Clara et ses quatre amies: la joyeuse Sinang, sa cousine, la sévère Victoria, la belle Iday, et la pensive Neneng qui représente la beauté modeste et tremblante.

Elles bavardaient avec animation, riaient, se pinçaient, se parlaient à l'oreille et ensuite lançaient en fusées les éclats de rire.

Mais, à leur rencontre, s'avançait un groupe de jeunes gens portant de grandes torches de roseaux; ils marchaient presque sans bruit au son d'une guitare que Sinang, toujours moqueuse, compara à une «guitare de mendiant».

Quand les deux groupes se rencontrèrent, c'étaient les jeunes filles qui avaient pris un air sérieux et grave comme si elles n'avaient jamais appris à rire; au contraire, les hommes parlaient, saluaient, souriaient et faisaient six questions pour obtenir la moitié d'une réponse.

—Le lac est-il tranquille? Croyez-vous que nous aurons beau temps? demandaient les mamans.

—Ne vous inquiétez pas, señoras, je sais très bien nager, répondit un grand garçon, sec et mince.

—Auparavant, nous aurions dû entendre la messe! soupirait tante Isabel en joignant les mains.

—Il est encore temps, señora. Albino qui est un ancien séminariste peut la dire dans la barque, répondit un autre en désignant le grand sec.

Celui-ci, qui avait une bonne physionomie de fourbe, entendant ce propos, prit aussitôt un air componctueux, caricature parfaite du P. Salvi.

Sans rien perdre de sa gravité, Ibarra prenait part à la gaieté de ses compagnons.

Mais on était au bord du lac: des cris de surprise et de joie s'échappèrent involontairement des lèvres des femmes. On voyait deux grandes barques, réunies entre elles, pittoresquement ornées de guirlandes de fleurs et de feuilles avec des étoffes bouillonnées de diverses couleurs; de petites lanternes de papier pendaient alternant avec des roses, des œillets, des fruits, piñas, kasuy, platanos, goyaves, lanzones1. Ibarra avait apporté des nattes, des tapis, des coussins et, avec le tout, formé de commodes et moelleux sièges pour les dames. Les *tikines*2 et les avirons étaient également décorés. Dans la barque la mieux parée se trouvaient une harpe, des guitares, des accordéons et une corne de carabao; dans l'autre brûlait un feu de *kalanes*3 de boue; on préparait du thé, du café et du *salabat*4 pour le déjeuner.

—Ici les femmes, là les hommes! disaient les mamans en s'embarquant. Allons! restez tranquilles, ne remuez pas ou nous allons chavirer.

—Faisons le signe de la croix! disait tante Isabel.

—Et nous allons rester ici toutes seules? demanda Sinang en faisant la moue. Nous seules... Aïe!

Cette exclamation avait pour cause un pinçon opportun dont l'avait gratifiée sa mère.

Lentement les barques s'éloignaient de la plage, reflétant dans le miroir du lac les multiples lumières de leurs lanternes. A l'orient apparaissaient les premières teintes de l'aurore.

Un silence relatif régnait. La séparation établie par les vieilles dames semblait avoir pour effet de dédier la jeunesse à la méditation.

—Fais attention! dit à voix haute Albino à un autre jeune homme; appuie bien sur l'étoupe qui est sous ton pied.

—Comment?

—Parce que l'eau pourrait entrer; cette barque est pleine de trous.

—Aïe! nous coulons! s'écrièrent les femmes épouvantées.

—N'ayez pas peur, señoras! reprit le séminariste pour les tranquilliser. Votre barque est très sûre, elle n'a que cinq trous et ils ne sont pas très grands.

—Cinq trous! Jésus! Voudriez-vous nous noyer?

—Pas plus de cinq, señoras, grands comme cela! et il leur montrait le petit rond formé par son pouce et son index réunis. Refoulez bien les étoupes pour les boucher.

—Mon Dieu! sainte Marie! l'eau entre déjà, s'écria une vieille.

Il y eut un petit tumulte, les unes poussaient des cris, les autres se préparaient à sauter à l'eau.

—Assurez bien les étoupes, là! continuait Albino en montrant l'endroit où étaient les jeunes filles.

—Où donc? où donc? nous ne savons pas! Par pitié venez nous montrer ce qu'il faut faire! imploraient les femmes tremblantes.

Il fallut que cinq jeunes gens passassent dans l'autre barque pour rassurer les mères effrayées. Singulier hasard! un endroit dangereux se trouvait à côté de chaque jeune fille; du côté des vieilles dames pas une voie d'eau ne menaçait la sécurité commune. Et plus singulier hasard encore! Ibarra avait dû se placer près de Maria Clara, Albino près de Victoria, chacun près de sa préférée. La tranquillité revint régner du côté des prévoyantes mères; mais de ce côté seulement.

L'eau était complètement tranquille, les champs de pêche peu éloignés, l'heure très matinale, aussi fut-il décidé d'abandonner les avirons et de se mettre à déjeuner. L'aurore illuminant déjà l'espace, on éteignit les lanternes.

La matinée était belle, la lumière qui tombait du ciel et celle que reflétaient les eaux faisaient briller la surface du lac; de là une clarté illuminant tout, ne produisant presque pas d'ombres, une clarté fraîche, saturée de couleurs, comme on en devine parfois dans quelques marines.

Presque tous étaient joyeux, ils respiraient la légère brise qui commençait à s'élever; les vieilles dames elles-mêmes, toujours surveillant et grondant, riaient et se divertissaient entre elles.

—Te souviens-tu, disait l'une d'elles à la Capitana Ticá, du temps où nous étions encore jeunes filles et où nous allions nous baigner dans la rivière? Nous descendions le courant dans de petites barques faites d'écorce de platane, nous emportions des fruits et des fleurs parfumées. Nous portions chacune une petite bannière où se lisaient nos noms...

—Et quand nous revenions à la maison, ajoutait l'autre sans la laisser terminer, nous trouvions les ponts de bambou détruits et nous étions forcées de passer les ruisseaux à gué... les brigands!

—Oui! disait la Capitana Ticá, mais je préférais mouiller ma jupe que de me découvrir le pied; je savais que dans les buissons de la rive étaient cachés des yeux qui nous observaient.

Les jeunes filles qui entendaient cette conversation se faisaient des signes et souriaient.

Seul un homme restait silencieux, étranger à toute cette gaieté: c'était le pilote. Jeune, de formes athlétiques, ses grands yeux tristes et le sévère dessin de ses lèvres donnaient à l'expression de sa physionomie un caractère intéressant que renforçaient encore ses longs cheveux noirs retombant naturellement, sans artifice de toilette, sur un cou robuste; une chemise sombre, de toile grossière, laissait deviner des muscles puissants et nerveux et ses bras nus maniaient comme une plume une large et lourde rame qui lui servait de timon pour guider les deux barques.

Maria Clara avait plusieurs fois surpris son regard attaché sur elle: il détournait aussitôt les yeux, contemplant l'horizon, les montagnes, les arbres de la rive. Elle eut pitié de sa solitude et, prenant quelques galettes, les lui offrit. Avec une certaine surprise il la regarda, mais ce regard ne dura qu'une seconde; prenant une galette, il refusa les autres en remerciant d'une voix à peine perceptible.

Personne ne s'occupa plus de lui. Les rires joyeux, les plaisirs des autres jeunes gens ne le déridaient pas; même les éclats de gaieté de la rieuse Sinang ne le faisaient pas départir de sa gravité.

Le premier déjeuner terminé, on continua l'excursion vers les enclos de pêche.

Il y en avait deux, placés à une certaine distance l'un de l'autre; tous deux étaient la propriété du Capitan Tiago. On distinguait de loin quelques hérons posés parmi les roseaux de la rive; de ces oiseaux blancs, que les tagals appellent *kalauay*5, volaient de ci de là, rasant de leurs ailes la surface des eaux, remplissant l'air de stridents croassements.

Maria Clara suivait du regard les hérons qui, lorsque les barques s'approchèrent, s'enfuirent dans la direction des montagnes voisines.

—Ces oiseaux ont-ils leurs nids dans ces montagnes? demanda-t-elle au pilote, bien moins peut-être pour le savoir que pour faire parler ce silencieux.

—Probablement, *señora*, répondit-il, mais jusqu'ici personne encore n'a vu leurs nids.

—N'ont-ils pas de nids?

—Je suppose qu'ils doivent en avoir, sinon ils seraient bien malheureux!

Maria Clara ne remarqua pas l'accent de tristesse avec lequel le jeune homme avait fait cette remarque.

—Alors?

—On dit, señora, que les nids de ces oiseaux sont invisibles et qu'ils ont la propriété de rendre également invisible celui qui les a en son pouvoir; de même que l'âme ne peut se voir que dans le brillant miroir des yeux, ce ne doit être que dans le miroir des eaux que ces nids se peuvent contempler.

Maria Clara devint pensive.

Mais on était arrivé au *baklad*6; le vieux marinier attacha les embarcations à un roseau, tandis que son fils se disposait à monter sur le bord de l'enclos pourvu de son *panalok*, c'est-à-dire de la ligne avec la poche de filet.

—Attends un instant, dit à ce dernier la tante Isabel, il faut disposer le *sinigang* pour que les poissons sortant de l'eau puissent être mis dans la marmite.

—Quoi! bonne tante Isabel, s'écria le séminariste, ne voulez-vous pas que le poisson puisse rester au moins un instant hors de l'eau.

Malgré sa figure blanche et joyeuse, Andeng, la sœur de lait de Maria Clara, était renommée comme bonne cuisinière. Elle prépara de l'eau de riz, des tomates et des camias7; quelques jeunes gens qui peut-être voulaient mériter ses sympathies l'aidaient dans ces préparatifs. Les autres jeunes filles épluchaient les cœurs de citrouilles, les pois et coupaient les *paayap*8 en petits morceaux longs comme des cigarettes.

Pour tromper l'impatience de ceux qui désiraient voir comment les poissons, vivants et frétillants, sortiraient de leur prison, Iday prit la harpe; non seulement elle touchait très bien de cet instrument mais de plus elle avait une très jolie main.

La jeunesse applaudit, Maria Clara l'embrassa; la harpe est l'instrument dont on joue le plus dans cette province, surtout dans ces occasions.

—Chante, Victoria, chante *la Chanson du Mariage*! demandèrent les vieilles dames.

Les hommes protestèrent et Victoria, qui avait fort bonne voix, se plaignit d'être enrouée. *La Chanson du Mariage* est une belle élégie tagale où sont peintes toutes les tristesses et toutes les misères de la vie de ménage sans aucune de ses consolations et de ses joies.

Alors, Maria Clara fut à son tour sollicitée.

—Toutes mes chansons sont tristes, dit-elle.

—Cela ne fait rien, lui répondirent ses compagnes.

Elle ne se fit plus prier, prit la harpe et d'une voix vibrante, harmonieuse et pleine de sentiment, chanta ces couplets:

«Les heures sont douces dans la patrie

Où est l'ami, quand brille le soleil.

La vie, c'est la brise qui souffle sur ses campagnes,

La mort y est douce, plus tendre y est l'amour.

»D'ardents baisers jouent sur les lèvres,

Lors du réveil sur le cœur d'une mère;

Les bras cherchent à ceindre le cou,

Et les yeux en se regardant se sourient.

»La mort est douce pour la patrie

Où est l'ami, quand brille le soleil;

Morte est la brise, pour qui n'a pas

Une patrie, une mère, un amour.»

La voix s'éteignit, le chant cessa, la harpe devint muette... on écoutait encore: personne n'applaudit. Les jeunes filles sentaient leurs yeux se remplir de larmes, Ibarra paraissait contrarié; quant au jeune pilote, immobile, il regardait au loin.

Mais un fracas retentit, semblable au bruit du tonnerre. Les femmes poussèrent un cri et se bouchèrent les oreilles. C'était l'ex-séminariste Albino qui, de toute la force de ses poumons, soufflait dans la corne de carabao, appelant *tambuli*9. Il n'en fallut pas plus pour ramener le rire et l'animation et sécher les yeux larmoyants.

—Veux-tu nous rendre sourdes, païen? lui cria la tante Isabel.

—Señora, répondit-il avec solennité; j'ai entendu parler d'un pauvre sonneur de trompette qui, pour avoir joué de son instrument, s'est marié avec une noble et riche demoiselle.

—C'est vrai, le Trompette de Säckingen! ajouta Ibarra qui ne pouvait se dispenser de prendre part à la conversation.

—Vous l'avez entendu? continua Albino, eh bien, je veux voir si je serai aussi heureux.

Et de nouveau, il se mit à souffler avec plus de force encore dans la corne résonnante, approchant particulièrement la trompe des oreilles des jeunes filles qui, moins gaies, s'étaient assises. Naturellement, il y eut un petit soulèvement; les mères le firent taire à force de coups de pied et de pinçons.

—Aïe! Aïe! disait-il, en se frottant les bras, qu'il y a loin des Philippines aux rives du Rhin! *O tempora, o mores!* Pour le même acte, on décore les uns, aux autres on donne des sambenitos10.

Toutes riaient, même Victoria; cependant Sinang disait à voix basse à Maria Clara:

—Tu es heureuse toi! moi aussi je chanterais bien, si je pouvais!

Enfin, Andeng annonça que le bouillon était prêt à recevoir ses hôtes.

Le jeune fils du pêcheur, monta alors sur la resserre ou *bourse* de l'enclos de pêche, placée à l'extrémité la plus étroite. Là, si les malheureux poissons avaient su lire et comprendre l'italien, on aurait pu écrire le *Lasciate ogni speranza voi ch'entrate*11, car ils n'en sortaient que pour mourir. C'était un espace presque circulaire d'environ un mètre de diamètre, disposé de telle façon qu'un homme pût se tenir debout sur la partie supérieure afin de retirer les poissons avec un petit filet.

—J'aimerais pêcher à la ligne comme cela, disait Sinang tout heureuse.

Tous étaient attentifs. Déjà quelques-uns croyaient voir frétiller et s'agiter les poissons et briller leurs étincelantes écailles: le jeune homme abaissa le filet, rien n'en sortit.

—La resserre doit être pleine, dit Albino à voix basse, depuis cinq jours on ne l'a pas visitée.

Le pêcheur retira la ligne: pas plus que le filet aucun poisson ne l'ornait; l'eau retombant en abondantes gouttes, où se jouait le soleil, semblait rire d'un rire argentin. Un cri de désappointement s'échappa de toutes les bouches.

La même opération répétée obtint le même résultat.

—Tu ne connais pas ton métier! dit Albino en grimpant auprès du jeune homme, et il lui arracha le filet des mains. Regarde, maintenant! Andeng, ouvrez la marmite!

Mais Albino ne fut pas plus adroit, le filet était toujours vide. Tous commencèrent à rire.

—Ne faites pas de bruit, vous chassez les poissons, dit-il. Ce filet doit être troué.

Mais toutes les mailles étaient intactes.

—Laissez-moi faire! lui dit Léon, le fiancé d'Iday. Celui-ci s'assura bien de l'état du cercle, examina le filet et, satisfait, demanda:

—Êtes-vous sûr qu'on n'a pas visité l'enclos depuis cinq jours?

—Nous en sommes absolument sûrs; la dernière fois c'était pour la vigile de la Toussaint.

—Mais alors! ou le lac est enchanté, ou je vais tirer quelque chose.

Léon plongea sa ligne, mais l'ennui se peignit sur sa figure. Il regarda un moment silencieux la montagne voisine, puis promena l'hameçon dans l'eau: il ne le retira pas, mais murmura à voix basse:

—Un caïman!

—Un caïman!

Le mot courut de bouche en bouche au milieu de l'épouvante et de la stupéfaction générales.

—Que dites-vous? lui demanda-t-on.

—Je dis qu'un caïman est pris là, affirma Léon qui enfonçant dans l'eau le manche de la ligne ajouta:

—Écoutez ce son? ce n'est pas le sable, c'est la peau, la peau épaisse, l'épaule du caïman. Voyez le mouvement des roseaux! c'est lui qui se démène car il est enroulé sur lui-même, attendez... il est grand: son corps mesure une palme au plus de large.

—Que faire? demanda-t-on.

—Le prendre! dit une voix.

—Jésus! et qui le prendra?

Personne ne s'offrait à descendre dans l'abîme. L'eau était profonde.

—Nous devrions l'attacher à notre barque et le traîner en triomphe, dit Sinang; il a mangé nos poissons à notre place!

—Je n'ai pas encore vu de caïman vivant! murmura Maria Clara.

Le pilote se levant, prit une longue corde et monta agilement sur l'espèce de plate-forme. Léon lui céda la place.

Excepté Maria Clara, personne jusqu'alors ne l'avait regardé; maintenant on admirait sa svelte stature.

A la grande surprise de tous et malgré les cris, il sauta dans la resserre.

—Emportez ce couteau! lui cria Crisóstomo en tirant une large lame de Tolède.

Mais déjà l'eau un instant troublée redevenait calme et l'abîme se fermait mystérieux.

—Jésus, Marie, Joseph! criaient les femmes. Nous allons avoir un malheur!

—Ne craignez rien, señoras, leur disait le vieux marinier; s'il y a quelqu'un dans la province qui puisse en venir à bout, c'est lui.

—Comment s'appelle ce jeune homme? demanda quelqu'un.

—Nous l'appelons *le Pilote*: c'est le meilleur que j'ai vu; seulement il n'aime guère le travail.

L'eau s'agitait; il semblait que dans les profondeurs un combat se fût engagé. Tous se taisaient, contenaient leur respiration. Ibarra, d'une main convulsée, serrait la poignée de son couteau aigu.

La lutte semblait prendre fin. La tête du jeune homme apparut, saluée de cris joyeux; les yeux des femmes étaient pleins de larmes.

Il grimpa sur la plate-forme, tenant d'une main l'extrémité de la corde, puis il tira fortement.

On vit alors le monstre; la corde le liait autour du cou et sous les extrémités antérieures, il était grand, ainsi que l'avait annoncé Léon, tacheté; sur ses épaules croissait une mousse verte qui est aux caïmans ce que les cheveux blancs sont à l'homme. Il mugissait comme un bœuf, frappait de la queue les roseaux, s'y accrochait et ouvrait une gueule noire et terrible, découvrant des crocs longs et acérés.

Le pilote le hissait seul; personne ne songeait à l'aider.

Lorsque la bête fut hors de l'eau, le jeune homme mit le pied dessus, ferma d'une main robuste les redoutables mâchoires et essaya d'attacher le museau avec de forts nœuds. Le reptile tenta un dernier effort, arqua son corps, battit le sol de sa puissante queue et, s'échappant, s'élança d'un saut dans le lac, hors de l'enclos, entraînant son dompteur. Le pilote était un homme mort; un cri d'horreur sortit de toutes les poitrines.

Rapide comme l'éclair, un autre corps tomba à l'eau: à peine eut-on le temps de voir que c'était Ibarra. Si Maria Clara ne s'évanouit pas, c'est que les indigènes des Philippines ne savaient pas encore s'évanouir.

Les eaux se colorèrent, se teignirent de rouge. Le jeune pêcheur sauta à son tour dans l'abîme, le *bolo*12 à la main, son père le suivit. Mais à peine disparaissaient-ils qu'Ibarra et le pilote remontaient à la surface, cramponnés au cadavre du caïman. Le ventre blanc du reptile était lacéré et le couteau d'Ibarra cloué dans sa gorge.

Il est impossible de décrire la joie générale; tous les bras se tendirent pour tirer, les deux jeunes gens de l'eau. Les vieilles dames étaient à demi-folles, elles riaient, elles priaient, elles pleuraient. Andeng oublia que son *sinigang* avait bouilli trois fois; tout le bouillon se répandit sur le feu et l'éteignit. La seule qui ne put dire un mot fut Maria Clara.

Ibarra était indemne; le pilote n'avait qu'une légère égratignure au bras.

—Je vous dois la vie! dit-il à Ibarra que l'on entourait de manteaux de laine et de tapis.

La voix du pilote avait un timbre particulier; elle semblait nuancée d'ennui.

—Vous êtes trop intrépide! répondit Ibarra; une autre fois vous ne tenterez plus Dieu!

—Si tu n'étais pas revenu!... murmura Maria Clara encore pâle et tremblante.

—Si je n'étais pas revenu et que tu m'aies suivie, répondit le jeune homme en complétant sa pensée, au fond du lac *j'aurais été en famille*.

Ibarra n'oubliait pas que c'était là que gisaient les restes de son père.

Les vieilles dames ne voulaient pas aller au second *baklad*; pour elles le jour avait mal commencé, il ne pouvait manquer d'arriver d'autres malheurs, mieux valait s'en aller.

—Et tout cela parce que nous n'avons pas entendu la messe!

—Mais, quel malheur avons-nous eu? répondit Ibarra. Le seul à plaindre dans l'affaire, c'est le caïman.

—Ce qui prouve, conclut l'ex-séminariste, que dans toute sa vie pécheresse jamais cet infortuné reptile n'a entendu la messe. Jamais on ne l'a vu parmi tant de caïmans qui fréquentent l'église.

Les barques se dirigèrent donc jusqu'à l'autre *baklad*. Andeng dut préparer un autre *sinigang*.

La matinée s'avançait; la brise s'élevait et commençait à agiter les vagues qui se plissaient autour du caïman, soulevant «des montagnes d'écume où étincelante brille, riche en couleurs, la lumière du soleil», comme dit le poète P. A. Paterno.

La musique résonna de nouveau: Iday jouait de la harpe, les hommes de l'accordéon et de la guitare avec plus ou moins de régularité; le meilleur était Albino qui grattait son instrument absolument à faux, perdait la mesure à chaque instant ou bien oubliait quelques principales mesures et passait sans transition à un autre air absolument distinct.

Le second enclos fut visité sans confiance; beaucoup s'attendaient à y trouver la femelle du caïman; mais la nature est moqueuse et le filet sortit toujours plein.

La pêche terminée, on se dirigea vers la rive.

Là, à l'ombre de ce bois d'arbres séculaires qui appartenait à Ibarra, près du ruisseau cristallin, on devait déjeuner parmi les fleurs, sous des tentes improvisées.

La musique résonnait dans l'espace; la fumée des kalanes s'élevait joyeuse en tourbillons légers; l'eau chantait dans la marmite bouillante. Le cadavre du caïman tournait de tous côtés, tantôt présentant son ventre blanc et déchiré, tantôt son dos tacheté et ses épaules moussues. L'homme, favori de la Nature, ne s'inquiétait guère de tant de fratricides.

---

1 Kasuy, *Anacardium occidentale, L.*; lanzones, fruit du *Lancium domesticum. Jac.*—N. des T.

2 Gouvernails.—N. des T.

3 Fourneaux, *fogones.*—N. des T.

4 Mélange d'eau, de miel et de gingembre dont on fait usage contre la toux.—N. des T.

5 Kalaycaguay, nom indigène d'une poincillade des Philippines.—N. des T.

6 Enclos de pêche.—N. des T.

7 Fruits de l'*Averrhoa Carambola L.*—N. des T.

8 *Ficus payapa.*—N. des T.

9 Air qu'on joue sur la corne du même nom.—N. des T.

10 Casaque jaune que l'Inquisition faisait revêtir à ses condamnés pour les auto-da-fé.—N. des T.

11 «Vous qui entrez, laissez toute espérance.» Inscription placée par le Dante au-dessus de la porte de l'enfer.—N. d. T.

12 Sorte de sabre, à lame courte et large, ressemblant au machete.—N. des T.

XXIV

Dans le bois

Ce matin-là, le P. Salvi avait dit sa messe de bonne heure, de très bonne heure, et débarbouillé en quelques minutes une douzaine d'âmes sales.

La lecture de quelques lettres qui étaient arrivées dûment timbrées et cachetées sembla lui avoir fait perdre l'appétit, car il laissa refroidir complètement son chocolat.

—Le Père est malade, disait le cuisinier en préparant une autre tasse; il y a quelques jours qu'il ne mange pas; des six plats que je lui apporte, il n'en touche pas deux.

—C'est qu'il dort mal, répondit le valet de chambre; il a des cauchemars depuis qu'il a changé de lit. Ses yeux se creusent, il maigrit et jaunit de jour en jour.

En effet, le P. Salvi faisait peine à voir. Il n'avait pas voulu toucher à la seconde tasse de chocolat ni goûter aux gâteaux feuilletés de Cebú1; il se promenait pensif dans la vaste salle serrant dans ses mains osseuses quelques lettres qu'il parcourait par moments. Enfin il se décida à demander sa voiture, s'habilla et ordonna qu'on le conduisît au bois où se trouvait l'arbre fatidique, dans les environs duquel se donnait la fête champêtre.

Près du bois, le P. Salvi descendit de voiture et s'enfonça seul sous les ombrages.

Un sentier couvert traversait, avec beaucoup de détours, l'épaisseur du bois et conduisait à un ruisseau formé de diverses sources thermales, comme il en est beaucoup sur les flancs du Makiling. Les rives en sont ornées de fleurs sylvestres dont un grand nombre n'ont pas encore reçu de noms latins mais sont connues quand même des insectes dorés, des papillons de toutes tailles et de toutes couleurs, bleus et rouges, blancs et noirs, nuancés, brillants, bronzés, portant sur leurs ailes des rubis et des émeraudes, comme aussi des milliers de coléoptères aux reflets métalliques poudrés d'or fin. Le bourdonnement de ces insectes, le grésillement de la cigale qui retentit nuit et jour, le chant de l'oiseau ou le bruit sec de la branche morte qui tombe en s'accrochant de toutes parts troublent seuls le silence mystérieux.

Le prêtre erra quelque temps parmi les lianes épaisses, évitant les épines qui s'enfonçaient dans l'habit de guingon comme pour le retenir, les racines des arbres qui sortaient du sol et le faisaient trébucher à chaque pas. Tout à coup il s'arrêta: des éclats de voix fraîches, des rires arrivaient à ses oreilles; ces sons joyeux venaient du ruisseau et se rapprochaient de plus en plus.

—Je vais voir si je trouve un nid, disait une belle et douce voix, que le curé reconnaissait, je voudrais *le* voir sans que *lui* me vît; je voudrais *le* suivre partout.

Le P. Salvi se cacha derrière le tronc d'un gros arbre et écouta.

—C'est-à-dire que tu voudrais faire avec lui ce que le curé fait avec toi, puisqu'il te surveille continuellement? répondit une voix joyeuse. Prends garde, car la jalousie fait maigrir et creuse les yeux.

—Non, ce n'est pas par jalousie, c'est par pure curiosité! répliquait la voix argentine, tandis que la joyeuse répétait: Oui! jalouse, jalouse! et riait aux éclats.

—Si j'étais jalouse, au lieu de vouloir me rendre invisible, c'est à lui que je donnerais ce privilège pour que personne ne puisse le voir.

—Mais toi, tu ne le verrais pas non plus et ce ne serait pas bien. Le mieux, si nous trouvons le nid, sera que nous le donnions au curé; il pourra ainsi nous surveiller sans qu'on soit forcé de le voir, n'est-ce pas ton avis?

—Je ne crois pas aux nids de hérons, répondit l'autre voix; mais si jamais je devenais jalouse, je saurais surveiller et me faire invisible...

—Comment? comment? comme une Sœur surveillante peut-être?

Ce souvenir de pension provoqua encore un accès de gaieté.

—Tu sais comment on la trompait, la Sœur surveillante!

De sa cachette, le P. Salvi reconnut Maria Clara, Victoria et Sinang se promenant dans le ruisseau. Les trois jeunes filles, tout en marchant, regardaient la surface des eaux, cherchant le mystérieux nid de héron; elles allaient, mouillées jusqu'aux genoux, les larges plis des jupes de bain laissant deviner la gracieuse courbe de leurs jambes. Les cheveux déliés, les bras nus, le buste recouvert de chemises à grandes raies de couleurs claires, elles cherchaient l'impossible et cueillaient en même temps des fleurs et des plantes croissant sur les rives.

L'Actéon religieux, immobile et pâle, contemplait Maria Clara, cette pudique Diane; ses yeux brillant dans leurs sombres orbites ne se lassaient pas d'admirer ces bras blancs et bien modelés, ce cou élégant, cette gracieuse gorge: les pieds mignons et roses qui jouaient avec l'eau réveillaient dans son être appauvri d'étranges sensations et faisaient rêver son ardent cerveau.

Mais le petit cours d'eau faisait un coude et bientôt les roseaux épais cachèrent ces douces figures dont il cessa d'entendre les allusions cruelles. Ivre, chancelant, couvert de sueur, le P. Salvi sortit de sa cachette et regarda autour de lui avec des yeux égarés. Il restait immobile, ne sachant à quoi se résoudre, faisant quelques pas comme pour suivre les jeunes filles, mais bientôt se retournant il marcha le long de la rive afin de rejoindre le reste des invités.

A quelque distance, au milieu du ruisseau, il vit une sorte de bain, bien enclos, dont le toit était fait de roseaux feuillus; de là sortaient aussi de joyeux accents de jeunes filles; des feuilles de palmier, des fleurs, des banderoles ornaient cette tente légère. Plus loin, un pont de bambous; de l'autre côté de ce pont se baignaient les hommes, tandis qu'une multitude de serviteurs et de servantes s'empressait autour des *kalanes* improvisés, occupés à plumer des poules, à laver du riz, à rôtir des cochons de lait, etc. Sur la rive opposée, dans une clairière faite de main d'homme, beaucoup d'hommes et de femmes étaient réunis sous un toit de cotonnade, attaché en partie aux branches des arbres séculaires, en partie à des pieux nouvellement fichés en terre. Là causaient l'alférez, le vicaire, le gobernadorcillo, le lieutenant principal, le maître d'école, nombre de capitaines et de lieutenants ayant cessé leurs fonctions et même le père de Sinang, le Capitan Basilio, qui avait été l'adversaire de D. Rafael dans un vieux procès non encore terminé. Ibarra lui avait dit: «Nous discutons un droit, mais discuter ne veut pas dire être ennemis.» Et le célèbre orateur des conservateurs avait non seulement accepté l'invitation avec enthousiasme mais, de plus, envoyé trois domestiques à la disposition du jeune homme.

Le curé fut reçu avec respect et déférence par tous, même par l'alférez.

—Mais, d'où vient Votre Révérence? demanda celui-ci en voyant son visage plein d'égratignures et son habit couvert de feuilles et de morceaux de branches sèches. Votre Révérence serait-elle tombée?

—Non, je me suis égaré! répondit le P. Salvi en baissant les yeux pour examiner son costume.

On ouvrait des bouteilles de limonade, on partageait des cocos verts afin que ceux qui sortaient du bain pussent boire leur eau fraîche et manger leur chair tendre, plus blanche que le lait; les jeunes filles recevaient de plus un chapelet de sampagas, entremêlés de roses et de ilang-ilang qui parfumaient les chevelures dénouées. Elles s'asseyaient ou se couchaient dans les hamacs suspendus aux branches ou bien encore s'installaient pour jouer autour d'une large pierre sur laquelle on voyait des cartes, des échiquiers, de petits livres, des coquillages et de petites pierres servant de marques.

On montra le cadavre du caïman au curé, mais il parut distrait, son attention s'éveilla seulement lorsqu'en lui montrant la plus large blessure on lui dit que c'était l'œuvre d'Ibarra. Quant au pilote, célèbre quoique inconnu, il n'était plus là; avant l'arrivée de l'alférez il avait déjà disparu.

Maria Clara sortit enfin du bain, accompagnée de ses amies; fraîche comme une rose à son premier matin, couverte de rosée, des gouttelettes de diamant dans ses pétales divins. Son premier sourire fut pour Crisóstomo, pour le P. Salvi le premier nuage de son front. Celui-ci le remarqua mais ne soupira pas.

L'heure de manger était arrivée. Le curé, le vicaire, l'alférez, le gobernadorcillo et quelques capitaines avec le lieutenant principal s'assirent à une table que présidait Ibarra. Les mamans n'avaient pas permis qu'aucun homme prît place à la table des jeunes filles.

—Cette fois, Albino, tu n'inventes plus de voies d'eau comme dans les barques, dit Léon à l'ex-séminariste.

—Quoi? qu'est-ce que cela veut dire? demandèrent les vieilles.

—Señoras, cela veut dire que les barques étaient aussi peu trouées que ce plat, déclara Léon.

—Jésus, saramullo! s'écria en souriant la tante Isabel.

—Avez-vous appris quelque chose, señor alférez, sur le criminel qui a maltraité le P. Dámaso? demandait F. Salvi:

—De quel criminel parlez-vous? répondit l'alférez en regardant le moine au travers d'un verre de vin qu'il vidait.

—Comment? mais de celui qui avant-hier a frappé le P. Dámaso sur la route!

—Le P. Dámaso a été attaqué? interrogèrent diverses voix.

Le vicaire parut sourire.

—Oui, le P. Dámaso est au lit en ce moment. On croit que l'auteur de l'attentat est Elias, celui qui vous autrefois vous a jeté dans la mare, señor alférez.

L'alférez devint rouge de honte, à moins que ce ne fût d'avoir vidé son verre de vin.

—Mais je croyais, continua le P. Salvi avec une certaine ironie, que vous étiez au courant du fait; je me disais qu'alférez de la garde civile...

Le militaire se mordit les lèvres et balbutia une excuse quelconque.

A ce moment, une femme pâle, maigre, misérablement vêtue, apparut comme un spectre; personne ne l'avait vue venir, car elle s'avançait silencieuse et faisait si peu de bruit que, la nuit, on l'eût prise pour un fantôme.

—Donnez à manger à cette pauvre femme! disaient les vieilles dames; hé! venez ici!

Continuant son chemin, elle s'approcha de la table où était le curé; celui-ci tourna la tête, la reconnut et le couteau lui tomba de la main.

—Donnez à manger à cette femme! ordonna Ibarra.

—La nuit est obscure et les enfants disparaissent! murmurait la malheureuse.

Mais à la vue de l'alférez qui lui adressait la parole, elle prit peur et se mit à courir, disparaissant entre les arbres.

—Qui est-ce? demanda-t-on.

—Une malheureuse qui est devenue folle à force de craintes et de douleurs! répondit D. Filipo; il y a quatre jours qu'il en est ainsi.

—Ne serait-ce pas une certaine Sisa? demanda Ibarra avec intérêt.

—Vos soldats l'ont arrêtée, continua le lieutenant principal avec une certaine amertume; ils l'ont conduite à travers tout le pueblo pour je ne sais quelle histoire sur ses fils... que l'on n'a pu éclaircir.

—Comment? demanda l'alférez en se retournant vers le curé, c'est peut-être la mère de vos deux sacristains?

Le curé confirma d'un signe de tête.

—Ils ont disparu sans qu'on ait jamais recherché ce qu'ils étaient devenus! ajouta sévèrement D. Filipo en regardant le gobernadorcillo qui baissa les yeux.

—Cherchez cette femme! commanda Crisóstomo aux domestiques. J'ai promis de m'informer de l'endroit où sont ses fils...

—Ils ont disparu, dites-vous? demanda l'alférez. Vos sacristains ont disparu, Père curé?

Celui-ci vida le verre de vin qu'il avait devant lui et fit un signe de tête affirmatif.

—Caramba! Père curé, s'écria avec un rire moqueur l'alférez, qui se réjouissait à la pensée d'une revanche, quelques pesos de Votre Révérence sont perdus et vous réveillez aussitôt mon sergent pour qu'il les fasse chercher; vos deux sacristains disparaissent et Votre Révérence ne dit rien, et vous, señor Capitan... il est vrai aussi que vous...

Il n'acheva pas sa phrase mais éclata de rire en enfonçant sa cuiller dans la chair rouge d'une papaya sylvestre2.

Le curé, confus, troublé, répondit:

—C'est que je dois répondre de l'argent...

—Bonne réponse, révérend pasteur d'âmes! interrompit l'alférez, la bouche pleine. Bonne réponse, saint homme!

Ibarra voulut intervenir mais, faisant un effort sur lui-même, le P. Salvi reprit:

—Et savez-vous, señor alférez, ce que l'on dit à propos de la disparition de ces enfants? Non? Eh bien! demandez-le à vos soldats!

—Comment? s'écria l'interpellé, abandonnant son ton joyeux et moqueur.

—On dit que la nuit où ils ont disparu on a entendu des coups de feu!

—Des coups de feu? répéta l'alférez en regardant les personnes présentes.

Celles-ci firent un mouvement de tête affirmatif.

Le P. Salvi reprit alors lentement avec un sourire cruel et sarcastique:

—Allons, je vois que vous ne savez pas arrêter les criminels, que vous ignorez ce que font les vôtres, mais que vous voulez vous faire prédicateur et apprendre aux autres leur devoir. Vous devez connaître le refrain:

«Le fou en sait plus chez lui...»

—Señores, interrompit Ibarra qui avait vu pâlir l'alférez; à propos de tout cela je voudrais savoir ce que vous pensez d'un projet que j'ai formé. Je pense confier cette folle aux soins d'un bon médecin et, avec votre aide et vos conseils, rechercher ce que sont devenus ses fils.

Le retour des domestiques, qui n'avaient pu retrouver la folle, acheva de rétablir la paix entre les deux adversaires, en donnant un nouveau tour à la conversation.

Le repas était terminé; tandis que l'on servait le café et le thé, jeunes gens et vieillards se dispersèrent en divers groupes. Les uns prirent les jeux d'échecs, les autres les cartes, mais les jeunes filles, curieuses de savoir leur destinée, préférèrent poser des questions à la *Roue de la Fortune*.

—Venez, señor Ibarra! criait Capitan Basilio, un peu plus gai que d'ordinaire. Nous avons un litige qui dure depuis quinze ans; il n'y a pas de juge à la cour qui le résolve; nous allons voir si nous pourrons le terminer aux échecs?

—A l'instant et avec grand plaisir! répondit le jeune homme. Dans un moment, car l'alférez prend congé de nous!

Aussitôt l'officier parti, tous les vieillards qui comprenaient le jeu se réunirent autour des deux partenaires; la partie était intéressante et attirait même les profanes. Les vieilles dames cependant préférèrent se grouper autour du curé pour converser avec lui des choses spirituelles; mais le P. Salvi ne jugeait ni l'endroit ni l'occasion convenables pour de tels entretiens, aussi ne faisait-il que de vagues réponses et ses regards tristes et quelque peu irrités se fixaient un peu partout excepté sur ses interlocutrices.

Les deux joueurs commencèrent avec beaucoup de solennité.

—Si la partie ne donne pas de résultats, l'affaire est oubliée, c'est entendu! disait Ibarra.

Au milieu de l'action, Ibarra reçut une dépêche télégraphique; ses yeux brillèrent, il devint pâle, mais il la mit intacte dans son portefeuille, sans rien dire, sans même regarder le groupe de la jeunesse qui, entre des rires et des cris, continuait à interroger le destin.

—Echec au Roi! dit le jeune homme.

Capitan Basilio n'eut d'autre ressource que de cacher son Roi derrière la Reine.

—Echec à la Reine! redit encore Ibarra en la menaçant avec sa tour alors qu'elle ne restait défendue que par un pion.

Ne pouvant couvrir la Reine ni la retirer à cause du Roi qui était derrière, Capitan Basilio demanda un moment pour réfléchir.

—Très volontiers! répondit Ibarra; j'avais précisément quelque chose à dire en ce moment même à quelques-unes des personnes présentes.

Et il se leva en accordant un quart d'heure à son adversaire.

Iday avait le disque de carton où étaient inscrites les 48 demandes, Albino le livre des réponses.

—C'est un mensonge, ce n'est pas vrai! criait Sinang à demi en larmes.

—Qu'as-tu? lui demandait Maria Clara.

—Figure-toi, je demande: «Quand aurais-je de la raison?» et celui-là, ce curé manqué, lit dans le livre:

«Quand les grenouilles auront du poil!» Qu'en dis-tu?

Et Sinang faisait la moue à l'ancien séminariste qui riait encore.

—Qui t'avait commandé de faire cette question? lui dit sa cousine Victoria. Elle ne méritait pas une autre réponse.

—Demandez quelque chose, vous! dirent-elles toutes à Ibarra en lui présentant la *Roue*. Nous avons décidé que celui qui aurait reçu la meilleure réponse recevrait un cadeau des autres. Toutes nous avons déjà demandé!

—Et qui a eu la meilleure réponse?

—Maria Clara, Maria Clara! répondit Sinang. Nous lui avons fait demander bon gré mal gré: «Son amoureux est-il fidèle et constant?» et le livre a répondu...

Mais toute rouge, Maria Clara lui ferma la bouche avec sa main et ne la laissa pas continuer.

—Alors, donnez-moi la *Roue*! dit Crisóstomo souriant.

Il demanda: «Sortirai-je bien de mon entreprise actuelle?»

—Voilà une vilaine demande! s'écria Sinang.

Ibarra retira le doigt et, suivant son numéro, on chercha la page et la ligne.

—«Les songes sont des songes!» lut Albino.

Ibarra sortit le télégramme et l'ouvrit en tremblant.

—Cette fois votre livre a menti! s'écria-t-il plein de joie. Lisez:

«Projet d'école approuvé, autre jugé en votre faveur.»

—Que signifie ceci? criait-on.

—Ne disiez-vous pas que vous deviez faire un cadeau pour la meilleure réponse obtenue? demanda-t-il d'une voix tremblante, tandis qu'il partageait soigneusement le papier en deux morceaux.

—Oui! oui!

—Eh bien! ceci est mon cadeau, dit-il en donnant une moitié à Maria Clara; je dois élever dans le pueblo une école pour les garçons et pour les filles; cette école sera mon offrande.

—Et cet autre morceau?

—Celui-ci je le donnerai à qui aura obtenu la plus mauvaise réponse!

—Alors, à moi! cria Sinang.

Ibarra lui donna le papier et s'éloigna rapidement.

—Qu'est-ce que cela signifie? demanda-t-elle.

Mais l'heureux jeune homme était déjà loin et retournait poursuivre la partie d'échecs.

Fr. Salvi s'approcha, comme distrait, du joyeux cercle de la jeunesse. Maria Clara séchait une larme de joie.

Aussitôt le rire cessa, toutes et tous devinrent muets. Le curé regarda les jeunes filles sans se risquer à prononcer une parole; elles de leur côté gardaient le silence, attendant qu'il parlât.

—Qu'est-ce que ceci? demanda-t-il enfin en prenant le petit livre qu'il feuilleta.

—*La Roue de la Fortune*, un livre de jeu, répondit Léon.

—Ne savez-vous pas que c'est un péché de croire à ces choses? dit-il, et avec colère il déchira les feuillets.

Tous poussèrent des cris de surprise et de chagrin.

—C'est un péché plus grand encore de disposer de ce qui n'est pas à soi contre la volonté du propriétaire! lui répliqua Albino en se levant. Père curé, cela s'appelle voler, et Dieu et les hommes condamnent le vol.

Maria Clara joignit les mains et, les yeux humides, contempla les restes de ce livre qui l'avait faite si heureuse.

On s'attendait à ce que Fr. Salvi répondît à Albino. Il n'en fit rien, il regarda tourbillonner les feuilles dispersées les unes dans le bois, les autres dans l'eau, puis s'en alla chancelant, la tête dans les mains. Il s'arrêta quelques secondes encore pour parler avec Ibarra, puis celui-ci l'accompagna jusqu'à l'une des voitures disposées pour amener ou reconduire les invités.

—Il fait bien de s'en aller ce rabat-joie! murmurait Sinang. Il a une figure qui semble dire: Ne ris pas, car je connais tes péchés!

Depuis qu'il avait fait son cadeau à sa fiancée Ibarra était si content qu'il commença à jouer sans réfléchir, sans s'occuper de l'état des pièces.

Il en résulta que, bien que le Capitan Basilio en fût déjà réduit à se défendre difficilement, la partie, grâce aux nombreuses fautes commises par le jeune homme, devint égale; il n'y avait ni perdant ni gagnant.

—Nous sommes quittes, nous sommes quittes! disait joyeusement Capitan Basilio.

—Nous sommes quittes, nous sommes quittes! répéta le jeune homme, quel que soit l'arrêt que les juges aient pu rendre.

Tous deux se donnèrent une poignée de mains avec effusion.

Au moment où ils célébraient ainsi cet arrangement qui mettait fin à un procès depuis longtemps fastidieux pour les deux parties, l'arrivée soudaine de quatre gardes civils et d'un sergent, en armes, baïonnette au canon, troubla la joie et répandit l'effroi parmi les femmes.

—Tout le monde tranquille! Feu sur qui bouge! commanda le sergent.

Malgré cette brutale fanfaronnade, Ibarra s'approcha de lui.

—Que voulez-vous? demanda-t-il.

—Nous cherchons un criminel nommé Elias, qui vous servait de pilote ce matin, répondit le militaire menaçant.

—Un criminel? le pilote! vous devez vous tromper!

—Non, señor, cet Elias est accusé d'avoir levé la main sur un prêtre...

—Ah! et ce serait le pilote?

—Lui-même, selon ce qu'on nous a dit. Vous admettez à vos fêtes des gens de bien mauvaise renommée, señor Ibarra.

Celui-ci le regarda des pieds à la tête et lui répondit avec un souverain mépris.

—Je n'ai pas de comptes à vous rendre de mes actes! A nos fêtes, tout le monde est bien reçu et vous-même, si vous étiez venu, vous auriez trouvé un siège à notre table, comme votre alférez qui, il y a deux heures, était encore avec nous.

Et ceci dit, il tourna les épaules.

Le sergent se mordit les lèvres et, voyant qu'il n'était pas le plus fort, il ordonna à ses hommes de rechercher de tous côtés, jusque dans les arbres, le pilote dont ils avaient le signalement sur un papier. D. Filipo lui disait:

—Remarquez bien que ce signalement convient aux neuf dixièmes des naturels; faites attention aux faux pas!

Les soldats revinrent enfin, disant qu'ils n'avaient rien vu qui pût paraître suspect: le sergent balbutia quelques paroles et s'en alla comme il était venu, en garde civil.

La joie renaquit peu à peu, ce fut une pluie de questions, une abondance de commentaires.

—C'est cet Elias qui a jeté l'alférez dans une mare! disait Léon pensif.

—Comment cela? qu'était-il arrivé? demandèrent quelques curieux.

—On dit qu'au mois de septembre, par une journée très pluvieuse, l'alférez se rencontra avec un homme qui portait du bois. La route était inondée, il ne restait qu'un passage étroit, à peine suffisant pour une personne. Il paraît que l'alférez, au lieu de retenir son cheval, piqua des éperons, criant à l'homme de retourner sur ses pas. Celui-ci qui ne voulait ni marcher inutilement à cause de la charge qu'il avait sur le dos ni s'enfoncer dans la mare, poursuivit sa route. Irrité, l'alférez voulut le frapper, mais l'homme prit un morceau de bois et le jeta à la tête du cheval avec une telle force que la pauvre bête tomba, déposant le cavalier au milieu de l'eau. On ajoute que l'homme poursuivit tranquillement son chemin sans s'occuper des cinq balles que, de la mare, l'alférez, aveuglé par la colère autant que par la boue, lui envoya l'une après l'autre. Comme l'homme était entièrement inconnu de lui, on supposa que ce devait être le célèbre Elias, arrivé dans la province depuis quelques mois, venu on ne sait d'où et qui s'était déjà fait connaître des gardes civils de quelques pueblos par de pareils faits.

—C'est donc un tulisan? demanda Victoria tremblante.

—Je ne le crois pas, car on dit qu'il s'est battu contre les tulisanes un jour qu'ils avaient attaqué une maison.

—Il n'a pas la figure d'un malfaiteur! ajouta Sinang.

—Non, mais son regard est très triste, je ne l'ai pas vu sourire de la matinée, répondit pensive Maria Clara.

L'après-midi se passa ainsi, l'heure était venue de retourner au pueblo.

Aux derniers rayons du soleil mourant, tout le monde sortit du bois en passant en silence près de la mystérieuse tombe de l'ancêtre d'Ibarra. Puis les conversations redevinrent gaies, vives, pleines de chaleur, sous ces branchages peu accoutumés à tant de bruit. Les arbres paraissaient tristes, les lianes se balançaient comme pour dire: Adieu, jeunesse! Adieu, rêve d'un jour!

Et maintenant, à la lueur rouge de gigantesques torches de roseaux, au son des guitares, laissons-les suivre leur chemin vers le pueblo. Les groupes se font moins nombreux, les lumières s'éteignent peu à peu, les chants s'affaiblissent et cessent, les guitares deviennent muettes à mesure qu'ils s'approchent des demeures des hommes. Reprenons le masque que nous portons d'habitude, entre frères!

---

1 Cebú, l'une des îles de l'archipel des Philippines. N. des T.

2 *Carica papaya*, L.—N. des T.

XXV

Chez le philosophe

Le lendemain matin, Juan Crisóstomo Ibarra, après avoir visité ses terres, se rendit chez le vieux Tasio.

Dans le jardin régnait une complète tranquillité, les hirondelles qui voletaient autour du toit faisaient à peine de bruit. La mousse recouvrait le vieux mur où grimpait une sorte de lierre qui encadrait les fenêtres. Cette maison paraissait la maison du silence.

Ibarra attacha soigneusement son cheval à un poteau et, marchant presque sur la pointe du pied, il traversa le jardin, proprement et scrupuleusement entretenu, monta les escaliers et, comme la porte était ouverte, entra.

En premier lieu, il vit le vieillard penché sur un livre dans lequel il paraissait écrire. Sur les murs, des collections d'insectes et de feuilles, des cartes et de vieilles planches, supportant des livres et des manuscrits.

Le vieillard était si absorbé par son travail qu'il ne remarqua l'arrivée du jeune homme qu'au moment où celui-ci, ne voulant pas le troubler, allait se retirer.

—Comment? vous étiez là? demanda-t-il en regardant Ibarra avec un certain étonnement.

—Ne vous dérangez pas, répondit celui-ci, je vois que vous êtes très occupé...

—En effet, j'écrivais un peu, mais rien ne presse, je suis satisfait de me reposer un instant. Puis-je vous être utile en quelque chose?

—Très utile! répondit Ibarra en s'approchant; mais...

Et il jeta un regard vers le livre qui était sur la table.

—Comment! s'écria-t-il surpris, vous vous occupez à déchiffrer des hiéroglyphes?

—Non! répondit le vieillard en lui offrant une chaise; je n'entends rien à l'égyptien pas plus qu'au copte, mais je comprends quelque peu le système d'écriture et j'écris en hiéroglyphes.

—Vous écrivez en hiéroglyphes! et pourquoi? demanda le jeune homme qui doutait de ce qu'il voyait et entendait.

—Pour qu'on ne puisse pas me lire en ce moment.

Ibarra le regarda fixement se demandant si, en effet, le vieillard n'était pas un peu fou. Il examina rapidement le livre pour s'assurer de la vérité et vit, très bien dessinés, des animaux, des cercles, des demi-cercles, des fleurs, des pieds, des mains, des bras, etc.

—Et pourquoi donc écrivez-vous si vous ne voulez pas être lu?

—Parce que je n'écris pas pour cette génération, j'écris pour les âges futurs. Si les hommes d'aujourd'hui pouvaient me lire ils brûleraient mes livres, le travail de toute ma vie; par contre, la génération qui déchiffrera ces caractères sera instruite, elle me comprendra, elle dira: «Nos aïeux ne dormaient pas tous dans la nuit de leur temps.» Le mystère de ces curieux caractères sauvera mon œuvre de l'ignorance des hommes comme le mystère et les rites étranges ont protégé beaucoup de vérités contre les destructives classes sacerdotales.

—Et, en quelle langue écrivez-vous?

—Dans la nôtre, en tagal.

—Les signes hiéroglyphiques peuvent servir?

—N'était la difficulté du dessin qui exige du temps et de la patience, je dirais qu'ils servent mieux que l'alphabet latin. L'antique égyptiaque a nos voyelles, notre *o* qui n'est que final et n'a pas la valeur de l'*o* espagnol, étant une voyelle intermédiaire entre *o* et *u*; il a aussi le véritable son de l'*e*; on y trouve notre *ha* et notre *kha* qui n'existent pas dans l'alphabet latin dont se sert l'espagnol. Par exemple, dans ce mot *mukhâ*—ajouta-t-il en montrant le livre—je transcris plus exactement la syllabe *hâ* avec cette figure de poisson qu'avec la lettre *h* latine qui, en Europe, se prononce de tant de façons diverses. Pour une autre aspiration moins forte, par exemple dans ce mot *hain*, où la lettre *h* est plus douce, je me sers de ce buste de lion ou de ces trois fleurs de lotus, selon la quantité de la voyelle. Bien plus, j'ai le son de la nasale, impossible à rendre par l'alphabet latin espagnolisé. Je vous assure que si ce n'était la difficulté du dessin qui doit être parfait, il y aurait avantage à adopter les hiéroglyphes, mais cette difficulté même m'oblige à être concis et à ne rien dire de plus que ce qui est juste et nécessaire; d'ailleurs ce travail me tient compagnie quand s'en vont mes hôtes de la Chine et du Japon.

—Quels hôtes?

—Ne les entendez-vous pas? mes hôtes, ce sont les hirondelles. Cette année il en manque une: elle doit avoir été prise par quelque mauvais gamin chinois ou japonais.

—Comment savez-vous qu'elles viennent de ces pays?

—Très simplement: il y a quelques années, avant leur départ, je leur attachai à la patte un petit papier avec le nom des Philippines en anglais, parce que je supposais qu'elles ne devaient pas aller très loin et l'anglais se parle dans toutes les régions environnantes. Pendant plusieurs années, mon petit papier n'obtint pas de réponse; dernièrement je le fis écrire en chinois; lorsqu'elles revinrent ici, en novembre dernier, deux portaient d'autres petits papiers que je fis déchiffrer; l'un était en chinois et apportait un salut des rives du Hoang-ho; le second, suivant l'avis du Chinois que je consultai, était écrit en japonais.

Mais je vous entretiens de choses indifférentes et ne vous demande pas en quoi je puis vous être utile.

—Je venais vous parler d'une affaire importante, répondit le jeune homme; hier après-midi...

—A-t-on pris ce malheureux? interrompit le vieillard avec intérêt.

—Vous parlez d'Elias? comment savez-vous qu'on le recherchait?

—J'ai vu la Muse de la garde civile.

—La Muse de la garde civile? Quelle est cette Muse?

—La femme de l'alférez, que vous n'avez pas invitée à votre fête. Hier matin on a appris dans le pueblo l'histoire du caïman. La Muse de la garde civile, qui a autant de pénétration que de méchanceté, supposa que le pilote devait être le téméraire qui avait jeté son mari dans la mare et frappé le P. Dámaso; et, comme elle lit les dépêches que doit recevoir l'alférez, à peine celui-ci fut-il rentré chez lui, ivre et sans jugement, que, pour se venger de vous, elle envoya le sergent avec des soldats, afin de troubler la joie de votre fête. Prenez garde! Eve était bonne sortie des mains de Dieu... Da. Consolacion, elle, est méchante et l'on ne sait de quelles mains elle est venue. La femme, pour être bonne, doit avoir été au moins une fois ou jeune fille ou mère.

Ibarra sourit légèrement et, tirant quelques papiers de son portefeuille, répondit:

—Mon défunt père vous a parfois consulté en quelques occasions et je me souviens qu'il n'a eu qu'à se féliciter d'avoir suivi vos conseils. J'ai commencé une entreprise dont il importe d'assurer la réussite.

Et Ibarra le mit brièvement au courant du projet d'école qu'il avait offert à sa fiancée, déroulant à la vue du philosophe stupéfait les plans qu'on lui avait renvoyés de Manille.

—Pourriez-vous me dire quelles sont les personnes à qui je dois m'adresser en premier dans le pueblo pour leur demander leur appui et assurer le succès de l'œuvre? Vous connaissez bien les habitants; moi, j'arrive et suis presque étranger dans mon pays.

Le vieux Tasio examinait avec des yeux pleins de larmes les plans exposés devant lui.

—Ce que vous allez réaliser était mon rêve, le rêve d'un pauvre fou! s'écria-t-il tout ému; et maintenant le premier conseil que je vous donne est de ne jamais venir me consulter.

Surpris, le jeune homme le regarda.

—Parce que, continua-t-il avec une amère ironie, toutes les personnes sensées ne tarderaient pas à vous prendre aussi pour un fou. Ces gens-là croient que tous ceux qui ne pensent pas comme eux sont des insensés, ils me tiennent pour tel et je les en remercie, car le jour où on voudrait bien voir en moi un homme raisonnable, malheur à moi! on ne tarderait pas à me priver de la petite liberté que j'ai achetée au prix de ma réputation. Le gobernadorcillo passe auprès d'eux pour un sage parce que, n'ayant rien appris qu'à servir le chocolat et à souffrir les mauvaises humeurs du P. Dámaso, il est maintenant riche, a le droit de troubler la petite vie de ses concitoyens et parfois va jusqu'à parler de justice. «Voilà un homme de talent, pense le vulgaire; voyez, de rien il s'est fait grand!» Pour moi, la fortune et la considération ont été mon héritage, j'ai fait des études; mais maintenant je suis pauvre, on ne m'a pas confié le plus ridicule des emplois, et tout le monde de dire: «C'est un fou; il n'entend rien à la vie!» Le curé m'a donné le surnom de philosophe et laisse entendre que je suis un charlatan faisant étalage de ce qu'il a appris sur les bancs des universités, quand précisément c'est là ce qui me sert le moins. Peut-être ont-ils raison, peut-être suis-je véritablement le fou, eux sont-ils les sages? Qui pourrait le dire?

Et le vieillard secoua la tête comme pour éloigner une pensée importune, puis il continua:

—La seconde chose que je puisse vous conseiller est de consulter le curé, le gobernadorcillo, toutes les personnes qui ont une position; ils vous donneront des conseils mauvais, inintelligents, inutiles, mais consulter ne signifie pas obéir; il suffit que vous ayez l'air de les suivre et que vous fassiez constater que vous travaillez selon leurs indications.

Ibarra réfléchit un instant, puis répondit:

—Le conseil est bon mais difficile à suivre. Ne pourrais-je apporter d'abord mon idée, sans que sur elle se reflète une ombre? Le bon ne peut-il se faire un passage à travers tout? La vérité a-t-elle besoin d'emprunter des vêtements à l'erreur?

—Personne n'aime la vérité toute nue! répliqua le vieillard. C'est bon en théorie, facile dans le monde idéal que rêve la jeunesse. Voyez, le maître d'école s'est en vain agité dans le vide; cœur d'enfant qui veut le bien et ne recueille que le sarcasme et les éclats de rire. Vous me dites que vous êtes étranger au pays; je le crois. Dès le premier jour de votre arrivée, vous avez commencé par blesser l'amour-propre d'un prêtre qui, parmi le peuple, passe pour un saint, et parmi les siens pour un savant. Dieu veuille que ce petit fait n'ait pas décidé de votre avenir! Ne croyez pas que, parce que les dominicains et les augustins regardent avec mépris l'habit de guingon1, le cordon et l'indécente sandale, parce qu'un grand docteur de Saint-Thomas a un jour rappelé que le pape Innocent III avait qualifié les statuts de cet ordre de plus convenables pour des porcs que pour des hommes, tous ne se donnent pas la main pour affirmer ce que disait un procureur: «Le frère-lai le plus insignifiant a plus de pouvoir que le gouvernement avec tous ses soldats». *Cave ne cadas2*. L'or est très puissant. Le veau d'or a plusieurs fois chassé Dieu de ses autels depuis le temps de Moïse.

—Je ne suis pas aussi pessimiste et la vie dans mon pays ne me semble pas présenter autant de périls, répondit Ibarra en souriant. Je crois ces craintes un peu exagérées et espère pouvoir réaliser tous mes projets sans rencontrer de grande résistance de ce côté.

—Oui, s'ils vous tendent la main; non, s'ils vous la refusent. Tous vos efforts se briseront contre les murs du presbytère sans que le moine s'en inquiète, sans faire remuer son cordon ni secouer son habit; l'alcade sous un prétexte quelconque vous déniera demain ce qu'il vous a concédé aujourd'hui; aucune mère ne laissera son fils fréquenter votre école et le résultat de tous vos efforts sera uniquement négatif; vous n'aurez réussi qu'à décourager ceux qui par la suite auraient voulu à leur tour se consacrer à de généreuses entreprises.

—Malgré tout, reprit le jeune homme, je ne puis croire à ce pouvoir; et encore, en le supposant, en l'admettant aussi considérable que vous le dites, j'aurai toujours de mon côté le peuple intelligent, le gouvernement qui est animé des meilleures intentions, qui regarde de haut et veut franchement le bien des Philippines.

—Le gouvernement! le gouvernement! murmura le philosophe en levant les yeux vers le plafond. Pour grand que soit son désir d'élever le pays pour son bien propre et celui de la Mère-Patrie, pour généreux qu'ait été l'esprit des rois catholiques dont se souviennent encore dans leurs méditations quelques fonctionnaires, le gouvernement ne voit, n'écoute, ne juge rien de plus que ce que le curé ou le provincial lui donne à voir, à entendre ou à juger; il est convaincu qu'il ne repose qu'en eux, que s'il se soutient, c'est parce qu'ils le soutiennent, que s'il vit, c'est parce qu'ils consentent à le laisser vivre et que le jour où ils lui manqueraient, il tomberait comme un mannequin qui a perdu son point d'appui. On effraye le gouvernement avec la menace de soulever le peuple, le peuple en lui montrant les forces du gouvernement; et tous deux font comme les peureux qui prennent leurs ombres pour des fantômes et leurs voix pour des échos. Tant que le gouvernement ne s'entendra pas avec le pays, il ne se délivrera pas de cette tutelle; il vivra comme ces jeunes imbéciles qui tremblent à la voix de leur précepteur dont ils mendient la condescendance. Le gouvernement ne songe à aucun avenir robuste, c'est un bras, la tête est le couvent; par cette inertie il se laisse traîner d'abîme en abîme, son existence propre n'est plus qu'une ombre, elle disparaît, et débile, incapable, il confie tout à des mains mercenaires. Comparez donc notre système gouvernemental avec ceux des pays que vous avez visités...

—Oh! interrompit Ibarra, c'est beaucoup dire; contentons-nous de voir que notre peuple ne se plaint pas, ne souffre pas comme celui d'autres pays, et cela, grâce à la religion et à la mansuétude de nos gouvernants.

—Le peuple ne se plaint pas parce qu'il n'a pas de voix, il ne se meut pas parce qu'il est en léthargie, et si vous dites qu'il ne souffre pas, c'est que vous n'avez pas vu le sang de son cœur. Mais un jour vous le verrez et vous l'entendrez; alors malheur à ceux qui basent leur force sur l'ignorance et sur le fanatisme, malheur à ceux qui ne règnent que par le mensonge et travaillent dans la nuit, croyant que tous sommeillent! Quand la lumière du soleil éclairera le néant de toutes ces ombres, il se produira une réaction épouvantable: tant de forces comprimées pendant des siècles, tant de venin distillé goutte à goutte, tant de soupirs étouffés, se feront jour et éclateront... Qui donc alors les paiera ces comptes que, de temps en temps, présentent les peuples et que nous conserve l'histoire en ses pages ensanglantées?

—Dieu, le gouvernement et la religion ne permettront pas que ce jour arrive jamais! répondit Ibarra, impressionné malgré lui. Les Philippines sont religieuses et aiment l'Espagne, les Philippines sauront ce que la nation espagnole a fait pour elles. Il y a des abus, oui; il y a des défauts, je ne les nie pas; mais l'Espagne travaille pour préparer des réformes qui les corrigent, elle mûrit des projets, elle n'est pas égoïste.

—Je le sais, et c'est là le pire. Les réformes qui viennent d'en haut s'annulent dans les sphères inférieures grâce aux vices de tous, au désir avide des fonctionnaires de s'enrichir en peu de temps et à l'ignorance du peuple qui consent à tout. Les abus, ce n'est pas un décret royal qui peut les corriger, lorsqu'une autorité jalouse ne veille pas à leur exécution, lorsque la liberté de la parole qui permettrait de dénoncer les excès de pouvoir des petits tyrans n'existe pas; les projets restent des projets, les abus des abus, et cependant le ministre, satisfait de son œuvre, s'endort tranquille et content de lui. Bien plus, si par hasard un personnage venant occuper un haut poste veut faire montre d'idées grandes et généreuses, immédiatement il s'entend dire— tandis que par derrière on le traite de fou: Votre Excellence ne connaît pas le pays, Votre Excellence ne connaît pas le caractère des Indiens, Votre Excellence va les perdre, Votre Excellence fera bien de se confier à Machin et à Chose, etc., etc. Et comme effectivement Son Excellence ne connaît pas le pays que jusqu'alors elle avait cru en Amérique, que de plus elle a, comme tout homme, ses défauts et ses faiblesses, elle se laisse convaincre. Son Excellence se souvient aussi que, pour obtenir son poste, il lui a fallu peiner beaucoup et souffrir plus encore, que ce poste elle le détient uniquement pour trois ans, qu'elle se fait vieille et qu'il lui faut abandonner les quichotteries pour ne penser qu'à son avenir; un petit hôtel à Madrid, une petite maison de campagne et une bonne pension pour faire figure à la cour, voilà ce qu'elle est venue chercher aux Philippines. Ne demandons pas de miracles, ne demandons pas que celui qui vient ici comme étranger pour faire sa fortune et s'en aller ensuite, s'intéresse au bien du pays. Que lui importent la reconnaissance ou les malédictions d'un peuple qu'il ne connaît pas, qui ne lui rappelle rien, où il n'a ni espérances ni amours? Pour que la gloire nous soit agréable, il faut que son bruit résonne aux oreilles de ceux que nous aimons, dans l'atmosphère de notre foyer ou de la patrie qui doit conserver nos cendres; nous voulons que cette gloire s'asseye sur notre sépulcre pour réchauffer de ses rayons le froid de la mort, pour que nous ne soyons pas complètement réduits au néant, pour qu'il reste quelque chose de nous. Celui qui vient ici pour diriger nos destinées ne peut rien se promettre de tout cela et, pour comble, il quitte le pays au moment où il commence à connaître son devoir. Mais nous nous éloignons de la question.

—Non pas, avant d'y revenir il est nécessaire d'éclaircir certaines choses, interrompit vivement le jeune homme. Je puis admettre que le gouvernement ne connaisse pas le peuple, mais je crois que le peuple connaît encore moins le gouvernement. Il y a des fonctionnaires inutiles, mauvais, si vous voulez, mais il y en a aussi de bons; si ceux-là ne peuvent rien faire c'est parce qu'ils se trouvent en présence d'une masse inerte, d'une population qui ne s'intéresse que très peu à ses affaires. Mais, je ne suis pas venu pour discuter avec vous sur ce point; je venais vous demander un conseil et vous me dites de commencer par courber la tête devant de grotesques idoles...

—Oui, je le répète: ici, il faut baisser la tête ou la laisser tomber.

—Ou baisser la tête ou la laisser tomber? répéta Ibarra pensif. Le dilemme est dur! Mais pourquoi? Est-il donc impossible de concilier l'amour de mon pays et l'amour de l'Espagne? est-il nécessaire de s'abaisser pour être bon chrétien, de prostituer sa conscience pour mener à bonne fin un projet utile? J'aime ma patrie, les Philippines, parce que je leur dois la vie et mon bonheur, parce que tout homme doit aimer sa patrie; j'aime l'Espagne, la patrie de mes aïeux, parce que malgré tout les Philippines lui doivent et lui devront leur bonheur et leur avenir; je suis catholique, je conserve pure la foi de mes pères, mais je ne vois pas pourquoi je devrais baisser la tête quand je puis la lever et me livrer à mes ennemis quand je puis les abattre.

—Parce que le champ où vous voulez semer est au pouvoir de vos ennemis et que, contre eux, vous n'avez pas de force... Il vous faut d'abord baiser cette main qui...

Mais le jeune homme ne le laissa pas achever et, révolté, il s'écria:

—Baiser leur main! vous oubliez donc que parmi eux sont ceux qui ont tué mon père, qui l'ont arraché de son sépulcre... mais moi, son fils, je ne l'oublie pas et, si je ne le venge pas, c'est que je veux respecter le prestige de la Religion!

Le vieux philosophe baissa la tête.

—Señor Ibarra, répondit-il lentement, si vous conservez ces souvenirs, souvenirs dont je ne puis vous conseiller l'oubli, abandonnez l'entreprise que vous commencez et cherchez un autre moyen de travailler au bonheur de vos compatriotes. Une telle œuvre demande un autre homme parce que, pour porter la tête haute, il ne suffit pas d'avoir de l'argent et de la volonté; dans notre pays il faut encore de l'abnégation, de la ténacité et de la foi; le terrain n'y est pas préparé: on n'y a encore semé que de l'ivraie.

Ibarra comprit la valeur de ces paroles, mais il ne devait pas se décourager; le souvenir de Maria Clara était dans son cœur; il lui fallait réaliser son offrande.

—Votre expérience ne vous suggère-t-elle que ce dur moyen? demanda-t-il à voix basse.

Le vieux Tasio lui prit le bras et le conduisit à la fenêtre. Une fraîche brise soufflait, avant-courrière du vent du Nord; devant eux s'étendait le jardin, limité par le grand bois qui servait de parc.

—Pourquoi devons-nous faire ce que fait cette tige débile, chargée de boutons et de fleurs? dit le philosophe, en montrant au jeune homme un superbe rosier. Le vent souffle, il le secoue et lui s'incline, comme pour cacher sa précieuse charge. Si la tige se maintenait rigide, elle se romprait, le vent disperserait les fleurs et les boutons mourraient avant d'éclore. Le coup de vent passé, la tige se redresse orgueilleuse, portant son trésor. Qui l'accusera pour avoir plié devant la nécessité? Voyez là-bas ce gigantesque *kupang*3 qui balance majestueusement son feuillage aérien où l'aigle fait son nid. Je l'apportai du bois alors qu'il n'était encore qu'une plante débile; avec des roseaux dépouillés, je soutins sa tige pendant plusieurs mois. Si je l'avais apporté grand, fort et plein de vie, il est certain qu'il n'aurait pas vécu; le vent l'aurait secoué avant que ses racines eussent pu se fixer dans le terrain, avant que celui-ci se fût affermi autour de lui et ne lui eût assuré la subsistance nécessaire à sa grandeur et à sa stature. Ainsi finirez-vous, plante nouvellement transplantée d'Europe dans ce sol pierreux, si vous ne cherchez un appui et ne consentez pas à vous diminuer. Vous êtes dans de mauvaises conditions, seul, élevé; le terrain tremble, le ciel annonce la tempête et la coupe des arbres de votre famille a prouvé qu'elle attire l'éclair. Combattre seul contre tout ce qui existe, ce n'est pas du courage, c'est de la témérité; personne ne blâme le pilote qui se réfugie dans un port à la première rafale de la tourmente. Se baisser quand siffle une balle n'est pas de la couardise; ce qui est mauvais, c'est de la défier pour tomber et ne plus se relever.

—Et ce sacrifice produirait-il les fruits que j'espère? répondit Ibarra. Croirait-on en moi? Le prêtre oublierait-il son offense? M'aiderait-on franchement à répandre l'instruction qui dispute aux couvents les richesses du pays? Ne peuvent-ils feindre l'amitié, simuler la protection, et en dessous, dans l'ombre, combattre mon projet, le ruiner, le blesser au talon pour le faire tomber plus promptement encore qu'en l'attaquant de front? Etant donnés les précédents que vous supposez, on peut tout attendre!

Le vieillard resta silencieux, réfléchit quelque temps, puis enfin répondit:

—Si cela arrive, si l'entreprise s'écroule, vous vous consolerez en pensant que vous aurez fait tout ce qui dépendait de vous; de plus, votre tentative n'aura toujours pas été vaine; quelque chose aura été gagné: vous aurez posé la première pierre, lancé la première semence. Et puis, si la tempête se déchaîne, il se peut que quelque grain germe quand même, survive à la catastrophe, sauve l'espèce de la destruction et serve ensuite de semence aux fils du premier semeur mort à la tâche. L'exemple donné peut en enhardir d'autres qui ne craignent que de commencer.

Ibarra pesa un instant toutes ces raisons, examina sa situation et comprit qu'avec tout son pessimisme le vieillard avait raison.

—Je vous crois! s'écria-t-il en lui serrant la main. Ce n'était pas en vain que j'étais venu chercher un bon conseil. Aujourd'hui même j'irai m'en ouvrir au curé qui, après tout, peut être un brave homme car tous ne sont pas comme le persécuteur de mon père. Je dois de plus l'intéresser en faveur de cette malheureuse folle et de ses fils: je me confie à Dieu et aux hommes.

Il prit congé du vieillard et, montant à cheval, partit, suivi du regard par le pessimiste philosophe qui murmurait:

—Attention! observons bien comment le destin va conduire le drame commencé dans le cimetière.

Cette fois, le sage Tasio se trompait: le drame avait commencé bien longtemps auparavant.

---

1 Uniforme des franciscains.—N. des T.

2 Prends garde de tomber.—N. des T.

3 Kupang ou Copang, *Mimosa peregrina.*—N. des T.

XXVI

La veille de la fête

Nous sommes le dix novembre, la veille de la fête.

Sortant de la monotonie habituelle de son existence, le pueblo se livre à une activité incroyable; dans les maisons, dans la rue, dans l'église, dans la gallera, aux champs, c'est partout un mouvement inaccoutumé; les fenêtres se pavoisent de drapeaux, de tapis de diverses couleurs; l'espace retentit du bruit des détonations et du son de la musique; l'air s'imprègne, se sature de réjouissances.

Sur une petite table que recouvre une blanche nappe bordée, la *dalaga* dispose diverses sortes de confitures de fruits du pays dans des compotiers de cristal aux teintes joyeuses; dans le patio, piaillent les poussins, caquètent les poules, grognent les porcs épouvantés de la gaieté des hommes. Les domestiques montent et descendent portant des vaisselles dorées, des couverts d'argent; ici on gronde pour un plat brisé, là on se moque de la simplicité d'une paysanne; partout on commande, on chuchote, on crie, on commente, on conjecture, on s'anime; tout est confusion, bruit, ébullition. Et toute cette ardeur, toute cette fatigue se dépensent pour l'hôte connu ou inconnu; pour accueillir quelqu'un que peut-être on n'a jamais vu, que probablement on ne reverra jamais; l'étranger, l'ami, l'ennemi, le philippin, l'espagnol, le pauvre, le riche semblent également heureux, satisfaits; on ne leur demande aucune gratitude, on n'attend même pas d'eux qu'ils ne cherchent pas à nuire à la famille hospitalière pendant ou après la digestion! Les riches, ceux qui sont allés quelquefois à Manille, qui sont un peu plus instruits que les autres, ont acheté de la bière, du champagne, des liqueurs, des vins et des comestibles d'Europe, à peine de quoi manger une bouchée ou boire un coup, mais leur table est plus élégamment apprêtée.

Au milieu se dresse un grand piña artificiel, très bien imité, dans lequel sont enfoncés des cure-dents de bois artistiquement découpés par les forçats dans leurs heures de loisir. En voici un qui représente un éventail, cet autre un bouquet de fleurs, celui-ci un oiseau, celui-là une rose, d'autres des palmes, des chaînes, le tout taillé dans un seul morceau de bois: l'artiste est un galérien, l'instrument un mauvais couteau, l'inspiration la voix rauque du garde-chiourme. A côté de ce piña que l'on appelle *palillera*1 des coupes de cristal supportent des pyramides de fruits, oranges, lanzones, ates, chicos, même mangas2, bien que l'on soit en novembre. Puis, dans de larges plateaux, sur des papiers brodés et peints des plus riches couleurs, des jambons d'Europe, de Chine, un pâté représentant l'*Agnus Dei* ou la colombe de l'Esprit-Saint, des dindons farcis, etc. Enfin, dispersées sur la table les appétissantes bouteilles d'*acharas*3 recouvertes de capricieux dessins, faits de fleurs de bonga, de légumes et de fruits artistiquement coupés et collés avec de la confiture sur les parois des carafons.

On nettoie les globes de verre qui se transmettent de père en fils, on fait briller les cercles de cuivre, on débarrasse les lampes à pétrole des enveloppes rouges qui, pendant l'année, les protègent contre les mouches et les moustiques et les rendent inutiles; les prismes taillés et les pendeloques de cristal se balancent, se choquent harmonieusement; on dirait qu'ils chantent, qu'ils prennent part à la fête par eux égayée de toutes les couleurs de l'arc-en-ciel reflétées sur les murs blancs. Les enfants jouent, courent, poursuivent les reflets tremblants des couleurs, brisent la verrerie; ce qui en tout autre moment leur coûterait des larmes ne sert qu'à accroître la gaieté générale.

Ces lampes vénérées ne sont pas seules à voir enfin la lumière du jour; on sort aussi de leur cachette les petits travaux de la jeunesse: des voiles faits au crochet, de petits tapis, des fleurs artificielles; on montre encore les petits plateaux de cristal dont le fond représente un lac en miniature avec ses minuscules poissons, ses caïmans, ses coquillages, ses herbes aquatiques, ses coraux et ses rochers en verre de diverses couleurs; dans ces plateaux vous trouverez des cigares, des cigarettes et de mignons *buyos*, tordus par les doigts délicats des jeunes filles. Le sol de la maison brille comme un miroir; des rideaux de piña ou de *jusi*4, ornent les portes; aux fenêtres pendent des lanternes de cristal ou de papier rose, bleu, vert ou rouge; la maison se remplit de fleurs et de vases, placés sur des piédestaux de faïence de Chine; les saints eux-mêmes s'embellissent, les images et les reliques se mettent en fête, on les époussète, on nettoie leurs vitres, des bouquets de fleurs pendent de leurs cadres.

Dans les rues, de distance en distance, s'élèvent de capricieux arcs de roseaux, travaillés de mille façons, que l'on appelle *sinkában*; ils sont entourés de *kaluskús*5 dont la seule vue réjouit le cœur des gamins. Autour du parvis est la grande et coûteuse tenture, soutenue par des troncs de bambous, sous laquelle doit passer la procession. Là, les enfants courent, dansent, sautent et déchirent les chemises neuves qui devaient briller le jour de la fête.

Sur la place est élevé le plancher du théâtre, scène de roseaux, de nipa et de bois; on y dit merveille de la troupe de comédie de Tondo; elle luttera avec les dieux de miracles invraisemblables; Marianito, Chananay, Balbino, Ratia, Carvajal, Yeyeng, Liceria, etc., chanteront et danseront. Le philippin aime le théâtre, il se passionne pour les représentations dramatiques; il écoute en silence le chant, admire la danse et la mimique, ne siffle jamais mais n'applaudit pas plus. Le spectacle ne lui plaît-il pas? Il mâche son buyo et s'en va sans troubler les autres qui peuvent y trouver du plaisir. Parfois seulement, quand les acteurs embrassent les actrices, le bas peuple hurle, mais rien de plus. Autrefois, on ne représentait que des drames; le poète du pueblo composait une pièce où nécessairement des combats devaient se livrer toutes les deux minutes, entremêlés des reparties d'un personnage comique et de terrifiantes métamorphoses. Mais, depuis que les artistes de Tondo se sont mis à batailler toutes les quinze secondes, qu'ils ont eu deux comiques et ont encore reculé les limites de l'invraisemblable, ils ont tué leurs collègues provinciaux. Le gobernadorcillo était grand amateur de cette troupe et, d'accord avec le curé, il avait choisi la comédie: *Le prince Villardo ou les clous arrachés de la cave infâme*, pièce avec magie et feux d'artifices.

De moment en moment retentissent joyeusement les cloches, ces mêmes cloches qui si tristement tintaient il y a quelques jours. Des roues de feu et des boîtes à pétards tonnent dans l'air; le pyrotechnicien indigène, qui apprend son art sans maître connu, va déployer son habileté: il prépare des taureaux, des châteaux de feu avec feux de Bengale, des ballons de papier gonflés par l'air chaud, des roues étincelantes, des bombes, des fusées, etc.

Des accords lointains résonnent; tous les bambins du pueblo courent aux environs pour recevoir les bandes de musiciens et leur faire escorte. La musique de Pagsanghan, propriété du notaire, ne doit pas manquer non plus que celle du pueblo de S. P. de T., célèbre alors par son chef d'orchestre, le maestro Austria, le vagabond *cabo Mariano*, qui, dit-on, porte la renommée et l'harmonie à la pointe de son bâton. Les dilettanti font l'éloge de sa marche funèbre, *El Sauce* (le Saule), et déplorent qu'il n'ait pu recevoir une véritable éducation musicale, car son génie aurait été la gloire de son pays.

La fanfare entre dans le pueblo en jouant des marches enlevantes; elle est suivie de gamins loqueteux ou à moitié nus: l'un a la chemise de son frère, l'autre le pantalon de son père. Dès qu'un morceau a cessé, ils le savent de mémoire, le fredonnent, le sifflent avec une rare justesse et déjà donnent leur appréciation.

Pendant ce temps, en charrettes, en calèches, en voitures de toutes sortes, arrivent les parents, les amis, les inconnus, les joueurs décidés au besoin à violenter la chance, amenant leurs meilleurs coqs, munis de sacs d'or, disposés à risquer leur fortune sur le tapis vert ou dans l'enceinte de la gallera.

—L'alférez a cinquante pesos chaque soir! murmurait un homme petit et rondelet à l'oreille des nouveaux arrivés. Capitan Tiago va venir et tiendra la banque, Capitan Joaquin apporte dix-huit mille. Il y aura *liam-pô*: le Chinois Carlo le fait avec un capital de dix mille. De gros joueurs viennent de Tanauan, de Lipa et de Batangas comme aussi de Santa Cruz. On va faire grand! on va faire grand! Mais prenez-vous le chocolat?... Cette année Capitan Tiago ne nous plumera pas comme la dernière fois: je n'ai dépensé que trois messes d'actions de grâce et j'ai un *mutyá*6 de cacao. Et comment va la famille?

—Très bien, très bien! merci! répondaient les étrangers; et le P. Dámaso?

—Le P. Dámaso prêchera le matin et sera au jeu le soir avec nous.

—Tant mieux! il est hors de danger maintenant?

—Nous en sommes sûrs! De plus, c'est le Chinois qui lâche...

Et le petit homme remua ses doigts comme s'il comptait de la monnaie.

Hors du pueblo, les gens de la montagne, les *kasamá*, mettent leurs plus beaux habits pour porter chez les riches du pays des poules bien engraissées, des jambons, du gibier, des oiseaux; les uns chargent sur de pesants chariots du bois, des fruits, des plantes, les plus rares qui croissent dans le bois; d'autres portent des *bigá*7 à larges feuilles, des *tikas-tikas*8 avec des fleurs couleur de feu pour orner les portes de leur maison.

Mais là où régnait la plus grande animation, où déjà se limitait le tumulte, c'était sur une sorte de plate-forme, à quelques pas de la maison d'Ibarra. Des poulies grinçaient, des cris retentissaient, on entendait le bruit métallique de la pierre que l'on taille, du marteau qui enfonce un clou, de la hache qui coupe les solives. Une foule d'ouvriers creusaient la terre et ouvraient un long et profond fossé; d'autres plaçaient en file des pierres tirées des carrières du pueblo, déchargeaient des chariots, empilaient du sable, disposaient des tours et des cabestans...

—Ici! c'est cela! vivement! criait un petit vieillard à physionomie animée et intelligente, tenant à la main un mètre à bouts de cuivre, auquel était enroulée la corde d'un fil à plomb. C'était le contre-maître, le señor Juan, architecte, maçon, charpentier, plafonneur, serrurier, peintre, tailleur de pierre et, à l'occasion, sculpteur.

—Il faut finir aujourd'hui même! Demain on ne peut travailler et après-demain c'est la cérémonie! Allons, vivement!

—Faites le trou de façon qu'il s'adapte exactement à ce cylindre! disait-il à l'un des tailleurs de pierre qui polissaient un énorme bloc quadrangulaire; c'est à l'intérieur que l'on conservera nos noms.

A chaque étranger qui s'approchait, il répétait ce qu'il avait déjà dit mille fois:

—Savez-vous ce que nous allons construire? Eh bien! c'est une école, un modèle d'école, comme celles des Allemands, plus parfaite encore. Le plan a été tracé par l'architecte, le señor R. et moi, je dirige le travail! Oui, señor, voyez, ce sera un palais à deux ailes, une pour les garçons, l'autre pour les filles. Ici, au milieu, un grand jardin avec trois bassins; là, sur les côtés, des allées, de petits jardins où, pendant les récréations, les enfants sèmeront et cultiveront des plantes, mettant ainsi le temps à profit. Voyez comme les fondations sont profondes. Trois mètres soixante-quinze centimètres!

L'édifice aura des caves, des souterrains, des cachots pour les punis que l'on placera tout près des jeux et du gymnase afin qu'ils entendent les amusements des bons élèves. Voyez ce grand espace; ce sera l'esplanade où ils pourront courir et sauter à l'air libre. Les petites filles auront un jardin avec des bancs, des balançoires, des allées pour le jeu de la comba9, des bassins, des volières, etc. Ce sera magnifique!

Et le señor Juan se frottait les mains en pensant à la renommée qu'il allait acquérir. Les étrangers viendraient pour voir la nouvelle école et demanderaient:—Quel est le grand architecte qui a construit cet édifice? Et tout le monde répondrait:—Ne le savez-vous pas? Il est impossible que vous ne connaissiez pas le señor Juan? Probablement vous devez venir de très loin!

Bercé par ces pensées, il allait d'un bout à l'autre, inspectant tout, passant tout en revue.

—C'est trop de bois pour une chèvre! disait-il à un homme jaune qui dirigeait quelques travailleurs: j'aurai assez de ces trois grands morceaux qui forment trépied et de ces trois autres qui les réunissent.

—Abá! répondit l'homme jaune, avec un sourire particulier; plus nous ornerons le travail, plus l'effet produit sera grand. L'ensemble aura plus d'aspect, plus d'importance et l'on dira: comme ils ont travaillé! Vous verrez, vous verrez quelle chèvre je vais élever! puis je l'ornerai de banderoles, de guirlandes de fleurs et de feuilles... vous direz ensuite que vous avez eu raison de me prendre parmi vos travailleurs et le señor Ibarra ne pourra rien désirer de plus!

L'homme souriait, le señor Juan riait aussi et hochait la tête.

A quelque distance, on voyait deux kiosques réunis entre eux par une sorte de treillage couvert de feuilles de platane.

Une trentaine d'enfants, avec le maître d'école, tressaient des couronnes, attachaient des drapeaux à des piliers de roseaux secs, couverts de toile blanche bouillonnée.

—Tâchez que les lettres soient bien écrites! disait l'instituteur à ceux qui dessinaient les inscriptions. L'alcalde va venir, beaucoup de curés seront là et peut-être aussi aurons-nous le capitaine général qui est dans la province. S'ils voient que vous dessinez bien ils vous décerneront des éloges.

—Et l'on nous donnera un tableau noir...?

—Qui sait! le señor Ibarra en a demandé un à Manille. Demain arriveront divers objets que l'on répartira entre vous comme prix... Mais, laissez ces fleurs dans l'eau; demain nous ferons les bouquets, vous apporterez d'autres fleurs, car il faut que la table en soit couverte; les fleurs réjouissent la vue.

—Mon père apportera demain des fleurs de *bainô*10 et ma mère un panier de jasmins.

—Le mien a apporté trois charrettes de sable et n'a pas voulu recevoir de paiement.

—Mon oncle a promis de payer un maître! ajouta le neveu du Capitan Basilio.

En effet, le projet avait trouvé de l'écho presque chez tous. Le curé avait demandé à le patronner et à bénir lui-même la première pierre, cérémonie qui aurait lieu le dernier jour de la fête et en serait une des principales solennités. Le vicaire lui-même s'était approché timidement d'Ibarra et lui avait offert toutes les messes que lui paieraient les dévots jusqu'à l'achèvement de l'édifice. Bien plus, la sœur Rufa, cette femme si riche et si économe, disait que, au cas où l'argent manquerait, elle parcourrait quelques pueblos pour demander l'aumône à la seule condition qu'on lui payât le voyage, la nourriture, etc. Ibarra l'avait remerciée et lui avait répondu:

—Nous ne recueillerions pas grand'chose, d'abord parce que je suis riche et ensuite parce qu'il ne s'agit pas d'une église; et puis, je n'ai pas promis de bâtir une école aux frais des autres.

Les jeunes gens, les étudiants qui venaient de Manille pour prendre part à la fête, admiraient Ibarra et s'efforçaient de le prendre pour modèle; mais, comme presque toujours, quand nous voulons imiter un homme qui dépasse la moyenne, nous singeons ses petits côtés quand nous ne nous approprions pas ses défauts, beaucoup de ces admirateurs s'en tenaient à la manière dont Ibarra faisait le nœud de sa cravate, d'autres à la forme du col de sa chemise, presque tous au nombre des boutons de sa veste et de son gilet.

Les pressentiments funestes du vieux Tasio semblaient s'être dissipés pour toujours. Ibarra lui en avait fait un jour la remarque, mais le vieux pessimiste lui avait répondu:

—Rappelez-vous ce que dit notre poète Baltasar:

«'Kung ang isalúbong sa iyong pagdating

Ay masayang mukhà't may pakitang giliu,

Lalong pag ingata't kaauay na lihim11...

Baltasar était aussi bon penseur que bon poète.

Tout ceci se passait la veille de la fête, avant le coucher du soleil.

---

1 De *Palillo*, cure-dents.—N. des T.

2 Lanzones, *Lansium domesticum, Jack.* Ates, fruits de l'*Anona Squamosa.* Chicos, fruits de l'*Achras Sapota L.* Mangas, fruits du *Mangifera indica.*—N. des T.

3 Assaisonnement que l'on prépare en faisant macérer dans le vinaigre des bourgeons tendres de choux palmistes ou de bambous.—N. des T.

4 Étoffe faite avec de la soie.—N. des T.

5 Kaluskús, rameaux de roseaux.—N. des T.

6 Mesure équivalant à un demi-cahiz; le cahiz équivaut à la charge d'un mulet.—N. des T.

7 *Alocasia macrorhiza. Schott.*—N. des T.

8 Sorte de graine noire et ronde d'une papillonnacée, *Abrus precatorius.*—N. des T.

9 Jeu d'origine chinoise.—N. des T.

10 Sorte de *Nelumbium.*—N. des T.

11

Si, la figure douce et l'air caressant,

Quand tu arrives, il vient vers toi,

Alors, plus que jamais, prends garde.

C'est un traître, un ennemi masqué.

N. des T.

XXVII

A la brume

De grands préparatifs se faisaient aussi chez Capitan Tiago. Nous connaissons le maître de la maison; son affection pour le faste et son orgueil de citadin de Manille devaient humilier les provinciaux à force de splendeur. Une autre raison encore l'obligeait à éclipser tous les autres: sa fille Maria Clara était la fiancée de l'homme dont le nom était dans toutes les bouches.

En effet, un des journaux les plus sérieux de Manille avait déjà dédié à Ibarra un article de première page intitulé: *Imitez-le!* qui le comblait d'éloges et lui donnait quelques conseils. On l'appelait *le jeune et riche capitaliste déjà illustre*; deux lignes plus bas, *le distingué philanthrope*; au paragraphe suivant, l'*élève de Minerve qui est allé dans la Mère Patrie pour saluer le sol choisi entre tous des arts et des sciences*; un peu plus bas encore, l'*espagnol philippin*, etc., etc. Capitan Tiago brûlait d'une généreuse émulation et se demandait s'il ne devrait pas, lui, élever à ses frais un couvent.

Quelques jours auparavant une multitude de caisses étaient arrivées à la maison où habitaient déjà Maria Clara et la tante Isabel. C'étaient des comestibles et des fruits d'Europe, de colossaux miroirs, des tableaux et le piano de la jeune fille.

Capitan Tiago vint le jour même de la fête; quand sa fille lui eut embrassé la main, il lui fit cadeau d'un beau reliquaire d'or garni de brillants et d'émeraudes, contenant une esquille de la barque de saint Pierre où Notre Seigneur s'était assis pendant la pêche.

Il fit à son futur gendre l'accueil le plus cordial; naturellement on parla de l'école. Capitan Tiago voulait qu'on l'appelât école de Saint François.

—Croyez-moi, disait-il, saint François est un bon patron! Si vous l'appelez école d'instruction primaire vous ne gagnerez rien. Qu'est-ce que l'instruction primaire?

Entrèrent quelques amies de Maria Clara venues pour l'inviter à la promenade.

—Va, mais reviens vite, dit Capitan Tiago à sa fille; tu sais que le P. Dámaso, qui vient d'arriver, dîne avec nous ce soir.

Et, se retournant vers Ibarra qui était devenu pensif, il ajouta:

—Vous aussi, vous dînez avec nous; vous seriez tout seul chez vous.

—Je le ferais avec beaucoup de plaisir, balbutia le jeune homme, en esquivant le regard de Maria Clara, mais je dois rester chez moi car il peut survenir des visites.

Capitan Tiago lui répondit assez froidement:

—Amenez vos amis; il y a toujours place à ma table... Je voudrais que le P. Dámaso et vous, vous vous entendissiez.

—Nous avons encore le temps! répondit Ibarra en souriant d'un sourire forcé, et il se disposa à accompagner les jeunes filles.

Tous et toutes descendirent l'escalier.

Maria Clara était au milieu entre Victoria et Iday; la tante Isabel suivait.

Tout le monde s'écartait respectueusement pour leur ouvrir le chemin. Maria Clara était surprenante de beauté; sa pâleur avait disparu et, si ses yeux restaient rêveurs, sa bouche paraissait ne connaître que le sourire. Avec l'amabilité particulière aux jeunes filles heureuses, elle saluait les personnes qu'elle avait connues étant enfant et qui, aujourd'hui, admiraient sa jeunesse et son bonheur. En moins de quinze jours, elle avait retrouvé cette franche confiance, ce gracieux babil qui semblaient s'être endormis d'un sommeil léthargique entre les murs étroits du couvent; on aurait dit que le papillon, brisant le cocon dans lequel il était enfermé, reconnaissait toutes les fleurs; il lui suffisait de voler un instant et de s'échauffer aux rayons dorés du soleil pour perdre aussitôt la rigidité de la chrysalide. Une vie nouvelle se reflétait dans tout l'être de la jeune fille, tout lui semblait beau, tout lui paraissait bon; elle manifestait son amour avec cette grâce virginale qui ne vient que des pensées pures et ne connaît pas le pourquoi des fausses rougeurs. Cependant, quand on lui disait quelque aimable plaisanterie, elle se couvrait le visage de son éventail, tandis que ses yeux souriaient et qu'une légère émotion parcourait tout son être.

Les maisons commençaient à s'illuminer et, dans les rues que parcourait la musique, s'allumaient les lustres de bois et de roseaux, imitant ceux de l'église.

De la rue, par les fenêtres ouvertes, on voyait les habitants des maisons et leurs invités se mouvoir dans une atmosphère de lumière, dans le parfum des fleurs, aux accords du piano, de la harpe ou d'un orchestre. Dehors, en costumes d'indigènes, en habits européens, Chinois, Espagnols, Philippins allaient, venaient, se croisaient. Domestiques chargés de viandes et de volailles, étudiants vêtus de blanc, hommes, femmes, se coudoyaient, se bousculaient, s'exposant à être renversés et écrasés par les voitures et les calèches qui, malgré le *tabí*1 des cochers s'ouvraient difficilement passage.

Devant la maison du Capitan Basilio, quelques jeunes gens saluèrent nos amis et les invitèrent à visiter la maison. La voix joyeuse de Sinang qui descendait les escaliers en courant mit fin à toute excuse.

—Montez un moment pour que je puisse sortir avec vous, disait-elle. Je m'ennuie ici avec tous ces gens que je ne connais pas et qui ne parlent que de coqs et de cartes.

Ils montèrent.

La salle était pleine de monde. Quelques personnes s'avancèrent pour saluer Ibarra dont le nom était connu de tous; ils contemplaient extasiés la beauté de Maria Clara et quelques vieilles murmuraient tout en mâchant leur *buyo*: «On dirait la Vierge!»

Là, ils durent prendre le chocolat.

Depuis le jour de la partie de campagne, Capitan Basilio s'était fait l'ami intime d'Ibarra. Il avait su par le télégramme donné à sa fille Sinang que le jeune homme avait été informé du jugement rendu en sa faveur, aussi, ne voulant pas se laisser vaincre en générosité, il avait insisté pour que la partie d'échecs fût annulée. Ibarra n'y avait pas consenti, Capitan Basilio avait alors proposé que le montant des frais du procès fût employé à payer un maître pour la future école. Aussi, l'orateur employait-il son éloquence à engager ceux qui étaient en procès à se désister de leurs prétentions:

—Croyez-moi! leur disait-il; dans les procès, celui qui gagne reste sans chemise.

Nous devons à la vérité de dire qu'il eut beau de citer les Romains, il ne convainquit personne.

Après avoir pris le chocolat, nos jeunes gens durent entendre le piano, touché par l'organiste du pueblo.

—Quand je l'entends à l'église, disait Sinang en montrant l'artiste, il me donne envie de danser; maintenant qu'il joue du piano il me donne envie de prier. Aussi je m'en vais avec vous.

—Voulez-vous venir avec nous ce soir? demanda Capitan Basilio à l'oreille d'Ibarra lorsqu'il prit congé; le P. Dámaso va faire une petite banque.

Ibarra sourit et répondit d'un mouvement de tête qui équivalait à un oui comme à un non.

—Qui est-ce? demanda Maria Clara à Victoria en lui montrant un jeune homme qui les suivait.

—C'est... c'est un de mes cousins, répondit celle-ci, un peu troublée.

—Et l'autre?

—Ce n'est pas mon cousin, répondit vivement Sinang, c'est un fils de ma tante.

Ils passèrent devant le presbytère qui n'était certes pas la maison la moins animée. Sinang ne put contenir une exclamation de surprise en voyant brûler les lampes d'une forme très ancienne que le P. Salvi ne faisait jamais allumer pour ne pas dépenser de pétrole. On y entendait des cris et de sonores éclats de rire, on voyait les moines se promener lentement, remuant la tête en mesure, un gros cigare ornant leurs lèvres. Avec eux quelques laïques, qu'à leur costume européen on jugeait être des fonctionnaires, s'efforçaient de leur mieux d'imiter les bons religieux.

Maria Clara distingua la silhouette arrondie du P. Sibyla. Immobile sur son siège, était le mystérieux et taciturne P. Salvi.

—Il est triste! observa Sinang, il pense à ce que vont lui coûter tant de visites. Mais il ne dépensera rien: vous verrez qu'il s'arrangera pour faire payer tout aux sacristains. Et puis ses invités mangent toujours ailleurs que chez lui.

—Sinang! gronda Victoria.

—Je ne puis plus le souffrir depuis qu'il a déchiré la *Roue de la Fortune*; je ne me confesse plus à lui.

Une maison se distinguait entre toutes; elle n'était pas illuminée, les fenêtres en étaient fermées; c'était celle de l'alférez. Maria Clara s'en étonna.

—La sorcière! la Muse de la garde civile, comme dit le vieux! s'écria la terrible Sinang. En quoi peut-elle s'intéresser à nos plaisirs? Elle ne doit pas cesser d'être en rage! Attends que vienne le choléra et tu verras comme je l'invite.

—Mais, Sinang! reprit encore une fois sa cousine.

—Je n'ai jamais pu la souffrir, et moins encore depuis qu'elle a troublé notre fête avec ses gardes civils. Si j'étais archevêque, je la marierais avec le P. Salvi... tu verrais les beaux petits! Pourquoi voulait-elle faire arrêter ce pauvre pilote qui s'était jeté à l'eau pour faire plaisir...?

Elle ne put achever sa phrase; à l'angle de la place, où un aveugle chantait, au son d'une guitare, la romance des Poissons, un spectacle peu commun vint s'offrir à leurs yeux.

Un homme était là, couvert d'un large salakot de feuilles de palme, vêtu misérablement d'une lévite en haillons et de larges caleçons à la chinoise, déchirés en différents endroits; à ses pieds, de misérables sandales. Grâce au salakot, sa figure restait entièrement dans l'ombre, mais de ces ténèbres partaient par moment deux lueurs qui s'éteignaient à l'instant. Il était grand, à ses allures on pouvait le croire jeune. Il posa un panier à terre et, après s'être éloigné en prononçant quelques sons étranges, incompréhensibles, il resta debout, complètement isolé, comme si la foule et lui voulaient s'éviter mutuellement. Alors, quelques femmes s'approchèrent du panier et y déposèrent des fruits, du poisson, du riz. Quand personne ne vint plus, on entendit sortir de l'ombre d'autres sons plus tristes peut-être mais moins plaintifs, remerciements cette fois; puis il reprit son panier et s'éloigna pour recommencer ailleurs.

Maria Clara sentit qu'elle se trouvait devant une grande souffrance et demanda quel était cet être singulier.

—C'est le lépreux, répondit Iday. Il y a quatre ans qu'il a contracté cette maladie: en soignant sa mère, d'après les uns, pour avoir été enfermé dans une prison humide, suivant les autres. Il habite hors du pueblo, près du cimetière chinois, et ne communique avec personne; tous le fuient par crainte de la contagion. Si tu voyais sa cabane! C'est la cabane de Giring-giring2, le vent, la pluie, le soleil y entrent comme l'aiguille dans la toile et en sortent de même. On lui a défendu de rien toucher qui appartînt à quelqu'un. Un jour un enfant tomba dans le canal, le canal n'était pas profond, mais lui, qui passait tout près, aida le pauvre petit à sortir de l'eau. Le père le sut et se plaignit au gobernadorcillo; celui-ci fit donner au malheureux six coups de bâton au milieu de la rue et l'on brûla le bâton ensuite. C'était atroce! le lépreux s'enfuyait en criant, l'exécuteur le poursuivait et le gobernadorcillo lui criait: Apprends qu'il vaut mieux être noyé que malade comme toi!

—C'est vrai! murmura Maria Clara.

Et, sans se rendre compte de ce qu'elle faisait, elle s'approcha rapidement du panier du malheureux et y déposa le reliquaire que son père venait de lui donner.

—Qu'as-tu fait? lui demandèrent ses amies.

—Je n'avais pas autre chose! répondit-elle en dissimulant ses larmes.

—Et que va-t-il faire de ton reliquaire? lui dit Victoria. Un jour on lui donna de l'argent, mais il l'éloigna de lui avec une canne; pourquoi l'aurait-il pris puisque personne ne veut rien accepter qui vienne de lui? Si le reliquaire pouvait se manger!

Maria Clara regarda avec envie les femmes qui vendaient des comestibles et haussa les épaules.

Mais le lépreux s'approcha du panier, prit le bijou qui brilla dans ses mains, s'agenouilla, l'embrassa, puis se découvrit humblement, le front dans la poussière où la jeune femme avait marché.

Maria Clara se cacha le visage dans son éventail et porta son mouchoir à ses yeux.

Cependant une femme s'était approchée du malheureux qui paraissait prier. A la lumière des lanternes montrant sa longue chevelure éparse et flottante, à sa mine amaigrie à l'extrême, on reconnut Sisa la folle.

Le lépreux, sentant son contact, poussa un cri et se leva d'un saut. Mais, au milieu des cris d'horreur de la foule, elle s'accrocha à son bras:

—Prions, prions! disait-elle. C'est aujourd'hui le jour des morts! Ces lumières sont les vies des hommes; prions pour mes fils!

—Séparez-la, séparez-les! il va infecter la folle! criait la multitude, mais personne n'osait s'approcher.

—Vois-tu cette lumière dans la tour? C'est mon fils Basilio qui tire une corde! Vois-tu celle-là, dans le couvent? C'est mon fils Crispin; mais je ne puis pas les voir parce que le curé est malade, qu'il a beaucoup d'argent et que l'argent se perd. Prions, prions pour l'âme du curé! Je lui apportais de l'amargoso et des zarzalidas; mon jardin était plein de fleurs et j'avais deux fils. J'avais un jardin, je soignais mes fleurs et j'avais deux fils!

Et quittant le lépreux, elle s'éloigna en chantant:

—J'avais un jardin et des fleurs; j'avais des fils, un jardin et des fleurs!

—Qu'as-tu pu faire pour cette pauvre femme? demanda Maria Clara à Ibarra.

—Rien encore; ces jours-ci, elle avait disparu du pueblo et on n'a pas pu la trouver! répondit le jeune homme un peu confus. De plus, j'ai été très occupé; mais ne t'afflige pas; le curé a promis de m'aider, il m'a recommandé beaucoup de tact et de discrétion, car il paraît que cette affaire met en cause la garde civile. Le curé s'intéresse beaucoup à cette malheureuse.

—L'alférez ne disait-il pas qu'il faisait chercher les enfants?

—Oui, mais alors il était un peu... gris!

A peine venait-il de dire ceci qu'on vit la folle traînée plutôt que conduite par un soldat: Sisa résistait.

—Pourquoi l'emmenez-vous? qu'a-t-elle fait? demanda Ibarra.

—Comment? n'avez-vous pas entendu le bruit qu'elle faisait? répondit le gardien de la tranquillité publique.

Le lépreux reprit en hâte son panier et s'éloigna.

Maria Clara voulut se retirer, car elle avait perdu toute gaieté et toute bonne humeur.

—Il y a donc aussi des gens qui ne sont pas heureux! murmura-t-elle.

Sa tristesse s'augmenta lorsque, arrivée à sa porte, son fiancé refusa de monter et prit congé d'elle.

—Il le faut! lui dit le jeune homme.

Maria Clara monta les escaliers en pensant combien sont ennuyeux les jours de fête où l'on doit recevoir les visites de tant d'étrangers.

---

1 C'est le *hop!* des cochers de Manille.—N. des T.

2 En espagnol on dirait la *Casa de Tócame-Roque*, en français l'Auberge des Quatre-Vents.—N. des T.

XXVIII

Correspondances

Chacun parle de la fête comme il y est allé.

Rien d'important n'étant arrivé à nos personnages ni cette nuit-là, ni le lendemain, nous passerions avec plaisir au dernier jour de la fête si nous ne considérions que, peut-être, quelque lecteur étranger voudrait savoir comment on célèbre les fêtes aux Philippines. Pour le renseigner nous copierons textuellement diverses lettres; la première émane du correspondant d'un journal de Manille sérieux et distingué, vénérable par son ton et sa haute sévérité. Nos lecteurs rectifieront quelques légères inexactitudes bien excusables.

Le digne correspondant du noble journal écrivait ainsi:

«Señor directeur...

»Mon distingué ami: Jamais je n'avais assisté ni espéré voir dans les provinces une fête religieuse si solennelle, si splendide, si émouvante, que celle de ce pueblo, célébrée par les Très Révérends et vertueux Pères Franciscains.

»L'affluence est très grande; j'ai eu le bonheur de saluer presque tous les Espagnols résidant dans cette province, trois R. R. P. P. Augustins de la province de Batangas, deux R. R. P. P. Dominicains dont l'un est le T. R. P. Fr. Hernando de la Sibyla qui est venu honorer ce pays de sa présence, ce que ne devront jamais oublier ses dignes habitants. J'ai vu aussi un grand nombre de notables de Cavite, Pampanga, beaucoup de troupes de musiciens et une multitude de Chinois et d'indigènes qui, avec la curiosité caractérisant les premiers et la religiosité des seconds, attendent avec impatience le jour où sera célébrée la fête solennelle, pour assister au spectacle comico-mimico-lyrico-choréographico-dramatique, en vue duquel on a élevé une grande et spacieuse scène au milieu de la place.

»Le 10, veille de la fête, à neuf heures du soir, après le plantureux dîner que nous offrit le Frère principal, l'attention de tous les Espagnols et des moines qui étaient dans le couvent fut attirée par les accords de deux musiques qui, accompagnées d'une foule pressée, au bruit des fusées et des bombes et précédées des notables du pueblo, venaient nous chercher au couvent et nous conduire à l'endroit préparé spécialement pour nous permettre d'assister au spectacle.

»Nous n'avons pu refuser une offre aussi gracieuse, bien que nous eussions préféré nous endormir dans les bras de Morphée et reposer nos membres endoloris par les secousses du véhicule qu'avait mis à notre disposition le gobernadorcillo du pueblo de R.

»Nous sommes donc descendus pour aller chercher nos compatriotes qui dînaient dans la maison que possède ici le pieux et opulent D. Santiago de los Santos. Le curé du pueblo, le T. R. P. Fr. Bernardo Salvi et le T. R. P. Fr. Dámaso Verdolagas qui était déjà, par une faveur spéciale du Très-Haut, rétabli du coup qu'une main impie lui a porté, le T. R. P. Fr. Hernando de la Sibyla et le vertueux curé de Tanauan avec d'autres Espagnols encore, étaient les invités du Crésus philippin. Là, nous avons eu le bonheur d'admirer, non seulement le luxe et le bon goût des maîtres de la maison qui n'est pas commun parmi les naturels, mais aussi la très belle, ravissante et riche héritière, qui nous a prouvé qu'elle était une disciple consommée de Sainte-Cécile en jouant sur son élégant piano, avec une maestria qui me fit souvenir de la Galvez, les meilleures compositions allemandes et italiennes. Quel malheur qu'une demoiselle si parfaite soit aussi excessivement modeste et cache ses mérites à la société qui n'a d'admiration que pour elle seule. Je ne dois pas laisser dans l'encrier que notre amphitryon nous fit prendre du champagne et des liqueurs fines, avec la profusion et la splendeur qui caractérisent ce capitaliste connu.

»Nous assistons au spectacle. Vous connaissez déjà nos artistes Ratia, Carvajal et Fernandez; mais leur talent ne fut compris que par nous, car le vulgaire n'en entendit pas un seul mot. Chananay et Balbino, bien qu'un peu enroués—ce dernier lâcha un petit *couac*—n'en firent pas moins un ensemble d'une bonne volonté admirable. La comédie tagale plut beaucoup aux indiens, surtout au gobernadorcillo; ce dernier se frottait les mains et nous disait que c'était un malheur que l'on n'eût pas fait battre la princesse avec le géant qui l'avait enlevée, ce qui, dans son opinion, aurait été bien plus merveilleux, surtout si le géant n'avait été vulnérable qu'au nombril comme le Ferragus dont parle l'histoire des Douze Pairs. Le T. R. P. Fr. Dámaso, avec cette bonté de cœur qui le distingue, partageait l'opinion du gobernadorcillo et ajoutait que, dans ce cas, la princesse se serait arrangée pour découvrir le nombril du géant et lui donner le coup de grâce.

»Inutile de vous dire que, pendant le spectacle, l'amabilité du Rothschild philippin ne permit pas que rien manquât: sorbets, limonades gazeuses, rafraîchissements, bonbons, vins, etc., etc., circulaient à profusion parmi nous. On a beaucoup remarqué, et avec raison, l'absence du jeune et déjà illustre D. Juan Crisóstomo Ibarra qui, comme vous le savez, doit présider demain la bénédiction de la première pierre du grand monument qu'il fait si philanthropiquement élever. Ce digne descendant des Pélages et des Elcanos (car, d'après ce que j'ai appris, l'un de ses aïeux paternels est de nos nobles et héroïques provinces du Nord, peut-être un des premiers compagnons de Magellan ou de Legaspisne s'est pas non plus laissé voir le reste du jour à cause d'un petit malaise. Son nom court de bouche en bouche, on ne le prononce qu'avec des louanges qui ne peuvent manquer de concourir à la gloire de l'Espagne et des véritables Espagnols comme nous qui ne démentons jamais notre sang, quelque mêlé qu'il puisse être.

»Aujourd'hui 11, le matin, nous avons assisté à un spectacle hautement émouvant. Comme il est public et notoire, c'est la fête de la Vierge de la Paix; elle est célébrée par les frères du Très-Saint Rosaire. Demain, sera la fête de San-Diego, le patron du pueblo, et ceux qui y prennent la plus grande part sont les frères du Vénérable Tiers Ordre. Entre ces deux corporations, s'est établie une pieuse émulation pour servir Dieu, et cette piété en arrive au point de provoquer de saintes querelles, comme il est arrivé dernièrement lorsqu'elles se sont disputé le grand prédicateur si renommé, le très souvent cité T. R. P. Fr. Dámaso qui occupera demain la chaire du Saint-Esprit, et prononcera un sermon qui sera, selon la croyance générale, un événement religieux et littéraire.

»Donc, comme nous le disions, nous avons assisté à un spectacle hautement édifiant et émouvant. Six jeunes religieux, dont trois devaient dire la messe et les trois autres les assister comme servants, sortirent de la sacristie et se prosternèrent devant l'autel; l'officiant qui était le T. R. P. Fr. Hernando de la Sibyla entonna le *Surge Domine*, qui devait commencer la procession autour de l'église, avec cette magnifique voix et cette religieuse onction que tout le monde lui reconnaît et qui le font si digne de l'admiration générale. Le *Surge Domine* terminé, le gobernadorcillo, en frac, avec la croix, suivi de quatre servants munis d'encensoirs, se mit en tête de la procession. Derrière eux venaient les candélabres d'argent, la municipalité, les précieuses images vêtues de satin et d'or, représentant saint Dominique, saint Diego et la Vierge de la Paix portant un magnifique manteau bleu avec des plaques d'argent doré, cadeau du vertueux ex-gobernadorcillo, le très digne d'être imité et jamais suffisamment nommé D. Santiago de los Santos. Toutes ces images allaient dans des chars d'argent. Après la Mère de Dieu venaient les Espagnols et les autres religieux; l'officiant était protégé par un dais que portaient les *cabezas de barangay*; le corps bien méritant de la garde civile fermait la procession. Je crois superflu de dire qu'une multitude d'indiens formaient les deux files du cortège, portant avec grande piété des cierges allumés. La musique jouait des marches religieuses qu'accompagnaient les salves répétées des bombes et des roues de feu. On ne pouvait qu'admirer la modestie et la ferveur inspirées par ces actes dans le cœur des croyants, la foi pure et grande qu'ils professent pour la Vierge de la Paix, la dévotion fervente et sincère avec laquelle célèbrent ces solennités ceux qui ont eu le bonheur de naître sous le pavillon sacro-saint et immaculé de l'Espagne.

»La procession terminée commença la messe exécutée par l'orchestre et les artistes du théâtre. Après l'Évangile, monta au pupitre le T. R. P. Fr. Manuel Martin, augustin de la province de Batangas, qui a tenu absorbé et suspendu à ses lèvres tout l'auditoire, et surtout les Espagnols, par un exorde en castillan qu'il a prononcé avec tant d'énergie, avec des phrases si facilement amenées, si bien appliquées à leur objet, qu'elles remplissaient nos cœurs de ferveur et d'enthousiasme. Ce mot est celui qui doit être appliqué à ce qui touche le cœur et nous sommes émus lorsqu'il s'agit de la Vierge et de notre chère Espagne, et surtout quand on peut intercaler dans le texte, lorsque le sujet s'y prête, les idées d'un prince de l'Eglise, Mgr Monescillo1, qui sont assurément celles de tous les Espagnols.

»La messe terminée nous sommes tous montés au couvent avec les notables du pueblo et les autres personnes d'importance; nous y avons été reçus avec la délicatesse, la grâce et la générosité qui caractérisent le T. R. P. Fr. Salvi; on nous offrit d'abord des cigares, puis un confortable lunch que le frère principal avait fait préparer au rez-de-chaussée du couvent pour tous ceux qui voudraient faire taire les nécessités de leur estomac.

»Pendant le jour, rien ne manqua pour égayer la fête et conserver l'animation caractéristique des Espagnols, qui, en de telles occasions, ne peuvent se contenir, démontrant soit par des chansons et des danses, soit par d'autres simples distractions qu'ils ont le cœur noble et fort, que le chagrin ne les abat pas et qu'il suffit que trois Espagnols se réunissent n'importe où pour en chasser le malaise et la tristesse. On sacrifia donc au culte de Terpsichore en beaucoup de maisons, mais principalement chez l'illustre millionnaire philippin où nous avions tous été invités à dîner. Je n'ai pas besoin de vous dire que le banquet, somptueux et splendidement servi, a été la seconde édition corrigée et augmentée des noces de Cana ou de Gamache. Tandis que nous jouissions des plaisirs de la table, préparés sous la direction d'un cuisinier de *la Campana*, l'orchestre jouait d'harmonieuses mélodies. La très belle fille de la maison brillait dans un costume de métisse que rehaussait encore une cascade de diamants; elle était la reine de la fête. Tous nous déplorions dans le fond de notre âme qu'une légère foulure de son joli pied l'ait privée des plaisirs du bal car, si nous devons en juger par toutes ses perfections, la señorita de los Santos doit danser comme une sylphide.

»L'Alcalde de la province est arrivé cette après-midi pour solenniser par sa présence la cérémonie de demain. Il a déploré l'indisposition du distingué propriétaire señor Ibarra dont, grâce à Dieu, l'état s'est déjà amélioré, selon ce qui nous a été dit.

»Ce soir encore il y a eu grande procession, mais je vous en parlerai dans ma lettre de demain car, en plus des bombes qui m'étourdissent et me rendent quelque peu sourd, je suis très fatigué et tombe de sommeil. Tandis donc que je vais récupérer des forces dans les bras de Morphée, c'est-à-dire dans le lit du couvent, je vous souhaite, mon distingué ami, une bonne nuit jusqu'à demain qui sera le grand jour.

»Votre affectionné ami

»S. Diego, 11 novembre.»

Ceci était la lettre officielle du correspondant. Voyons maintenant ce qu'écrivait le Capitan Martin à son ami Luis Chiquito:

«Cher Choy: Viens en courant si tu peux car la fête est très gaie, figure-toi que Capitan Joaquin qui tenait la banque a presque sauté: Capitan Tiago l'a doublé trois fois, trois fois il a gagné; aussi Cabezang Manuel, le maître de la maison, en mourait presque de joie. Le P. Dámaso a brisé une lampe d'un coup de poing parce que jusqu'à présent il n'a pas gagné une carte, le consul a perdu, avec ses coqs et à la banque presque tout ce qu'il nous a gagné à la fête de Binang et au Pilar de Santa Cruz.

»Nous attendons que Capitan Tiago nous amène son futur gendre, le riche héritier de D. Rafael, mais il semble vouloir imiter son père, car jusqu'ici on ne l'a pas vu. Malheureusement il paraît ne devoir être d'aucun profit.

»Le chinois Carlos fait une grande fortune avec le *liam-pô*; je le soupçonne de porter quelque chose de caché, peut-être un aimant; il se plaint continuellement de douleurs à la tête qu'il porte bandée et, quand le dé du *liam-pô* est pour s'arrêter, il s'incline presque jusqu'à le toucher comme s'il voulait bien l'observer de près. Je me tiens sur mes gardes parce que je connais d'autres histoires semblables.

»Adieu Choy; mes coqs vont bien, ma femme est joyeuse et se divertit.

»Ton ami.

»Martin Aristorenas.»

Ibarra, lui, avait reçu un petit billet parfumé, qu'Andeng, la sœur de lait de Maria Clara, lui avait apporté le soir du premier jour de la fête. Ce billet disait:

»Crisóstomo, voici plus d'une journée que l'on ne t'a pas vu; j'ai entendu dire que tu étais malade; j'ai prié pour toi et allumé deux cierges, bien que papa dise que ta maladie n'est pas grave. Hier soir et aujourd'hui ils m'ont ennuyé tous en me demandant de jouer du piano et en m'invitant à danser. Je ne savais pas qu'il y eût tant d'importuns sur la terre! Si ce n'avait pas été pour le P. Dámaso qui essayait de me distraire en me racontant beaucoup d'histoires, je me serais enfermée dans mon alcôve pour dormir. Ecris-moi ce que tu as, que je puisse dire à papa qu'il aille te voir. Pour l'instant, je t'envoie Andeng afin qu'elle te fasse du thé; elle le réussit très bien et probablement mieux que tes domestiques.

MARIA CLARA.

P. S. Si tu ne viens pas demain, je n'irai pas à la cérémonie. Au revoir.»

---

1 Archevêque de Tolède, primat des Espagnes.—N. des T.

2 Abréviation de *quien beso su mano*, qui vous baise la main.—N. des T.

XXIX

La matinée

Les orchestres sonnèrent la diane aux premiers rayons du soleil, réveillant de leurs airs joyeux les habitants fatigués du pueblo.

C'était le dernier jour de la fête, mais en vérité c'était la fête elle-même. On s'attendait à voir beaucoup plus que la veille. Les Frères du Tiers Ordre étaient plus nombreux que ceux du Très-Saint Rosaire et leurs associés souriaient pieusement, sûrs d'humilier leurs rivaux. Ils avaient acheté la plus grande partie des cierges: les marchands de cierges chinois avaient fait une riche moisson, aussi pensaient-ils à se faire baptiser; beaucoup assuraient que ce n'était pas par foi dans le catholicisme mais bien pour le simple désir de prendre femme. A cela, les dévotes répondaient:

—Et quand bien même il en serait ainsi, le mariage de tant de Chinois à la fois n'en serait pas moins un miracle et leurs épouses les convertiraient ensuite.

Chacun avait revêtu ses habits de fête; tous les bijoux étaient sortis de leurs coffrets, les fripons et les joueurs étalaient des chemises bordées de gros boutons en brillants, de pesantes chaînes d'or et de blancs chapeaux de *jipijapa*1. Seul, le vieux philosophe avait gardé son ordinaire costume: la chemise de *sinamay*2 à raies sombres, boutonnée jusqu'au col, de grands souliers et un large chapeau de feutre, couleur de cendre.

—Vous paraissez aujourd'hui plus triste que jamais? lui dit le lieutenant principal. Faut-il donc, parce que nous avons tant de sujets de pleurer, que nous ne nous amusions pas une fois de temps en temps?

—S'amuser n'est pas faire des folies! répondit le vieillard. C'est l'orgie insensée de tous les ans! Et pourquoi dépenser l'argent si inutilement quand il y a tant de besoins et tant de misères? Mais, je comprends! c'est l'orgie, c'est la bacchanale qui doit apaiser les lamentations de ceux qui souffrent.

—Vous savez que je partage votre opinion, reprit D. Filipo, moitié sérieux, moitié riant. Je l'ai défendue, mais que pouvais-je faire contre le gobernadorcillo et contre le curé?

—Démissionner! répondit le vieillard et il s'éloigna.

D. Filipo resta perplexe, suivant le philosophe du regard.

—Démissionner! murmura-t-il en se dirigeant vers l'église. Démissionner! Oui, certainement, si mon poste était une dignité et non une charge, je démissionnerais!

Il y avait foule sur le parvis: hommes et femmes, enfants et vieillards, en habits de fête, confondus, entraient et sortaient par les étroites portes.

L'odeur de la poudre se mélangeait à celles des fleurs, de l'encens, des parfums; les bombes, les fusées, les serpenteaux faisaient courir et crier les femmes, amusaient les enfants. Un orchestre jouait devant le couvent: d'autres, accompagnant la municipalité, parcouraient les rues où flottaient et ondoyaient une multitude de drapeaux. La lumière et les couleurs distrayaient la vue, les musiques et les détonations l'oreille. Les cloches ne cessaient de tinter; les voitures, les calèches se croisaient et les chevaux, qui parfois s'effrayaient, se cabraient, ruaient, donnaient un spectacle gratuit qui, pour n'avoir pas été prévu au programme de la fête, n'en était moins des plus intéressants.

Le Frère principal avait envoyé des domestiques chercher les convives dans la rue, comme pour ce festin dont nous parle l'Evangile. On invitait les gens, presque par la force, à venir prendre du café, du thé, des pâtisseries. Parfois, l'invitation ressemblait à une querelle.

On allait célébrer la grand'messe, celle que l'on appelle la dalmatique, de la même façon que la veille; le rapport du digne correspondant nous l'a déjà fait connaître; mais aujourd'hui, le célébrant devait être le P. Salvi et, parmi les assistants, on attendait l'Alcalde de la province avec beaucoup d'autres Espagnols et de notables; enfin on allait entendre le P. Dámaso qui, comme prédicateur, jouissait dans la province de la plus grande renommée. L'alférez lui-même, qui se méfiait des sermons du P. Salvi, était venu, tant pour faire preuve de bonne volonté que pour prendre sa revanche des mauvais moments que lui avait fait passer le curé. La réputation du P. Dámaso était telle que, d'avance, le correspondant avait écrit au directeur du journal:

«Tout s'est passé comme je vous l'avais annoncé dans ma lettre d'hier. Nous avons eu la spéciale joie d'entendre le T. R. P. Fr. Dámaso Verdolagas, ancien curé de ce pueblo, transféré aujourd'hui dans un autre plus important en récompense de ses bons services. L'insigne orateur sacré a occupé la chaire du Saint-Esprit en prononçant un très éloquent et très profond sermon qui édifia et laissa pâmés d'admiration tous les fidèles, qui regardaient anxieux sortir de ses lèvres fécondes la fontaine salutaire de la vie éternelle. Sublimité dans le sujet, hardiesse dans les conceptions, nouveauté dans les phrases, élégance dans le style, naturel dans le geste, grâce dans la parole, élégance dans les idées, tels sont les mérites du Bossuet espagnol qui lui ont justement conquis sa haute réputation, non seulement parmi les notables espagnols, mais encore chez les rudes indiens et chez les fils astucieux du Céleste Empire.»

Le confiant correspondant se vit néanmoins obligé de biffer une grande partie de ce qu'il avait écrit. Le P. Dámaso se plaignait d'un léger rhume qui l'avait pris la nuit précédente; après avoir chanté quelques joyeuses *peteneras*3, il avait mangé trois sorbets et assisté un moment au spectacle. Aussi voulait-il renoncer à être l'interprète de Dieu auprès des hommes; mais, comme il ne se trouva pas d'autre prêtre qui connût la vie et les miracles de saint Diego—le curé les savait, lui, mais officiant il ne pouvait prêcher—les autres religieux furent unanimes à trouver que le timbre de la voix du P. Dámaso était parfait et que ce serait un grand malheur si un sermon aussi éloquent que celui qu'il avait composé et appris ne devait pas être prononcé. La vieille gouvernante lui prépara donc des limonades, lui oignit le cou et la poitrine d'onguents et d'huiles, l'enroula dans des draps chauds, le massa, etc. Le P. Dámaso avala des œufs crus battus dans du vin, puis il ne mangea ni ne parla de la matinée; à peine prit-il un verre de lait, une tasse de chocolat et une petite douzaine de biscuits, renonçant héroïquement à son poulet frit et à son demi fromage de la Laguna ordinaires, parce que, selon la gouvernante, le poulet et le fromage ont du sel et de la graisse et peuvent provoquer la toux.

—Il fait tout pour gagner le ciel et nous convertir! se dirent émues les sœurs du Tiers Ordre lorsqu'elles apprirent tous ces sacrifices.

—C'est la Vierge de la Paix qui le punit! murmurèrent les sœurs du Très-Saint Rosaire qui ne pouvaient lui pardonner d'avoir penché du côté de leurs rivales.

A huit heures et demie la procession sortit à l'ombre de la tenture de cotonnade. C'était exactement celle de la veille avec, en plus, comme nouveauté, la Confrérie du Vénérable Tiers Ordre. Des vieux, des vieilles et quelques jeunes femmes à démarche de vieilles, se montraient en longs habits de guingon; les pauvres les portaient en toile, les riches en soie ou même en véritable guingon franciscain; ils les choisissaient parmi ceux qu'avaient le plus usés les Révérends Moines Franciscains. Tous ces habits sacrés étaient authentiques; ils venaient du couvent de Manille où le peuple les acquiert par charité, en échange d'un *prix fixe*4, s'il est permis d'employer ici le langage des boutiques. Ce prix fixe peut augmenter mais ne peut jamais diminuer. Ce même couvent et celui de Santa Clara vendent aussi d'autres habits qui possèdent, en plus de la grâce toute spéciale de procurer beaucoup d'indulgences aux morts qu'on y ensevelit, la grâce plus spéciale encore de coûter d'autant plus cher qu'ils sont plus vieux, plus râpés, plus hors d'usage. Nous écrivons ceci pour renseigner les lecteurs pieux qui voudraient faire usage de ces reliques sacrées et aussi pour apprendre à quelque gueux de drapier courant après la fortune, qu'en envoyant aux Philippines un chargement d'habits mal cousus et crasseux, ils s'y vendront encore seize pesos, et même plus, selon qu'ils paraîtront plus ou moins en guenilles.

Saint Diego de Alcalá était traîné dans un char orné de plaques d'argent repoussé. Le saint, suffisamment sec avait un buste en marbre d'une expression sévère et majestueuse, malgré son abondante tignasse tonsurée, frisée comme celle des nègres. Son vêtement était de satin brodé d'or.

Notre vénérable Père Saint François suivait, puis la Vierge, dans le même équipage que la veille; mais cette fois, sous le dais, marchait le P. Salvi et non plus l'élégant P. Sibyla aux manières distinguées. Toutefois, si le P. Salvi n'avait pas la belle allure de son rival, il le surpassait en onction: les mains jointes, les yeux baissés, le corps à demi courbé, il édifiait la foule par son humble et mystique attitude. Le dais était porté par les *cabezas de barangay* eux-mêmes, suant de satisfaction en se voyant à la fois demi-sacristains, recouvreurs d'impôts, rédempteurs de l'humanité vagabonde et pauvre et, par conséquent, Christs au petit pied, donnant leur sueur sinon leur sang pour racheter les péchés des hommes. Le vicaire, en surplis, allait d'un char à l'autre, portant l'encensoir dont il envoyait par instant la fumée vers les narines du curé qui se faisait alors plus sérieux et plus grave encore.

Ainsi, lentement et posément, la procession s'avançait au son des cloches, des cantiques et des religieux accords éparpillés dans l'air par les orchestres qui suivaient chaque char. Entre temps, le Frère principal distribuait avec une louable sollicitude des cierges que nombre de fidèles emportaient chez eux; c'était de la lumière pour jouer aux cartes pendant quatre soirées. Dévotement les curieux s'agenouillaient au passage du char de la Mère de Dieu et récitaient avec ferveur des *Credo* et des *Salve*.

Le char s'arrêta en face d'une maison aux fenêtres ornées de riches tentures où se montraient l'Alcalde, Capitan Tiago, Maria Clara, Ibarra, divers Espagnols et des jeunes filles. Le P. Salvi leva les yeux, mais ne fit pas le plus petit geste de salut, le moindre signe de reconnaissance; un instant seulement il se redressa, et sa chape tomba sur ses épaules avec plus de grâce et d'élégance.

Dans la rue, sous la fenêtre, une jeune fille au visage sympathique, vêtue avec beaucoup de luxe, portait dans son bras un enfant en bas âge. Elle devait être nourrice ou bonne d'enfants, car le bébé était blanc et blond et elle brune, avec des cheveux plus noirs que du jais.

En voyant le curé, le pauvre poupon tendit ses petites mains, sourit de ce rire de l'enfance qui ne cause pas de douleurs et n'est jamais causé par elles et, balbutiant, au milieu d'un court silence, il cria: Pa...pa! papa! papa!

La jeune fille tressaillit, posa précipitamment sa main sur la bouche du bébé, et, confuse, s'éloigna en courant. L'enfant se mit à pleurer.

Les gens à l'esprit malin se regardèrent, les Espagnols qui avaient vu cette courte scène sourirent. La pâleur naturelle du P. Salvi se changea en un ton de coquelicot.

Et cependant les rieurs avaient tort: cette femme était une étrangère et le curé ne la connaissait pas.

1 Nom indien des chapeaux de Panama.—N. des T.

2 Toile fabriquée avec le filament d'une variété de l'abaca, nommée *albay*.—N. des T.

3 Airs andalous.—N. des T.

4 En français dans le texte.—N. des T.

XXX

A l'église

Le local exigu que les hommes assignent pour demeure au Créateur de tout ce qui existe était comble.

On se bousculait, on s'écrasait, on se piétinait; ceux qui sortaient en petit nombre comme ceux qui entraient, beaucoup plus nombreux, poussaient des exclamations à chaque bourrade. De loin, on tendait le bras pour mouiller les doigts dans l'eau bénite, mais de plus près on en sentait l'odeur et la main se retirait; on entendait alors un grognement, une femme refoulée blasphémait un juron, mais les bousculades n'en continuaient pas moins. Quelques vieillards qui étaient arrivés à rafraîchir leurs doigts dans cette eau couleur de fange où s'était lavée toute la population, sans compter les étrangers, s'en oignaient dévotement, non sans peine, l'occiput, le sommet du crâne, le front, le nez, la barbe, la poitrine et le nombril, avec la conviction qu'ayant ainsi sanctifié toutes ces parties de leur corps ils ne souffriraient plus ni de torticolis, ni de douleurs de tête, ni de phtisie, ni d'indigestion. Quant aux personnes jeunes, peut-être moins sujettes aux maladies, peut-être ayant moins de foi dans les vertus prophylactiques de ce bourbier, à peine humectaient-elles l'extrémité de leur doigt, pour ne pas donner prise aux bavardages de la gent dévote, et faisaient-elles semblant de se signer le front, sans le toucher.

«Elle peut être bénite et tout ce que l'on voudra! pensait plus d'une jeune fille, mais elle a une couleur...!»

On respirait à peine; la chaleur, l'odeur de l'animal humain étaient insupportables; mais le prédicateur valait bien que l'on endurât toutes ces misères et son sermon coûtait au pueblo deux cent cinquante pesos. Le vieux Tasio avait dit à ce propos:

—Deux cent cinquante pesos pour un sermon! Un seul homme et une seule fois! Le tiers de ce que l'on donne aux comédiens qui travailleront pendant trois soirées! Décidément vous êtes bien riches!

—Qu'est-ce que ceci a à voir avec le prix de la comédie! répondit avec mauvaise humeur le nerveux maître des Frères du Tiers Ordre; avec la comédie, les âmes vont en enfer; elles vont au ciel avec le sermon! S'il avait demandé mille pesos nous les aurions payés et nous lui devrions encore des remerciements...

—Après tout, vous avez raison! répliqua le philosophe; pour moi du moins le sermon m'amuse plus que la comédie!

—Eh bien! moi, la comédie ne m'amuse pas plus que le sermon! cria l'autre, furieux.

—Je le crois bien, vous comprenez autant l'un que l'autre!

Et l'impie s'en alla sans faire cas des insultes et des funestes prophéties sur sa vie future que lui lançait l'irritable dévot.

En attendant l'Alcalde, on suait, on bâillait: les éventails, les chapeaux, les mouchoirs agitaient l'air; les enfants pleuraient et criaient, donnant à travailler aux sacristains qui devaient les chasser du temple, ce qui faisait dire au consciencieux et flegmatique maître de la Confrérie du Très-Saint Rosaire:

—N.S. Jésus-Christ disait: «Laissez venir à moi les petits enfants», c'est vrai, mais il devait entendre par là, les enfants qui ne pleurent pas!

Une vieille, habillée de guingon, la sœur Puté, disait à sa petite fille, une gamine de six ans, agenouillée près d'elle:

—Sois attentive, écoute bien, damnée! tu vas entendre un sermon comme celui du Vendredi-Saint!

Et elle la gratifia d'un léger pinçon pour réveiller la piété de la fillette; celle-ci fit la moue, allongea le museau et fronça les sourcils.

Quelques hommes accroupis dormaient près des confessionnaux; un vieillard à tête blanche enseignait à une vieille, qui mâchait des prières et faisait rapidement courir les doigts sur les grains de son chapelet, quelle était la meilleure manière de se soumettre aux desseins du ciel et, peu à peu, il se mettait à faire comme elle.

Ibarra était dans un coin; Maria Clara s'agenouillait près du grand autel à une place que le curé avait eu la galanterie de faire réserver par les sacristains. Capitan Tiago, en frac, avait pris rang au banc des autorités; aussi les enfants, qui ne le connaissaient pas, le prenaient pour un autre gobernadorcillo et n'osaient l'approcher.

Enfin, le señor Alcalde arriva avec son État-Major; il venait de la sacristie et s'assit dans un des magnifiques fauteuils placés sur un tapis. L'Alcalde portait un costume de grand gala, sur lequel reluisait le cordon de Charles III accompagné de quatre ou cinq autres décorations.

Le peuple ne le reconnut pas.

—Tiens! s'écria un paysan, un civil habillé en comédien.

—Imbécile! lui répondit son voisin, en lui donnant un coup de coude, c'est le prince Villardo que nous avons vu hier soir au théâtre.

Aux yeux du peuple, l'Alcalde montait en grade; il en arrivait à être prince enchanté, vainqueur de géants.

La messe commença. Ceux qui étaient assis se levèrent, ceux qui dormaient se réveillèrent au bruit de la sonnette et de l'éclatante voix des chantres. Le P. Salvi, en dépit de sa gravité, paraissait très satisfait, car ce n'étaient rien moins que deux Augustins qui lui servaient de diacre et de sous-diacre.

Chacun à leur tour, ils chantaient d'une voix plus ou moins nasale, avec une prononciation plus ou moins claire, sauf l'officiant dont l'organe était tremblant, assez souvent faux même, au grand étonnement de ceux qui le connaissaient. Il se mouvait cependant avec précision et élégance, disait le *Dominus vobiscum* avec onction, inclinant un peu la tête de côté et regardant la voûte. En voyant de quel air il recevait la fumée de l'encens, on aurait dit que Galien avait raison d'admettre que la fumée passait des fosses nasales dans le crâne par le crible des ethmoïdes. Il se redressait, rejetait la tête en arrière et s'avançait ensuite vers le centre du maître-autel, avec une telle emphase, une telle gravité, que Capitan Tiago le trouva plus majestueux encore que le comédien chinois qu'il avait vu la veille, revêtu d'habits impériaux, barbouillé, l'épée ornée d'un flot de rubans, orné d'une barbe en crins de cheval et de babouches à hautes semelles.

—Indubitablement, pensait-il, un seul de nos curés a plus de majesté que tous les empereurs.

Enfin, le moment tant espéré arriva: on allait entendre le P. Dámaso. Les trois prêtres s'assirent dans leurs fauteuils et prirent une attitude édifiante, pour parler le langage de l'honorable correspondant; l'Alcalde et les autres gens à verge et à bâton les imitèrent, la musique cessa.

Ce subit passage du bruit au silence réveilla la vieille sœur Puté qui ronflait déjà, grâce à la musique. Comme Sigismond ou comme le cuisinier du conte de Dornröschen, la première chose qu'elle fit en se réveillant fut de donner une tape sur la tête de sa petite-fille qui, elle aussi, s'était endormie. L'enfant commença à pleurer, mais de suite elle s'arrêta, distraite, en regardant une femme qui se donnait des coups sur la poitrine avec une conviction enthousiaste.

Tous s'efforçaient de se placer le plus commodément possible; ceux qui n'avaient pas de banc s'accroupirent, les femmes à même le sol ou sur leurs propres jambes, à la façon des tailleurs.

Le P. Dámaso traversa la multitude, précédé de deux sacristains et suivi d'un autre moine qui portait un grand cahier. Il disparut dans l'escalier en colimaçon, mais promptement on revit sa grosse tête, puis son buste herculéen. Tout en toussottant, il promena de tous côtés un regard assuré; il vit Ibarra, et d'un clignement d'œil particulier l'assura qu'il ne l'oublierait pas dans ses prières, puis il lança un regard de satisfaction au P. Salvi, un autre de dédain au P. Manuel Martin, le prédicateur de la veille, et cette revue terminée, se retourna en disant à son compagnon dissimulé à ses pieds:

«Attention, frère!» Celui-ci ouvrit le cahier.

Mais le sermon mérite un chapitre à part. Un jeune homme, qui apprenait alors la tachygraphie et avait la passion des grands orateurs, l'a sténographié; grâce à lui, nous pouvons produire ici un échantillon de l'éloquence sacrée dans ces régions.

XXXI

Le sermon

Fr. Dámaso commença lentement à mi-voix:

—*Et spiritum tuum bonum dedisti, qui doceret eos, et manna tuum non prohibuisti ab ore eorum, et aquam dedisti eis in siti.* Et tu leur as donné ta sagesse pour les instruire, et tu n'as pas retiré la manne de leur bouche, et tu leur as donné de l'eau quand ils avaient soif! Paroles que dit le Seigneur par la bouche d'Esdras, livre II, chap. IX, vers. 20.

Le P. Sibyla regarda surpris le prédicateur, le P. Manuel Martin pâlit et se mordit les lèvres; ce début était meilleur que le sien.

Etait-ce un effet préparé ou bien l'enrouement persistait-il encore, mais le P. Dámaso toussa à plusieurs reprises, appuyant les deux mains sur l'appui de la sainte tribune. L'Esprit-Saint était sur sa tête, repeint à neuf, blanc, propre, le bout des pattes et le bec couleur de rose.

—Excellentissime Señor (à l'Alcalde), très vertueux prêtres, chrétiens, frères en Jésus-Christ!

Ici une pose solennelle, un nouveau regard circulaire sur l'auditoire, dont l'attention et le recueillement donnèrent satisfaction à l'orateur.

La première partie du sermon devait être en castillan, l'autre en tagal: *loquebantur omnes linguas*1.

Après le préambule et la pose, il étendit majestueusement la main droite vers l'autel en regardant fixement l'Alcalde, puis se croisa lentement les bras sans dire une parole et, passant de ce calme à la mobilité, rejeta la tête en arrière, montra l'entrée principale en coupant l'air du bord de la main avec une telle impétuosité que les sacristains interprétèrent le geste comme un ordre et fermèrent les portes: l'alférez devint inquiet, il ne savait s'il devait sortir ou rester. Mais déjà le prédicateur commençait à parler d'une voix forte, pleine et sonore: décidément la vieille gouvernante était un bon médecin.

—Éclatant et splendide est l'autel, large la porte principale, l'air est le véhicule de la sainte parole divine qui jaillira de ma bouche; écoutez donc, avec les oreilles de l'âme et du cœur, pour que les paroles du Seigneur ne tombent pas dans un terrain pierreux, où les mangeront les oiseaux de l'Enfer, mais qu'elles croissent et s'élèvent comme une sainte semence dans le champ de notre vénérable et séraphique Père S. François! Vous, grands pécheurs, captifs des Mores de l'âme qui infestent les mers de la vie éternelle dans les puissantes embarcations de la chair et du monde, vous qui êtes chargés des chaînes de la lasciveté et de la concupiscence et ramez sur les galères du Satan infernal, voyez ici, avec une révérente componction, celui qui rachète les âmes de la captivité du Démon, l'intrépide Gédéon, le courageux David, le victorieux Roland du Christianisme, le garde civil céleste, plus vaillant que tous les gardes civils réunis, du passé et de l'avenir;—l'alférez fronça le sourcil—oui, señor alférez, plus vaillant et plus puissant que tous, qui, sans autre fusil qu'une croix de bois, vainquit avec hardiesse l'éternel tulisan des ténèbres, avec tous les partisans de Luzbel, et les aurait pour toujours écrasés si les esprits n'étaient pas immortels! Cette merveille de la création divine, ce phénomène impossible est le bienheureux Diego de Alcalá dont, en employant une comparaison,—parce que, comme dit l'autre, les comparaisons aident bien à la compréhension des choses incompréhensibles—dont je dirai que ce grand saint est seulement et uniquement un simple soldat, un vivandier, dans notre très puissante compagnie, que commande du ciel notre séraphique Père S. François et à laquelle j'ai l'honneur d'appartenir comme caporal ou sergent par la grâce de Dieu.

Les rudes indiens, comme dit le correspondant, ne pêchèrent dans ce paragraphe que les mots garde civil, tulisan, S. Diego et S. François; ils avaient observé la grimace de l'alférez, le geste belliqueux du prédicateur et ils en déduisirent que celui-ci était fâché après le garde civil parce qu'il ne poursuivait pas les tulisanes, que S. Diego et S. François s'en chargeraient, et y réussiraient très bien, comme le prouve une peinture visible au couvent de Manille, où l'on voit S. François, sans autre arme que son cordon, arrêter l'invasion chinoise dans les premières années de la découverte. Les dévotes en furent enchantées, elles remercièrent Dieu de ce secours, ne doutant pas qu'une fois les tulisanes disparus, S. François détruirait aussi les gardes civils. L'attention redoubla donc, tandis que le P. Dámaso continuait:

—Excellentissime señor: Les grandes choses sont toujours grandes, même à côté des petites, et les petites toujours petites, même à côté des grandes. L'Histoire le dit, mais comme l'Histoire frappe un coup sur le clou et cent sur le fer, comme elle est faite par les hommes et que les hommes se trompent: *errarle es hominum*2, comme dit Cicéron, celui qui a une bouche se trompe, comme on dit dans mon pays, il en résulte qu'il y a de très profondes vérités que l'histoire passe sous silence. Ces vérités, Excellentissime señor, l'esprit divin l'a dit dans sa suprême sagesse, que l'intelligence humaine n'a jamais comprise depuis les temps de Sénèque et d'Aristote, ces savants religieux de l'antiquité, jusqu'à nos jours pécheurs. Ces vérités sont que les choses petites ne sont pas toujours petites, mais sont parfois grandes, non pas à côté des petites, mais à côté des plus grandes de la terre, et du ciel, et des nuages, et des eaux, et de l'espace, et de la vie et de la mort.

—Amen! répondit le maître du Tiers Ordre, et il se sanctifia.

Avec cette figure de rhétorique qu'il avait apprise d'un prédicateur de Manille, le P. Dámaso voulait surprendre son auditoire, et, en effet, il dut toucher du pied son Esprit-Saint qui, hébété par tant de vérités, avait complètement oublié sa mission.

—Patente est à vos yeux!... souffla l'esprit d'en bas.

—Patente est à vos yeux la preuve concluante et frappante de cette éternelle vérité philosophique! Patent ce soleil de vertus, et je dis soleil et non lune, parce qu'il n'y a pas grand mérite à ce que la lune brille pendant la nuit; dans le royaume des aveugles le borgne est roi, la nuit une lumière quelconque, une toute petite étoile peut briller; le plus grand mérite est de pouvoir, comme le soleil, briller encore au milieu du jour: ainsi le frère Diego brille encore au milieu des plus grands saints! Là, vous avez patente à vos yeux, à votre incrédulité impie, l'œuvre maîtresse du Très-Haut pour confondre les grands de la terre, oui, mes frères, patente, patente pour tous, patente!

Un homme se leva pâle et tremblant et se cacha dans un confessionnal. C'était un vendeur d'alcools qui sommeillait; il avait rêvé que les carabiniers lui demandaient la patente qu'il n'avait pas! On assure qu'il ne sortit pas de sa cachette tant que dura le sermon.

—Humble et rare saint! ta croix de bois—celle que portait l'image était d'argent—, ton habit modeste honorent le grand François dont nous sommes les fils et les imitateurs! Nous propageons ta sainte race dans le monde entier, dans tous les coins, dans les villes, dans les villages, sans distinguer le blanc du noir—l'Alcalde ne respira plus—souffrant le jeûne et le martyre, ta sainte race armée de foi et de religion—Ah! respira l'Alcalde— qui maintient le monde en équilibre et l'empêche de tomber dans l'abîme de la perdition!

Les auditeurs, sans en excepter Capitan Tiago, bâillaient peu à peu. Maria Clara n'entendait pas le sermon; elle savait qu'Ibarra n'était pas loin et pensait à lui, tandis qu'elle regardait en s'éventant l'un des évangélistes dont le taureau avait toutes les allures d'un petit carabao.

—Tous nous devrions connaître par cœur les Saintes Écritures et, ainsi, je n'aurais pas à vous prêcher, pécheurs; vous devriez savoir des choses aussi importantes, aussi nécessaires que le *Pater noster*; mais, pour beaucoup, vous l'avez déjà oublié, en vivant comme des protestants ou des hérétiques qui ne respectent pas les ministres de Dieu, comme les Chinois, mais je vais vous condamner, je serai impitoyable pour vous, damnés!

—Qu'est-ce qu'il nous raconte là, ce Palé Lámaso3, murmura le chinois Carlos, en regardant avec colère le prédicateur, qui poursuivait en improvisant et déchaînait une série d'apostrophes et d'imprécations.

—Vous mourrez dans l'impénitence finale, race d'hérétiques! Dieu vous châtie déjà sur cette terre par les cachots et les prisons! Les familles, les femmes doivent vous fuir, les gouvernants doivent vous pendre tous, pour que la semence de Satan ne germe pas dans la vigne du Seigneur! Jésus-Christ a dit: Si vous avez un membre mauvais qui vous induise au péché, coupez-le, jetez-le au feu!...

Fr. Dámaso était nerveux, il avait oublié son sermon et sa rhétorique.

—Entends-tu? demanda à son compagnon un jeune étudiant de Manille, il faut couper?

—Bah! qu'il commence, lui! répondit l'autre en montrant le prédicateur.

Ibarra s'inquiétait; il regarda derrière lui, cherchant quelque coin, mais toute l'église était pleine. Maria Clara ne voyait ni n'entendait rien, elle analysait le tableau des âmes bénies du Purgatoire, âmes en forme d'hommes et de femmes nues avec des mitres, des chapeaux, des toques, brûlant dans les flammes et s'accrochant au cordon de S. François qui supportait tout ce poids sans se rompre.

Dans toute cette improvisation, le moine qui jouait le rôle de l'Esprit-Saint inférieur perdit le fil du sermon et sauta trois longs paragraphes, manquant ainsi à son rôle de souffleur auprès du P. Dámaso qui, haletant, se reposait de son apostrophe.

—Lequel de vous, pécheurs qui m'écoutez, lécherait les plaies d'un mendiant pauvre et dépenaillé? Qui? que celui-là réponde et lève la main! Personne! Je le savais déjà; seul pouvait le faire un saint comme Diego de Alcalá; lui, lécha toute la foule des pauvres, disant à un frère qui s'étonnait: C'est ainsi que l'on guérit ce malade! O charité chrétienne! O piété sans exemple! O vertu des vertus! O modèle inimitable! O talisman sans tache!...

Et il poursuivit lançant toute une longue série d'exclamations, les bras en croix, les élevant, les abaissant, comme s'il avait voulu s'envoler ou épouvanter les oiseaux.

—Avant de mourir il parla en latin sans savoir le latin! Soyez anéantis, pécheurs! Vous, malgré que vous l'ayez étudié, que l'on vous ait donné des coups pour vous le faire apprendre, vous ne parlez pas le latin, vous mourrez sans le parler! Parler latin est une grâce de Dieu, c'est pour cela que l'Église parle latin! Moi aussi je parle latin! Comment? Dieu allait dénier cette consolation à son cher Diego? Il pouvait mourir, il pouvait le laisser mourir sans qu'il ait parlé latin? Impossible! Dieu n'aurait pas été juste, il n'aurait pas été Dieu! Diego parla donc latin, les auteurs de l'époque nous en apportent le témoignage!—Et il termina son exorde par le morceau qui lui avait coûté le plus de travail et qu'il avait plagié d'un grand écrivain, Sinibaldo de Mas.

—Je te salue donc, illustre Diego, honneur de notre corporation! Tu fus l'exemple de toutes les vertus, modeste avec honneur, humble avec noblesse, soumis avec orgueil, sobre avec ambition, ennemi avec loyauté, compatissant avec pardon, religieux avec scrupule, croyant avec dévotion, crédule avec candeur, chaste avec amour, silencieux avec secret, souffrant avec patience, vaillant avec crainte, continent avec volupté, hardi avec résolution, obéissant avec sujétion, honteux avec conscience du point d'honneur, soigneux de tes intérêts avec détachement, adroit avec capacité, cérémonieux avec urbanité, astucieux avec sagacité, miséricordieux avec piété, prudent avec honte, vindicatif avec courage, pauvre par amour du travail avec résignation, prodigue avec économie, actif avec négligence, économe avec libéralité, simple avec pénétration, réformateur avec suite, indifférent avec désir d'apprendre: Dieu te créa pour goûter les délices de l'amour platonique...! Aide-moi à chanter tes grandeurs et ton nom plus haut que les étoiles et plus pur que le soleil même qui tourne à tes pieds! Aidez-moi, vous, demandez à Dieu l'inspiration suffisante en récitant l'Ave Maria!

Tous s'agenouillèrent, un murmure s'éleva comme le bourdonnement de mille moucherons. L'Alcalde plia laborieusement un genou en remuant la tête avec ennui; l'alférez était pâle et contrit:

—Au diable le curé! murmura un des deux jeunes gens qui venaient de Manille.

—Silence! répondit l'autre, sa femme nous écoute...

Pendant ce temps, au lieu de réciter l'Ave Maria, le P. Dámaso, après avoir réprimandé son Esprit Saint qui avait sauté trois des meilleurs paragraphes, prenait deux meringues et un verre de Malaga, certain de trouver dans cette légère collation plus d'inspiration que dans tous les Esprits Saints possibles, qu'ils soient en bois, sous forme de colombe, au dessus de sa tête, ou de chair et d'os, sous la forme d'un moine distrait, à ses pieds. Il allait commencer le sermon tagal.

La vieille dévote donna une autre bourrade à sa petite fille qui se réveilla de mauvaise humeur et demanda:

—Est-ce déjà le moment de pleurer?

—Pas encore; mais ne t'endors pas, petite damnée, répondit la bonne grand'mère.

Sur cette deuxième partie du sermon, en langue tagale, nous n'avons que des aperçus. Le P. Dámaso improvisait, non pas qu'il sût mieux le tagal que le castillan, mais, tenant les Philippins de la province pour fort ignorants en rhétorique, il ne craignait pas de dire des sottises devant eux. Avec les Espagnols, c'était autre chose: il avait entendu parler des règles de l'éloquence et peut-être, parmi ses auditeurs, pouvait-il s'en trouver, comme l'Alcalde principal, par exemple, qui eussent fait leurs classes: aussi écrivait-il ses sermons, les corrigeant, les limant, puis les apprenant de mémoire et s'essayant à les répéter deux ou trois jours avant de monter en chaire.

Il est certain qu'aucun des assistants ne comprit l'assemblage du sermon: ils avaient l'intelligence si obtuse, le prédicateur était si profond, comme disait sœur Rufa que c'est en vain qu'ils attendirent l'occasion de pleurer et la petite fille damnée de la vieille dévote se rendormit.

Mais cependant cette seconde partie eut des conséquences plus graves que la première, au moins pour certains de nos personnages.

Il commença avec un *Maná capatir con cristiano*4, que suivit une avalanche de phrases intraduisibles; il parla de l'âme, de l'enfer, du *mahal na santo pintacisi*5, des pécheurs indiens et des vertueux Pères Franciscains.

—Menche6! dit un des irrévérents Manilènes à son compagnon; c'est du grec pour moi, je m'en vais.

Et, voyant les portes fermées, il sortit par la sacristie au grand scandale de l'assistance et du prédicateur qui pâlit et s'arrêta au milieu de sa phrase. Quelques-uns s'attendaient à une violente apostrophe, mais le P. Dámaso se contenta de les suivre du regard et poursuivit son sermon.

Des malédictions se déchaînèrent contre le siècle, contre le manque de respect, l'irréligiosité naissante. Ce point paraissait être son fort, car il se montrait inspiré et s'exprimait avec force et clarté. Il parla des pécheurs qui ne se confessent pas, qui meurent en prison sans sacrements, des familles maudites, des *petits métis* orgueilleux et affectés, des jeunes *savantasses*, *philosophaillons*7, *avocaillons*, *étudiantillons*, etc. On connaît l'habitude de beaucoup lorsqu'ils veulent ridiculiser leurs ennemis; ils ajoutent à chaque mot une terminaison diminutive parce que leur cerveau ne leur fournit pas autre chose; cela leur suffit, ils en sont très heureux.

Ibarra écouta tout et comprit les allusions. Conservant une tranquillité apparente, ses yeux cherchaient Dieu et les autorités, mais il n'y avait rien de plus que des images de saints; quant à l'Alcalde il dormait.

Pendant ce temps, l'enthousiasme du prédicateur montait par degrés. Il parlait des anciens temps où tout philippin, rencontrant un prêtre, se découvrait, mettait le genou en terre et lui baisait la main.—«Mais, maintenant, ajouta-t-il, vous ne faites autre chose que quitter le salakot ou le chapeau de *castorillo*8 que vous inclinez sur votre tête pour ne pas déranger l'ordre de votre coiffure! Vous vous contentez de dire: bonjour, *among*9, et il y a d'orgueilleux étudiantillons, sachant quelque peu de latin qui, parce qu'ils ont étudié à Manille et en Europe, se croient le droit de nous serrer la main au lieu de la baiser.... Ah! le jour du jugement approche, le monde va finir, beaucoup de saints l'ont prédit, il va pleuvoir du feu, des pierres et des cendres pour châtier votre superbe!»

Et il exhortait le peuple à ne pas imiter ces *sauvages*, mais à les fuir, à les détester, parce qu'ils étaient excommuniés.

—Écoutez ce que disent les saints conciles: Quand un indien rencontrera un curé dans la rue, il courbera la tête et tendra le cou pour que l'*among* s'appuie sur lui; si le curé et l'indien sont tous deux à cheval, alors l'indien s'arrêtera et retirera révérencieusement son *salakot* ou son chapeau; enfin, si l'indien est à cheval et le curé à pied, l'indien descendra de cheval et n'y remontera pas jusqu'à ce que le curé lui ait dit: *sulung* ou soit suffisamment éloigné. Voilà ce que disent les saints conciles et qui ne leur obéira pas sera excommunié!

—Et quand l'indien est monté sur un carabao? demanda un paysan scrupuleux à son voisin.

—Alors.... il poursuit son chemin! répondit celui-ci qui était un casuiste.

Mais, malgré les gestes et les cris du prédicateur, beaucoup s'endormaient ou tout au moins n'écoutaient plus, car ces sermons étaient de toujours et de partout; en vain quelques dévotes essayèrent de soupirer et de pleurnicher sur les péchés des impies, elles durent y renoncer, personne ne faisant chœur avec elles... Même la sœur Puté pensait à toute autre chose. Un homme assis à son côté s'était si bien endormi qu'il tomba sur elle en lui fripant son corsage: la bonne vieille prit son sabot et, tapant sur l'homme pour le réveiller, lui cria:

—Aïe! va-t'en, sauvage, animal, démon, carabao, chien, damné!

Naturellement, un tumulte s'éleva. Le prédicateur s'arrêta, leva les sourcils, surpris d'un tel scandale. L'indignation étouffait la parole dans sa gorge, il ne put que mugir en frappant la chaire de ses poings. L'effet voulu fut produit: la vieille lâcha le sabot et, tout en grognant et en répétant de multiples signes de croix, se mit très dévotement à genoux.

—Ah! ah! ah! ah! put enfin s'écrier le prêtre irrité, en croisant les bras et en remuant la tête; c'est pour cela que je vous ai prêché ici toute la matinée, sauvages! Ici, dans la maison de Dieu, vous vous disputez, vous vous injuriez, polissons! Ah! ah! vous ne respectez rien...! C'est l'œuvre de l'injure et de l'incontinence du siècle! Je le disais bien, ah! ah!..

Une fois lancé sur ce thème, il prêcha une demi-heure encore! L'Alcalde ronflait, Maria Clara inclinait la tête, la pauvrette ne pouvait résister au sommeil, n'ayant plus de tableau à analyser pour se distraire. Ibarra s'émotionnait peu de ce que disait le P. Dámaso, ses allusions ne le touchaient pas; il voyait une petite maison sur la cime d'une montagne avec Maria Clara dans le jardin. Que lui importaient les hommes se traînant au fond de la vallée dans leurs misérables pueblos.

Deux fois déjà le P. Salvi avait fait tinter la sonnette; mais c'était verser de l'huile sur le feu: le P. Dámaso était entêté, son sermon se prolongeait toujours. Fr. Sibyla se mordait les lèvres; plusieurs fois il mit et retira son lorgnon de cristal de roche monté en or; Fr. Manuel Martin était le seul qui paraissait écouter avec plaisir et souriait parfois.

Enfin, Dieu dit: Assez! L'orateur se lassa et descendit de la chaire.

Tous s'agenouillèrent pour rendre grâce à Dieu. L'Alcalde se frotta les yeux, étendit un bras comme pour s'étirer, exhala un profond soupir et un bâillement.

La messe continua.

Au moment où Balbino et Chananay chantant l'*Incarnatus est*, tous s'étaient agenouillés, où les curés inclinaient la tête, un homme murmura à l'oreille d'Ibarra: «A la cérémonie de la bénédiction de la première pierre, ne vous éloignez pas du curé, ne descendez pas dans la fosse, ne vous approchez pas de la pierre, il y va de votre vie!»

Ibarra reconnut Elias qui, ceci dit, se perdit aussitôt dans la foule.

---

1 Ils parleront toutes les langues.—N. des T.

2 Inutile d'observer que Cicéron n'a jamais employé ce barbare latin de cuisine. Le bon moine veut dire: L'erreur cette chose humaine, *errare humanum est*.—N. des T.

3 Les Chinois changent le *d* en *l*: *Pale Lámaso* pour *Padre Dámaso*.—N. des T.

4 Mes frères en Christ.—N. des T.

5 Vénérable saint patron.—N. des T.

6 Ce mot peut se traduire par *sapristi*!—N. des T.

7 Le texte contient ici un jeu de mots intraduisible en français: *filosofillos ó pilosopillos*, de *piloso*, velu, poilu, ou de *pillo*, fripon.—N. des T.

8 Castorine, étoffe soyeuse et légère.—N. des T.

9 Expression de déférence respectueuse.—N. des T.

XXXII

La chèvre

L'homme jaune avait tenu parole: ce n'était pas une simple chèvre qu'il avait construite sur la fosse ouverte pour y descendre l'énorme masse de granit; ce n'était pas le trépied que le señor Juan avait édifié pour suspendre une poulie au sommet, c'était quelque chose de plus; à la fois une machine et un ornement, mais un ornement grandiose et une machine impuissante.

L'échafaudage confus et compliqué s'élevait à huit mètres de hauteur; quatre gros madriers enfoncés dans le sol formaient les pièces principales, reliés entre eux par de colossales solives entrecroisées formant diagonales, réunies par de gros clous enfoncés à moitié, sans doute afin de pouvoir démonter plus facilement l'appareil. D'énormes câbles, pendants de tous côtés, donnaient un aspect de solidité et de grandeur à l'ensemble, dont le sommet était couronné de drapeaux aux couleurs bigarrées, de banderoles flottantes et d'énormes guirlandes de fleurs et de feuilles artistement tressées.

En haut, dans l'ombre des madriers, des guirlandes et des drapeaux, pendait, assujettie par des cordes et des crocs de fer, une extraordinaire poulie à trois roues, sur les bords brillants desquelles passaient encastrés trois câbles encore plus gros que les autres, portant suspendue l'énorme pierre de taille creusée en son centre pour former, avec l'excavation de l'autre pierre déjà descendue dans la fosse, le petit espace destiné à conserver l'historique de la journée, journaux, écrits, monnaies, médailles, etc., pour transmettre le tout aux plus lointaines générations. Ces câbles descendaient de bas en haut, retrouvaient une autre poulie non moins grosse attachée au pied de l'appareil et allaient s'enrouler autour du cylindre d'un treuil, supporté par de gros madriers. Ce treuil, qui pouvait être mis en mouvement par deux manivelles, centuplait l'effort dépensé, grâce à un jeu de roues dentées, dont le seul inconvénient était de faire perdre en vitesse ce qu'il faisait gagner en force.

—Regardez, disait l'homme jaune en faisant tourner la manivelle, regardez, señor Juan, comme avec mes seules forces, je fais monter et descendre l'énorme pierre... Tout cela est si bien disposé que je puis à volonté graduer, pouce par pouce, l'ascension de façon que, du fond de la fosse, un homme seul puisse en toute commodité ajuster les deux pierres l'une sur l'autre, tandis que moi je dirigerai d'ici la manœuvre.

Le señor Juan ne pouvait moins faire que d'admirer l'homme qui se louait avec tant de complaisance. Les curieux faisaient des commentaires et ne ménageaient pas leurs compliments au constructeur.

—Qui vous a appris la mécanique? lui demanda le señor Juan.

—Mon père, mon défunt père! répondit-il avec son sourire particulier.

—Et à votre père?

—D. Saturnino, l'aïeul de D. Crisóstomo.

—Ne savez-vous pas que D. Saturnino...

—Oh! je sais beaucoup de choses! Non seulement il frappait ses ouvriers et les exposait au soleil; mais il savait aussi réveiller les endormis et faire dormir les éveillés. Vous verrez par la suite ce que mon père m'a enseigné, vous verrez!

Et l'homme jaune souriait toujours, de son étrange sourire.

Sur une table couverte d'un tapis de Perse étaient placés le cylindre de plomb et les objets qui devaient être conservés dans cette sorte de tombe; une boîte de cristal à parois épaisses devait renfermer cette momie d'une époque et garder pour l'avenir les souvenirs d'un temps passé. Le philosophe Tasio, qui promenait par là ses réflexions, murmurait:

—Peut-être quelque jour, quand l'œuvre qui va naître aujourd'hui, vieillie après tant de vicissitudes, tombera minée, soit par les secousses de la nature, soit par la main de l'homme, sur ces ruines croîtront le lierre et la mousse; puis, quand le temps aura détruit la mousse, le lierre et les ruines, et dispersé leur poussière au vent, biffant des pages de l'Histoire le souvenir de l'œuvre et de ses constructeurs, depuis longtemps déjà effacé de la mémoire des hommes, peut-être, quand les habitants et le sol de ce pays auront disparu, recouverts par de nouvelles couches géologiques, le pic de quelque mineur, heurtant le granit d'où jaillit l'étincelle, fera-t-il sortir de la roche des mystères et des énigmes? Peut-être les savants de la nation qui peuplera alors ces régions, travailleront-ils, comme travaillent aujourd'hui les égyptologues, à pénétrer les secrets des débris d'une grandiose civilisation disparue, qui se croyait éternelle et ne prévoyait pas que jamais une si longue et si profonde nuit pût descendre sur elle? Peut-être alors quelque savant professeur dira-t-il à ses élèves de cinq à sept ans, dans un langage commun à tous les hommes de ce temps-là: «Examinez, messieurs, et étudiez avec soin les objets trouvés dans le sous-sol de notre terrain! nous avons déchiffré quelques signes et traduit quelques mots, et nous pouvons sans crainte présumer que ces objets appartiennent à l'âge barbare de l'humanité, à l'ère obscure que nous sommes convenus d'appeler fabuleuse. En effet, messieurs, pour que vous puissiez vous former une idée approximative de l'état arriéré de nos ancêtres, il me suffira de vous dire que ceux qui vivaient ici, non seulement reconnaissaient encore des rois, mais que pour résoudre toutes les questions de leur gouvernement intérieur ils devaient courir à l'autre extrémité du monde; figurez-vous un corps qui, pour se mouvoir, devrait consulter sa tête située dans une autre partie du globe, peut-être dans une région aujourd'hui recouverte par les vagues. Pour invraisemblable que cela vous paraisse, il ne laissait pas, si nous considérons leurs conditions d'existence, d'en être ainsi pour ces êtres que j'ose à peine appeler humains! En ces temps primitifs, ils étaient encore (ou du moins croyaient être) en relations directes avec leur Créateur, car ils avaient des ministres de celui-ci, êtres différents des autres et toujours dénommés des mystérieux caractères T. R. P. Fr., sur l'interprétation desquels nos savants ne sont pas d'accord. Suivant le professeur de langue que nous avons, et qui ne parle guère plus d'une centaine des défectueux idiomes du passé, T. R. P. signifierait *Très Riche Propriétaire*, car ces ministres étaient des espèces de demi-dieux, très vertueux, très éloquents, très illustres, et qui, malgré leur énorme pouvoir et leur grand prestige, ne commettaient jamais la moindre faute, ce qui fortifierait ma croyance qu'ils étaient d'une nature différente de celle du reste du peuple. Et, si cela ne suffisait pas pour appuyer mon opinion, il me resterait encore un argument: personne ne nie, et il se confirme de plus en plus chaque jour, que ces êtres mystérieux faisaient à leur volonté descendre Dieu sur la terre en prononçant certaines paroles, que Dieu ne pouvait parler que par leur bouche, qu'ils buvaient son sang, mangeaient sa chair et la donnaient souvent à manger aussi aux hommes du commun...»

Voilà le langage que, avec beaucoup d'autres réflexions encore, l'incrédule philosophe mettait dans la bouche des hommes corrompus de l'avenir...

Dans les kiosques qu'occupaient hier l'instituteur et ses élèves, se prépare maintenant le repas abondant et somptueux. Sur la table destinée aux enfants de l'école, on ne voit pas une bouteille de vin, mais en échange beaucoup de fruits. Dans l'allée ombragée qui réunit les deux kiosques sont disposés les sièges pour les musiciens ainsi qu'une table couverte de pâtisseries, de confitures et de carafes d'eau, couronnées de feuilles et de fleurs pour le public altéré.

Le maître d'école avait fait élever des mâts de cocagne, des barrières, suspendre des poêles, des marmites, pour d'allègres jeux.

La foule, en habits éclatants de couleurs joyeuses, s'amoncelait, fuyant l'ardeur du soleil, soit à l'ombre des arbres, soit sous les berceaux fleuris. Les enfants, pour mieux voir la cérémonie, grimpaient aux branches, escaladaient les pierres, suppléant ainsi à la petitesse de leur taille; ils regardaient avec envie les élèves de l'école qui, propres et bien vêtus, occupaient un endroit spécialement réservé. Les parents étaient enthousiasmés de voir, eux, simples paysans, leurs fils manger sur une nappe blanche, presque aussi bien que le curé ou l'alcalde. Il leur suffisait de penser à cela pour se sentir rassasiés; le souvenir d'un tel événement se transmettrait de père en fils.

On entendit bientôt les accords lointains de la musique: elle s'avançait, précédée d'une foule bigarrée où se mêlaient jeunes et vieux, hommes et femmes, vêtus des couleurs les plus disparates. L'homme jaune s'inquiéta, d'un regard il examina toute sa construction. Un paysan curieux, qui observait avec soin tous ses mouvements, suivit son regard; c'était Elias. Lui aussi, était venu assister à la cérémonie; son salakot et son rustique costume le rendaient presque méconnaissable. Il était placé au meilleur endroit, non loin du treuil, au bord de l'excavation.

Derrière la musique venait l'Alcalde, la municipalité, les moines, moins le P. Dámaso, et les employés espagnols. Ibarra conversait avec l'Alcalde dont il s'était fait un ami par quelques compliments bien tournés sur ses cordons et ses décorations: les fumées aristocratiques étaient le faible de Son Excellence; Capitan Tiago, l'alférez, quelques riches propriétaires accompagnaient la pléïade dorée des jeunes filles dont brillaient au soleil les ombrelles de soie. Le P. Salvi suivait, toujours silencieux, toujours perdu dans ses réflexions.

—Comptez sur mon appui chaque fois qu'il s'agira d'une bonne action, disait l'Alcalde à Ibarra; je vous en faciliterai toujours l'accomplissement, soit par moi-même, soit indirectement.

A mesure qu'ils s'approchaient de l'endroit désigné, le jeune homme sentait palpiter son cœur. Instinctivement il jeta les yeux sur l'étrange échafaudage qui y était élevé; l'homme jaune, après l'avoir respectueusement salué, fixa un instant son regard sur lui. La présence d'Elias qu'il reconnut surprit Ibarra; d'un coup d'œil significatif, le mystérieux pilote lui rappela l'avertissement déjà donné à l'église.

Le curé revêtit les vêtements sacerdotaux et commença la cérémonie: le sacristain borgne tenait le livre, un enfant de chœur était chargé du goupillon et de l'eau bénite. Les assistants, debout et découverts gardaient un si profond silence que, bien qu'il lût à voix basse, on entendait la voix du P. Salvi tremblant un peu.

Dans la boîte de cristal avaient été placés les manuscrits, journaux, monnaies, médailles, etc., qui devaient conserver le souvenir de cette journée; puis la boîte elle-même fut enfermée dans le cylindre de plomb scellé hermétiquement.

—Señor Ibarra, voulez-vous déposer la boîte à sa place? Le curé vous attend! murmura l'Alcalde à l'oreille du jeune homme.

—Ce serait avec grand plaisir, répondit celui-ci, mais j'usurperais l'honneur d'accomplir ce devoir au détriment du señor notaire qui doit dresser procès-verbal de l'acte.

Le notaire prit gravement l'étui, descendit l'escalier recouvert de tapis qui conduisait au fond de l'excavation et, avec la solennité convenable, déposa son fardeau dans le creux de la pierre. Le curé saisit alors le goupillon et aspergea les pierres d'une rosée d'eau bénite.

Le moment était venu où chacun devait déposer une cuillerée de ciment sur la superficie de la pierre d'assise pour que l'autre s'y adaptât et s'y fixât.

Ibarra présenta à l'Alcalde une truelle d'argent sur laquelle était gravée la date de la fête; mais, avant de s'en servir, S. E. prononça une allocution en castillan:

«Habitants de S. Diego! dit-il d'une voix grave, nous avons l'honneur de présider une cérémonie dont, sans que nous ayons à vous l'expliquer, vous comprenez toute l'importance. On fonde une école; l'école est la base de la société, l'école est le livre où est écrit l'avenir des peuples! Montrez-nous l'école d'un pueblo et nous vous dirons ce qu'il est.

»Habitants de S. Diego! Bénissez Dieu qui vous a donné de vertueux prêtres et bénissez aussi le Gouvernement de la Mère Patrie qui, inlassable, diffuse la civilisation dans les îles fertiles que, pour les protéger, elle recouvre de son glorieux manteau! Bénissez Dieu qui a eu pitié de vous en vous envoyant ces humbles prêtres pour vous éclairer et vous enseigner la parole divine! Bénissez le Gouvernement qui a fait déjà, qui fait et fera encore tant de sacrifices pour vous et pour vos enfants!

»Et maintenant qu'a été bénite la première pierre de cet important édifice, nous, Alcalde Mayor de cette province, au nom de S. M. le Roi, que Dieu garde, Roi des Espagnes, au nom de l'illustre Gouvernement espagnol et à l'abri de son pavillon immaculé et toujours victorieux, nous consacrons cet acte et commençons l'édification de cette école!

»Habitants de S. Diego, vive le Roi! Vive l'Espagne! vivent les Religieux! vive la religion catholique!»

—Vive! vive! répondirent de nombreuses voix, vive le señor Alcalde!

Puis le haut fonctionnaire descendit majestueusement aux accords de la musique qui commença à jouer, déposa quelques cuillerées de plâtre sur la pierre et remonta aussi majestueusement qu'il était descendu.

Les employés applaudirent.

Ibarra offrit une autre cuiller d'argent au curé qui, après avoir fixé un instant son regard sur lui, descendit lentement à son tour. Arrivé au milieu de l'escalier, le prêtre leva les yeux et examina l'énorme pierre qui pendait maintenue par les câbles puissants, mais il ne s'arrêta qu'une seconde et continua sa descente. Il fit de même que l'Alcalde, mais les applaudissements furent plus nombreux; aux employés s'étaient joints quelques moines et Capitan Tiago.

Il semblait que le P. Salvi cherchât à qui offrir la cuiller; il regarda avec hésitation Maria Clara, mais se ravisant il la tendit au notaire. Celui-ci, par galanterie, s'approcha de Maria Clara qui refusa en souriant. Les moines, les employés, l'alférez descendirent tous l'un après l'autre. Capitan Tiago n'avait pas été oublié.

Restait Ibarra. Il allait ordonner que l'homme jaune fît descendre la pierre, quand le curé se souvint du jeune homme, lui disant d'un ton plaisant, affectant la familiarité:

—Ne mettez-vous pas votre cuillerée, señor Ibarra?

—Je serais un Juan Palomo, qui fit le ragoût et qui le mangea! répondit celui-ci sur le même ton.

—Allez! dit l'Alcalde, en le prenant amicalement par le bras, sinon je donne ordre qu'on ne descende pas la pierre et nous resterons ici jusqu'au jour du jugement.

Une si terrible menace força Ibarra à obéir. Il échangea la petite truelle d'argent contre une plus grande en fer, ce qui fit sourire quelques personnes, et avança tranquillement. Elias le regardait avec une expression indéfinissable; il semblait que toute sa vie se fût concentrée dans ses yeux. L'homme jaune examinait l'abîme ouvert à ses pieds.

Ibarra après avoir jeté un rapide regard sur le bloc suspendu au dessus de sa tête, puis un autre à Elias et à l'homme jaune, dit au señor Juan d'une voix tremblante:

—Donnez-moi l'auge et cherchez-moi l'autre truelle en haut.

Il restait seul. Elias ne le regardait plus. Ses yeux maintenant étaient cloués sur la main de l'homme jaune qui, penché sur la fosse, suivait anxieux les mouvements du jeune homme.

On entendait le bruit de la truelle remuant la masse de sable et de chaux, accompagnant le faible murmure des employés qui félicitaient l'Alcalde pour son discours.

Tout à coup un bruit effroyable retentit; la poulie attachée à la base de la chèvre sauta, entraînant le treuil qui vint frapper l'appareil comme un levier: les madriers vacillèrent, les cordes se rompirent et tout l'appareil s'écroula au milieu d'un fracas assourdissant. Un nuage de poussière s'éleva; mille voix remplirent l'air d'un cri d'horreur. Tous couraient, s'enfuyaient de tous côtés; bien peu songeaient à descendre dans le fossé. Seuls, Maria Clara et le P. Salvi restaient à leur place, pâles, muets, incapables de se mouvoir.

Quand la poussière se fut quelque peu dissipée, on vit Ibarra debout, parmi les solives, les poutres, les câbles, entre le treuil et le bloc de pierre qui, dans sa chute, avait tout défoncé, tout broyé. Le jeune homme avait encore en main la truelle; avec des yeux épouvantés il regardait un cadavre gisant à ses pieds, à demi enseveli sous les pièces de bois.

—N'êtes-vous pas blessé?—Vivez-vous?—Pour Dieu! parlez! lui criaient quelques employés, avec autant d'intérêt que de terreur.

—Miracle! miracle! s'exclamèrent quelques assistants.

—Venez et dégagez le cadavre de ce malheureux! dit Ibarra comme s'il se réveillait d'un songe.

Maria Clara, en entendant sa voix, sentit que les forces l'abandonnaient; elle tomba presque sans connaissance dans les bras de ses amies.

La plus grande confusion régnait; tous parlaient, gesticulaient, couraient de côté et d'autre, descendaient dans la fosse, remontaient, consternés, ne sachant que faire.

—Qui est mort? respire-t-il encore? demanda l'alférez.

On reconnut le cadavre: c'était celui de l'homme jaune qui se trouvait debout à côté du treuil.

—Que l'on arrête le chef de chantier, fut la première parole que l'Alcalde put prononcer.

On examina le cadavre, on lui mit la main sur la poitrine, le cœur ne battait déjà plus. Le coup l'avait frappé à la tête et le sang jaillissait par les narines, la bouche et les yeux. Le cou portait des traces étranges: quatre empreintes profondes d'un côté et une quelque peu plus grande de l'autre: on aurait dit qu'une main de fer l'avait serré comme une tenaille.

Les prêtres serraient la main d'Ibarra et chaleureusement le félicitaient d'avoir échappé à la catastrophe. Le franciscain, humble d'aspect, qui le matin avait servi d'Esprit-Saint au P. Dámaso, disait avec des larmes dans les yeux:

—Dieu est juste! Dieu est bon!

—Quand je pense que quelques moments auparavant j'étais là, disait un des employés à Ibarra, dites! Si j'avais été le dernier! Jésus!

—Cela me fait dresser les cheveux! reprenait un autre à moitié chauve.

—Heureusement qu'on vous a donné la truelle à vous, non à moi! murmurait un vieillard encore tout tremblant.

—D. Pascal! s'écrièrent quelques Espagnols.

—Señores, je disais ceci parce que le señor Ibarra vit encore, tandis que moi, si je n'avais pas été écrasé, je serais mort de peur.

Mais déjà Ibarra était parti s'informer de Maria Clara.

Que cela n'empêche pas la fête de continuer, señor de Ibarra! disait l'Alcalde; Dieu soit loué! Le mort n'est ni prêtre, ni espagnol! Il n'y a qu'à fêter votre salut! Songez donc si la pierre était tombée sur vous!

—Il avait des pressentiments! s'écriait le notaire, je le disais; le señor Ibarra ne descendait pas avec plaisir. Je le voyais bien!

—Ce n'est qu'un indien qui est mort!

—Que la fête continue! Allons, la musique! la tristesse ne ressuscite pas les morts! Capitan, que l'on fasse l'enquête...! Faites venir le directorcillo!... Arrêtez le chef de chantier!

—Faut-il le mettre aux ceps?

—Oui, aux ceps! Eh! musique, musique! Aux ceps le chef de chantier!

—Señor Alcalde, fit observer Ibarra avec gravité, si la tristesse ne doit pas ressusciter le mort, l'emprisonnement d'un homme dont la culpabilité ne nous est pas prouvée fera moins encore. Je me porte garant de sa personne et demande sa liberté, au moins pour ces journées de fête.

—Bien! bien! mais qu'il ne recommence pas!

Des bruits de tous genres circulaient dans le peuple. L'idée du miracle était admise par tous. Cependant le P. Salvi paraissait peu satisfait de ce miracle que l'on attribuait à un saint de sa paroisse et de son ordre.

Beaucoup ajoutèrent qu'ils avaient vu descendre dans la fosse, au moment où tout s'écroulait, une figure vêtue d'un costume obscur comme celui des franciscains. Sans aucun doute, c'était S. Diego lui-même. On supposa aussi qu'Ibarra avait entendu la messe à laquelle l'homme jaune avait manqué: c'était clair comme la lumière du soleil.

—Vois! tu ne voulais pas aller à la messe, disait une mère à son fils; si je ne t'avais pas battu pour t'y obliger, maintenant tu irais au tribunal dans la charrette, comme celui-ci!

En effet, le cadavre de l'homme jaune, enveloppé d'une natte, était conduit au tribunal.

Ibarra était parti chez lui pour changer de vêtements.

—Hein! c'est un mauvais commencement! disait en s'éloignant le vieux Tasio.

XXXIII

Libre Pensée

Ibarra achevait de s'habiller quand un domestique lui annonça qu'un paysan le demandait.

Supposant que c'était un de ses travailleurs, il ordonna qu'on l'introduisît dans son bureau ou cabinet de travail, en même temps bibliothèque et laboratoire de chimie.

Mais, à sa grande surprise, il se trouva en face de la sévère et mystérieuse figure d'Elias.

—Vous m'avez sauvé la vie, dit celui-ci en tagal, comprenant le mouvement d'Ibarra; je vous ai payé à moitié ma dette et vous n'avez pas à me remercier, au contraire. Je suis venu pour vous demander une faveur...

—Parlez! répondit le jeune homme dans le même idiome.

Elias fixa quelques secondes son regard dans les yeux d'Ibarra et reprit:

—Quand la justice des hommes voudra éclaircir ce mystère et vous demandera votre témoignage, je vous supplie de ne parler à personne de l'avertissement que je vous ai donné à l'église.

—Ne vous inquiétez pas, répondit Crisóstomo avec un certain ennui, je sais que vous êtes poursuivi, mais je ne suis pas un délateur.

—Oh! ce n'est pas pour moi! ce n'est pas pour moi! s'écria vivement Elias, non sans quelque hauteur, c'est pour vous: moi, je ne crains rien des hommes!

La surprise d'Ibarra s'augmenta encore; le ton dont lui parlait ce paysan, cet ancien pilote, était nouveau et semblait n'être en rapport ni avec son état, ni avec sa fortune.

—Que voulez-vous dire? demanda le jeune homme en interrogeant du regard cet homme mystérieux.

—Je ne parle pas par énigmes; je veux m'expliquer clairement. Pour assurer votre sécurité, il faut que vos ennemis vous croient aveugle et confiant.

Ibarra recula.

—Mes ennemis? J'ai des ennemis?

—Nous en avons tous, señor, depuis le plus petit insecte jusqu'à l'homme, depuis le plus pauvre et le plus humble jusqu'au plus riche et au plus puissant! La haine est la loi de la vie.

Ibarra silencieux regarda Elias.

—Vous n'êtes ni pilote ni paysan!.. murmura-t-il.

—Vous avez des ennemis dans les hautes comme dans les basses sphères, continua Elias, sans paraître avoir entendu. Vous méditez une grande entreprise; vous avez un passé: votre père, votre grand-père ont eu des ennemis parce qu'ils ont eu des passions; dans la vie ce ne sont pas les criminels qui provoquent le plus de haine, ce sont les hommes honorables.

—Vous connaissez mes ennemis?

Elias ne répondit pas immédiatement et réfléchit.

—J'en connaissais un, celui qui est mort, répondit-il. Hier soir, par quelques paroles échangées entre lui et un inconnu qui se perdit dans la foule, je découvris qu'il se tramait quelque chose contre vous. «Celui-là, les poissons ne le mangeront pas comme ils ont mangé son père, vous le verrez demain!» avait-il dit. Ces mots attirèrent mon attention, aussi bien par leur signification propre que par la personne de l'homme qui les prononçait. Il y a quelques jours, cet individu s'était présenté au chef de chantier en s'offrant expressément pour diriger les travaux de pose de la pierre, ne demandant pas un gros salaire, mais faisant étalage de grandes connaissances. Je n'avais aucun motif pour croire à de mauvais desseins de sa part, mais, en moi, quelque chose me disait que mes présomptions étaient fondées. C'est pour cela que, voulant vous avertir, j'ai choisi un moment et une occasion propices pour que vous ne puissiez pas me questionner. Quant au reste, vous l'avez vu!

Elias s'était tu depuis un long moment, qu'Ibarra ne lui avait pas encore répondu, n'avait pas prononcé une seule parole.

—Je regrette que cet homme soit mort! dit-il enfin, par lui j'aurais pu savoir quelque chose de plus!

—S'il avait vécu, il se serait échappé de la tremblante main de l'aveugle justice des hommes. Dieu l'a jugé! Dieu l'a tué! que Dieu soit le seul Juge!

Crisóstomo regarda un instant l'homme qui lui parlait ainsi et, découvrant ses bras musculeux, couverts de meurtrissures et de contusions, il lui dit en souriant:

—Croyez-vous aussi au miracle? ce miracle dont parle le peuple!

—Si je croyais aux miracles, je ne croirais pas en Dieu, répondit Elias gravement; je croirais en un homme déifié, je croirais qu'effectivement l'homme a créé Dieu à son image et à sa ressemblance; mais je crois en Lui, j'ai senti sa main plus d'une fois. Au moment où l'échafaudage s'écroulait, menaçant de destruction tout ce qui se trouvait là, moi, je m'attachai au criminel, je me plaçai à son côté; il fut frappé, moi, je suis sain et sauf.

—Vous?... de sorte que vous..?

—Oui, quand son œuvre fatale commençant à s'accomplir, il voulut s'échapper, je le maintins: j'avais vu son crime. Je vous le dis: que Dieu soit l'unique juge entre les hommes, qu'il soit le seul qui ait droit sur la vie; que l'homme ne cherche jamais à se substituer à lui!

—Et cependant, cette fois, vous...

—Non! interrompit Elias devinant l'objection, ce n'est pas la même chose. Quand un homme en condamne d'autres à mort ou brise pour toujours leur avenir, il le fait à l'abri de la force des autres hommes dont il dispose, tant pour se protéger que pour exécuter des sentences qui, après tout, peuvent être injustes et fausses. Mais moi, en exposant le criminel au même péril qu'il avait préparé pour les autres, je courais les mêmes risques. Je ne l'ai pas frappé, j'ai laissé la main de Dieu le frapper!

—Vous ne croyez pas au hasard?

—Croire au hasard c'est croire au miracle; c'est toujours supposer que Dieu ne connaît pas l'avenir. Qu'est-ce que le hasard? Un événement que personne n'avait prévu. Qu'est-ce que le miracle? Une contradiction, un renversement des lois naturelles. Imprévision et contradiction dans l'Intelligence qui dirige la machine du monde, ce sont là deux grandes imperfections.

—Qui êtes-vous? demanda Ibarra avec une certaine crainte; avez-vous fait des études?

—J'ai dû croire beaucoup en Dieu puisque j'ai perdu la croyance dans les hommes, répondit le pilote en éludant la question.

Ibarra crut qu'il comprenait la pensée de cet homme; jeune et proscrit, il niait la justice humaine, il méconnaissait le droit de l'homme à juger ses semblables, il protestait contre la force et la supériorité de certaines classes sur les autres.

—Mais il faut bien, reprit-il, que vous admettiez la justice humaine, quelque imparfaite qu'elle puisse être. Malgré tous les ministres qu'il a sur la terre. Dieu ne peut exprimer, c'est-à-dire, n'exprime pas clairement son jugement pour résoudre les millions de contestations que suscitent nos passions. Il faut, il est nécessaire, il est juste que l'homme juge quelquefois ses semblables!

—Pour faire le bien, oui; non pour faire le mal; pour corriger et améliorer, non pour détruire; parce que si ses jugements sont erronés il n'a pas le pouvoir de remédier au mal qu'il a fait. Mais, ajouta-t-il en changeant de ton, cette discussion est au-dessus de mes forces et je vous retiens alors que l'on vous attend. N'oubliez pas ce que je viens de vous dire: vous avez des ennemis, conservez-vous pour le bien de votre pays.

Et il s'en alla.

—Quand vous reverrai-je? lui demanda Ibarra.

—Chaque fois que vous le voudrez et chaque fois que cela pourra vous être utile. Je suis encore votre débiteur!

XXXIV

Le repas

Tous les grands personnages de la province sont réunis sous le kiosque décoré et pavoisé.

L'Alcalde occupe une extrémité de la table; Ibarra l'autre. A la droite du jeune homme est assise Maria Clara, le notaire à sa gauche. Capitan Tiago, l'alférez, les moines, les employés et les quelques jeunes filles qui sont restées ont pris place au hasard, non selon leur rang mais selon leurs affections.

Le repas était suffisamment animé et joyeux; on était à la moitié environ du service lorsqu'un employé des télégraphes entra et remit une dépêche à Capitan Tiago qui, naturellement, demanda la permission de la lire. Non moins naturellement, tous l'en prièrent.

Le digne Capitan commença par froncer les sourcils, puis il leva la tête: son visage pâlissait, s'illuminait, puis il replia précipitamment la dépêche et se levant:

—Señores, s'écria-t-il éperdu, Son Excellence le capitaine général viendra tantôt honorer ma maison de sa présence!

Et il se mit à courir, emportant la dépêche et la serviette, mais oubliant son chapeau, poursuivi d'exclamations et de questions.

On lui aurait annoncé l'arrivée des tulisanes qu'il eût certainement été moins troublé.

—Mais écoutez!—Quand vient-il?—Dites-nous donc?—Son Excellence!

Capitan Tiago était déjà loin.

—Son Excellence vient ici et c'est à Capitan Tiago qu'elle demande l'hospitalité! s'écrièrent quelques-uns, oubliant qu'ils parlaient devant sa fille et son futur gendre.

—Le choix ne pouvait être meilleur! répondit celui-ci.

Les moines se regardaient d'un œil qui voulait dire:

«Le capitaine général fait encore une des siennes, il nous vexe; c'est au couvent qu'il devait descendre». Mais tous se turent et personne n'exprima sa pensée à ce sujet.

—On m'avait déjà parlé de ceci hier, dit l'Alcalde, mais alors Son Excellence n'était pas encore décidée.

—Savez-vous, señor Alcalde, combien de temps le capitaine général pense rester ici? demanda l'alférez inquiet.

—Avec certitude, non; Son Excellence aime faire des surprises.

—Voici trois autres dépêches!

Elles étaient pour l'Alcalde, l'alférez et le gobernadorcillo; identiques, elles annonçaient l'arrivée du gouverneur; les moines remarquèrent qu'aucune n'avait été adressée au curé.

—Son Excellence arrivera à quatre heures du soir, señores! dit solennellement l'Alcalde, nous pouvons achever le repas tranquillement!

Léonidas ne peut certes avoir mieux dit: «Ce soir nous souperons chez Pluton!»

La conversation reprit son cours ordinaire.

—Je remarque l'absence de notre grand prédicateur! dit timidement l'un des employés, brave homme d'aspect inoffensif, qui n'avait pas ouvert la bouche de toute la journée et dont c'était le premier mot.

Ceux qui savaient l'histoire du père de Crisóstomo firent un mouvement et eurent un clignement des paupières significatif: «Allons, bon! pensaient-ils, première parole, première sottise!» mais quelques-uns, plus bienveillants répondirent:

—Il doit être quelque peu fatigué...

—Comment quelque peu, s'écria l'alférez; il doit être rendu et, comme on dit ici, *malunqueado*. Quel sermon!

—Un sermon superbe, gigantesque! opina le notaire.

—Magnifique, profond! ajouta le correspondant.

—Pour pouvoir tant parler, il faut avoir ses poumons! observa le P. Manuel Martin.

L'augustin ne lui reconnaissait que de forts poumons.

—Et la facilité de s'exprimer, ajouta le P. Salvi.

—Savez-vous que le señor Ibarra a le meilleur cuisinier de la province? dit l'Alcalde coupant la conversation.

—Je me le disais, répondit un des employés, mais sa belle voisine ne veut pas faire honneur à sa table, car c'est à peine si elle a touché aux plats.

Maria Clara rougit et timidement balbutia:

—Je vous remercie, señor... vous vous occupez trop de ma personne, mais...

—Mais votre seule présence est déjà un suffisant honneur! conclut galamment l'Alcalde qui se retourna vers le P. Salvi.

—Père curé, ajouta-t-il à haute voix, je remarquai que toute la journée, Votre Révérence a été muette et pensive...

—Le señor Alcalde est un terrible observateur! s'écria le P. Sibyla d'un ton particulier.

—C'est mon habitude, balbutia le franciscain, je préfère écouter que parler.

—Votre Révérence espère toujours gagner et ne rien perdre! dit l'alférez un peu moqueur.

Le P. Salvi n'accepta pas la plaisanterie; son œil brilla un moment puis il répliqua:

—Le señor alférez sait bien, en ces jours-ci, que ce n'est pas moi qui gagne ou qui perds le plus.

L'alférez dissimula le coup sous un éclat de rire forcé et ne répondit rien, affectant l'indifférence.

—Mais, señores, je ne comprends pas comment on peut parler de gains ou de pertes, intervint l'Alcalde; que penseraient de nous ces aimables et discrètes demoiselles qui embellissent notre fête? Pour moi, les jeunes filles sont comme les harpes éoliennes au milieu de la nuit; il n'y a qu'à les écouter, à leur prêter attentivement l'oreille, parce que leurs ineffables harmonies élèvent l'âme vers les célestes sphères de l'infini et de l'idéal.

—Votre Excellence est poète! dit gaiement le notaire; et tous deux vidèrent leur verre.

—Je ne puis moins faire, dit l'Alcalde en s'essuyant les lèvres; l'occasion, si elle ne fait pas toujours le larron, fait le poète. En ma jeunesse j'ai composé des vers, qui certainement n'étaient pas mauvais.

—De telle sorte que, pour suivre Thémis, Votre Excellence a été infidèle aux Muses! dit emphatiquement notre mythique et sympathique correspondant.

—Psh! que voulez-vous dire? Parcourir toute l'échelle sociale a toujours été mon rêve. Hier je cueillais des fleurs et j'entonnais des chansons, aujourd'hui j'ai pris la verge de la justice et je sers l'humanité, demain...

—Demain, Votre Excellence jettera la verge au feu pour se réchauffer dans l'hiver de la vie et prendra un portefeuille de ministre, ajouta le P. Sibyla.

—Psh! oui... non... être ministre n'est pas précisément mon idéal: le premier venu arrive à l'être. Une villa dans le Nord pour passer l'été, un hôtel à Madrid, quelques propriétés en Andalousie pour l'hiver... Nous vivrons en paix, nous souvenant de nos chères Philippines... De moi, Voltaire n'aurait pas dit: *Nous n'avons été chez ces peuples que pour nous y enrichir et pour les calomnier*1.

Les employés crurent que Son Excellence avait fait un bon mot et se mirent à rire pour le célébrer; les moines les imitèrent, car ils ne savaient pas que Voltaire était le Voltaïre2 qu'ils avaient tant de fois maudit et voué à l'enfer. P. Sibyla, lui, le savait, et supposant que l'Alcalde avait soutenu quelque hérésie ou proféré quelque impiété, il affecta un air sérieux et réservé.

Dans l'autre kiosque étaient les enfants. Ils étaient plus bruyants que ne le sont d'ordinaire les enfants philippins qui, à table ou devant des étrangers, pèchent plutôt par timidité que par hardiesse. Si l'un se servait mal de son couvert son voisin le corrigeait; de là une discussion, tous deux avaient leurs partisans: pour les uns tel ou tel objet était une cuiller, pour les autres une fourchette ou un couteau, et, comme personne ne faisait autorité, c'était un vacarme épouvantable; on aurait cru assister à une discussion de théologiens.

—Oui, disait une paysanne à un vieillard qui triturait du buyo dans son *kalikut*3; bien que mon mari ne le veuille pas, mon Andoy sera prêtre. Il est vrai que nous sommes pauvres, mais nous travaillerons; s'il le faut nous demanderons l'aumône. Beaucoup donnent de l'argent pour permettre aux pauvres de se faire ordonner. Le frère Mateo, qui ne ment jamais, n'a-t-il pas dit que le pape Sixte avait été pasteur de carabaos à Batangas? Tiens! regarde-le mon Andoy, regarde s'il n'a pas déjà la figure de saint Vincent!

Et l'eau en venait à la bouche de la bonne mère de voir son fils prendre sa fourchette à deux mains!

—Dieu nous aide! ajoutait le vieillard en mâchant le sapâ; si Andoy arrive à être pape, nous irons à Rome. Hé! hé! je peux encore bien marcher. Et si je meurs... hé! hé!

—N'ayez crainte, grand-père! Andoy n'oubliera pas que vous lui avez enseigné à tresser des paniers de roseaux et de *dikines*4.

—Tu as raison, Petra; moi aussi je crois que ton fils sera quelque chose de grand..... au moins patriarche! Je n'en ai pas vu d'autres qui ait appris l'office en moins de temps! Oui, oui, il se rappellera de moi quand il sera Pape ou évêque et qu'il s'amusera à faire des paniers pour sa cuisinière. Il dira des messes pour mon âme, hé! hé!

Et le bon vieillard, dans cette espérance, remplit son *kalikut* de buyo.

—Si Dieu écoute mes prières et si mes espérances s'accomplissent, je dirai à Andoy: Fils, enlève-nous nos péchés et envoie-nous au Ciel. Nous n'aurons plus besoin de prier, de jeûner ni d'acheter des bulles. Quand on a un saint Pape pour fils, on peut commettre des péchés!

—Envoie-le demain chez moi, Petra, dit enthousiasmé le vieillard; je vais lui montrer à labourer le *nitô*5!

—Hem! bah! que croyez-vous donc, grand-père? Pensez-vous que les Papes travaillent des mains? Le curé, bien qu'il ne soit qu'un curé, ne travaille qu'à la messe... quand il se retourne! L'archevêque, lui, ne se retourne pas; il dit la messe assis; et le Pape... le Pape doit la dire dans le lit, avec un éventail! Que vous imaginiez-vous donc!

—Rien de plus, Petra, seulement j'aimerais qu'il sût comment se prépare le *nitô*. Il est bon qu'il puisse vendre des salakots et des bourses à tabac pour n'avoir pas besoin de demander l'aumône comme le curé le fait ici tous les ans au nom du Pape. Cela me fait peine de voir si pauvre ce saint homme et je donne toujours tout ce que j'ai économisé.

Un autre paysan s'approcha en disant:

—C'est décidé, *cumare6*, mon fils doit être docteur; il n'y a rien de tel que d'être docteur!

—Docteur! taisez-vous, *cumpare*, répondit la Petra; il n'y a rien de tel que d'être curé!

—Curé? prr! curé? Le docteur gagne beaucoup d'argent; les malades le vénèrent, cumare!

—Merci bien! Le curé, pour faire deux ou trois tours et dire *déminos pabiscum*, mange le bon Dieu et reçoit de l'argent. Tous, même les femmes, lui racontent leurs secrets.

—Et le docteur! que croyez-vous donc qu'est le docteur? Le docteur voit tout ce qu'ont les femmes, il tâte le pouls des filles... Je voudrais bien être docteur seulement une semaine!

—Et le curé? peut-être que le curé n'en voit pas autant que votre docteur? Et encore mieux! Vous savez le refrain: poule grasse et jambe ronde sont pour le curé!

—Quoi? est-ce que les médecins mangent des sardines sèches? est-ce qu'ils s'abîment les doigts à manger du sel?

—Est-ce que le curé se salit les mains comme vos médecins? C'est pour cela qu'il a de grandes fermes et, quand il travaille, il travaille avec de la musique et les sacristains l'aident.

—Et confesser, cumare, n'est-ce pas un travail!

—En voilà un ouvrage! Je voudrais confesser tout le monde. Nous nous donnons beaucoup de mal pour arriver à savoir ce que font les hommes et les femmes et les affaires de nos voisins! Le curé n'a qu'à s'asseoir; on lui raconte tout. Parfois il s'endort, mais il murmure deux ou trois bénédictions et nous sommes de nouveau fils de Dieu! Je voudrais bien être curé pendant une seule après-midi de carême!

—Et le... le prêcher? vous ne me direz pas que ce n'est pas un travail. Voyez donc, comme le grand curé suait ce matin! objecta l'homme, qui ne voulait pas battre en retraite.

—Le prêcher? Un travail? Où avez-vous la tête? Je voudrais parler pendant une demi-journée du haut de la chaire en grondant tout le monde, en me moquant de tous, sans que personne ne se risque à répliquer et encore être payé, par dessus le marché! Oui, je voudrais être curé seulement une matinée quand ceux qui me doivent sont à la messe! Voyez, voyez le P. Dámaso comme il engraisse à toujours crier et frapper!

En effet, le P. Dámaso arrivait, de cette marche particulière à l'homme gras, à moitié souriant, mais d'une manière si maligne qu'en le voyant Ibarra, qui était en train de parler, perdit le fil de son discours.

On fut étonné de voir le P. Dámaso, mais tout le monde, excepté Ibarra, le salua avec des marques de plaisir. On en était au dessert et le Champagne moussait dans les coupes.

Le sourire du P. Dámaso devint nerveux quand il vit Maria Clara assise à la droite de Crisóstomo; mais, prenant une chaise à côté de l'Alcalde, il demanda au milieu d'un silence significatif:

—Vous parliez de quelque chose, señores, continuez!

—Nous en étions aux toasts, répondit l'Alcalde. Le señor de Ibarra mentionnait ceux qui l'avaient aidé dans sa philanthropique entreprise et il parlait de l'architecte, quand Votre Révérence...

—Eh bien! moi je n'entends rien à l'architecture, interrompit le P. Dámaso, mais je me moque des architectes et des nigauds qui s'en servent. Ainsi, j'ai tracé le plan d'une église et elle a été parfaitement construite; c'est un bijoutier anglais qui logea un jour au couvent qui me l'a dit. Pour tracer un plan, il suffit d'avoir deux doigts d'intelligence!

—Cependant, répondit l'Alcalde, en voyant qu'Ibarra se taisait, quand il s'agit de certains édifices, comme d'une école par exemple, il faut un homme expert...

—Quel expert, quelles expertes! s'écria avec ironie le P. Dámaso. Celui qui a besoin d'experts est un petit chien7! Il faut être plus brute que les Indiens qui bâtissent eux-mêmes leurs propres maisons, pour ne pas savoir construire quatre murs et placer une charpente dessus; c'est tout ce qu'il faut pour une école!

Tous regardèrent Ibarra, mais celui-ci, bien qu'il ait un peu pâli, poursuivait sa conversation avec Maria Clara.

—Mais Votre Révérence considère-t-elle?...

—Voyez, continua le franciscain sans laisser causer l'Alcalde, voyez comment un de nos frères lais, le plus bête que nous ayons, a construit un bon hôpital, beau et à bon marché. Il faisait beaucoup travailler et ne payait pas plus de huit cuartos par jour les ouvriers, qui, de plus devaient venir d'autres pueblos. Celui-là savait s'y prendre, il ne faisait pas comme beaucoup de ces jeunes écervelés, de ces petits métis, qui perdent les ouvriers en leur payant trois ou quatre réaux.

—Votre Révérence dit que l'on ne donnait que huit cuartos? c'est impossible! dit l'Alcalde pour changer le cours de la conversation.

—Si, señor, et c'est ce que devraient faire aussi ceux qui se targuent d'être bons Espagnols. On voit bien que, depuis l'ouverture du canal de Suez, la corruption est venue jusqu'ici. Autrefois, quand on devait doubler le Cap, il ne venait pas tant d'hommes perdus et il n'y en avait pas tant qui allassent se perdre là-bas!

—Mais, P. Dámaso...!

—Vous connaissez bien l'indien; aussitôt qu'il a appris quelque chose, il se donne du docteur. Tous ces blancs-becs qui s'en vont en Europe...

—Mais! que Votre Révérence écoute...! interrompit l'Alcalde qui s'inquiétait de la dureté de ces paroles.

—Tous finissent comme ils le méritent, continua-t-il, la main de Dieu est là, il faut être aveugle pour ne pas la voir. Déjà, dans cette vie, les pères de tous ces serpents reçoivent leur châtiment... ils meurent en prison! hé!...

Il n'acheva pas. Ibarra, livide, l'avait suivi du regard; en entendant l'allusion à la mort de son père, il se leva, sauta d'un seul bond, et sa robuste main s'abattit sur la tête du moine qui, hébété, tomba à la renverse.

La surprise, la terreur clouèrent à leur place tous les assistants; aucun n'osait intervenir.

—N'approchez pas! cria le jeune homme d'une voix terrible, en tirant un couteau effilé, tandis qu'il maintenait du pied le cou du prêtre revenu de son étourdissement. Que celui qui ne veut pas mourir ne s'approche pas!

Ibarra était hors de lui, son corps tremblait, ses yeux menaçants sortaient de leurs orbites. Fr. Dámaso, d'un effort, se souleva mais le jeune homme, lui prenant le cou, le secoua jusqu'à ce qu'il l'eût plié à genoux.

—Señor de Ibarra! Señor de Ibarra! balbutièrent quelques assistants.

Mais personne, même l'alférez, ne se risquait à s'approcher; ils voyaient le couteau briller, ils calculaient la force de Crisóstomo, décuplée par la colère. Tous se sentaient paralysés.

—Vous tous, ici, vous n'avez rien dit! maintenant, cela me regarde! Je l'ai évité, Dieu me l'apporte! que Dieu juge!

Le jeune homme respirait avec effort; mais son bras de fer maintenait durement le franciscain qui luttait en vain pour se dégager.

—Mon cœur bat tranquille, ma main est sûre...

Et il regarda autour de lui.

—Avant tout, je vous le demande, y a-t-il parmi vous quelqu'un qui n'ait pas aimé son père, qui ait haï sa mémoire, quelqu'un né dans la honte et dans l'humiliation?... Vois, écoute ce silence! Prêtre d'un Dieu de paix, dont la bouche est pleine de sainteté et de religion et le cœur de misères, tu ne dois pas savoir ce que c'est qu'un père... tu aurais pensé au tien! Vois! dans toute cette foule que tu méprises il n'y en a pas un comme toi! Tu es jugé!

Ceux qui l'entouraient, croyant qu'il allait frapper, firent un mouvement.

—N'approchez pas! cria-t-il de nouveau d'une voix menaçante. Quoi? Vous craignez que je ne tache ma main d'un sang impur? Ne vous ai-je pas dit que mon cœur battait tranquille? Loin de nous, tous! Écoutez, prêtres, juges, qui vous croyez différents des autres hommes et vous attribuez d'autres droits! Mon père était un homme honorable, demandez-le à ce pays qui vénère sa mémoire. Mon père était un bon citoyen; il s'est sacrifié pour moi et pour le bien de sa patrie. Sa maison était ouverte, sa table mise pour recevoir l'étranger ou l'exilé qui recourait à lui dans sa misère! Il était bon chrétien, toujours il a fait le bien, jamais il n'a opprimé le faible ni fait pleurer le misérable... Quant à celui-ci, il lui a ouvert la porte de sa maison, l'a fait asseoir à sa table et l'a appelé son ami. Comment cet homme lui a-t-il répondu? Il l'a calomnié, il l'a poursuivi, il a armé contre lui l'ignorance; se prévalant de la sainteté de son emploi, il a outragé sa tombe, déshonoré sa mémoire, sa haine a troublé même le repos de la mort. Et non satisfait encore, il poursuit le fils maintenant! Je l'ai fui, j'ai évité sa présence... Vous l'entendiez ce matin profaner la chaire, me signaler au fanatisme populaire, et moi, je n'ai rien dit. A l'instant, il vient ici me chercher querelle; à votre surprise, j'ai souffert en silence; mais voici que, de nouveau, il insulte une mémoire sacrée pour tous les fils... Vous tous qui êtes ici, prêtres, juges, avez-vous vu votre vieux père s'épuiser en travaillant pour vous, se séparer de vous pour votre bien, mourir de tristesse dans une prison, soupirant après le moment où il pourrait vous embrasser, cherchant un être qui lui apporte une consolation, seul, malade, tandis que vous à l'étranger...? Avez-vous ensuite entendu déshonorer son nom, avez-vous trouvé sa tombe vide quand vous avez voulu prier sur elle? Non? Vous vous taisez, donc vous le condamnez!

Il leva le bras. Mais une jeune fille, rapide comme la lumière, se jeta entre le prêtre et lui et, de ses mains délicates, arrêta le bras vengeur: c'était Maria Clara.

Ibarra la regarda d'un œil qui semblait refléter la folie. Peu à peu ses doigts crispés s'étendirent, il laissa tomber le corps du franciscain, abandonna le couteau, puis se couvrant la figure de ses deux mains, s'enfuit à travers la multitude.

---

1 En français dans le texte.—N. des T.

2 Prononciation espagnole.—N. des T.

3 Sorte de pochette faite d'étoffe indienne; cette étoffe porte en français le nom de *calicot*.—N. des T.

4 *Dillenia philippinensis.*—N. des T.

5 *Ugenia semihastata.*—N. des T.

6 Corruption de *comadre*, commère; *cumpare* est une corruption semblable de *compadre*, compère.—N. des T.

7 Jeu de mot impossible à rendre en français: *Quien necesite de peritos es un perrito!*—N. des T.

XXXV

Commentaires

Le bruit de l'événement se répandit bien vite dans le pueblo. D'abord personne ne voulait y croire, mais quand il n'y eut plus moyen de douter, ce furent des exclamations de surprise.

Chacun, selon le degré de son élévation morale, faisait ses commentaires.

—Le P. Dámaso est mort! disaient quelques-uns; quand on l'a emporté, il avait déjà la figure inondée de sang et ne respirait plus.

—Qu'il repose en paix, mais il n'a que payé sa dette! s'écriait un jeune homme. Ce qu'il a fait ce matin au couvent n'a pas de nom.

—Qu'a-t-il fait? Il a voulu battre le vicaire?

—Qu'a-t-il fait? Voyons! Racontez-nous cela.

—Vous avez vu ce matin un métis espagnol sortir par la sacristie pendant le sermon?

—Oui, nous l'avons vu! Le P. Dámaso l'a bien regardé.

—Eh bien! après le sermon, il l'a fait appeler et lui a demandé pourquoi il était sorti. «Je ne comprends pas le tagal, Père», répondit le jeune homme.

«Et pourquoi t'es-tu moqué de moi en disant que c'était du grec?» lui cria le P. Dámaso en lui donnant un soufflet. L'autre riposta, ce fut une bataille à coups de poings jusqu'à ce qu'on fût venu les séparer.

—Si cela m'arrivait.., murmura un étudiant entre ses dents.

—Je n'approuve pas ce qu'a fait le franciscain, répondit un autre, car la Religion n'est ni un châtiment ni une pénitence et ne doit s'imposer à personne; mais je le louerais presque, parce que je connais ce jeune homme, je sais qu'il est de S. Pedro Macati et qu'il parle bien le tagal. Maintenant, il veut qu'on le croie nouvellement arrivé de Russie, et il s'honore d'ignorer en apparence la langue de ses parents.

—Alors, Dieu les a créés et ils se battent!

—Cependant, nous devons protester contre le fait, s'écria un autre étudiant: se taire, serait consentir à ce qu'il se renouvelât avec quelqu'un de nous. Sommes-nous revenus au temps de Néron?

—Tu te trompes! lui répliqua l'autre. Néron était un grand artiste et le P. Dámaso est un bien mauvais prédicateur!

Les commentaires des personnes d'âge étaient tout autres.

Tandis que l'on attendait l'arrivée du capitaine général, dans une petite maison, hors du pueblo, le gobernadorcillo disait:

—Dire qui a tort et qui a raison n'est pas facile: mais cependant, si le señor Ibarra avait été plus prudent...

—Vous voulez dire, probablement: si le P. Dámaso avait eu la moitié de la prudence du señor Ibarra, interrompit D. Filipo. Le malheur est que les rôles ont été intervertis; le jeune homme s'est conduit comme un vieillard et le vieillard comme un jeune homme.

—Et vous dites que personne n'a bougé, que personne n'est venu les séparer, si ce n'est la fille du Capitan Tiago? demanda le Capitan Martin. Ni un moine, ni l'Alcalde? Hein! C'est bien pis! Je ne voudrais pas être dans la peau du jeune homme. Personne de ceux qui ont eu peur de lui ne le lui pardonnera! C'est bien pis! Hein!

—Croyez-vous? demanda avec intérêt le Capitan Basilio.

—J'espère, dit D. Filipo, échangeant un regard avec ce dernier, que le pueblo ne va pas l'abandonner. Nous devons penser à ce qu'a fait sa famille, à ce que lui-même faisait en ce moment. Et si, par hasard, la crainte faisait taire tout le monde, ses amis...

—Mais, señores, interrompit le gobernadorcillo, que pouvons-nous faire? que peut le pueblo? Quoi qu'il arrive, les moines ont toujours raison!

—Ils ont *toujours* raison parce que nous leur donnons *toujours* raison, répondit D. Filipo avec impatience, en appuyant sur le mot «toujours»; donnons-nous donc raison à nous-mêmes, une bonne fois, puis ensuite nous causerons!

Le gobernadorcillo secoua la tête et répondit d'une voix aigre:

—Ah! la chaleur du sang! il semble que vous ne sachiez pas dans quel pays nous sommes; vous ne connaissez pas nos compatriotes. Les moines sont riches, ils sont unis; nous sommes pauvres et divisés. Oui! essayez de le défendre et vous verrez comme on vous laissera vous compromettre tout seul!

—Oui, s'écria amèrement D. Filipo, cela sera tant que l'on pensera ainsi, tant que l'on croira que crainte et prudence sont synonymes. On s'attend plutôt au mal possible qu'au bien nécessaire; on a peur et non confiance; chacun ne songe qu'à lui, personne aux autres et c'est pourquoi nous sommes si faibles!

—Eh bien! pensez aux autres plus qu'à vous-même et vous verrez comme les autres nous laisseront pendre. Ne connaissez-vous pas le proverbe espagnol: Charité bien ordonnée commence par soi-même?

—Il serait mieux de dire, répondit le lieutenant exaspéré, que la couardise bien entendue commence par l'égoïsme et finit par la honte! Aujourd'hui même je donne ma démission à l'Alcalde: j'en ai assez de passer pour ridicule sans être utile à personne... Adieu!

Les femmes pensaient autrement.

—Aïe! soupirait une d'elles dont la figure était plutôt bienveillante, les jeunes gens seront toujours les mêmes! Si sa bonne mère vivait encore, que dirait-elle? Ah, mon Dieu! quand je pense que mon fils, qui a aussi la tête brûlée, pourrait faire de même... Ah, Jésus! j'envie presque sa défunte mère.... j'en mourrais de chagrin!

—Eh bien, moi, non! répondit une autre femme, je n'en voudrais pas à mes deux fils s'ils faisaient de même.

—Que dites-vous, Capitana Maria? s'écria la première en joignant les mains.

—J'aime les fils qui défendent la mémoire de leurs parents. Capitana Tinay, que diriez-vous si, plus tard, veuve, on parlait mal de votre mari en votre présence et que votre fils Antonio baissât la tête et se tût?

—Je lui refuserais ma bénédiction! s'écria une troisième, la sœur Rufa, mais...

—Lui refuser la bénédiction, jamais! interrompit la bonne Capitana Tinay, une mère ne doit pas dire cela... mais, je ne sais pas ce que je ferais... je ne sais pas...; je crois que j'en mourrais... lui... non! mon Dieu! mais je ne voudrais plus le voir... mais, à quoi pensez-vous, Capitana Maria?

—Malgré tout, ajouta sœur Rufa, on ne doit pas oublier que c'est un grand péché de mettre la main sur une personne sacrée.

—L'honneur des parents est plus sacré encore! répliqua la Capitana Maria. Personne, même le Pape, et moins encore le P. Dámaso, ne peut profaner une si sainte mémoire.

—C'est vrai! murmura la Capitana Tinay admirant la science de toutes deux; d'où tirez-vous tant de bonnes raisons?

—Mais, et l'excommunication, et la damnation? répliqua la Rufa. Que sont les honneurs et le bon renom dans cette vie si nous nous damnons dans l'autre? Tout passe vite... mais l'excommunication... outrager un ministre de Jésus-Christ... il n'y a que le Pape qui puisse l'absoudre!

—Dieu l'absoudra, lui qui a commandé d'honorer son père et sa mère; Dieu ne l'excommuniera pas! Et je vous le dis: si ce jeune homme vient chez moi, je le recevrai et je lui parlerai; si j'avais une fille, je le voudrais pour gendre. Celui qui est bon fils sera bon mari et bon père, croyez-le, sœur Rufa!

—Eh bien! je ne pense pas comme vous; dites ce que vous voudrez, bien qu'il me semble que vous ayez raison, je croirai toujours le curé plutôt que vous. Avant tout, je sauve mon âme! Que dites-vous, Capitana Tinay?

—Ah! que voulez-vous que je dise! Vous avez toutes deux raison; le curé aussi, et Dieu doit de même avoir raison! Je ne sais pas, je ne suis rien qu'une bête... Ce que je vais faire, c'est de dire à mon fils qu'il n'étudie plus! On dit que les savants meurent tous pendus! Très Sainte Marie! mon fils qui voulait aller en Europe!

—Que pensez-vous faire?

—Lui dire qu'il reste près de moi; pourquoi en savoir plus long? Demain ou après nous mourrons; le savant meurt comme l'ignorant... la question est de vivre en paix.

Et la bonne femme soupirait et levait les yeux au ciel.

—Eh bien! moi, dit gravement la Capitana Maria, si j'étais riche comme vous, je laisserais mes enfants voyager; ils sont jeunes, ils doivent être hommes un jour... moi je n'ai plus longtemps à vivre... Nous nous reverrions dans l'autre vie... les fils doivent aspirer à être quelque chose de plus que leurs pères et s'ils restent auprès de nous, nous ne leur enseignons qu'à être des enfants.

—Quelles idées avez-vous! s'écria épouvantée la Capitana Tinay, en joignant les mains; il semble que vous n'ayez pas souffert pour enfanter vos deux jumeaux!

—C'est justement parce que j'ai souffert pour les mettre au monde, parce que je les ai élevés et instruits, malgré notre pauvreté, que je ne veux pas, après tout ce qu'ils m'ont coûté, les voir rester à moitié hommes...

—Il me semble que vous n'aimez pas vos fils comme Dieu le commande! dit d'un ton quelque peu aigre la sœur Rufa.

—Pardonnez! chaque mère aime ses fils à sa manière: les unes les aiment pour ceci, les autres pour cela et quelques-unes pour elles-mêmes. Je suis de ces dernières, mon mari m'a appris à être ainsi.

—Toutes vos idées, Capitana Maria, sont peu religieuses, dit la sœur Rufa, comme si elle prêchait. Faites-vous sœur du Très Saint Rosaire, de S. François, de sainte Rita ou de sainte Clara!

—Sœur Rufa, quand je serai la digne sœur des hommes, je tâcherai d'être la sœur des saints! répondit la Maria en souriant.

Pour achever ce chapitre de commentaires, et pour que les lecteurs voient immédiatement ce que pensaient du fait les simples paysans, nous irons à la place où, sous la tente, conversent quelques-uns d'entre eux, parmi lesquels celui qui rêvait des docteurs en médecine.

—Ce qui m'ennuie le plus, disait-il, c'est que l'école ne sera pas terminée.

—Comment? comment? lui demandèrent les autres avec intérêt.

—Mon fils ne sera pas docteur, mais charretier! Il n'y a plus rien, il n'y aura pas d'école!

—Qui vous dit qu'il n'y aura pas d'école? fit un rude et robuste paysan aux larges mâchoires, au crâne étroit.

—Moi! Les Pères blancs ont appelé D. Crisóstomo *plibastiero*1. Il n'y a plus d'école!

Tous s'interrogèrent du regard. Le nom était nouveau pour eux.

—Et, c'est mauvais ce nom? se risqua enfin à demander le rude paysan.

—C'est le pire qu'un chrétien puisse donner à un autre!

—Pire que *tarantado* et *saragate*2?

—Si ce n'était pire que cela, ce ne serait pas grand'chose! On m'a appelé plusieurs fois ainsi et cela ne m'a pas coupé l'appétit.

—Allons donc, ce ne serait pas pire que *indio*3, comme dit l'alférez?

Celui dont le fils devait être charretier s'assombrit, l'autre secoua la tête et réfléchit.

—Alors ce serait aussi mauvais que *betelapora*4, comme dit la vieille de l'alférez? C'est pire que de cracher sur l'hostie?

—Oui, pire que de cracher sur l'hostie le Vendredi Saint, répondit l'autre gravement. Vous vous souvenez du mot *ispichoso*5, qu'il suffisait d'appliquer à un homme pour que les gardes civils de Villa-Abrille l'emmenassent en exil ou en prison; eh bien! *plebestiero* est pire encore! Selon ce que disent le télégraphiste et le sous-directeur, *plibestiro*, dit par un chrétien, un curé ou un Espagnol à un autre chrétien comme nous, ressemble à un *sanstudeus* avec *requimiternam*6; si on t'appelle une seule fois *plibustiero*, tu peux te confesser et payer tes dettes car il ne te reste rien à faire que de te laisser pendre. Tu sais si le sous-directeur et le télégraphiste doivent être renseignés: l'un parle avec des fils de fer et l'autre sait l'espagnol et ne manie que la plume.

Tous étaient atterrés.

—Qu'on m'oblige à mettre des souliers et à ne plus boire de ma vie que cette urine de cheval qu'on appelle de la bière, si je me laisse jamais dire *pelbistero*! jura le paysan en serrant les poings. Quoi! si j'étais riche comme D.

Crisóstomo, sachant l'espagnol comme lui et pouvant manger vite avec un couteau et une cuiller, je me moquerais bien de cinq curés!

—Le premier garde civil que je verrai en train de voler une poule, je l'appelerai *palabisterio*... et je me confesserai ensuite! murmura à voix basse un des paysans, en s'éloignant du groupe.

---

1 Corruption de *filibustero*, flibustier, nom dont les Espagnols désignent tout partisan de l'indépendance des colonies—N. des T.

2 *Tarantado*, piqué de la tarentule; *saragate*, brouillon, agité.—N. des T.

3 Indigène professant la religion catholique.—N. des T.

4 Corruption de *Vete á la porra*, qui pourrait se traduire par: Va-t'en au diable!—N. des T.

5 *Suspecho*, suspect.—N. des T.

6 Allusion aux prières des morts.—N. des T.

XXXVI

Le premier nuage

La maison de Capitan Tiago n'était pas moins troublée que l'imagination des gens. Maria Clara, se refusant à écouter les consolations de sa tante et de sa sœur de lait, Andeng, ne faisait que pleurer. Son père lui avait défendu de causer avec Ibarra, tant que les prêtres n'auraient pas levé l'excommunication.

Capitan Tiago, très occupé à tout préparer pour recevoir dignement le capitaine général avait été appelé au couvent.

—Ne pleure pas, ma fille, disait tante Isabel en passant une peau de chamois sur les miroirs, on lèvera son excommunication, on écrira au Saint-Pape... nous ferons une grande aumône... le P. Dámaso n'a eu qu'un évanouissement... il n'est pas mort!

—Ne pleure pas, lui disait Andeng à voix basse, je m'arrangerai pour que tu lui parles; pourquoi sont faits les confessionnaux sinon pour que l'on puisse pécher? Tout est pardonné quand on l'a dit au curé!

Enfin, Capitan Tiago revint! Elles cherchèrent sur sa figure une réponse à beaucoup de questions; mais la figure de Capitan Tiago annonçait le découragement. Le pauvre homme suait, se passait la main sur le front et semblait ne pouvoir articuler une parole.

—Qu'y a-t-il, Santiago? demanda anxieuse la tante Isabel.

Il répondit par un soupir en essuyant une larme.

—Pour Dieu, parle! qu'y a-t-il?

—Ce que je craignais déjà! dit-il enfin en retenant ses larmes. Tout est perdu! Le P. Dámaso m'ordonne de rompre la promesse de mariage, sinon il me condamne dans cette vie et dans l'autre! Tous me disent la même chose, même le P. Sibyla! Je dois lui fermer les portes de ma maison et... je lui dois plus de cinquante mille pesos! Je l'ai dit aux Pères, mais ils n'ont pas voulu en faire cas: que préfères-tu perdre, m'ont-ils dit, cinquante mille pesos ou ta vie et ton âme? Ah! S. Antonio! si j'avais su, si j'avais su!

Maria Clara sanglotait.

—Ne pleure pas, ma fille, ajouta-t-il en se tournant vers elle; tu n'es pas comme ta mère qui ne pleurait jamais... elle ne faisait que semblant... Le P. Dámaso m'a dit qu'un de ses parents est arrivé d'Espagne... il te le destine pour fiancé...

Maria Clara se boucha les oreilles.

—Mais, Santiago, tu es fou? lui cria tante Isabel. Lui parler d'un autre fiancé en ce moment! Crois-tu que ta fille en change comme de chemise?

—J'y pensais bien, Isabel; D. Crisóstomo est riche... les Espagnols ne se marient que par amour de l'argent... mais, que veux-tu que je fasse? Ils m'ont menacé d'une autre excommunication... ils disent que je cours grand péril, non seulement dans mon âme, mais aussi dans mon corps... mon corps, entends-tu? mon corps!

—Mais tu ne fais que chagriner ta fille! N'es-tu pas l'ami de l'archevêque? Pourquoi ne lui écris-tu pas?

—L'archevêque est aussi un moine, l'archevêque ne fait que ce que lui disent les moines. Mais, ne pleure pas, Maria; le capitaine général va venir, il voudra te voir, tu auras les yeux rouges... Ah! moi qui croyais passer une bonne après-midi... sans ce grand malheur je serais le plus heureux des hommes et tous me porteraient envie... Calme-toi, ma fille! je suis plus malheureux que toi et je ne pleure pas. Tu peux trouver un autre fiancé meilleur, mais moi, je perds cinquante mille pesos! Ah! Vierge d'Antipolo, si ce soir au moins j'avais de la chance!

Des détonations, le roulement, des voitures, le galop des chevaux, la musique jouant la Marche royale, annoncèrent l'arrivée de Son Excellence le Gouverneur Général des Iles Philippines. Maria Clara courut se cacher dans son alcôve... pauvre jeune fille! ton cœur est le jouet de mains grossières qui n'en connaissent pas les délicates fibres!

Tandis que la maison se remplissait de monde, que des pas lourds, des voix de commandement, des bruits de sabres et d'éperons résonnaient de tous côtés, la pauvrette bouleversée gisait à demi agenouillée devant une gravure représentant la Vierge, dans la douloureuse solitude où Delaroche l'a placée, comme s'il l'avait surprise au retour du sépulcre de son fils. Maria Clara oubliait la douleur de cette mère pour ne songer qu'à la sienne propre. La tête courbée sur la poitrine, les mains appuyées contre le sol, on aurait dit un lys brisé par la tempête. Un avenir rêvé et caressé pendant des années, des illusions nées dans son enfance, grandies avec sa jeunesse, qui faisaient partie de son être, on voulait maintenant d'un seul mot briser tout cela, chasser tout cela de son esprit et de son cœur!

Bonne et pieuse chrétienne, fille aimante, l'excommunication la terrifiait; la tranquillité de son père, plus encore que ses ordres exigeaient d'elle le sacrifice de son amour. Elle ressentait seulement en ce moment toute la force de cette affection! Une rivière glisse paisible; d'odorantes fleurs ombragent ses rives, le sable le plus fin forme son lit, le vent ride à peine son courant, on croirait qu'elle dort. Mais voici que les rives se resserrent, que d'âpres roches ferment le passage, que des troncs noueux s'entassent formant une digue; alors la rivière mugit, elle se révolte, les vagues bouillonnent, des panaches d'écume se dressent, les eaux furieuses battent les rochers et s'élancent à l'abîme. Ainsi cet amour si tranquille se transformait devant l'obstacle et déchaînait tous les orages de la passion.

Elle voulait prier, mais qui pourrait prier sans espérance? Le cœur qui s'adresse à Dieu, alors qu'il n'espère plus, ne peut exhaler que des plaintes: «Mon Dieu! soupirait le sien, pourquoi rejeter ainsi un homme, pourquoi lui refuser l'amour des autres? tu lui laisses ton soleil, ton air, tu ne lui caches pas la vue de ton ciel, pourquoi lui retirer l'amour sans lequel on ne saurait vivre?»

Ces soupirs, que n'entendaient pas les hommes, arrivaient-ils au trône de Dieu? La Mère des malheureux les entendait-elle?

Ah! la pauvre jeune fille, qui n'avait jamais connu de mère, s'enhardissait à confier les chagrins que lui causaient les amours de la terre à ce cœur très pur qui n'a jamais ressenti que l'amour filial et l'amour maternel; dans sa tristesse, elle avait recours à cette image divinisée de la femme, l'idéalisation la plus belle de la plus idéale des créatures, à cette poétique conception du Christianisme qui réunit en elle les deux états les plus parfaits de la femme, vierge et mère, sans rien ressentir de leurs douleurs ni de leurs misères, à cet être de rêve et de bonté que nous appelons Marie.

—Mère! mère! gémissait-elle.

La tante Isabel vint la tirer de ses larmes. Quelques-unes de ses amies étaient là et le capitaine général désirait lui parler.

—Tante, dites que je suis malade! supplia-t-elle, terrifiée; ils vont vouloir me faire chanter et jouer du piano!

—Ton père l'a promis, vas-tu faire mentir ton père?

Maria Clara se leva, regarda sa tante, tordit ses beaux bras en balbutiant.

—Oh! si j'étais...

Puis sans achever sa phrase, elle sécha ses larmes et se mit à sa toilette.

XXXVII

Son Excellence

—Je désire parler à ce jeune homme! disait le général à un aide-de-camp; il éveille tout mon intérêt.

—On est allé le chercher, mon général! Mais il y a ici un autre jeune homme de Manille qui demande avec insistance à être introduit. Nous lui avons dit que Votre Excellence n'avait pas le temps et qu'elle n'était pas venue pour donner des audiences, mais pour voir le pueblo et la procession; il a répondu que Votre Excellence avait toujours le temps quand il s'agissait de faire justice...

Le général émerveillé, se retourna vers l'Alcalde.

—Si je ne me trompe pas, répondit celui-ci avec une légère inclinaison de tête, c'est le jeune homme qui ce matin a eu des démêlés avec le P. Dámaso au sujet du sermon.

—Encore un autre? Ce moine s'est-il donc proposé d'ameuter toute la province ou croit-il commander ici? Faites entrer!

Le gouverneur se promenait nerveusement d'un bout à l'autre de la salle.

Dans l'antichambre, quelques Espagnols, des militaires et les fonctionnaires du pueblo de S. Diego et des environs, formés en groupes, conversaient ou discutaient. Tous les moines s'y trouvaient aussi, excepté le P. Dámaso; ils voulaient entrer pour présenter leurs respects à Son Excellence.

—Son Excellence le Capitaine Général supplie Vos Révérences d'attendre un moment, dit l'aide-de-camp. Passez, jeune homme!

Ce Manilène, qui confondait le tagal avec le grec, entra dans le salon, pâle et tremblant.

Tous étaient surpris au dernier point: Son Excellence devait être très irritée pour oser ainsi faire attendre les moines. Le P. Sibyla disait:

—Je n'ai rien à lui dire... je perds mon temps ici!

—Moi de même, ajouta un augustin; partons-nous?

—Ne vaudrait-il pas mieux chercher à savoir ce qu'il pense? demanda le P. Salví; nous éviterions un scandale... et... nous pourrions lui rappeler... ses devoirs envers... la Religion...

—Vos Révérences peuvent entrer si elles le désirent! dit l'aide-de-camp en reconduisant le jeune homme qui sortait radieux.

F. Sibyla entra le premier, puis venaient le P. Salví, le P. Manuel Martin et les autres religieux. Tous saluèrent humblement, sauf le P. Sibyla qui, même en s'inclinant, conservait toujours un certain air de supériorité; le P. Salví, au contraire, courba la tête presque jusqu'à terre.

—Qui, parmi Vos Révérences, est le P. Dámaso? demanda immédiatement Son Excellence, sans les inviter à s'asseoir, sans s'intéresser à leur santé, sans aucune de ces phrases louangeuses qui font partie intégrante du répertoire des hauts personnages.

—Señor, le P. Dámaso n'est pas parmi nous! répondit, presque avec la même sécheresse, le P. Sibyla.

—Le serviteur de Votre Excellence est au lit, malade, ajouta le P. Salvi toujours humble; après avoir eu le plaisir de saluer Votre Excellence et de nous informer de sa santé, comme c'est le devoir de tous les fidèles sujets du Roi et de toute personne d'éducation, nous venions aussi au nom du respectueux serviteur de Votre Excellence, qui a eu le malheur...

—Oh! interrompit avec un nerveux sourire le capitaine général, tandis qu'il faisait tourner une chaise sur un pied, si tous les serviteurs de Mon Excellence étaient comme Sa Révérence le P. Dámaso, je préférerais servir moi-même Mon Excellence!

La paresse habituelle au corps des Révérences gagna cette fois leur esprit; elles ne surent que répondre à cette interruption.

—Que Vos Révérences prennent des sièges! ajouta le Gouverneur sur un ton plus doux.

Capitan Tiago, en frac, marchant sur la pointe des pieds, entrait conduisant par la main Maria Clara, toute hésitante, toute timide. La jeune fille, surmontant son trouble, fit un salut gracieux et cérémonieux à la fois.

—Cette señorita est votre fille? demanda surpris le gouverneur.

—Et celle de Votre Excellence, mon général! répondit sérieusement Capitan Tiago.

Les aides-de-camp, l'Alcalde, se regardèrent et sourirent mais, sans rien perdre de sa gravité, le général tendit la main à la jeune fille et lui dit avec affabilité:

—Heureux les pères qui ont des filles comme vous, señorita! on m'a parlé de vous avec respect et admiration... j'ai désiré vous voir pour vous remercier du bel acte que vous avez accompli aujourd'hui. Je suis informé de *tout* et, quand j'écrirai au Gouvernement de Sa Majesté je n'oublierai pas votre généreuse conduite. En attendant, permettez-moi, señorita, au nom de S. M. le Roi, que je représente ici, et qui aime *la paix et la tranquillité* de ses fidèles sujets, comme au mien, en celui d'un père qui, lui aussi, a des filles de votre âge, de vous adresser les plus chaleureux remerciements et de vous proposer pour une récompense.

—Señor...! répondit Maria Clara tremblante.

Le général devina ce qu'elle voulait dire et reprit:

—C'est très bien, señorita, de vous contenter du témoignage de votre conscience et de l'estime de vos concitoyens; par ma foi! c'est la meilleure récompense et nous ne devrions point en demander d'autre. Mais ne me privez pas d'une belle occasion de faire voir que, si la Justice sait punir, elle sait aussi récompenser et surtout qu'elle n'est pas toujours *aveugle*.

Tous les mots soulignés avaient été prononcés d'une voix plus ferme.

—Le señor Don Juan Crisóstomo Ibarra attend les ordres de Votre Excellence, dit à voix haute un aide-de-camp.

Maria Clara frémit.

—Ah! s'écria le général, permettez-moi, señorita, de vous exprimer le désir de vous revoir avant de quitter ce pueblo, j'ai encore à vous dire des choses très importantes. Señor Alcade, Votre Seigneurie m'accompagnera durant la promenade que je désire faire à pied après la conférence que j'aurai seul avec le señor Ibarra.

—Votre Excellence, dit humblement le P. Salvi, nous permettra de l'avertir que le señor Ibarra est excommunié...

Le général l'interrompit.

—Je suis heureux de n'avoir à déplorer que l'état du P. Dámaso à qui je souhaite *sincèrement* une *guérison complète*, car, à son âge, *un voyage en Espagne* pour des motifs de santé ne doit pas être très agréable. Mais ceci dépend de lui... en attendant, que Dieu conserve la santé à Vos Révérences!

Tous se retirèrent.

—Pour lui aussi, cela dépendra de lui! murmura en sortant le P. Salvi.

—Nous verrons qui fera plus promptement le voyage en Espagne! ajouta un autre franciscain.

—Je m'en vais dès aujourd'hui, dit avec dépit le P. Sibyla.

—Nous repartons aussi! grondèrent à leur tour les augustins.

Les uns et les autres ne pouvaient supporter que, par la faute d'un franciscain, Son Excellence les ait reçus aussi froidement.

Dans l'antichambre, ils se rencontrèrent avec Ibarra qui, quelques heures auparavant, avait été leur amphitryon. Pas un salut ne fut échangé, mais les regards étaient éloquents.

L'Alcade au contraire, quand les moines furent partis, salua le jeune homme et lui tendit familièrement la main, mais l'arrivée de l'adjudant qui cherchait Crisóstomo ne permit aucune conversation.

Sur la porte, il se rencontra avec Maria Clara: des regards significatifs se croisèrent encore, bien différents de ceux échangés avec les moines.

Ibarra était vêtu de deuil. Bien que la vue des moines lui ait semblé de mauvais augure, il se présenta, l'air assuré et salua profondément.

Le capitaine général fit quelques pas au devant de lui.

—J'éprouve la plus grande satisfaction, señor Ibarra, à serrer votre main. Permettez-moi de vous demander toute votre confiance!

Et en effet, il examinait le jeune homme avec une visible satisfaction.

—Señor... tant de bonté...

—Votre surprise m'offense; elle me montre que vous n'attendiez pas de moi un bon accueil; c'était douter de ma justice!

—Une réception amicale, señor, pour un insignifiant sujet de Sa Majesté comme moi, n'est pas de la justice, c'est de la faveur.

—Bien, bien! dit le général en s'asseyant et en lui montrant un siège, laissez-nous jouir d'un moment d'expansion: je suis très satisfait de votre conduite et je vous ai proposé au gouvernement de Sa Majesté pour une décoration afin de récompenser votre philanthropique projet d'érection d'une école... Si vous m'aviez invité, je me serais fait un plaisir d'assister à la cérémonie et, peut-être, je vous aurais évité un ennui.

—Mon idée me paraissait si ordinaire, répondit le jeune homme, que je ne la croyais pas suffisante pour distraire l'attention de Votre Excellence de ses nombreuses occupations; de plus mon devoir était de m'adresser d'abord à la première autorité de ma province.

Le gouverneur fit un signe de satisfaction et, prenant un air plus familier encore, elle continua:

—Quant à ce qui est arrivé entre vous et le P. Dámaso, n'en gardez ni crainte ni regrets; on ne touchera pas un cheveu de votre tête tant que je gouvernerai les Iles et, pour ce qui est de l'excommunication j'en parlerai à l'Archevêque, parce qu'il faut nous conformer aux circonstances; ici nous ne pourrions en rire comme dans la Péninsule ou dans l'Europe cultivée. Malgré tout, soyez à l'avenir plus prudent; vous vous êtes mis à dos les corporations religieuses qui, par leur rôle et leurs richesses doivent être respectées. Mais je vous protégerai parce que j'aime les bons fils, parce qu'il me plaît que l'on honore la mémoire de ses parents; moi aussi j'ai aimé les miens et, vive Dieu! je ne sais pas ce que j'aurais fait à votre place!...

Puis, changeant rapidement de conversation, il demanda:

—On m'a dit que vous veniez d'Europe; êtes-vous allé à Madrid?

—Oui, señor, quelques mois.

—Avez-vous par hasard entendu parler de ma famille?

—Votre Excellence venait de partir quand j'ai eu l'honneur de lui-être présenté.

—Et alors, comment êtes-vous revenu sans m'apporter aucune recommandation?

—Señor, répondit Ibarra en s'inclinant, parce que je ne viens pas directement d'Espagne, et parce que, ayant entendu parler du caractère de Votre Excellence, j'ai cru qu'une lettre de recommandation, non seulement serait inutile, mais même vous offenserait: les Philippins vous sont tous recommandés.

Un sourire se dessina sur les lèvres du vieux soldat qui répondit lentement comme méditant et pesant ses paroles:

—Je suis flatté que vous pensiez ainsi et... cela devrait être! Cependant, jeune homme, vous devez savoir quelles charges pèsent sur nos épaules aux Philippines. Ici, nous autres, anciens militaires, nous devons faire tout, être tout: Roi, Ministre d'Etat, de la Guerre, de l'Intérieur, de *Fomento*1, de Grâce et Justice, etc., et le pire encore est que, pour chaque affaire, nous devons consulter la lointaine Mère-Patrie qui, selon les circonstances et parfois à l'aveuglette, approuve ou rejette nos propositions. Et vous connaissez notre proverbe: qui trop embrasse mal étreint. De plus, lorsque nous arrivons, nous connaissons généralement peu le pays et nous le quittons au moment où nous commençons à le connaître... Avec vous, je puis m'exprimer franchement, il me serait inutile de feindre. Si déjà, en Espagne, où chaque branche a son ministre, né et grandi dans le pays, où il y a une presse et une opinion, où une opposition franche ouvre les yeux au gouvernement et l'éclaire, tout est imparfait et défectueux, c'est un miracle qu'ici, où tous ces avantages manquent, où se développe et machine dans l'ombre la plus puissante des oppositions, tout ne soit pas en révolution. Ce n'est pas la bonne volonté qui manque aux gouvernants, mais nous sommes obligés de nous servir d'yeux et de bras étrangers que, pour la plupart, nous ne connaissons pas, et qui, au lieu peut-être de servir leur pays, ne servent que leurs propres intérêts. Ce n'est pas notre faute, c'est celle des circonstances;

les moines nous sont d'un puissant secours mais ils ne suffisent pas... Vous m'inspirez un grand intérêt et je voudrais que l'imperfection de notre système gouvernemental actuel ne vous portât en rien préjudice... je ne puis veiller sur tous, tous ne peuvent venir jusqu'à moi. Puis-je vous être utile en quelque chose, avez-vous une demande à m'adresser?

Ibarra réfléchit:

—Señor, répondit-il, mon plus grand désir est le bonheur de mon pays, bonheur que je voudrais qu'il dût à la Mère-Patrie et aux efforts de mes concitoyens, unis à elle et entre eux par les éternels liens de vues communes et de communs intérêts. Ce que je demande, seul le gouvernement peut le donner après de nombreuses années de continuel travail et de réformes bien conçues.

Le général fixa sur lui pendant quelques secondes un regard qu'Ibarra soutint naturellement, sans timidité, sans hardiesse.

—Vous êtes le premier homme avec qui j'aie parlé dans ce pays! s'écria le général en lui tendant la main.

—Votre Excellence n'a vu que ceux qui se traînent dans les villes, elle n'a pas visité les cabanes calomniées de nos pueblos. Là, Votre Excellence aurait pu voir de véritables hommes si, pour être un homme, il suffit d'un cœur généreux et de mœurs simples.

Le capitaine général se leva et se promena d'un côté à l'autre du salon.

—Señor Ibarra, s'écria-t-il en s'arrêtant de nouveau,—le jeune homme s'était levé;—peut-être partirai-je dans un mois: votre éducation,votre façon de penser ne sont pas pour ce pays. Vendez ce que vous possédez, préparez votre valise et venez avec moi en Europe, le climat vous y sera meilleur.

—Je conserverai toute ma vie le souvenir de la bonté de Votre Excellence! répondit Ibarra, quelque peu ému; mais je dois vivre dans le pays où ont vécu mes parents...

—Où ils sont morts, diriez-vous plus exactement! Croyez-moi, je connais peut-être votre pays mieux que vous-même... Ah! je me rappelle maintenant, dit-il en changeant de ton, vous vous mariez avec une adorable jeune fille et je vous retiens ici! Allez, allez auprès d'elle et, pour que vous ayez plus de liberté, envoyez-moi le père, ajouta-t-il en souriant. N'oubliez pas cependant que je désire que vous m'accompagniez à la promenade.

Ibarra salua et s'éloigna.

Le général appela son aide-de-camp.

—Je suis content! dit-il en lui donnant un léger coup sur l'épaule; j'ai vu aujourd'hui, pour la première fois comment on peut être bon Espagnol sans cesser d'être bon Philippin et d'aimer son pays; aujourd'hui je leur ai enfin démontré aux *Révérences* que nous ne sommes pas tous leur jouet; ce jeune homme m'en a fourni l'occasion et j'aurai promptement réglé tous mes comptes avec le moine! Quel malheur que cet Ibarra un jour ou l'autre... Mais, appelez-moi l'Alcalde!

Celui-ci se présenta immédiatement.

—Señor Alcalde, lui dit-il aussitôt, afin d'éviter que se répètent des *scènes* comme celle à laquelle Votre Seigneurie *a assisté*, scènes que je déplore parce qu'elles portent *atteinte au prestige* du gouvernement et de tous les Espagnols, je me permets de vous recommander *efficacement* le señor Ibarra pour que, non seulement vous lui facilitiez les moyens de terminer sa patriotique entreprise, mais aussi pour que vous évitiez qu'à l'avenir il soit molesté par qui que ce soit, de n'importe quelle classe et sous n'importe quel prétexte.

L'Alcalde comprit la réprimande et baissa la tête pour cacher son trouble.

—Votre Seigneurie fera transmettre cette recommandation à l'alférez qui commande ici la section, et vous rechercherez si cet officier a des façons de faire qui ne soient point d'accord avec les règlements; j'ai entendu à ce sujet plus d'une plainte.

Capitan Tiago se présenta raide et empesé.

—D. Santiago, lui dit le général d'un ton affectueux, il y a un moment je vous félicitais du bonheur que vous aviez d'avoir une fille comme la señorita de los Santos, maintenant je vous fais mes compliments de votre futur gendre; la plus vertueuse des filles est assurément digne du meilleur citoyen des Philippines. Puis-je savoir la date de la noce?

—Señor... balbutia Capitan Tiago en essuyant la sueur qui perlait à son front.

—Allons, je vois qu'il n'y a rien encore de définitif! Si l'on manque de témoins, j'aurai le plus grand plaisir à être l'un d'entre eux. Cela m'enlèvera le mauvais souvenir que m'ont laissé tant de noces auxquelles j'ai assisté jusqu'ici! ajouta-t-il en se dirigeant vers l'Alcalde.

—Oui, señor! répondit Capitan Tiago, avec un sourire qui inspirait la compassion.

Ibarra était parti presque en courant à la recherche de Maria Clara; il avait tant de choses à lui dire, à lui raconter. A travers la porte d'un appartement, il entendit un murmure de voix de jeunes filles; il frappa.

—Qui est là? demanda Maria Clara.

—Moi!

Les voix se turent... et la porte ne s'ouvrit pas.

—C'est moi... puis-je entrer? demanda le jeune homme dont le cœur battait violemment.

Le silence continua. Quelques secondes après, des pas légers s'approchèrent de la porte et la voix légère de Sinang murmura à travers le trou de la serrure:

—Crisóstomo, nous allons au théâtre ce soir; écris ce que tu as à dire à Maria Clara.

Et les pas s'éloignèrent rapides comme ils étaient venus.

—Qu'est-ce que cela veut dire? murmura Ibarra pensif, en quittant cette porte.

---

1 Ministère qui, en Espagne, correspond à ceux du Commerce, de l'Agriculture et des Travaux Publics en France.—N. des T.

XXXVIII

La procession

Le soir, à la lumière de toutes les lanternes suspendues aux fenêtres, au son des cloches et des habituelles détonations, la procession sortit pour la quatrième fois.

Le capitaine général, qui s'était promené à pied accompagné de ses deux aides-de-camp, de Capitan Tiago, de l'Alcalde, de l'Alférez et d'Ibarra, précédés par des gardes civils et des autorités qui ouvraient le passage et déblayaient le chemin, fut invité à voir passer la procession de la maison du gobernadorcillo. Ce pieux fonctionnaire avait fait élever une estrade pour que fût récitée une *loa*1 en l'honneur du Saint Patron.

Ibarra aurait renoncé avec plaisir à l'audition de cette composition poétique; il aurait préféré voir la procession des fenêtres de la maison de Capitan Tiago où Maria Clara était restée avec ses amies, mais Son Excellence voulait entendre la *loa* et il dut se consoler en pensant qu'il verrait sa fiancée au théâtre.

La procession commençait par la marche des chandeliers d'argent, portés par trois sacristains gantés; suivaient les enfants de l'école avec leur maître; puis venaient d'autres enfants, munis de lanternes en papier de formes et de couleurs variées, placées au bout de bambous plus ou moins longs, ornés suivant le goût du petit porteur, car cette décoration était payée par l'enfance de tous les quartiers. C'est avec plaisir qu'ils accomplissent ce devoir qui leur est imposé par la *mantandâ sa náyon*2; chacun imagine et compose sa lanterne, la décore à sa fantaisie, et suivant l'état de sa bourse, de plus ou moins de pendeloques et de petites bannières, puis l'éclaire avec un bout de cierge, s'il a un parent ou un ami sacristain, ou bien achète une de ces petites chandelles rouges dont usent les Chinois devant leurs autels.

Au milieu allaient et venaient des alguazils, des lieutenants de justice, veillant à ce que les files ne se rompissent pas, à ce que le peuple ne se portât pas tout entier au même endroit; pour cela, ils se servaient de leurs verges dont quelques coups, donnés convenablement, avec une certaine force, contribuaient à l'éclat et à la gloire des processions, pour l'édification des âmes et le lustre des pompes religieuses.

En même temps que les alguazils répartissaient gratis ces coups de canne sanctificateurs, d'autres, pour consoler les battus, leur distribuaient, gratis également, des cierges et des bougies de différentes grandeurs.

—Señor Alcalde, dit Ibarra à voix basse, ces coups sont-ils donnés en châtiment des péchés ou seulement pour le plaisir?

—Vous avez raison, señor Ibarra! répondit le capitaine général, qui avait entendu la question; ce spectacle... barbare étonne tous ceux qui viennent d'autres pays. Il faudrait l'interdire.

Sans qu'il puisse être expliqué pourquoi, le premier saint qui apparut fut S. Jean-Baptiste. A le voir, on aurait dit que la renommée du cousin de Notre Seigneur n'était pas des meilleures parmi le peuple que ne séduisaient ni ses pieds, ni ses jambes minces, ni sa figure d'anachorète; il s'avançait sur un vieux brancard de bois caché par quelques gamins, armés de leurs lanternes de papier non allumées et se battant en cachette.

—Malheureux! murmura le philosophe Tasio qui, de la rue, assistait à la procession. A quoi te sert-il d'avoir été le précurseur de la Bonne Nouvelle et d'avoir vu Jésus incliné devant toi? Que te valent ta grande foi, ton austérité, ta mort pour la vérité et pour tes convictions? Tout cela les hommes l'oublient! Mieux vaut mal prêcher dans les églises que d'être l'éloquente voix qui clama dans le désert; voilà ce que te prouvent les Philippines. Si tu avais mangé de la dinde au lieu de sauterelles, si tu t'étais vêtu de soie au lieu de peaux de bêtes, si tu t'étais affilié à une Congrégation...

Mais le vieillard suspendit son apostrophe car S. François était là.

—Ne le disais-je pas? continua-t-il avec un sourire sarcastique; celui-ci monte dans un char et, Saint Dieu! quel char! que de lumières, que de lanternes de cristal! Jamais tu ne t'es vu entouré de tant de lumières, Giovanni Bernardone! Et quelle musique! C'étaient d'autres mélodies dont tes fils faisaient retentir les airs après ta mort! Mais, vénérable et humble fondateur, si tu ressuscitais maintenant, tu ne verrais que des Elias de Cortona dégénérés; si tes fils te reconnaissaient, ils t'emprisonneraient et peut-être même te feraient partager le sort de Cesario de Speyer!

Après la musique venait un étendard représentant le même saint, muni de sept ailes, porté par les frères du Tiers Ordre, vêtus de guingon, priant d'une voix haute et lamentable.—Sans que l'on sût pourquoi encore, saint François était suivi de sainte Marie-Madeleine, très belle image ornée d'une abondante chevelure, portant un costume de soie orné de lames d'or, tenant un mouchoir de piña brodé entre ses doigts couverts de bagues. Les lumières et l'encens l'entouraient, on voyait ses larmes de verre refléter les couleurs des feux de Bengale qui donnaient à la procession un aspect fantastique, de telle sorte que la sainte pécheresse pleurait vert, bleu, rouge, etc. Les habitants ne commençaient à allumer ces lumières qu'au passage de S. François; S. Jean-Baptiste ne jouissait pas de ces honneurs, il allait vite comme honteux de son vêtement de peau entre tous ces gens couverts d'or et de pierres précieuses.

—Voici notre sainte! dit la fille du gobernadorcillo à ses invités; je lui ai prêté mes bagues, mais c'est pour gagner le ciel!

Les porteurs de cierges s'arrêtaient autour de l'estrade pour entendre la *loa*, les saints faisaient de même; eux et leurs pasteurs voulaient entendre les vers. Ceux qui portaient Saint Jean, las d'attendre, s'accroupirent et posèrent la malheureuse statue à terre.

—L'alguazil peut se fâcher! objecta l'un.

—Bah! à la sacristie ils le laissent bien dans un coin parmi les toiles d'araignées!...

Et saint Jean, une fois à terre, rien ne le distinguait plus des gens du peuple.

Après la Madeleine, s'avancent les femmes. Au contraire des hommes, ce ne sont pas les fillettes qui viennent en premier, mais les vieilles: les jeunes filles entourent le char de la Vierge derrière lequel marche le curé sous son dais. Cette coutume provenait du P. Dámaso qui disait: «La Vierge aime les jeunes et non les vieilles.» Beaucoup de dévotes avaient fait la grimace, mais cela ne changeait rien aux préférences de la Vierge.

Saint Diego suit la Madeleine, ce qui ne paraît pas le réjouir beaucoup, car il marche avec autant de componction que ce matin, alors qu'il se promenait derrière saint François. Six frères du Tiers Ordre tirent son char, je ne sais par suite de quel vœu ou de quelle maladie: le fait est qu'ils tirent, et semblent assez fatigués. Saint Diego s'arrête devant l'estrade et attend qu'on le salue.

On n'attend plus que le char de la Vierge. Le voici, précédé de gens habillés en fantômes, au grand effroi des enfants; aussi entend-on pleurer et crier la foule des bébés imprudents. Cependant, au milieu de cette masse obscure d'habits, de capuchons, de cordons et de toques, au son de cette prière monotone et nasillarde, on voit, comme de blancs jasmins, comme de fraîches sampagas parmi de vieux chiffons, douze petites filles, vêtues de blanc, couronnées de fleurs, les cheveux frisés; leurs regards sont brillants comme leurs colliers, on aurait dit de petits génies de la lumière prisonniers des spectres. Elles étaient attachées par deux larges rubans bleus au char de la Vierge, rappelant les colombes qui traînent celui du Printemps.

Déjà toutes les images sont réunies, attentives, pour écouter les vers; tout le monde a les yeux fixés sur le rideau entr'ouvert; enfin un ah! d'admiration s'échappe de toutes les lèvres.

L'exclamation est méritée; un tout jeune homme apparaît, ailé, botté en cavalier, avec écharpe, ceinturon et chapeau à plumes.

—Le señor Alcalde-Mayor! crie quelqu'un. Mais le prodige de la création commence à réciter une poésie aussi extraordinaire que sa personne et ne paraît pas offensé de la comparaison.

Pourquoi transcrire ici ce que dit en latin, en tagal et en castillan, le tout versifié, la pauvre victime du gobernadorcillo? Nos lecteurs ont déjà savouré le sermon prononcé ce matin par le P. Dámaso et nous ne voulons pas les gâter par tant de merveilles; sans compter que le franciscain pourrait nous en vouloir de lui chercher un compétiteur et, en gens pacifiques que nous sommes, nous n'aurions garde de nous en faire un ennemi.

La pièce de vers terminée, saint Jean poursuit son chemin d'amertume.

Au moment où la Vierge passe devant la maison de Capitan Tiago, un chant céleste la salue des paroles de l'archange. C'est une voix tendre, mélodieuse, suppliante, pleurant l'*Ave Maria* de Gounod, s'accompagnant du piano qui prie avec elle. La musique de la procession s'émeut, la prière cesse, le P. Salvi lui-même s'arrête. La voix tremble, elle fait jaillir les larmes; c'est plus qu'une salutation, c'est une supplication, c'est une plainte.

De la fenêtre où il se trouve, Ibarra entend cette voix et la crainte et la mélancolie descendent dans son cœur. Il comprend ce que cette âme souffre, ce qu'elle exprime dans ce chant, il a peur de s'interroger sur la cause de cette douleur.

Il est sombre, pensif, quand le capitaine général lui parle:

—Vous voudrez bien me tenir compagnie à table, nous causerons de ces enfants qui ont disparu, lui dit-il.

Et le jeune homme regardant sans le voir le Général murmure: «En serais-je la cause?» et le suit machinalement.

---

1 Poésie religieuse à la louange d'un saint.—N. des T.

2 On appelle ainsi les vieillards du quartier.—N. des T.

XXXIX

Doña Consolacion

Pourquoi étaient fermées les fenêtres de la maison de l'alférez? Où étaient, tandis que passait la procession, la figure masculine et la chemise de flanelle de la Méduse ou de la Muse de la Garde civique? Da. Consolacion aurait-elle compris combien désagréables étaient son front marqué de grosses veines, conductrices en apparence, non de sang, mais de vinaigre et de fiel, le gros cigare, digne ornement de ses lèvres violettes, et son envieux regard? Cédant à une impulsion généreuse, n'aurait-elle pas voulu troubler les plaisirs de la foule par son apparition sinistre?

Ah! pour elle les impulsions généreuses n'existent plus depuis l'Age d'or!

La maison est triste, comme disait Sinang, parce que le peuple est gai. Ni lanternes, ni drapeaux; si la sentinelle ne se promenait pas comme à l'ordinaire devant la porte, on croirait cette demeure inhabitée.

Une faible lumière éclaire le désordre de la salle et perce à travers les *conchas*1 sales où l'araignée accroche sa toile, où s'incruste la poussière. La dame, selon son habitude d'oisiveté, dort dans un large fauteuil. Vêtue comme tous les jours, c'est-à-dire horriblement mal, elle n'a pour toute coiffure qu'un mouchoir attaché autour de la tête, laissant échapper de minces et courtes mèches de cheveux emmêlés; pour toute toilette qu'une chemise de flanelle bleue passée sur une autre qui a dû être blanche, et une basque déteinte qui moule les jambes minces et plates, croisées l'une sur l'autre et s'agitant fébrilement. De sa bouche s'échappent des bouffées de fumée qu'elle rejette avec ennui vers l'espace où elle regarde quand elle ouvre les yeux. Si en ce moment, D. Francisco de Cañamaque2 l'avait vue, il l'aurait prise pour un cacique du pueblo ou pour le *mankukúlam*3, ornant ensuite sa découverte de commentaires en une langue de boutiquier, par lui créée pour son usage personnel.

Ce matin, la Dame n'avait pas entendu la messe, non parce qu'elle ne l'avait pas voulu; au contraire, elle aurait aimé se montrer à la multitude et entendre le sermon, mais son mari ne le lui avait pas permis, et la prohibition avait été, comme toujours, accompagnée de deux ou trois séries d'insultes, de jurons et de menaces de coups de pied. L'alférez comprenait que sa femme s'habillait de façon ridicule, qu'elle avait l'air de ce qu'on appelle une *femme à soldats* et il ne lui convenait pas de l'exposer aux regards des personnages du chef-lieu et des étrangers.

Mais elle ne l'entendait pas de cette façon. Elle savait qu'elle était belle, attrayante, qu'elle avait des airs de reine et que sa toilette était beaucoup plus belle et plus luxueuse que celle de Maria Clara elle-même. Aussi l'alférez avait-il dû la menacer: «Ou tu vas te taire ou je t'envoie un coup de pied dans ton p—pueblo,» lui avait-il répondu.

Da. Consolacion n'avait pas voulu risquer de recevoir des coups de pied dans son pueblo, mais elle songeait à la vengeance.

Jamais l'obscur visage de la dame n'avait été propre à inspirer confiance à personne, même quand il était peint, mais ce matin-là il devint inquiétant, surtout lorsqu'on la vit parcourir la maison d'une extrémité à l'autre, silencieuse, comme méditant quelque chose de terrible ou de malicieux; son regard avait le reflet qui jaillit de la pupille d'un serpent au moment où, pris, il va être écrasé; il était froid, lumineux, pénétrant à la fois, avec quelque chose de visqueux, de repoussant, de cruel.

La plus petite faute, le bruit le plus insignifiant, lui arrachaient une infâme et obscène injure qui souffletait l'âme, mais personne ne lui répondait: s'excuser eût été commettre un autre crime.

Le jour se passa ainsi. Ne trouvant pas un obstacle qui s'opposât à ses vues— son mari ayant été invité—elle se saturait de bile; on aurait cru que les cellules de son organisme se chargeaient d'électricité et menaçaient d'éclater en une effroyable tourmente. Dans son entourage, tous pliaient, comme les épis au premier souffle de l'ouragan; point de résistance, nulle pointe, nulle hauteur sur qui décharger sa mauvaise humeur: soldats et domestiques rampaient devant elle.

Pour ne pas voir les réjouissances au dehors, elle fit fermer les fenêtres et donna pour consigne à la sentinelle de ne laisser passer personne. Elle s'entoura ensuite la tête d'un mouchoir comme pour en éviter l'explosion puis, bien que le soleil brillât encore, fit allumer les lumières.

Sisa avait été arrêtée comme perturbatrice de l'ordre et conduite au quartier où, en l'absence de l'alférez, elle dut passer la nuit sur un banc, indifférente et inconsciente. Le lendemain, l'alférez la vit et, craignant que la malheureuse ne devînt le jouet de la foule en fête et ne fût l'objet de scènes regrettables, il chargea les soldats d'en prendre soin, leur ordonnant de la traiter avec pitié et de lui donner à manger. La pauvre folle passa ainsi deux jours.

Ce soir-là, soit que la proximité de la maison de Capitan Tiago lui ait permis d'entendre le triste chant de Maria Clara, soit que d'autres accords aient réveillé le souvenir de ses propres refrains, soit pour toute autre cause, Sisa commença à chanter de sa voix douce et mélancolique les *kundiman*4 de sa jeunesse. Les soldats l'écoutaient et se taisaient; ces airs ils les connaissaient, ils les chantaient eux-mêmes au temps où, libres encore, ils n'étaient pas corrompus.

Da. Consolacion, dans son ennui, l'entendait aussi: elle s'informa de la chanteuse.

—Qu'elle monte de suite! ordonna-t-elle après quelques secondes de méditation. Quelque chose qui pouvait ressembler à un sourire errait sur ses lèvres desséchées.

Les soldats amenèrent Sisa qui se présenta sans se troubler, sans crainte comme sans étonnement: elle semblait ne voir personne. La vanité de la Muse qui prétendait imposer le respect et la terreur en fut blessée.

Elle toussa, fit signe aux soldats de se retirer et, détachant la cravache de son mari, dit à la folle d'un ton sinistre.

—*Vamos, magcantar icau!*5

Sisa naturellement ne la comprit pas et cette ignorance redoubla la colère de la mégère dont une des affectations était d'ignorer le tagal, ou tout au moins de paraître l'ignorer en l'estropiant le plus possible: elle pensait se donner ainsi des airs de véritable *Orofea*6, comme elle se plaisait à dire. Heureusement! car si elle martyrisait le tagal, elle ne traitait guère mieux le castillan, se faisant une idée tout à fait particulière de sa grammaire comme de sa prononciation. Et cependant son mari, les chaises et les souliers, chacun pour sa part avait contribué à lui donner des leçons. Un des mots qui lui avaient coûté plus de travail encore qu'à Champollion les hiéroglyphes était celui de *Filipinas*7.

On raconte que le lendemain même de son mariage, causant avec son mari, qui alors était caporal, elle avait dit *Pilipinas*; il crut devoir la corriger et, accompagnant sa remontrance d'une gifle: «Dis, Felipinas, femme! Ne fais pas l'ignorante! ne sais-tu pas que l'on appelle ainsi ton p—8 pays dont le nom vient de *Felipe*9?» La femme, qui rêvait à sa lune de miel, voulut obéir et dit *Felepinas*. Il sembla au caporal qu'elle approchait de la bonne prononciation il redoubla les gifles et la réprimanda plus sévèrement:

«Mais, femme, ne peux-tu prononcer: Felipe? Ne l'oublie pas, c'est le nom du roi Don Felipe... cinq... Dis Felipe, et ajoute *nas*, qui, en latin, signifie îles d'Indiens, et tu as le nom de ton rep—pays!»

La Consolacion, blanchisseuse à cette époque, tout en frottant ses joues où les soufflets laissaient leurs traces, recommença à répéter, perdant un peu de patience:

—Fe... lipe, Felipe... nas, Felipenas, c'est bien comme cela, n'est-ce pas?

Le caporal n'y voyait plus: il se demandait s'il ne rêvait pas. Comment de sa règle résultait-il *Felipenas* et non *Felipinas*? De deux choses l'une: ou l'on doit dire *Felipenas*, ou l'on doit dire *Felipí*?

Ce jour-là il crut prudent de se taire; il laissa sa femme et s'en fut soigneusement consulter les imprimés. Son étonnement fut au comble, il n'en pouvait croire ses yeux:—Comment... doucement!—*Filipinas*, disaient tous les imprimés en caractères bien moulés, irréprochables; ni lui ni sa femme n'étaient dans le vrai.

—Comment l'Histoire peut-elle mentir ainsi? murmurait-il. Ce livre ne dit-il pas que Alonso Saavedra a donné ce nom au pays en l'honneur de l'infant D. Felipe. Comment ce nom s'est-il corrompu? Ce Saavedra serait-il un indien?

Il confia ses doutes au sergent Gomez qui, dans son enfance, avait voulu être curé. Celui-ci, sans daigner le regarder, lui répondit avec la plus grande emphase, tout en lâchant une bouffée de fumée:

—Autrefois on disait *Filipi* au lieu de *Felipe*; nous, les modernes, comme nous devenons *Franchutes*10, nous ne pouvons tolérer deux *i* de suite. C'est pour cela que les gens instruits, à Madrid surtout,—tu n'es pas allé à Madrid?—les gens instruits, dis-je, commencent déjà à prononcer: *menistro, enritacion, embitacion, endino*11, etc.; c'est ce qui s'appelle suivre la mode.

Le pauvre caporal n'avait pas été à Madrid; voilà pourquoi il ignorait la difficulté. Que de choses on apprend à Madrid!

—De sorte que l'on doit aujourd'hui dire?

—A l'ancienne mode, homme! ce pays n'est pas encore cultivé; à l'ancienne mode, Filipinas! répondit Gomez, non sans quelque mépris.

Le caporal, s'il était mauvais philologue, en échange était un bon mari; ce qu'il venait d'apprendre, sa femme devait le savoir aussi: il continua son éducation.

—Consola, comment appelles-tu ton p—pays?

—Comment je dois l'appeler? comme tu me l'as appris: *Felifenas*!

—Je te jette la chaise à la tête, p—! hier déjà tu le prononçais un peu mieux, à la moderne; mais maintenant il faut le prononcer à la vieille mode! Feli, je dis, Filipinas!

—Mais je ne suis pas vieille! qu'est-ce qui te prend?

—Cela m'est égal! dis: Filipinas!

—Ne m'ennuie pas! Je ne suis pas un vieux meuble... j'ai à peine trente petites années! répondit-elle en retroussant ses manches comme pour se préparer au combat.

—Dis-le, rep—ou je te jette la chaise!

Consolacion vit le mouvement, réfléchit et balbutia tout oppressée:

—Feli... Fele... File...

Poum! crracc! la chaise s'abattit avec le mot.

Et la leçon se termina par des coups de poing, des gifles, des coups de griffes, etc. Le caporal l'empoigna par les cheveux, elle le prit par la barbiche, puis par n'importe où—elle ne pouvait mordre, ses dents n'étant pas solides—; il poussa un cri, la lâcha, lui demanda pardon, le sang coula, il y eut un œil plus rouge que l'autre, une chemise en morceaux, elle cracha beaucoup de choses, mais *Filipinas* ne sortit point.

Chaque fois qu'il s'agissait du langage, de pareilles scènes se renouvelaient. Le caporal, en jugeant les progrès linguistiques de sa femme, calcula avec douleur qu'avant dix ans elle aurait perdu complètement l'usage de la parole. C'est ce qui arriva. Quand ils se marièrent elle connaissait encore le tagal et se faisait comprendre en espagnol; maintenant, elle ne parlait aucun idiome; elle s'était attachée au langage des gestes, choisissant toujours les plus bruyants et les plus contondants.

Sisa, donc, avait eu la chance de ne point la comprendre. Les plis de son front se desserrèrent un peu, un sourire de satisfaction anima sa figure; du moment qu'on ne l'entendait pas, c'est qu'elle ne savait pas le tagal, elle était donc véritablement *orofea*.

—Dis à cette femme qu'elle chante! commanda-t-elle à l'ordonnance, elle ne me comprend pas, elle ne connaît pas l'espagnol!

La folle comprit l'ordonnance et commença la *Chanson de la Nuit*.

D'abord Da. Consolacion écoutait avec un rire moqueur, mais peu à peu le rire s'effaça de ses lèvres, elle devint attentive, puis sérieuse et quelque peu réfléchie. La voix, le sens des vers, la musique du chant, tout l'impressionnait: ce cœur aride et sec était cette fois altéré de pluie. Elle comprenait bien: «La tristesse, le froid et l'humidité qui descendent du ciel enveloppés dans le manteau de la nuit», lui paraissaient descendre sur son cœur, «la fleur fanée et flétrie qui durant le jour, avait étalé ses splendeurs et cherché l'admiration, pleine de vanités, à la chute du jour, repentie et détrompée, fait un effort pour élever ses pétales desséchés vers le ciel, demandant un peu d'ombre pour s'y cacher et mourir, dans la raillerie de la lumière qui l'a vue dans sa pompe, qui rirait de la vanité de son orgueil, mendiant aussi une goutte de rosée qui pleurait sur elle. L'oiseau des nuits laisse sa solitaire retraite, le creux du tronc noueux, il trouble la mélancolie des forêts...»

—Non, ne chante pas! s'écria, en parfait tagal, l'alféreza qui se leva agitée; ne chante pas; ces vers m'ennuient!

La folle se tut; l'ordonnance murmura: «Aba! elle sait *paler* tagal!» et il regarda sa patronne plein d'admiration.

Celle-ci comprit qu'elle s'était trahie: elle devint honteuse et, comme sa nature n'était pas d'une femme, la honte chez elle se transforma en rage et en haine. Elle montra la porte à l'imprudent et d'un coup de pied la ferma derrière lui, puis elle fit quelques tours dans la chambre, tordant la cravache entre ses mains nerveuses et, se plantant de nouveau devant la folle, elle lui dit en espagnol:—Danse!

Sisa ne remua pas.

—Danse, danse! répéta-t-elle d'une voix sinistre; la folle la regardait avec des yeux vagues, sans expression: la mégère lui leva un bras, puis l'autre, en les secouant: inutile, Sisa ne comprenait pas.

En vain Da. Consolacion se mit à sauter, à s'agiter, faisant signe à la malheureuse de l'imiter. On entendait de loin la musique de la procession jouer une marche grave et majestueuse; mais la dame sautait furieusement, suivant une autre mesure, une autre musique, celle qui résonnait en elle-même. Sisa immobile la regardait; quelque chose qui ressemblait à de la curiosité se peignait dans ses yeux, un faible sourire remua ses lèvres pâles: c'était une joie pour elle que la danse de l'alféreza.

La danseuse s'arrêta enfin, comme ayant honte, mais elle leva le fouet, ce terrible fouet connu des voleurs et des soldats, fait à Ulangô et perfectionné par l'alférez au moyen de fils de fer tordus.

—Maintenant, dit-elle, c'est à toi de danser... danse!

Et elle commença à frapper lentement les pieds nus de la folle dont la figure se contracta de douleur; la malheureuse chercha à se défendre avec les mains.

—Ah! tu commences! s'écria-t-elle avec une joie sauvage, et du *lente* elle passa à un allegro vivace.

Sisa poussa un cri et leva vivement le pied.

—Veux-tu danser, p—indienne? et le fouet vibrait et sifflait.

La folle se laissa tomber à terre, les deux mains cachant ses jambes et regardant son bourreau avec des yeux hagards. Deux forts coups sur l'épaule la forcèrent à se relever: ce ne fut plus une plainte, ce furent deux hurlements! La fine chemise fut déchirée, la peau ouverte, le sang jaillissait.

La vue du sang fait la joie du tigre; celui de sa victime exalta encore Da. Consolacion.

—Danse, danse, maudite damnée! Malheur à celle qui t'a engendrée! danse ou je te tue à coups de fouet.

Et elle-même, la saisissant d'une main tandis qu'elle, la frappait de l'autre, recommença à sauter et à danser.

La folle l'avait enfin comprise et la suivait en remuant les bras, sans rythme ni mesure. Un sourire de satisfaction contracta les lèvres de l'horrible femme, sourire d'un Méphistophelès femelle qui vient de faire un bon élève: il y avait de la haine, du mépris, de la moquerie, de la cruauté; un éclat de rire n'aurait rien dit de plus.

Absorbée par la joie de ce spectacle, elle n'avait pas entendu arriver son mari, jusqu'à ce que, d'un coup de pied, la porte se fût précipitamment ouverte.

L'alférez était pâle et sombre; il vit ce qui se passait et lança à sa femme un regard terrible. Celle-ci ne bougea pas et garda son sourire cynique.

Aussi doucement que possible, il posa la main sur l'épaule de l'étrange ballerine et l'arrêta. La folle respira et s'assit sur le sol taché de son sang.

Le silence continuait; l'alférez respirait avec force; la mégère qui l'observait d'un œil inquiet reprit le fouet et lui demanda d'une voix tranquille et lente:

—Qu'as-tu donc? tu ne m'as pas encore dit bonsoir!

L'alférez ne répondit pas; il appela l'ordonnance.

—Emmène cette femme, dit-il, que la Marta lui donne une autre chemise et la soigne! Tu la feras bien manger, tu lui donneras un bon lit... Fais attention qu'elle soit bien traitée! Demain on la conduira chez le señor Ibarra!

Puis il ferma soigneusement la porte, poussa le verrou et s'approcha de sa femme.

—Tu veux que je te brise? lui dit-il en serrant les poings.

—Qu'est-ce qui te prend? demanda-t-elle en se levant et reculant un peu.

—Ce qui me prend? cria-t-il d'une voix de tonnerre, avec un blasphème, voilà ce qui me prend.

Et il lui montra un papier rempli de pattes de mouche plus ou moins mal alignées.

—N'as-tu pas écrit cette lettre à l'Alcalde en lui disant que l'on me payait pour que je permette le jeu, p—? je ne sais comment je ne t'écrase pas!

—Voyons, voyons, si tu l'oses! lui dit-elle avec un rire moqueur, celui qui m'écrasera sera un autre mâle que toi!

Il entendit l'insulte, mais il vit le fouet. Il prit une assiette sur une table et lui lança à la tête; mais la femme accoutumée à ces luttes se baissa rapidement, l'assiette vola en éclats contre le mur; une tasse, puis un couteau la suivirent.

—Lâche! lui cria-t-elle, tu n'oses pas t'approcher.

Et pour mettre le comble à son exaspération, elle cracha à terre. Aveugle, hurlant de rage, il s'élança mais avec une rapidité surprenante elle lui fit une croix sur la figure avec deux coups de fouet puis, se sauvant brusquement, s'enferma dans sa chambre dont elle tira violemment la porte. Rugissant de colère et de douleur l'alférez la poursuivit, mais il se heurta contre la porte qu'il frappa du poing et du pied, proférant d'épouvantables jurons.

—Maudite soit ta descendance, truie! Ouvre, p— p—, ouvre ou je te brise le crâne! hurlait-il.

Da. Consolacion ne répondait pas. On entendait un remuement de chaises et de coffres comme si elle avait voulu élever une barricade de meubles. La maison tremblait sous les coups de pied et les cris de son mari.

—N'entre pas, n'entre pas! disait la voix aigre de la mégère, si tu te montres, je fais feu.

Lui, peu à peu, paraissait se calmer; il se promenait en long et en large comme un fauve en cage.

—Sors, va te rafraîchir la tête! continua moqueuse la femme qui semblait avoir terminé ses préparatifs de défense.

—Je te jure que si je t'attrape, personne, même Dieu, ne te reverra plus!

Et ce fut une bordée d'injures.

—Va! tu peux dire ce que tu voudras...! Tu n'as pas voulu que j'aille à la messe? tu ne m'as pas laissée accomplir mes devoirs envers Dieu! disait-elle de ce ton sarcastique où elle excellait.

L'alférez prit son casque, répara un peu le désordre de sa toilette et sortit à grands pas, mais, au bout de quelques minutes, il revint sans faire le moindre bruit, ayant retiré ses bottes. Les domestiques, accoutumés à ce spectacle, ne s'émouvaient guère, mais les bottes retirées constituaient une nouveauté qui appela leur attention; ils se regardèrent en clignant de l'œil.

L'officier s'assit sur une chaise, près de la sublime porte et, patiemment, attendit plus d'une demi-heure.

—Es-tu sorti pour de bon ou es-tu ici, bouc? demandait la voix de temps en temps, changeant d'épithètes mais criant toujours plus fort.

Enfin, elle commença à retirer peu à peu les meubles; il écoutait et souriait. Elle appela l'ordonnance:

—Le señor est-il sorti?

Sur un signe de l'alférez, celui-ci répondit:

—Oui, señora, il est sorti.

Elle se mit à rire joyeusement et tira le verrou.

Très doucement, l'alférez se leva; la porte s'entr'ouvrit...

On entendit un cri, le bruit d'un corps qui tombait, des jurons, des hurlements, des malédictions, des coups, des voix étranglées... Qui pourrait décrire ce qui se passa là dans l'obscurité?

L'ordonnance, revenu à la cuisine, fit un signe très significatif au cuisinier.

—C'est toi qui vas le payer! lui dit celui-ci.

—Moi? Peut-être; en tout cas le pueblo! Elle m'a bien demandé s'il était sorti, mais non s'il était revenu.

---

1 Aux Philippines, les fenêtres des maisons sont en bois avec, en guise de vitres, des écailles de nacre blanches, fines et transparentes; on les dispose en treillis, par carrés et par losanges.—N. des T.

2 Politicien espagnol, auteur d'ouvrages sur les Philippines: *Las Islas Filipinas*, Madrid, 1880, *Recuerdas de Filipinas, Las I. F. de todo un poco.*—N. des T.

3 Sorcier.—N. des T.

4 Airs, chansons.—N. des T.

5 Mélange de tagal et de castillan: Allons donc, chante!—N. des T.

6 Corruption de *Europea*, Européenne.—N. des T.

7 Philippines.—N. des T.

8 Mot intraduisible.—N. des T.

9 Philippe.—N. des T.

10 Péjoratif de *Franceses*, Français.—N. des T.

11 Pour *ministro, irritation, invitacion, indigno.*—N. des T.

XL

Le droit et la force

Il était dix heures du soir. Les premières fusées montent paresseusement dans le ciel obscur où brillent, tels de nouveaux astres, quelques globes de papier gonflés de fumée et d'air chaud, qui viennent de s'enlever. Quelques-uns, ornés de feux, s'allument, menaçant d'incendier toutes les maisons; aussi, sur les poutres des toits, voit-on des hommes munis d'un long bambou portant un torchon à l'extrémité, avec à leur portée un seau plein d'eau. Leurs noires silhouettes se détachent sur la vague clarté de l'air et semblent des fantômes descendus des espaces pour assister aux réjouissances des hommes.—On a brûlé également une multitude de roues, de châteaux, de taureaux et de carabaos de feu ainsi qu'un grand volcan surpassant en beauté et en grandeur tout ce qu'avaient vu jusqu'alors les habitants de S. Diego.

Maintenant la foule se dirige en masse vers la place pour assister à la dernière représentation du théâtre. Ici et là brûlent des feux de Bengale, éclairant fantastiquement les groupes joyeux; les enfants se munissent de torches pour chercher dans l'herbe les bombes tombées et d'autres restes qu'ils puissent utiliser, mais la musique donne le signal et tous abandonnent la prairie.

La grande estrade est splendidement illuminée; des milliers de lumières entourent les piliers, pendent du toit et parsèment le sol en groupes entassés. Un alguazil est là pour y veiller et, quand il s'approche pour les arranger, le public le siffle et lui crie: «Il est là, le voilà!»

Devant la scène, l'orchestre accorde les instruments, prélude aux airs qu'il doit jouer; derrière est l'endroit dont parlait le correspondant dans sa lettre. Les principaux du pueblo, les Espagnols et les riches étrangers occupent les sièges alignés. Le peuple, ceux qui n'ont ni titres ni traitements, occupe le reste de la place; quelques-uns ont apporté un banc, bien plus pour monter dessus que pour s'y asseoir; les autres protestent bruyamment; ceux qui sont juchés sur le banc en descendent mais pour y remonter immédiatement, comme si rien n'était.

Les allées, les venues, les cris, les exclamations, les éclats de rires, un quolibet, un sifflet augmentent le tumulte. Ici, le pied d'un banc se brise et ceux qui l'occupaient tombent au milieu des rires de la multitude, là on se dispute pour une place, un peu plus loin on entend un fracas de verres et de bouteilles qui se brisent; c'est Andeng qui apporte des rafraîchissements et des boissons; de ses deux mains elle soutient le large plateau, mais par malheur elle se rencontre avec son fiancé qui veut profiter de la situation...

Le lieutenant principal, D. Filipo, préside le spectacle, car le gobernadorcillo est un fervent du *monte*1. D. Filipo converse avec le vieux Tasio:

—Que dois-je faire? disait-il, l'Alcalde n'a pas voulu accepter ma démission. «Ne vous sentez-vous pas suffisamment de force pour accomplir votre devoir?» m'a-t-il demandé.

—Et que lui avez-vous répondu?

—Señor Alcalde, lui ai-je dit; les forces d'un lieutenant principal, pour insignifiantes qu'elles puissent être, sont comme celles de toute autorité: elles viennent de ce qui leur est supérieur. Le Roi lui-même reçoit les siennes du peuple qui les tient de Dieu. Cette force supérieure me manque, señor Alcalde! Mais l'Alcalde n'a pas voulu m'écouter, il m'a dit que nous en parlerions après les fêtes!

—Alors que Dieu vous aide! dit le vieillard, et il se disposa à se retirer.

—Ne voulez-vous pas voir la représentation?

—Merci! pour rêver et divaguer, je me suffis à moi-même, répondit en riant le philosophe; mais je me souviens d'une question que je voulais vous soumettre. Le caractère de notre peuple n'a-t-il jamais appelé votre attention? Pacifique, il aime les spectacles belliqueux; démocrate, il adore les empereurs, les rois et les princes; irréligieux, il se ruine pour les pompes du culte; nos femmes ont un caractère doux, elles délirent quand une princesse brandit une lance... en savez-vous la cause? Eh bien!...

L'arrivée de Maria Clara et de ses amies coupa la conversation. D. Filipo les reçut et les accompagna à leurs places. Puis venaient le curé avec un autre franciscain et quelques Espagnols, sans compter un certain nombre de ceux dont l'office est de former l'escorte des moines.

—Dieu les récompense aussi dans l'autre vie! dit le vieux Tasio en s'éloignant.

La séance commença avec Chananay et Marianito dans *Crispino et la Commère*. L'attention de tous était accaparée par la scène; seul le P. Salvi restait indifférent au spectacle; il semblait n'être venu que pour surveiller Maria Clara dont la tristesse donnait à sa beauté un caractère si idéal, si particulier, que l'on aurait compris qu'il s'absorbât avec ravissement dans sa contemplation. Mais ce n'était pas le ravissement qu'exprimaient les yeux du prêtre, profondément enfoncés dans leurs creuses orbites; en ce regard sombre se lisait quelque chose de désespérément triste: c'est avec de tels yeux que Caïn aurait contemplé de loin le Paradis dont sa mère lui avait dépeint les délices.

L'acte se terminait quand Ibarra entra; sa présence occasionna un murmure; les regards se concentrèrent sur lui et sur le curé.

Mais le jeune homme ne parut s'apercevoir de rien; il salua gracieusement Maria Clara et ses amies, et prit place à côté de sa fiancée. La seule qui lui parla fut Sinang.

—Tu as été voir le volcan? lui demanda-t-elle.

—Non, petite amie, j'ai dû accompagner le capitaine général.

—Quel malheur! Le curé est venu avec nous et nous a raconté des histoires de damnés; qu'en dis-tu? pour nous faire peur et nous empêcher de nous amuser, n'est-ce pas?

Le P. Salvi s'était levé, il s'approcha de D. Filipo et parut avoir avec lui une vive discussion. Il parlait avec vivacité, le lieutenant avec mesure et à voix basse.

—Je regrette de ne pouvoir satisfaire Votre Révérence, disait-il, le señor Ibarra est un des principaux contribuables et a le droit d'être ici tant qu'il ne trouble pas l'ordre.

—Mais n'est-ce pas troubler l'ordre que de scandaliser les bons chrétiens? C'est laisser entrer un loup dans la bergerie! Tu répondras de ceci devant Dieu et devant les autorités!

—Je réponds toujours des actes qui émanent de ma propre volonté, Père, répondit D. Filipo en s'inclinant légèrement; mais ma petite autorité ne me permet pas de me mêler des choses religieuses; que ceux qui veulent éviter son contact ne lui parlent pas; le señor Ibarra n'y force personne.

—Mais c'est faciliter le péril et qui aime le péril périt par lui!

—Je ne vois là aucun péril, Père; le señor Alcalde et le capitaine général, mes supérieurs, ont accepté sa compagnie toute l'après-midi; il ne m'appartient pas de leur donner une leçon.

—Si tu ne le chasses pas d'ici, c'est nous qui sortirons.

—J'en serai très fâché, mais je ne puis chasser d'ici qui que ce soit.

Le curé se repentit de sa démarche, mais il n'y avait plus de remède. Il fit un signe à son compagnon qui se leva avec ennui et tous deux sortirent. Leur petite escorte les imita, non sans lancer à Ibarra un regard chargé de haine.

Les murmures et les chuchotements recommencèrent; quelques personnes s'approchèrent de Crisóstomo, le saluèrent et lui dirent:

—Nous sommes avec vous; ne faites pas cas de ceux-là!

—Quels sont ceux-là? demanda-t-il avec étonnement.

—Ceux qui sont sortis pour éviter votre contact?

—Pour éviter mon contact? mon contact?

—Oui! ils disent que vous êtes excommunié.

Ibarra, surpris, ne sut que dire et regarda autour de lui. Il vit Maria Clara qui se cachait derrière son éventail.

—Mais, est-ce possible? s'écria-t-il enfin; sommes-nous encore en plein Moyen-Age? De sorte que...

Et s'approchant des jeunes filles, il changea de ton.

—Excusez-moi, dit-il; j'avais oublié un rendez-vous; je reviendrai pour vous accompagner.

—Reste donc! lui dit Sinang; Yeyeng va danser dans *la Calandria*; elle danse divinement.

—Je ne puis pas, petite amie, mais je reviendrai.

Les murmures redoublèrent.

Pendant que Yeyeng sortait, habillée en femme du peuple avec le: *Da Usté su permiso?* et que Carvajal lui répondait: *Pase usté adelante*2, etc., deux soldats de la Garde Civile s'approchèrent de D. Filipo, lui demandant de suspendre la représentation.

—Et pourquoi? demanda-t-il surpris.

—Parce que l'alférez et sa dame se sont battus et ne peuvent dormir.

—Dites à l'alférez que nous avons la permission de l'Alcalde Mayor et que, contre ce permis, *personne* ne peut rien dans le pueblo, même le gobernadorcillo, qui est mon *u-ni-que su-pé-rieur*.

—Mais il faut suspendre la séance! répétèrent les soldats.

D. Filipo haussa les épaules et leur tourna le dos. Les gardes s'en allèrent.

Pour ne pas troubler la tranquillité, D. Filipo ne dit rien à personne de cet incident.

Après un vaudeville qui fut très applaudi, le Prince Villardo se présenta défiant tous les Mores qui retenaient son père prisonnier; le héros les menaçait de leur couper à tous la tête d'une seule estafilade et de les envoyer dans la lune. Heureusement pour les Mores, qui se disposaient à combattre au son de l'hymne de Riego, un tumulte se produisit. L'orchestre s'arrêta, les musiciens assaillirent le théâtre en jetant leurs instruments. Le vaillant Villardo, qui ne les attendait pas, les prenant pour des alliés des Mores, jeta aussi son épée et son bouclier et prit la fuite; les Mores, en voyant fuir un si terrible chrétien s'enhardirent, à l'imiter; on entendait des cris, des interjections, des imprécations, des blasphèmes; tout le monde courait, se heurtait, les lumières s'éteignaient, on lançait en l'air les verres lumineux, etc.

—Les tulisanes, les tulisanes, criaient les uns.—Au feu, au feu! aux voleurs! criaient les autres; les femmes et les enfants pleuraient, les bancs et les spectateurs roulaient à terre au milieu de la confusion, du brouhaha et du tumulte.

Que s'était-il passé?

Les deux gardes civils, bâton en main, avaient poursuivi les musiciens pour arrêter le spectacle, le lieutenant principal et les cuadrilleros armés de leurs vieux sabres, essayant vainement de les retenir.

—Conduisez ces hommes au tribunal! criait D. Filipo; faites attention de ne pas les laisser échapper!

Ibarra était revenu et cherchait Maria Clara. Les craintives jeunes filles s'accrochaient à lui tremblantes et pâles; la tante Isabel récitait les litanies en latin.

Lorsque la foule fut revenue de son effroi et se rendit compte de ce qui s'était passé, l'indignation éclata. Les pierres plurent sur le groupe des cuadrilleros conduisant au tribunal les deux gardes civils; on proposa de mettre le feu au quartier et d'y rôtir Da. Consolacion avec l'alférez.

—C'est à cela qu'ils servent! criait une femme en retroussant ses bras; à troubler le pueblo! Ils ne poursuivent que les honnêtes gens. C'est là que sont les tulisanes et les joueurs! Le feu au quartier!

L'un, se tâtant le bras, demandait à être confessé; des accents plaintifs sortaient de dessous les bancs renversés: c'était un pauvre musicien. La scène était pleine d'artistes et d'habitants du pueblo qui parlaient tous à la fois. Là, Chananay, dans son costume de Léonor du *Trouvère* causait en jargon de *tienda*3 avec Ratia, vêtu en maître d'école; Yeyeng, enveloppée dans un châle de soie, conversait avec le prince Villardo; Balbino et les Maures s'efforçaient de consoler les musiciens chagrinés. Quelques Espagnols allaient de côté et d'autre, haranguant tous ceux qu'ils rencontraient.

Mais déjà s'était formé un rassemblement. D. Filipo avait appris les intentions de la foule et courait la contenir.

—Ne troublez pas l'ordre! criait-il; demain nous demanderons satisfaction, on nous fera justice; je vous réponds qu'on nous fera justice!

—Non! répondirent quelques-uns; ils ont fait de même à Calamba4, on leur a également promis justice et l'Alcalde n'a rien fait! Nous nous ferons justice nous-mêmes! Au quartier!

En vain s'efforçait le lieutenant; la foule ne s'apaisait pas. D. Filipo cherchant autour de lui quelqu'un qui pût le seconder aperçut Ibarra.

—Señor Ibarra, par grâce! maintenez-les tandis que je vais chercher les cuadrilleros.

—Que puis-je faire? demanda le jeune homme perplexe; mais déjà le lieutenant était loin.

A son tour, Ibarra regarda autour de lui, cherchant quelqu'un sans savoir qui. Par bonheur, il crut distinguer Elias qui, impassible, assistait au mouvement. Ibarra courut à lui, le prit par le bras et lui dit en espagnol:

—Pour Dieu! faites quelque chose si vous le pouvez, moi je ne puis rien.

Le pilote devait l'avoir compris, car il se perdit dans la foule.

On entendit de vives discussions, de rapides interjections, puis, peu à peu le groupe commença à se dissoudre, prenant une attitude moins hostile.

Il était temps, les soldats arrivaient armés, baïonnette au canon.

Pendant ce temps, que faisait le curé?

Le P. Salvi ne s'était point couché. Debout, le front appuyé contre les persiennes, il regardait vers la place, immobile, laissant échapper parfois un soupir comprimé. Si la lumière de sa lampe avait été moins basse, peut-être aurait-on pu voir ses yeux se remplir de larmes. Il passa ainsi une heure.

Le tumulte le surprit dans cette position. Etonné, il suivit des yeux les allées et les venues du peuple; les cris arrivaient confusément jusqu'à lui. Un domestique qui accourait à perdre haleine l'informa de ce qui se passait.

Une pensée traversa son imagination. Au milieu de la confusion et du tumulte, le moment est propice aux libertins pour profiter de l'effroi et de la faiblesse des femmes: toutes fuient, chacun ne pense qu'à soi, un cri ne s'entend pas, les pauvrettes s'évanouissent, se renversent, tombent, la terreur fait taire la pudeur et, au milieu de la nuit... quand on s'aime! Il s'imagina voir Crisóstomo emportant dans ses bras Maria Clara défaillante et disparaissant avec elle dans l'obscurité.

Il bondit dans les escaliers, sans chapeau, sans canne et, comme un fou, courut vers la place.

Là, il rencontra les Espagnols qui réprimandaient les soldats; il regarda vers les sièges qu'occupaient Maria Clara et ses amies: ils étaient vides.

—Père Curé! Père Curé! lui criaient les Espagnols. Mais il ne s'arrêta pas, il courait vers la demeure de Capitan Tiago. Là, il respira; il vit à travers le rideau transparent la silhouette adorable, gracieuse, aux suaves contours de Maria Clara et celle de la tante qui apportait des tasses et des verres.

—Allons! murmura-t-il, il semble qu'elle est seulement malade.

Tante Isabel ferma ensuite les *conchas* des fenêtres et l'ombre charmante disparut.

Le curé s'éloigna sans voir la foule. Il avait devant les yeux le superbe buste d'une belle jeune fille endormie, respirant doucement; les paupières sont ombragées par de longs cils, formant des courbes gracieuses comme aux Vierges peintes par Raphaël; la petite bouche sourit; tout le visage respire la virginité, la pureté, l'innocence; c'est une douce vision au milieu des draperies blanches de son lit; c'est une tête de chérubin parmi les nuages.

Son imagination emportée achevait le tableau, lui montrait encore... mais qui donc pourrait décrire tous les rêves de ce cerveau ardent?

Peut-être en aurait été capable l'infatigable correspondant du journal de Manille qui terminait la description de la fête et de tous les événements qui l'avaient accompagnée par ces lignes:

«Merci mille fois, infiniment merci pour l'opportune et active intervention du T. R. P. Fr. Salvi qui, défiant tout péril, parmi ce peuple furieux, au milieu de la tourbe effrénée, sans chapeau, sans canne, apaisa les fureurs de la multitude, ne faisant usage que de sa persuasive parole, de la majesté et de l'autorité qui jamais ne manquent au prêtre d'une Religion de paix. Le vertueux religieux, avec une abnégation sans exemple, a abandonné les délices du tranquille sommeil dont jouit toute bonne conscience, comme la sienne, pour éviter que le plus petit malheur ne vînt frapper son troupeau. Les habitants de San Diego n'oublieront sans doute pas ce sublime acte de leur héroïque pasteur et sauront lui en être éternellement reconnaissants».

---

1 Jeu de cartes prohibé, analogue au lansquenet.—N. des T.

2 Permettez-vous?—Entrez!—N. des T.

3 Boutique.—N. des T.

4 En 1879.—N. de l'Ed. esp.

XLI

Deux visites

Dans l'état d'esprit où se trouvait Ibarra dormir lui était impossible; aussi, pour distraire son esprit et éloigner les tristes idées que la nuit rend plus tristes encore, il se mit à travailler dans son cabinet solitaire. Le jour le surprit faisant des combinaisons et des mélanges, à l'action desquels il soumettait de petits morceaux de canne à sucre ou d'autres substances, qu'il enfermait ensuite dans des flacons numérotés et cachetés.

Un domestique entra annonçant l'arrivée d'un paysan.

—Qu'il entre! dit Crisóstomo sans se retourner.

C'était Elias qui, debout, attendait sans rien dire.

—Ah! c'est vous? s'écria Ibarra en le reconnaissant. Excusez-moi si je vous ai fait attendre un moment, je ne m'étais pas aperçu de votre entrée, je faisais une expérience importante.

—Je ne veux pas vous déranger! répondit le jeune pilote; je suis venu d'abord pour vous demander si vous aviez une commission pour la province de Batangas où je pars, et ensuite pour vous donner une mauvaise nouvelle...

Du regard Ibarra l'interrogea.

—La fille de Capitan Tiago est malade, ajouta tranquillement Elias, mais non gravement.

—Je le craignais, répondit Ibarra d'une voix débile. Savez-vous quelle est sa maladie?

—Une fièvre? Maintenant si vous n'avez rien à me demander...

—Merci, mon ami, je vous souhaite un bon voyage... mais, avant de partir, permettez-moi une question; si elle est indiscrète, ne répondez pas.

Elias s'inclina.

—Comment avez-vous pu conjurer l'émeute d'hier soir? demanda Ibarra en fixant ses yeux sur lui.

—Très simplement! répondit Elias avec le plus grand naturel; ceux qui dirigeaient le mouvement étaient deux frères dont le père est mort sous les bâtons de la garde civile; j'eus un jour le bonheur de les sauver des mêmes mains qui avaient tué leur père et tous deux m'en sont restés reconnaissants. C'est à eux que je me suis adressé, ils se sont chargés de dissuader les autres.

—Et ces deux frères?...

—Finiront comme leur père, répondit Elias à voix basse; quand une fois le malheur a marqué une famille, tous les membres doivent périr; quand la foudre a frappé un arbre, elle ne tarde pas à le réduire en cendres.

Puis, voyant qu'Ibarra se taisait, il partit.

Resté seul, Crisóstomo perdit l'attitude sereine qu'il avait conservée en présence du pilote et la douleur se manifesta sur sa figure.

—C'est moi, c'est moi qui la fais souffrir! murmura-t-il.

Il s'habilla rapidement et descendit les escaliers.

Un petit homme en deuil, portant une grande cicatrice à la joue gauche, le salua humblement, l'arrêtant dans son chemin.

—Que voulez-vous? lui demanda Ibarra.

—Señor, je m'appelle José, je suis le frère de celui qui a été tué hier.

—Ah! je vous assure que je ne suis pas insensible à votre chagrin... que désirez-vous?

—Señor, je veux savoir combien vous allez payer à la famille de mon frère.

—Payer? répéta le jeune homme sans pouvoir réprimer un mouvement d'ennui, nous reparlerons de ceci. Venez cette après-midi, car je suis pressé.

—Dites-moi seulement ce que vous voulez donner? insista José.

—Je vous dis que nous en parlerons un autre jour; aujourd'hui je n'ai pas le temps! dit Ibarra avec impatience.

—Vous n'avez pas le temps maintenant, señor? demanda José avec amertume en se plaçant devant lui. Vous n'avez pas le temps de vous occuper des morts?

—Venez cette après-midi, bonhomme! répéta Ibarra en se contenant; je dois à l'instant voir une personne malade.

—Ah! et pour un malade vous oubliez les morts? Vous croyez que parce que nous sommes pauvres...?

Ibarra le regarda et lui coupa la parole.

—Ne mettez pas ma patience à l'épreuve! dit-il, et il poursuivit son chemin. José le suivit des yeux avec un sourire plein de haine.

—On voit bien que c'est le petit-fils de celui qui exposait mon père au soleil! murmura-t-il entre ses dents; il est du même sang!

Et changeant de ton, il ajouta:

—Mais, si tu payes bien... amis!

XLII

Les époux de Espadaña

La fête est terminée; les habitants du pueblo s'aperçoivent maintenant, comme tous les ans, que leur bourse est vide, qu'il ont travaillé, sué et veillé beaucoup sans s'amuser guère, sans s'être même acquis de nouveaux amis, en un mot, qu'ils ont acheté très cher du bruit et des maux de tête. Mais, qu'importe! l'année prochaine on recommencera, le siècle prochain il en sera encore de même, car, jusqu'à présent on l'a fait et il n'y a rien qui puisse faire renoncer à une habitude, même coûteuse et nuisible.

Chez Capitan Tiago, la maison est triste. Toutes les fenêtres sont fermées, à peine si l'on ose faire quelque bruit et c'est à la cuisine seulement que l'on se risque à parler à voix haute. Maria Clara, l'âme de la maison, est clouée au lit; l'état de sa santé se lit sur tous les visages comme se lisent dans nos gestes les chagrins de notre âme.

—Qu'en dis-tu, Isabel? dois-je faire un don à la croix de Tunasan ou à celle de Matahong? demande à voix basse le père tout troublé. La croix de Tunasan grandit, mais celle de Matahong sue; quelle est selon toi la plus miraculeuse?

La tante Isabel réfléchit, hoche la tête et murmure:

—Grandir... grandir est plus miraculeux que suer; tous nous suons, mais nous ne grandissons pas tous.

—C'est vrai, oui, Isabel, mais songe bien que suer... pour du bois semblable à celui des pieds de banc, ce n'est pas un petit miracle... Allons, le mieux sera de faire un don aux deux croix, comme cela aucune ne sera fâchée et Maria Clara guérira plus vite...

—Les appartements sont prêts? Tu sais qu'avec le docteur vient un jeune homme nouvellement arrivé, parent par alliance du P. Dámaso; il faut que rien ne manque.

A l'autre bout de la salle à manger sont les deux cousines, Sinang et Victoria, qui viennent de tenir compagnie à la malade. Andeng les aide à nettoyer un service d'argent pour prendre le thé.

—Connaissez-vous le docteur Españada? demanda avec intérêt à Victoria la sœur de lait de Maria Clara.

—Non! tout ce que j'en sais, c'est qu'il coûte très cher, d'après Capitan Tiago.

—Alors il doit être très bon! dit Andeng; celui qui a percé le ventre de Da. Maria a pris très cher, aussi était-il très savant.

—Sotte! s'écria Sinang; celui qui prend cher n'est pas savant pour cela. Regarde le docteur Guevara; il n'a pas su aider à l'accouchement, il a coupé la tête de l'enfant et cependant a pris cinquante pesos au veuf... tout ce qu'il savait c'était toucher!

—Qu'en sais-tu? lui demanda sa cousine en lui poussant le coude.

—Ne dois-je pas le savoir? Le mari qui est un scieur de bois, après avoir perdu sa femme, perdit aussi sa maison, parce que l'Alcalde qui était l'ami du docteur l'obligea à payer... ne dois-je pas le savoir? mon père lui a prêté l'argent pour faire le voyage à Santa Cruz1.

Une voiture s'arrêtant devant la maison coupa court à toutes les conversations.

Capitan Tiago, suivi de la tante Isabel, descendit en courant les escaliers pour recevoir les nouveaux arrivés.—C'étaient le docteur D. Tiburcio de Espadaña, sa dame, la doctora Da. Victorina de los Reyes *de* de Espadaña et un jeune Espagnol de physionomie sympathique et d'aspect agréable.

Elle portait une robe de soie, bordée de fleurs et un chapeau avec un grand perroquet, à demi aplati entre des rubans bleus et rouges; la poussière du chemin, se mêlant sur ses joues à la poudre de riz, accentuait plus fortement ses rides; comme lorsque nous l'avons vue à Manille, aujourd'hui encore elle donnait le bras à son mari boiteux...

—J'ai le plaisir de vous présenter notre cousin D. Alfonso Linares de Espadaña! dit Da. Victorina en désignant le jeune homme; le señor est fils adoptif d'un parent du P. Dámaso, et secrétaire particulier de tous les ministres...

Le jeune homme salua gracieusement; un peu plus, Capitan Tiago lui aurait baisé la main.

Tandis que l'on monte les nombreuses malles, valises et sacs de voyage des nouveaux arrivés et que Capitan Tiago les conduit à leurs appartements, faisons plus ample connaissance avec ce couple que nous avons seulement entrevu dans les premiers chapitres.

Da. Victorina est une dame âgée de quarante-cinq étés qui, selon ses calculs arithmétiques, sont équivalents à trente-deux printemps. Elle avait été très belle dans sa jeunesse, avait eu de bonnes chairs—ainsi disait-elle d'habitude,—mais extasiée, dans sa propre contemplation, elle avait regardé avec le plus parfait dédain ses nombreux adorateurs philippins; ses aspirations la portaient vers une autre race. Aussi n'avait-elle voulu accorder à personne sa main blanche et fine, bien que souvent elle ait livré à divers passagers étrangers ou compatriotes des joyaux et des bijoux de valeur inestimable.

Depuis six mois elle avait réalisé son plus beau rêve, celui de toute son existence, pour lequel elle avait dédaigné les hommages de la jeunesse et même les serments d'amour jadis murmurés à ses oreilles ou chantés en quelque sérénade par Capitan Tiago. Bien tard, il est vrai, s'accomplissait ce songe mais, bien qu'elle ne parlât qu'un fort mauvais castillan, Da. Victorina était plus espagnole que la Agustina de Zaragoza2, elle connaissait le proverbe: *Mieux vaut tard que jamais*, et se consolait en se le redisant sans cesse.—*Sur la terre il n'est point de bonheur complet*, était son autre maxime, mais ses lèvres ne prononçaient jamais devant qui que ce soit ni l'un ni l'autre de ces deux dictons.

Sa première jeunesse, puis sa seconde, puis sa troisième, s'étant passées à tendre les filets pour pêcher dans l'océan du monde l'objet de ses insomnies, Da. Victorina dut à la fin se contenter de ce que le sort lui voulut bien départir. Si, au lieu d'avoir trente-deux avrils, la pauvrette n'en avait eu que trente et un—la différence était considérable pour son arithmétique—elle aurait abandonné au Destin la prise qu'il lui offrait et en eût attendu une autre plus conforme à ses désirs. Mais la femme propose et la nécessité dispose; ayant absolument besoin d'un mari, elle se vit obligée de se contenter d'un pauvre homme qui, arraché de son Estremadure, après avoir, moderne Ulysse, quelque six ou sept ans erré de par le monde, trouva enfin dans l'île de Luzon l'hospitalité, de l'argent et une Calypso fanée... Le malheureux avait nom Tiburcio Espadaña et, bien qu'il eût trente-cinq ans et parût vieux, il était cependant plus jeune que Da. Victorina qui n'en avait que trente-deux: le pourquoi en est facile à comprendre mais difficile à dire.

Il était parti pour les Philippines comme petit employé des Douanes, mais sa mauvaise chance voulut qu'après avoir beaucoup navigué et s'être fracturé une jambe pendant ses voyages il fût forcé de donner sa démission.

Se défiant de la mer, il ne voulait pas retourner en Espagne sans avoir fait fortune et chercha une occupation. L'orgueil espagnol ne lui permettait aucun travail corporel; ce n'était pas que le pauvre homme, désireux de vivre honorablement, n'eût accepté de faire n'importe quoi avec plaisir, mais les nécessités du prestige des Péninsulaires lui interdisaient certains métiers et le prestige ne le nourrissait point.

D'abord il vécut aux dépens de quelques-uns de ses compatriotes mais, ayant du cœur, ce pain lui semblait amer et loin d'engraisser, il maigrissait. Comme il n'avait ni science, ni argent, ni recommandations, ses protecteurs, désireux de se débarrasser de lui, conseillèrent donc à notre ami Tiburcio de s'en aller dans les provinces et de s'y faire passer pour docteur en médecine. Cet expédient ne lui convenait guère, il se refusa d'abord à l'adopter; son service comme garçon à l'Hôpital de San Carlos ne lui avait rien appris de la science de guérir: il se bornait à épousseter les bancs et à allumer le feu; encore n'y était-il resté que peu de temps. Cependant, la nécessité le pressant, ses amis lui démontrant la vanité de ses scrupules, il fit ce qu'on lui disait, parcourut la province et se mit à visiter quelques malades, ne demandant qu'un prix modique que fixait sa conscience. Mais, de même que le jeune philosophe dont parle Samaniego3, ses prétentions devinrent très hautes et il finit par attacher un tel prix à ses visites que promptement on le prit pour un grand médecin. Il était en voie de faire fortune et y aurait probablement réussi si le *Protomedicato*4 de Manille n'avait pas été informé des honoraires exorbitants qu'il exigeait et de la concurrence qu'il faisait aux autres médecins.

Des particuliers, des professeurs intercédèrent pour lui.—Laissez-le donc! disaient-ils au jaloux Dr. C., laissez-le faire sa petite pelote et, quand il aura ramassé six ou sept mille pesos, il s'en retournera dans son pays et y vivra en paix. En quoi cela vous gêne-t-il qu'il trompe ces bonnes dupes d'Indiens? que ne sont-ils plus malins? C'est un pauvre diable, ne lui retirez pas le pain de la bouche, montrez-vous bon Espagnol!

Le docteur était bon Espagnol et consentit à fermer les yeux, mais le bruit de l'affaire était arrivé aux oreilles du public, la confiance disparut peu à peu et avec elle la clientèle; la misère revint et D. Tiburcio Espadaña se retrouva devoir presque mendier le pain de chaque jour. C'est alors que, par un de ses amis qui avait été l'intime de Da. Victorina, il apprit dans quelle affliction se trouvait cette dame et quels étaient son patriotisme et son bon cœur. D. Tiburcio vit là un coin de ciel bleu et demanda à être présenté.

Da. Victorina et D. Tiburcio se virent. *Tarde venientibus ossa*5, se serait-il écrié s'il avait su le latin! Elle n'était plus passable, elle était passée; sa chevelure abondante s'était réduite à un chignon qui, au dire de sa domestique, ne dépassait guère la grosseur d'une tête d'ail; des rides zébraient son visage et ses dents abandonnaient leur poste; les yeux avaient également souffert et beaucoup; seul, son caractère n'avait pas changé.

Après une demi-heure de conversation, ils s'étaient compris, ils s'étaient acceptés. Sans doute, elle aurait préféré un Espagnol moins boiteux, moins bègue, moins chauve, moins brèche-dents, mais ceux-là ne lui avaient jamais demandé sa main. Souvent elle avait entendu dire que l'occasion était chauve et, très fermement, elle crut que D. Tiburcio était l'occasion en personne, lui qui devait à ses nuits blanches une calvitie prématurée. A trente-deux ans quelle femme n'est pas prudente?

Pour sa part, D. Tiburcio ne pouvait songer sans une vague mélancolie à ce que serait sa lune de miel. Il se résigna cependant, surtout lorsqu'il vit se dresser le spectre de la faim. Ce n'est pas qu'il eût jamais eu ni grandes prétentions ni grandes ambitions: ses goûts étaient simples, ses désirs limités; mais son cœur, jusqu'alors vierge, avait rêvé d'une divinité bien différente.— Là-bas, dans sa jeunesse, lorsque lassé par le travail, il allait, après un frugal repas, se coucher dans un mauvais lit pour digérer le *gazpacho*6, il s'endormait en pensant à une image souriante et caressante. Ensuite, quand les privations et les ennuis se furent accrus, que les années écoulées n'eurent point amené la poétique figure, il rêva d'une bonne femme, économe, travailleuse, qui lui apporterait une petite dot, le consolerait des fatigues du travail et se disputerait avec lui de temps en temps!—oui, il songeait aux disputes comme à une joie! Mais, quand obligé de vaguer de pays en pays à la recherche, non pas de la fortune mais du pain quotidien, lorsque illusionné par les récits de ses compatriotes qui revenaient des colonies il se fut embarqué pour les Philippines, le réalisme de la femme de ménage céda la place à une métisse arrogante, à une belle indienne aux grands yeux noirs, drapée dans la soie et les tissus transparents, chargée d'or et de diamants, qui lui apporterait son amour, ses voitures, etc. Il arriva aux Philippines et crut son rêve réalisé, car les jeunes filles qui, en des calèches argentées, roulaient à la Luneta et au Malecon l'avaient d'abord regardé avec une certaine curiosité. Mais bientôt la métisse disparut ainsi que l'indienne et, après un long travail, le malheureux en fut réduit à se forger la vision d'une veuve, mais d'une veuve agréable. Quand il vit son rêve prendre corps en partie, la tristesse l'envahit, mais, comme il avait une certaine dose de philosophie naturelle, il se dit: «C'était un rêve; dans le monde on ne vit pas en rêvant!» Et il raisonnait ainsi: «Elle use beaucoup de poudre de riz, bah! quand on se marie! et puis je ferai qu'elle s'en déshabitue; elle a beaucoup de rides, mais mon habit a beaucoup de pièces et de déchirures; c'est une vieille prétentieuse et impérieuse, mais la faim est plus impérieuse et plus prétentieuse encore, d'ailleurs je suis né avec un caractère très doux et puis, qui sait? l'amour modifie bien des choses et bien des esprits; elle parle très mal le castillan, moi non plus je ne le parle pas très bien, le chef de Division me l'a dit en me notifiant ma démission; de plus qu'importe ceci? C'est une vieille laide et ridicule? je suis boiteux, édenté, chauve!» D. Tiburcio préférait soigner les autres que d'être soigné lui-même pour maladie d'inanition. Quand quelques amis se moquaient de lui: «Donne-moi du pain, répondait-il, et appelle-moi niais.»

Il était de ceux dont on dit vulgairement qu'ils ne feraient pas de mal à une mouche; modeste, incapable d'une mauvaise pensée, aux temps anciens il se fût fait missionnaire. Son séjour dans le pays n'avait pu lui donner cette conviction de haute supériorité, d'extraordinaire valeur et de grande importance qu'y acquièrent en peu de semaines la plupart de ses compatriotes. Son cœur n'avait jamais connu la haine, il n'avait encore pu trouver un seul flibustier; il ne voyait que des malheureux qu'il lui fallait plumer s'il ne voulait pas être plus malheureux qu'eux. Quand on parla de le poursuivre pour exercice illégal de la médecine, il n'en eut de ressentiment contre personne, il ne se plaignit pas; il reconnaissait le bien fondé de l'accusation et se contentait de répondre: Il me faut pourtant vivre.

Ils se marièrent donc7 et s'en allèrent à Santa Anna passer leur lune de miel; la nuit même des noces, Da. Victorina eut une terrible indigestion, D. Tiburcio rendit grâces à Dieu et se montra dévoué et empressé. La seconde nuit cependant il se comporta en homme honorable mais, lorsque le lendemain il se regarda dans un miroir, il sourit avec mélancolie, découvrant ses gencives dégarnies: il avait vieilli d'au moins dix ans.

Enchantée de son mari, Da. Victorina le fit doter d'une bonne denture postiche, habiller et équiper par les meilleurs tailleurs de la ville, commanda des lustres et des voitures, et alla jusqu'à l'obliger à avoir deux chevaux pour les courses prochaines.

Tandis qu'elle transformait ainsi son époux, elle ne s'oubliait pas elle-même: elle abandonna la jupe de soie et la chemise de piña pour le costume européen; elle substitua les fausses nattes à la simple coiffure des Philippines, et par ses atours qui lui allaient divinement mal, troubla la paix de tout son oisif et tranquille voisinage.

Son mari, qui jamais ne sortait à pied,—elle ne voulait pas qu'il affichât son infirmité—la promenait toujours là où il n'y avait personne; elle, qui aurait voulu faire briller son mari aux yeux de tous, en souffrait beaucoup, mais elle se taisait, ne voulant pas troubler la lune de miel.

L'éclat de cet astre commença à pâlir lorsqu'il voulut lui faire des observations sur l'abus qu'elle faisait des poudres de riz.

Comme il lui faisait remarquer que rien n'était plus laid que le faux ni mieux que le naturel, Da. Victorina fronça les sourcils et regarda sa denture postiche. Il comprit et se tut.

Au bout de peu de temps elle se crut mère et annonça l'heureux événement à tous ses amis:

—Le mois prochain, moi et de Espadaña nous irons à la *Pegninsule*; je ne veux pas que notre fils naisse ici et qu'on l'appelle révolutionnaire.

Elle mit un *de* avant le nom de son mari; le *de* ne coûtait rien et donnait un genre. Elle signait: Victorina de los Reyes *de* de Espadaña; ce *de* de Espadaña était sa manie; ni le graveur de ses cartes de visite ni son mari n'avaient pu l'y faire renoncer.

—Si je ne mets qu'un seul *de*, on peut croire que tu ne l'as pas, imbécile! disait-elle à D. Tiburcio.

Continuellement elle parlait de ses préparatifs de voyage, apprenant par cœur les noms des points d'escale et c'était un plaisir de l'entendre dire:—Je vais voir l'*isme* du canal de Suez; De Espadaña croit que c'est le plus joli et De Espadaña a parcouru le monde entier.—Il est probable que je ne reviendrai jamais dans ce pays de sauvages.—Je ne suis pas née pour vivre ici; Aden ou Port-Saïd me conviendraient mieux; toute enfant je le croyais, etc. Dans sa géographie particulière, Da. Victorina divisait le monde en deux parties, l'Espagne et les Philippines.

Le mari sentait le ridicule de ces barbarismes mais il ne disait rien, craignant qu'elle ne se moquât de lui et ne lui fît honte de son bégaiement. Elle fit la fantasque pour augmenter ses illusions de maternité et affecta de se vêtir de couleurs chatoyantes, de s'orner de fleurs et de rubans, de se promener en robe de chambre sur l'Escolta, mais, ô désillusion! trois mois se passèrent et le rêve s'évanouit. Aucune raison ne subsistant plus pour que l'enfant devînt un révolutionnaire, elle renonça au voyage. Elle eut beau consulter les médecins, les matrones, les vieilles femmes, tout fut inutile, et, comme au grand mécontentement de Capitan Tiago elle s'était moquée de S. Pascual Bailon, elle ne voulut recourir à aucun saint ni à aucune sainte. Aussi, un ami de son mari lui dit-il un jour:

—Croyez-moi, señora, vous êtes le seul esprit fort qu'il y ait dans ce pays.

Elle sourit sans comprendre, mais le soir, avant de s'endormir, elle demanda à son mari ce que c'était que de l'esprit fort.

—Ma chère, lui répondit-il, l'es... l'esprit le plus fort que je connaisse, c'est l'ammoniaque; mon ami aura fait une figure de rhé... rhétorique.

Depuis lors, chaque fois qu'elle en trouvait l'occasion, elle ne manquait pas de dire:

—Je suis le seul ammoniaque de ce pays abruti, soit dit par rhétorique, c'est l'avis du señor N. de N. péninsulaire de très grande catégorie.

Quand elle parlait, on devait obéir; elle avait réussi à dominer complètement son mari qui, sans résistance, en était arrivé à n'être plus que son petit toutou d'appartement. S'il la gênait, elle ne le laissait pas sortir et, dans ses moments de grande colère, elle lui arrachait sa fausse mâchoire, le laissant un ou plusieurs jours, selon le cas, horriblement défiguré.

Elle s'avisa que son mari devait être docteur en médecine et chirurgie.

—Tu veux donc que l'on me mette en prison? demanda-t-il épouvanté.

—Ne fais pas la bête et laisse-moi arranger cela! répondit-elle; tu ne soigneras personne, mais je veux que l'on t'appelle docteur et moi doctoresse, voilà!

Le lendemain, Rodoreda recevait l'ordre de graver sur une plaque de marbre noir:

Toute la valetaille dut leur donner les nouveaux titres; le nombre de fanfreluches s'augmenta, l'enduit de poudres de riz s'épaissit, les rubans et les dentelles s'entassèrent, Da. Victorina regarda avec plus de dédain que jamais ses pauvres compatriotes qui n'avaient pas eu le bonheur d'avoir un mari d'aussi haute catégorie que le sien. Chaque jour elle se sentait s'élever, se dignifier plus; en continuant ainsi, au bout d'un an, elle se serait persuadée qu'elle était d'origine divine.

Toute cette gloire, tous ces sublimes pensers n'empêchaient pas cependant que chaque jour elle ne fût plus vieille et plus ridicule. Chaque fois que Capitan Tiago se trouvait avec elle et se rappelait lui avoir vraiment causé d'amour, il envoyait aussitôt un peso à l'église pour une messe d'actions de grâces; cependant il avait beaucoup de respect pour D. Tiburcio, à cause de son titre de spécialiste en toutes sortes de maladies, et écoutait avec attention les rares phrases que son bégayement lui permettait de prononcer. C'est pour cela, et aussi parce que ce docteur ne prodiguait pas ses visites à tout le monde comme les autres médecins, que Capitan Tiago l'avait choisi pour soigner sa fille.

Quant au jeune Linarès, son histoire était différente. Au moment où elle se disposait à partir en Espagne, Da. Victorina, peu confiante dans les Philippins, chercha à prendre un intendant péninsulaire; son mari se souvint d'un de ses cousins qui étudiait le droit à Madrid et qui était considéré comme le plus malin de la famille; ils lui écrivirent donc, lui envoyant d'avance le prix du passage et, quand le rêve se fût évanoui, le jeune homme était déjà en route.

Tels étaient les trois personnages qui arrivaient chez Capitan Tiago.

Le père Salvi entra tandis qu'ils prenaient le second déjeuner et les époux qui le connaissaient déjà lui présentèrent, avec tous ses titres, le jeune Linarès qui rougit quelque peu.

Naturellement on parla de Maria Clara; la jeune fille reposait et dormait. On parla aussi du voyage; Da. Victorina fit briller sa loquacité en critiquant les coutumes des provinciaux, leurs maisons de nipa, leurs ponts de bambou, elle n'oublia pas de faire savoir au curé ses relations amicales avec le Segundo Cabo8, avec l'Alcalde un tel, avec le Conseiller ceci, avec l'Intendant cela, toutes personnes de catégorie qui avaient pour elle la plus grande considération.

—Si vous étiez venue deux jours plus tôt, Da. Victorina, reprit Capitan Tiago, profitant d'une petite pause de la dame, vous vous seriez rencontré avec Son Excellence le Capitaine Général: il était assis à cette place.

—Quoi? Comment? Son Excellence était ici? Et chez vous? Ce n'est pas possible!

—Je vous dis qu'il s'est assis là! Si vous étiez venue il y a deux jours...

—Ah! quel malheur que Clarita ne soit pas tombée malade plus tôt, s'écria-t-elle, véritablement ennuyée; et s'adressant à Linares:

—Ecoute, cousin? Son Excellence était ici! Vois-tu comme De Espadaña avait raison quand il te disait de ne pas aller chez un misérable Indien? Parce que vous saurez, D. Santiago, que notre cousin, à Madrid, était l'ami des ministres et des ducs et qu'il dînait chez le comte du Campanario.

—Chez le duc de la Torre9, Victorina, corrigea son mari.

—C'est la même chose; si tu me disais...?

—Trouverai-je aujourd'hui le P. Dámaso à son pueblo? interrompit Linares en s'adressant au P. Salvi; on m'a dit qu'il était tout près d'ici.

—Le P. Dámaso est justement ici même et va venir d'un moment à l'autre, répondit le curé.

—J'en suis bien content! j'ai une lettre pour lui, s'écria le jeune homme, et si une heureuse chance ne m'avait pas amené ici, je serais venu exprès pour lui rendre visite.

Entre temps, l'*heureuse* chance, c'est-à-dire Maria Clara, s'était réveillée.

—De Espadaña? dit Da. Victorina, quand le déjeuner fut terminé, allons-nous voir Clarita?

Et, se tournant vers Capitan Tiago, elle ajouta:

—C'est pour vous qu'il le fait, D. Santiago, pour vous seul! Mon mari ne soigne que les personnes de catégorie, et encore! Mon mari n'est pas comme ceux d'ici... à Madrid, il ne visitait que les personnages de catégorie.

Ils passèrent dans la chambre de la malade.

L'appartement était presque dans l'obscurité, les fenêtres closes par crainte des courants d'air; seuls, deux cierges brûlant devant une image de la Vierge d'Antipolo projetaient quelque lumière.

La tête ceinte d'un mouchoir imbibé d'eau de Cologne, le corps soigneusement enveloppé dans des draps blancs dont les multiples plis voilaient ses formes virginales, la jeune fille était étendue dans son lit de

*Kamagon*10 entre des rideaux de jusi et de piña. Ses cheveux, encadrant son visage, augmentaient cette pâleur transparente qu'animaient seulement ses deux grands yeux pleins de tristesse. Près d'elle étaient ses deux amies et Andeng tenant une branche de lis.

De Espadaña lui prit le pouls, examina la langue, fit quelques questions et hochant la tête:

—E... elle est malade, mais cela peut se guérir!

Da. Victorina regarda l'assistance avec orgueil, mais le praticien ordonnait:

—Du lichen avec du lait pour le matin, du sirop de guimauve, deux pilules de cynoglosse!

—Prends courage, Clarita, dit Da. Victorina en s'approchant; nous sommes venus pour te guérir... Je vais te présenter notre cousin!

Linares contemplait, absorbé, ces yeux éloquents qui semblaient chercher quelqu'un; il n'entendit pas Da. Victorina.

—Señor Linares, lui dit le curé en l'arrachant à son extase; voici le P. Dámaso.

C'était lui, en effet, pâle et quelque peu triste; aussitôt relevé, sa première visite était pour Maria Clara. Mais ce n'était plus le P. Dámaso d'antan, si robuste, si décidé; maintenant il s'en allait silencieux, d'une marche indécise.

---

1 Un fait semblable s'est passé à Calamba.—N. de l'Éd. esp.

2 Héroïne de la guerre de l'Indépendance espagnole qui se fit remarquer au siège de Saragosse (1809).—N. des T.

3 Félix de Samaniego, célèbre fabuliste espagnol.—N. des T.

4 Jury chargé de l'examen des aspirants au doctorat en médecine.—N. des T.

5 A ceux qui viennent tard les os.—N. des T.

6 Sorte de soupe de laboureurs.—N. des T.

7 Dans le texte: *Casáronse ó cazáronse pues*, ils se marièrent ou se chassèrent donc; calembour intraduisible.—N. des T.

8 Sous-gouverneur.—N. des T.

9 Da. Victorina donne au duc de la Tour le titre de comte du Clocher; l'erreur est peu excusable chez une personne de catégorie.—N. des T.

10 *Diospyros sp.*—N. des T.

XLIII

Projets

Sans se soucier de personne, le P. Dámaso vint droit au lit de la malade et, lui prenant la main:

—Maria! dit-il avec une indicible tristesse, et ses larmes jaillirent, Maria, ma fille, tu ne dois pas mourir!

Maria Clara ouvrit les yeux et le regarda avec un certain étonnement.

Personne de ceux qui connaissaient le franciscain ne le supposait capable de tendres sentiments; sous cette rude et grossière enveloppe personne ne croyait que battît un cœur.

Le P. Dámaso ne put en dire plus et, s'éloignant de la jeune fille en pleurant comme un enfant, il s'en fut derrière la tapisserie pour donner libre cours à sa douleur, sous les plantes grimpantes favorites du balcon de Maria Clara.

—Comme il aime sa filleule! pensaient-ils tous.

Fr. Salvi le contemplait immobile et silencieux, se mordant légèrement les lèvres.

Lorsque son chagrin fut un peu apaisé, Da. Victorina lui présenta le jeune Linares qui s'approcha de lui avec respect.

Fr. Dámaso, sans rien dire, le contempla, des pieds à la tête, prit la lettre qu'il lui tendait et la lut sans paraître y rien comprendre, puis lui demanda:

—Eh bien! qui êtes-vous?

—Alfonso Linares, le filleul de votre beau-frère... balbutia le jeune homme.

Le P. Dámaso rejeta la tête en arrière, examina de nouveau le jeune homme et son visage s'éclairant, se leva:

—Comment, c'est toi le filleul de Carlicos1! s'écria-t-il en le serrant dans ses bras; viens que je t'embrasse... Il y a quelques jours j'ai reçu une lettre de lui...! Comment c'est toi! Je ne t'ai pas connu... tu n'étais pas encore né quand j'ai quitté le pays, je ne te connaissais pas!

Et le P. Dámaso serrait dans ses bras robustes le jeune homme qui devenait rouge, peut-être par timidité, peut-être aussi parce qu'il étouffait. Le P. Dámaso paraissait avoir complètement oublié son chagrin.

Les premiers moments d'effusion passés, les premières questions touchant Carlicos et la Pepa faites, le P. Dámaso l'interrogea:

—Voyons, qu'est-ce que Carlicos veut que je fasse pour toi?

—Je crois qu'il dit quelque chose dans la lettre... balbutia de nouveau Linares.

—Dans la lettre? Voyons? C'est vrai. Il veut que je te trouve un emploi et une femme! Hein! L'emploi... l'emploi, c'est facile. Tu sais lire et écrire?

—J'ai fait mes études à l'Université Centrale et y ai été reçu avocat!

—Carambas! serais-tu par hasard un menteur? Tu n'en as pas la touche... on dirait une mademoiselle; mais tant mieux! Quant à te donner une femme... hem! hem! une femme...

—Père, cela n'est pas si pressé, dit Linares confus.

Mais le P. Dámaso se promenait de long en large en murmurant: Une femme! une femme!

Son visage n'était plus ni triste ni réjoui; il était du plus grand sérieux, on y voyait la préoccupation de son esprit. De loin, le P. Salvi regardait toute cette scène.

—Je ne croyais pas que la chose pût me faire tant de peine! murmura le P. Dámaso d'une voix plaintive; mais de deux maux il faut choisir le moindre.

Et levant la voix, il s'approcha de Linares.

—Viens par ici, garçon, dit-il; nous allons causer à Santiago.

Linares pâlit et se laissa entraîner par le prêtre qui marchait pensif.

Ce fut alors au tour du P. Salvi de se promener en méditant comme toujours.

Une voix qui lui souhaitait le bonjour le tira de sa rêverie; il leva la tête et aperçut José qui le saluait humblement.

—Que veux-tu? demandèrent les yeux du curé.

—Père, je suis le frère de celui qui est mort le jour de la fête! répondit José d'un ton larmoyant.

Le P. Salvi se recula.

—Eh bien! quoi? murmura-t-il d'une voix imperceptible.

L'homme fit un effort pour pleurer, il s'essuyait les yeux avec son mouchoir.

—Père, dit-il en pleurnichant, je suis allé chez D. Crisóstomo pour lui demander l'indemnité... il m'a d'abord reçu à coups de pied, me disant qu'il ne voulait rien payer, car lui-même avait failli être tué par la faute de mon cher et malheureux frère. Hier, je suis retourné pour lui parler, mais il était parti à Manille, me laissant, comme par charité, cinq cents pesos et me faisant dire de ne jamais revenir. Ah, Père, cinq cents pesos pour mon pauvre frère, cinq cents pesos... ah! Père...

Le curé surpris l'écoutait d'abord avec beaucoup d'attention; puis lentement, sur ses lèvres, se refléta un sourire empreint d'un mépris si sarcastique que José s'il l'avait vu, se serait sauvé à toutes jambes.

—Et que veux-tu maintenant? lui demanda le prêtre en haussant les épaules.

—Ah! Père, dites-moi pour l'amour de Dieu, ce que je dois faire; le Père a toujours donné de bons conseils.

—Qui te l'a dit? Tu n'es pas d'ici...

—Le Père est connu de toute la province!

Le P. Salvi, le regard irrité, s'approcha de José épouvanté et, lui montrant la rue:

—Va-t'en chez toi et rends grâce à D. Crisóstomo qu'il ne t'ait pas fait envoyer en prison. Va-t'en d'ici!

Oubliant de jouer son rôle, José murmura:

—Mais je croyais...

—Va-t'en d'ici! cria le P. Salvi avec un accent nerveux.

—Je voudrais voir le P. Dámaso....

—Le P. Dámaso est occupé... va-t'en! commanda encore une fois impérieusement le curé.

José descendit les escaliers en murmurant:

—Celui-ci est comme l'autre... comme il ne paye pas bien!... Celui qui paye le mieux...

A la voix du curé tous étaient accourus, même le P. Dámaso, Santiago et Linares.

—C'est un insolent vagabond qui vient demander l'aumône et ne veut pas travailler! leur dit le P. Salvi en prenant son chapeau et sa canne pour retourner au couvent.

---

1 Diminutif familier de Carlos.—N. des T.

XLIV

Examen de conscience

De longs jours suivis de tristes nuits ont été passés au chevet de la malade; quelques moments après s'être confessée, Maria Clara avait eu une rechute et, pendant son délire, elle ne prononçait que le nom de sa mère qu'elle n'avait jamais connue. Ses amies, son père, sa tante, la veillaient, comblant d'aumônes et d'argent pour des messes, toutes les images miraculeuses; Capitan Tiago avait promis un bâton d'or à la Vierge d'Antipolo. Enfin lentement et régulièrement la fièvre commença à décroître.

Le Dr. De Espadaña était stupéfait des vertus du sirop de guimauve et de la décoction de lichen, prescriptions qu'il n'avait pas variées. Da. Victorina était si contente de son mari que, celui-ci ayant un jour marché sur la queue de sa robe, elle ne lui appliqua pas son code pénal ordinaire en lui arrachant la denture, mais se contenta de lui dire:

—Si tu n'étais pas boiteux tu m'écraserais jusqu'à mon corset.

Cette modération n'était guère dans ses habitudes.

Une après-midi, tandis que Sinang et Victorina étaient allées voir leur amie, le curé, Capitan Tiago et la famille de Espadaña causaient dans la salle à manger.

—J'en suis désolé, disait le docteur, et le P. Dámaso en sera aussi bien frappé.

—Et, où dites-vous qu'on l'envoie? demanda Linares au curé.

—Dans la province de Tabayas! répondit négligemment celui-ci.

—Maria Clara également le regrettera beaucoup, ajouta Capitan Tiago, elle l'aimait comme un père.

Fr. Salvi le regarda du coin de l'œil.

—Je crois, Père, continua Capitan Tiago, que sa maladie ne provient que du chagrin qu'elle a eu le jour de la fête.

—Je suis du même avis que vous; aussi avez-vous bien fait en ne permettant pas au Sr. Ibarra de lui parler, cela n'aurait pu qu'aggraver son état.

—Et c'est seulement grâce à nous, interrompit Da. Victorina, que Clarita n'est pas déjà au ciel à chanter les louanges de Dieu.

—Amen Jésus! crut devoir dire Capitan Tiago.

—Il est heureux pour vous que mon mari n'ait pas eu un malade de plus haute catégorie, car vous auriez dû appeler un autre médecin et ici tous sont ignorants; mon mari...

—Je crois et je sais pourquoi je le dis, interrompit à son tour le curé, que la confession de Maria Clara a provoqué cette crise favorable qui lui a sauvé la vie. Une conscience pure vaut mieux que beaucoup de médicaments; ne croyez pas que je nie le pouvoir de la science, surtout celui de la chirurgie! mais une conscience pure... Lisez les livres pieux et vous verrez combien de guérisons ont été opérées sans autre médecine qu'une bonne confession!

—Pardonnez, objecta Da. Victorina piquée, quant au pouvoir de la confession... guérissez donc la femme de l'alférez avec une confession!

—Une blessure, señora, n'est pas une maladie sur laquelle puisse influer la conscience! répliqua sévèrement le P. Salvi. Cependant une bonne confession la préserverait de recevoir désormais des coups comme ceux qu'elle a reçus ce matin.

—Elle les mérite! continua Da. Victorina, comme si elle n'avait pas entendu ce qu'avait dit le P. Salvi. Cette femme est très insolente! A l'église, elle n'a fait que me regarder; on voit bien ce qu'elle est; j'avais envie de lui demander ce que j'avais de curieux sur la figure, mais qui donc se salirait à parler avec ces gens qui ne sont pas de catégorie?

Le curé, de son côté, comme s'il n'avait pas entendu toute cette tirade, continua:

—Croyez-moi, D. Santiago; pour achever de guérir votre fille, il est nécessaire qu'elle communie demain; je lui apporterai le viatique... je crois qu'elle n'a pas besoin de se confesser, mais cependant... si elle veut recommencer une seconde fois ce soir...

—Je ne sais pas, reprit immédiatement Da. Victorina profitant d'une pause, je ne comprends pas qu'il puisse exister des hommes capables de se marier avec de tels épouvantails, on voit de loin d'où elle vient, cette femme; elle se meurt d'envie, cela saute aux yeux; que peut gagner un alférez?

—Ainsi donc, D. Santiago, dites à votre économe de prévenir la malade qu'elle communiera demain; je viendrai ce soir l'absoudre de ses peccadilles...

Et voyant que la tante Isabel sortait, le curé lui dit en tagal:

—Préparez votre nièce à se confesser ce soir; demain je lui apporterai le viatique; comme cela elle guérira plus vite.

—Mais, Père, se risqua à objecter timidement Linares, ne va-t-elle pas se croire en danger de mort?

—Ne vous inquiétez pas! lui répondit le prêtre sans le regarder, je sais ce que je fais; j'ai déjà assisté de nombreux malades; de plus elle dira si oui ou non elle veut recevoir la sainte communion et vous verrez comme elle dira oui à tout.

Capitan Tiago dut lui aussi dire promptement oui à tout.

La tante Isabel entra dans l'alcôve de la malade.

Maria Clara était toujours couchée, pâle, très pâle; à côté d'elle étaient ses deux amies.

—Prends encore une pilule, disait Sinang à voix basse, en lui présentant un granule blanc qu'elle tira d'un petit tube de cristal; il a dit que tu suspendes le traitement quand tu entendras du bruit ou un bourdonnement dans les oreilles.

—Il ne t'a pas récrit? demanda tout bas la malade.

—Non, il doit être très occupé!

—Il ne te demande pas de me rien dire?

—Non, il me dit seulement qu'il va faire ses efforts pour se faire absoudre par l'Archevêque de son excommunication afin que...

L'arrivée de la tante suspendit la conversation.

—Le Père a dit que tu te disposes à te confesser, ma fille, dit-elle; laissez-la faire son examen de conscience.

—Mais il n'y a pas une semaine qu'elle s'est déjà confessée! protesta Sinang. Je ne suis pas malade et je ne pèche pas si vite!

—Pourquoi pas? Ne savez-vous pas ce que dit le curé: le juste pèche sept fois par jour? Allons, veux-tu que je t'apporte l'*Ancre*, le *Bouquet* ou le *Droit chemin pour aller au ciel*?

Maria Clara ne répondit pas.

—Allons, il ne faut pas te fatiguer, ajouta la bonne tante pour la consoler; je lirai moi-même l'examen de conscience et tu n'auras qu'à te souvenir de tes péchés.

—Ecris-lui qu'il ne pense plus à moi! murmura la malade à l'oreille de Sinang quand celle-ci prit congé d'elle.

—Comment?

Mais la tante était revenue et Sinang dut s'éloigner sans comprendre ce que son amie lui avait dit.

La bonne tante approcha une chaise près de la lumière, assura ses lunettes sur la pointe de son nez et, ouvrant un petit livre, dit:

—Fais bien attention, ma fille; je vais commencer par les Commandements de Dieu; j'irai lentement pour que tu puisses méditer; si tu ne m'entends pas bien, tu me le diras pour que je répète; tu sais que pour ton bien je ne me lasse jamais.

Et, d'une voix monotone et nasillarde, elle commença à lire les considérations relatives aux occasions de pécher. A la fin de chaque paragraphe elle s'arrêtait longuement pour donner le temps à la jeune fille de se souvenir de ses péchés et de s'en repentir.

Vaguement, Maria Clara regardait l'espace. Le premier commandement d'*aimer Dieu par dessus toutes choses* terminé, la tante Isabel l'observa par dessus ses lunettes et parut satisfaite de son air triste et méditatif. Elle toussa pieusement et, après une longue pause, commença le second commandement. La bonne vieille lut avec onction et, les considérations terminées, regarda de nouveau sa nièce qui lentement tourna la tête de l'autre côté.

—Bah! dit en elle-même la tante Isabel; pour ce qui est de jurer son saint nom, la pauvre petite n'a rien à y voir. Passons au troisième.

Et le troisième commandement épluché et commenté, lues toutes les causes de pécher contre lui, elle regarda de nouveau vers le lit; maintenant la tante levait ses lunettes et se frottait les yeux; elle avait vu sa nièce porter son mouchoir à ses yeux comme pour essuyer des larmes.

—Hum! dit-elle, hem! la pauvre enfant s'est endormie pendant le sermon.

Et, replaçant ses lunettes sur le bout de son nez, elle ajouta:

—Nous allons voir si, de même qu'elle n'a pas sanctifié les fêtes, elle n'a pas honoré son père et sa mère.

Et, d'une voix plus lente, plus nasillarde encore, elle lut le quatrième commandement, croyant donner ainsi plus de solennité à son acte, comme elle l'avait vu faire à beaucoup de moines; la tante Isabel n'avait jamais entendu prêcher un quaker, sans quoi elle se serait mise aussi à trembler.

La jeune fille, en ce moment, s'essuyait de nouveau les yeux, sa respiration devenait plus forte.

—Quelle âme pure! pensait la vieille dame; elle qui est si obéissante, si soumise avec tous? J'ai péché beaucoup plus que cela et n'ai jamais pu pleurer pour de bon!

Et elle commença le cinquième commandement, avec des pauses plus longues, une voix plus parfaitement nasillarde encore, et un tel enthousiasme qu'elle n'entendait pas les sanglots étouffés de sa nièce. Ce ne fut qu'en s'arrêtant après les considérations sur l'homicide à main armée qu'elle perçut les gémissements de la pécheresse. Alors, d'un ton qui surpassait le sublime, d'une voix qu'elle s'efforçait de rendre menaçante, elle lut la suite du commandement et voyant que Maria Clara n'avait pas cessé de pleurer.

—Pleure, ma fille, pleure! lui dit-elle en s'approchant du lit; plus tu pleureras, plus promptement te pardonnera Dieu. Que ta douleur de contrition soit meilleure que celle d'attrition. Pleure, ma fille, pleure, tu ne sais pas quelle joie te vient de pleurer! Frappe-toi aussi la poitrine, pas trop fort, car tu es encore malade.

Mais, comme si la douleur avait besoin de mystère et de solitude, Maria Clara, se voyant surprise, cessa peu à peu de soupirer, sécha ses yeux sans dire un mot, sans rien répondre à sa tante.

Celle-ci poursuivit sa lecture mais, comme la plainte de son public avait cessé, elle perdit son enthousiasme; les derniers commandements lui donnèrent sommeil et la firent bâiller, ce qui interrompit le monotone nasillement.

—Il faut l'avoir vu pour le croire! pensait la bonne vieille; cette enfant pèche comme un soldat contre les cinq premiers commandements et du sixième au dixième, pas un péché véniel; c'est le contraire de nous toutes! On voit de drôles de choses maintenant.

Et elle alluma un grand cierge à la Vierge d'Antipolo et deux autres plus petits à Notre-Dame du Rosaire et à Notre-Dame del Pilar, prenant bien soin de décrocher et de mettre dans un coin un crucifix d'ivoire pour lui donner à entendre que les cierges ne brûlaient pas pour lui. La Vierge de Delaroche fut également exclue de cette illumination; c'était une étrangère inconnue et la tante Isabel n'avait pas encore entendu dire qu'elle eût fait aucun miracle.

Nous ignorons ce qui se passa pendant la confession qui se fit le soir; nous respectons ces secrets. Elle fut longue et la tante, qui de loin veillait sur sa nièce, put remarquer que, au lieu de tendre l'oreille aux paroles de la malade, le curé au contraire avait la figure tournée vers elle; on aurait dit qu'il voulait deviner les pensées de la jeune fille ou les lire dans ses beaux yeux.

Pâle, les lèvres serrées, le P. Salvi sortit de l'appartement. A voir son front obscurci et couvert de sueur on aurait dit que c'était lui qui s'était confessé et que l'absolution lui avait été refusée.

—Jésus, Marie, Joseph! dit la tante en se signant pour chasser une mauvaise pensée; qui peut comprendre les jeunes filles d'à présent?

XLV

Les persécutés

A la faveur de la faible clarté que diffuse la lune à travers les épaisses frondaisons des grands arbres, un homme vague par le bois; son pas est lent mais assuré. De temps en temps, comme pour s'orienter, il siffle un air particulier auquel, de loin, un autre sifflement répond par le même air. L'homme attentif écoute, puis poursuit sa route vers le côté d'où partent ces sons lointains.

Enfin, après avoir lutté contre les multiples obstacles qu'oppose une forêt vierge à la marche de l'homme, surtout la nuit, il arrive à une petite clairière baignée par la lumière de la lune en son premier quartier. Des roches élevées, couronnées d'arbres, s'érigent à l'entour formant comme un amphithéâtre en ruines; d'autres arbres récemment coupés, des troncs encore carbonisés gisent au milieu, confondus avec d'énormes rocs que la nature recouvre à demi de son vert manteau.

A peine l'inconnu entrait-il dans la clairière qu'une autre forme humaine, sortant prudemment de derrière un grand rocher, s'avança un revolver à la main.

—Qui es-tu? demanda-t-elle en tagal, d'une voix impérieuse en armant le chien de son arme.

—Le vieux Pablo est-il parmi vous? répondit l'arrivant d'une voix tranquille, sans déférer à la question qui lui était posée, sans paraître intimidé.

—Tu parles du capitaine? Oui, il est là.

—Dis-lui alors qu'Elias le cherche.

—Vous êtes Elias? demanda l'autre avec un certain respect; et il s'approcha, sans pour cela cesser de tenir son revolver prêt à faire feu; eh bien!... venez.

Elias le suivit.

Ils pénétrèrent dans une sorte de caverne qui se creusait dans les profondeurs de la terre. Le guide, qui connaissait le chemin, avertissait le pilote quand il fallait descendre, s'incliner ou se traîner couché; cependant le trajet ne dura pas longtemps; ils arrivèrent à une espèce de salle, éclairée misérablement par des torches de goudron où, les uns assis, les autres couchés, douze ou quinze individus armés, sales, déchirés, sinistres, causaient tout bas entre eux. Les coudes appuyés sur une pierre faisant l'office de table, un vieillard, la physionomie triste, la tête enveloppée d'un bandeau sanglant, contemplait cette lumière qui répandait tant de fumée pour si peu de clarté; si nous ne reconnaissions pas l'endroit pour une caverne de tulisanes, le désespoir qui se peignait sur la figure du vieillard nous aurait fait croire que c'était la Tour de la Faim, la veille du jour où Ugolin dévora ses enfants.

Lorsque Elias arriva avec son guide, les hommes furent pour se lever, mais un signe de leur camarade les tranquillisa, ils se contentèrent d'examiner le pilote qui était complètement désarmé.

Le vieillard tourna lentement la tête et aperçut Elias qui restait debout, grave, la tête découverte, plein de tristesse, le cœur ému.

—C'était donc toi? demanda le vieux chef, dont le regard, en reconnaissant le jeune homme s'anima quelque peu.

—En quel état vous trouvai-je? murmura Elias à mi-voix et remuant la tête.

Le vieillard baissa la tête en silence, fit un signe aux hommes qui se levèrent et s'éloignèrent, non sans mesurer des yeux la taille et les muscles du pilote.

—Oui! dit le vieillard à Elias lorsqu'ils se trouvèrent seuls; il y a six mois lorsque je te donnai l'hospitalité chez moi, c'était moi qui avais pitié de toi; maintenant le sort a changé, c'est à toi de me plaindre. Mais assieds-toi et dis-moi comment tu as fait pour arriver jusqu'ici.

—Il y a quinze jours qu'on m'a parlé de votre malheur, répondit le jeune homme lentement et à voix basse, regardant vers la lumière; je me suis mis aussitôt en route, vous cherchant de montagne en montagne; j'ai parcouru presque deux provinces.

—Pour ne pas verser le sang innocent, j'ai dû fuir; mes ennemis craignaient de se présenter et je ne voyais jamais devant moi que quelques malheureux ne m'ayant pas fait le moindre mal.

Après une courte pause, pendant laquelle il s'efforça de lire sur le visage sombre du vieillard les pensées qui s'y peignaient, Elias reprit:

—Je suis venu vous soumettre une proposition. Après avoir inutilement recherché quelque reste de la famille qui a causé le malheur de la mienne, je me suis décidé à quitter la province où je vivais pour émigrer vers le Nord et me fixer là, parmi les tribus infidèles et indépendantes. Voulez-vous abandonner la vie que vous commencez et venir avec moi? Je serai votre fils, puisque vous avez perdu vos enfants et que je n'ai plus de famille, je retrouverai en vous un père à aimer et à servir.

Le vieillard remua la tête en signe de refus.

—A mon âge, dit-il, quand on a pris une résolution désespérée c'est qu'on n'en peut plus prendre d'autre. Quand un homme comme moi, qui a passé sa jeunesse et son âge mûr à travailler pour assurer son avenir et celui de ses enfants, qui s'est toujours soumis à toutes les volontés de ses supérieurs, dont la conscience est nette, qui a tout subi pour vivre en paix, pour s'assurer toute la tranquillité possible, quand cet homme, arrivé à un âge où le temps a refroidi l'ardeur de son sang, presque sur le bord de la tombe, renonce à tout son passé, à tout ce qu'il croyait devoir être le bonheur de ses derniers jours, c'est parce qu'après mûre réflexion il a jugé que la paix n'existe pas, qu'elle n'est pas le suprême bien! Pourquoi traîner sur une terre étrangère de misérables jours? J'avais deux fils, une fille, un foyer, une fortune; je jouissais de la considération, du respect de tous; maintenant je suis comme un arbre dépouillé de ses branches nu et désolé, comme un fauve dans la forêt, j'erre fugitif sentant derrière moi la meute et le chasseur, et tout cela, pourquoi? Parce qu'un homme a déshonoré ma fille, parce que mes fils ont voulu demander raison de son infamie à cet homme, placé au dessus des autres par le titre de ministre de Dieu. Eh bien! moi, père, moi, déshonoré dans ma vieillesse, j'ai pardonné l'injure, je me suis montré indulgent pour les passions de la jeunesse et les faiblesses de la chair; et puis, le mal était irréparable, que pouvais-je, que devais-je faire, sinon me taire et sauver tout ce qui pouvait être sauvé? Mais lui, le criminel, a eu peur d'une vengeance plus ou moins prochaine, il a cherché la perte de mes fils. Savez-vous ce qu'il a fait? Non? Savez-vous que l'on a simulé un vol au couvent et que l'on impliqua un de mes fils dans le procès? L'autre étant absent ne put être inquiété. Vous imaginez-vous les tortures auxquelles il fut soumis? Oui, n'est-ce pas, elles sont en usage dans tous les pueblos. Eh bien! j'ai vu mon fils pendu par les cheveux, j'ai entendu ses cris, ses appels, mon nom, et moi, lâche, ne voulant point compromettre la paix de mon existence, je n'ai su ni tuer ni mourir! Le vol ne put être prouvé, la calomnie se révéla, le curé fut puni, changé de pueblo, mais mon pauvre enfant mourut de ses blessures.

Alors ils eurent peur de mon autre fils qu'ils savaient moins couard que moi; ils craignirent en lui le bourreau qui vengerait la mort de son frère! comme il avait oublié de se munir d'une cédule de domicile, on saisit ce prétexte pour le faire arrêter par la garde civile, il fut maltraité, excité, et à force d'injures et de mauvais traitements, acculé au suicide! Et moi j'ai survécu à tant de honte! mais si le courage du père m'a manqué pour défendre mes fils, il me reste un cœur pour me venger et je me vengerai! Les mécontents se sont réunis sous mon commandement, mes ennemis par leurs exactions renforcent ma troupe chaque jour, le jour où je me trouverai assez fort je descendrai dans la plaine et j'éteindrai dans le feu ma vengeance et ma vie! Oui, ce jour viendra ou il n'y a pas de Dieu1!

Le vieillard se leva nerveux, et le regard scintillant, la voix caverneuse, il ajouta en arrachant ses longs cheveux:

—Malédiction, malédiction sur moi qui ai contenu la main vengeresse de mes fils; c'est moi qui les ai assassinés! Si j'avais laissé mourir le coupable, j'aurais au moins pu croire à la justice de Dieu et à celle des hommes et mes fils seraient encore là, à mes côtés, fugitifs sans doute, mais je les aurais et ils ne seraient pas morts dans les supplices! Je n'étais pas né pour être père, c'est pour cela que je ne les ai plus! Malédiction sur moi qui malgré mon âge n'avais pas, avec les années, appris à connaître le milieu dans lequel je vivais! Mais par le feu, par le sang et par ma propre mort je saurai les venger!

Dans l'excès de sa douleur le malheureux père avait arraché son bandage et rouvert la blessure de son front, d'où jaillit un filet de sang.

—Je respecte votre douleur, reprit Elias, et comprends votre vengeance; moi aussi, comme vous, j'ai une haine à assouvir et cependant, par crainte de frapper un innocent, je préfère oublier la cause de mes malheurs.

—Tu peux oublier, toi, tu es jeune, tu n'as perdu ni un fils ni l'espérance dernière! Moi non plus, je te le jure, je ne frapperai pas un innocent. Vois-tu cette blessure? Je me la suis laissé faire pour ne pas blesser un pauvre cuadrillero qui accomplissait son devoir.

—Mais, dit Elias après un moment de silence, voyez quel épouvantable incendie vous allez allumer dans notre malheureux pays. Si, de votre propre main, vous satisfaites votre vengeance, vos ennemis prendront de terribles représailles, non contre vous, non contre ceux qui ont des armes, mais contre le peuple qui, selon l'habitude, restera le seul accusé. Que d'injustices s'en suivront!

—Que chacun, que le peuple apprenne à se défendre!

—Vous savez bien que ce n'est pas possible! Ecoutez, je vous ai connu autrefois, quand vous étiez heureux, alors vous me donniez de sages conseils; me permettrez-vous...

Le vieillard se croisa les bras et parut attendre.

—Señor, continua Elias en pesant chacune de ses paroles, j'ai eu le bonheur de rendre un grand service à un jeune homme riche, au cœur bon, noble, voulant le bien de son pays. Qu'il ait des relations à Madrid, on le dit, mais je l'ignore; ce que je puis vous assurer, c'est qu'il est des amis du capitaine général. Que diriez-vous si nous l'intéressions à la cause des malheureux, si nous en faisions le porte-voix des plaintes du peuple?

Le vieillard secoua la tête:

—Il est riche, dites-vous? Les riches ne pensent qu'à accroître leurs richesses; l'orgueil, le désir de paraître les aveugle, et, comme d'ordinaire leur vie est facile, surtout lorsqu'ils ont des amis puissants, il n'en est pas un qui veuille risquer de compromettre son repos pour venir en aide à ceux qui souffrent. Je le sais moi qui fus riche!

—Celui dont je vous parle ne ressemble point aux autres; c'est un fils qui a été insulté dans la mémoire de son père, c'est un jeune homme qui, devant se marier avant peu, songe à l'avenir, à un avenir qu'il veut beau pour ses enfants.

—Alors c'est un homme qui va être heureux; notre cause n'est pas celle des gens heureux.

—Non, mais c'est celle des hommes de cœur!

—Soit, reprit le vieillard en s'asseyant; je suppose qu'il consente à être notre porte-parole même auprès du capitaine général, je suppose qu'il trouve à Madrid des députés qui plaident pour nous, croyez-vous qu'on nous fera justice?

—Essayons, avant de recourir aux mesures sanglantes, répondit Elias. Cela doit vous surprendre que moi, autre persécuté, jeune et robuste, je vous propose, à vous, vieux et faible, des moyens pacifiques! C'est que je les ai vues si nombreuses les misères dont nous sommes la cause aussi bien que nos tyrans; ce sont toujours les désarmés qui paient.

—Et si nos démarches n'aboutissent à aucun résultat!

—Il y aura toujours un résultat, croyez-moi; tous les gouvernants ne sont pas injustes. Mais si l'on ne nous écoutait pas, si l'on dédaignait notre plainte, si les puissants restaient sourds à la douleur de leurs semblables, je serais le premier à me tenir à vos ordres!

Rempli d'enthousiasme, le vieillard embrassa le jeune homme.

—J'accepte ta proposition, Elias; je sais que tu tiendras ta parole. Tu viendras à moi et je t'aiderai à venger tes parents comme tu m'aideras à venger mes fils, mes fils qui étaient jeunes, fiers et braves comme toi!

—En attendant, señor, vous éviterez, toute action violente.

—Tu exprimeras les plaintes du peuple, tu les connais. Quand saurai-je la réponse?

—Dans quatre jours, envoyez-moi un homme à la plage de San Diego, je lui dirai la décision de la personne sur qui je compte... Si elle accepte, on nous fera justice; sinon, je serai le premier qui tombera dans la lutte que nous entreprendrons.

—Elias ne mourra pas, Elias sera le chef, quand le Capitan Pablo sera tombé satisfait dans sa vengeance, dit le vieillard.

Et lui-même accompagna le pilote jusqu'à ce qu'il fût sorti de la caverne.

---

1 Tanauan ou Pateros?—N. de l'Ed. esp. Pateros, village renommée pour l'élevage des canards (*pateros*).—N. des T.

XLVI

La gallera

Pour sanctifier l'après-midi du dimanche, en Espagne, on va d'ordinaire à la *plaza de toros*; aux Philippines, on se rend à la gallera. Les combats de coqs, introduits dans le pays il y a environ un siècle, sont aujourd'hui un des vices du peuple; les Chinois se passeraient plus facilement d'opium que les Philippins de ce jeu sanglant.

Le pauvre, désireux de gagner de l'argent sans travailler, y va risquer le peu qu'il a, le riche y recherche une distraction au prix de l'argent que lui laissent les festins et les messes d'actions de grâce; l'éducation de son coq lui coûte d'ailleurs beaucoup de soins, plus peut-être que celle de son fils.

Puisque le gouvernement le permet et même le recommande presque, en ordonnant que le spectacle ne se donnera que sur *les places publiques*, aux *jours de fête* (afin que tout le monde puisse le voir et que l'exemple entraîne les hésitants), *après la grand'messe jusqu'au crépuscule* (pendant huit heures!) nous allons nous aussi assister à ce jeu, certains d'y retrouver quelques personnes de connaissance.

La gallera de San Diego ne se différencie de celles que l'on voit dans les autres pueblos que par quelques détails. Elle est divisée en trois compartiments. D'abord l'entrée: c'est un rectangle d'environ vingt mètres de long sur quatorze de large; sur un côté s'ouvre une porte d'ordinaire gardée par une femme chargée de recouvrer le *sa pintû*, c'est-à-dire le droit d'entrée. De ce droit que chacun verse le Gouvernement prend une part qui lui rapporte en tout quelques centaines de milliers de pesos par an: on dit que cet argent, dont le vice paye sa liberté, sert à élever de magnifiques écoles, à jeter des ponts, à tracer des routes, à instituer des prix pour encourager l'agriculture et l'industrie... béni soit le vice qui produit de si heureux résultats!—Dans cette première enceinte se tiennent les vendeuses de buyo, de cigares, de pâtisseries et de comestibles, etc.; y pullulent également les enfants amenés par leurs pères ou par leurs oncles et par eux soigneusement initiés à tous les secrets de la vie.

Ce compartiment communique avec un autre, de proportions légèrement plus grandes, une sorte de foyer où se réunit le public avant les *soltadas*1. Là se trouve la plus grande partie des coqs, retenus au sol par une corde attachée à un piquet fait d'un os ou d'une branche de palma brava2, là se réunissent les brelandiers, les *aficionados*3, l'homme expert à attacher la navaja, là se passent les contrats, se méditent les coups à faire, se sollicitent les emprunts, on y maudit, on y jure, on y rit aux éclats; celui-ci caresse son coq, passant la main sur le brillant plumage, celui-là examine et compte les écailles des pattes; dans ce groupe on rappelle les hauts faits des héros; voyez celui-ci qui, la colère au front, la rage au cœur, emporte suspendu par les pieds un cadavre déplumé: l'animal qui pendant des mois a été le favori, choyé, soigné nuit et jour, sur qui se fondaient tant de brillants espoirs n'est plus qu'un cadavre et va, pour une peseta, être vendu à quelque ménagère qui l'assaisonnera de gingembre et en fera ce soir même la pièce capitale de quelque succulent ragoût: *Sic transit gloria mundi*. Le décavé s'en retourne chez lui où l'attendent la femme inquiète et les enfants déguenillés; il a perdu à la fois son coq et son pécule. De tout ce rêve doré, de tous ces soins prodigués pendant de longs mois depuis l'aube du jour jusqu'à l'heure où le soleil se cache, de toutes ces fatigues, de tous ces travaux, il lui reste une peseta: toute cette fumée n'a laissé que cette pincée de cendres.—Là, dans ce foyer, le moins intelligent discute, le plus irréfléchi examine consciencieusement la matière, pèse, retourne, étend les ailes, palpe les muscles. Les uns sont vêtus avec élégance, suivis et entourés de tous les partisans de leurs coqs; les autres, sales, le stigmate du vice marqué sur leur face-flétrie, suivent anxieux les mouvements des riches et attendent aux aguets, car la bourse peut se vider, la passion reste; là, pas de visage qui ne soit animé; là, le Philippin n'est ni indolent, ni apathique, ni silencieux; tout y est mouvement, passion, activité; on dirait que tous sont dévorés d'une soif qu'avive encore une eau fangeuse.

De cette enceinte on passe dans l'arène que l'on nomme *Rueda*4. Le plancher, entouré de bambous, est plus élevé que celui des deux autres compartiments. A la partie supérieure, touchant presque au toit, sont les gradins sur lesquels prennent place les spectateurs qui sont en même temps les joueurs. Pendant le combat ces gradins se remplissent d'hommes et d'enfants qui crient, hurlent, jurent, se disputent: presque aucune femme ne se risque jusque-là. Dans la *Rueda* même se tiennent les gros messieurs, les riches, les joueurs fameux, le *contratista*, le *sentenciador*. Sur le sol, parfaitement damé, luttent les volatiles; c'est de là que le Destin distribue aux familles le rire ou les larmes, la faim ou les joyeux repas.

En entrant, nous pouvons reconnaître aussitôt le gobernadorcillo, Capitan Pablo, Capitan Basilio et aussi José, l'homme à la cicatrice, que nous avons vu si désolé de la mort de son frère.

Capitan Basilio s'approche d'un habitant du pueblo et lui demande:

—Sais-tu quel coq apporte Capitan Tiago?

—Je ne le sais pas, señor, ce matin on lui en a apporté deux, l'un est le *lásak* qui a gagné le *talisain* du consul.

—Crois-tu que mon *búlik*5 puisse lutter avec lui?

—Certainement; j'y mets ma maison et ma chemise!

Mais voici Capitan Tiago. Il est vêtu, comme les grands joueurs, d'une chemise de toile de Canton, d'un pantalon de laine et d'un chapeau de jipijapa6; il est suivi de deux domestiques dont l'un porte le fameux lásak et l'autre un coq blanc de taille colossale.

—Sinang m'a dit que Maria va de mieux en mieux, lui dit Capitan Basilio.

—Elle n'a plus de fièvre, mais elle est encore faible.

—Vous avez perdu hier soir?

—Un peu; je sais que vous avez gagné... je vais essayer de me rattraper.

—Voulez-vous jouer le *lásak*? demanda Capitan Basilio en regardant le coq qu'il demanda au domestique.

—Cela dépend, s'il y a pari.

—Combien mettez-vous?

—A moins de deux, je ne le joue pas.

—Avez-vous vu mon búlik? demanda Capitan Basilio, et il appela un homme qui apporta un petit coq.

Le Capitan Tiago l'examina et, après l'avoir pesé et analysé les écailles, le rendit.

—Combien mettez-vous? demanda-t-il.

—Ce que vous voudrez.

—Deux cinq cents?

—Trois?

—Trois.

—Pour la suivante.

Le chœur de curieux et de joueurs répandit la nouvelle du combat des deux célèbres coqs dont chacun avait son histoire et sa renommée conquérante. Tous veulent voir, examiner les deux célébrités; on émet des opinions, on prophétise...

Cependant les voix se font plus hautes, la confusion augmente, la Rueda est envahie, on se bouscule sur les gradins. Les *soltadores* apportent sur l'arène deux coqs, un blanc et un rouge, armés déjà, mais leurs navajas sont encore enfermées dans les gaînes. On entend de nombreux cris: *le blanc! le blanc!* par ci, par là quelque voix crie: *le rouge!* Le blanc était le *llamado*, le rouge le *dejado7*.

Parmi la multitude circulent des gardes civils; ils ne portent pas l'uniforme de ce corps émérite, mais cependant ils ne sont pas mis comme les paysans. Pantalon de guingon à frange rouge, chemise tachée de bleu par la blouse déteinte, bonnet de quartier, leur déguisement est ici en rapport avec leur conduite: ils parient tout en surveillant et troublent la paix qu'ils parlent de maintenir.

Tandis que l'on crie, que les mains s'agitent, remuant de la monnaie, faisant tinter les pièces; tandis que l'on cherche au fond des poches le dernier cuarto ou que, à son défaut, l'on veut engager sa parole, promettant de vendre le carabao, la prochaine récolte, etc., deux jeunes gens, paraissant être les deux frères, suivent les joueurs d'un œil envieux, s'approchent, murmurent de timides paroles que personne n'écoute, et de plus en plus sombres se regardent par instants avec colère et dépit. José les observe à la dérobée, sourit malignement, fait sonner des pesos d'argent, passe près des deux frères et regarde vers la *Rueda* en criant:

—Je paie cinquante, cinquante contre vingt pour le blanc!

Les deux frères échangent un regard.

—Je te l'avais dit, murmura le plus grand, je te l'avais dit de ne pas risquer tout l'argent; si tu m'avais écouté nous aurions maintenant pour mettre sur le rouge!

Le plus petit s'approcha timidement de José et lui toucha le bras:

—C'est toi? s'écria celui-ci en se retournant et feignant la surprise! ton frère accepte-t-il ma proposition ou viens-tu parier?

—Comment voulez-vous que nous puissions parier puisque nous avons tout perdu.

—Alors vous acceptez?

—Il ne veut pas! Si vous pouviez nous prêter quelque chose, puisque vous dites que vous nous connaissez...

José secoua la tête, tira sa chemise et reprit:

—Oui, je vous connais; vous êtes Társilo et Bruno, tous deux jeunes et forts. Je sais que votre vaillant père est mort des cent coups de bâton que lui ont donnés ces soldats; je sais que vous ne pensez pas à le venger...

—Ne vous mêlez pas de notre histoire, interrompit Társilo, l'aîné; cela porte malheur. Si nous n'avions pas une sœur, il y a longtemps que nous serions pendus!

—Pendus? On ne pend que les lâches, ceux qui n'ont ni argent ni protection. Et d'ailleurs, la montagne n'est pas si loin.

—Cent contre vingt, pour le blanc! cria quelqu'un en passant.

—Prêtez-nous quatre pesos ... trois ... deux, supplia le plus jeune; nous vous en rendrons le double; l'assaut va commencer.

José secoua de nouveau la tête.

—Tst! Cet argent n'est pas à moi, D. Crisóstomo me l'a donné pour ceux qui veulent le servir. Mais je vois que vous n'êtes pas comme votre père, il était courageux lui; que celui qui ne l'est pas ne cherche pas de diversions.

Et il s'éloigna d'eux, mais n'alla pas très loin.

—Acceptons, dit Bruno. Autant vaut être pendu que fusillé; nous autres pauvres ne servons guère à autre chose.

—Tu as raison, mais je pense à notre sœur.

Cependant le cercle est évacué par la foule, le combat va commencer. Le silence s'établit peu à peu, les deux soltadores et l'expert attacheur de navajas restent seuls au milieu du cercle. A un signal du sentenciador celui-ci sort les éperons d'acier de leurs gaînes et les fines lames brillent, menaçantes.

Les deux frères, tristes, silencieux, s'approchent du cercle et regardent, le front appuyé contre la barrière. Un homme s'approche et leur souffle à l'oreille:

—*Pare8!* cent contre dix, je suis pour le blanc!

Társilo le regarde, l'air hébété. Bruno lui donne un coup de coude auquel il répond par un grognement.

Les soltadores tiennent les deux coqs avec une magistrale délicatesse, prenant garde de ne pas se blesser. Un silence solennel règne; on croirait que les assistants ne sont que d'horribles figures de cire. On approche les deux coqs l'un de l'autre, maintenant la tête du blanc pour qu'il soit piqué et s'excite, puis on recommence en faisant de même pour le rouge; dans tout duel les chances doivent être égales, qu'il se livre entre deux élégants de Paris ou entre deux coqs philippins9. Après les avoir placés face à face, on les rapproche encore l'un de l'autre afin que les pauvres volatiles sachent qui leur a arraché une petite plume et contre qui ils doivent lutter. Le plumage de leur cou se hérisse, ils se regardent fixement, des éclairs de colère s'échappent de leurs petits yeux ronds. Le moment est venu: on les dépose à terre à une certaine distance et le champ leur est laissé libre.

Lentement ils s'avancent. Leurs pas résonnent sur le sol; personne ne parle, personne ne respire. Baissant la tête puis la relevant comme se mesurant du regard, les deux coqs laissent entendre des gloussements, peut-être de menace, peut-être de mépris. Ils écartent leurs griffes, séparant la brillante lame qui lance des reflets froids et bleus; le péril les anime, ils marchent décidés l'un vers l'autre; mais à un pas de distance ils s'arrêtent, hérissent de nouveau leurs plumes. Leur petit cerveau est inondé de sang, l'éclair jaillit de leurs yeux, courageusement ils s'élancent, se choquent, bec contre bec, poitrine contre poitrine, aile contre aile, acier contre acier: les coups ont été parés avec maestria, seules quelques plumes sont tombées. De nouveau ils se mesurent; de nouveau le blanc vole, s'élève, agitant la meurtrière navaja, mais le rouge a plié les jambes, baissé la tête, le blanc n'a frappé que l'air, mais au moment où il revient à terre, évitant d'être blessé aux épaules, il se retourne rapidement et fait front. Le rouge l'attaque avec furie, il se défend avec calme, s'affirmant le digne favori du public. Tous émus, anxieux, suivent les péripéties du combat, le silence n'est troublé que par quelque rare cri, poussé involontairement. Le sol se couvre de plumes rouges et blanches, teintes de sang; mais ce n'est pas au premier sang qu'est le duel; le Philippin suivant en cela les règles édictées par le gouvernement veut qu'il ne cesse que par la mort ou la fuite de l'un des combattants. Le sang arrose donc le sol, les coups diminuent de force, mais la victoire reste encore indécise. Enfin, tentant un suprême effort, le blanc s'élance pour donner le dernier coup, sa navaja s'enfonce dans l'aile du rouge et s'engage entre les os; mais lui-même a été blessé à la poitrine et tous deux, sanglants, exténués, haletants, cloués l'un à l'autre, restent immobiles jusqu'à ce que le blanc tombe, rendant le sang par le bec, remuant les pattes un instant et meure; le rouge, maintenu par l'aile, reste à son côté, s'affaisse peu à peu et ferme lentement les yeux.

Le sentenciador, d'accord avec ce que prescrit le gouvernement, proclame vainqueur le rouge; un hurlement sauvage salue la sentence, hurlement prolongé, uniforme, qui s'entend par tout le pueblo. Qui l'entend de loin comprend alors que c'est le *dejado* (*outsider*) qui a gagné, sans quoi le tumulte durerait moins longtemps. Il en est de même parmi les nations; lorsqu'une petite a réussi à remporter une victoire sur une grande, elle la chante et la raconte pendant des siècles et des siècles.

—Vois-tu? dit Bruno à son frère avec dépit, si tu m'avais écouté, nous aurions maintenant cent pesos, par ta faute nous sommes sans un cuarto.

Társilo ne répondit pas, mais regarda autour de lui comme s'il cherchait quelqu'un.

—Il est là, il parle avec Pedro, ajouta Bruno; il lui donne de l'argent, beaucoup d'argent!

En effet, José comptait des pièces d'argent dans la main du mari de Sisa. Ils échangèrent encore quelques mots en secret puis se séparèrent, paraissant tous deux satisfaits.

—Pedro aura accepté ses conditions; c'est à cela que tu es aussi décidé! soupira Bruno.

Társilo restait sombre et pensif; avec la manche de sa chemise il essuyait la sueur qui perlait à son front.

—Frère, dit Bruno, j'y vais si tu ne te décides pas; la *ley*10 continue, le *lásak* doit gagner et nous ne devons laisser perdre aucune occasion. Je veux parier à la prochaine *soltada*; qui donne le plus? C'est dit, nous vengerons le père.

—Attends! lui dit Társilo qui le regarda fixement dans les yeux—tous deux étaient pâles;—je vais avec toi, tu as raison: nous vengerons le père.

Il s'arrêta cependant et de nouveau s'essuya le front.

—Qu'attends-tu? demanda Bruno impatient.

—Sais-tu quelle est la *soltada* qui suit? vaut-elle la peine?...

—Comment! tu n'as pas entendu? Le *búlik* de Capitan Basilio contre le *lásak* dé Capitan Tiago; selon la loi du jeu c'est le *lásak* qui doit gagner.

—Ah, le *lásak*! moi aussi je parierais... mais assurons-nous en d'abord.

Bruno fit un geste d'impatience, mais suivit son frère; celui-ci examina bien le coq, l'analysa, réfléchit, posa quelques questions; le malheureux avait des doutes; Bruno nerveux le regardait avec colère.

—Mais, ne vois-tu pas cette large écaille ici, près de l'éperon? et ces pattes? que veux-tu de plus? Regarde ces jambes, étends ces ailes! Et cette écaille qui prend sur cette large là, vois, elle est double!

Társilio ne l'entendait pas, il continuait son examen de l'animal; le bruit de l'or et de l'argent arrivait à ses oreilles.

—Voyons maintenant le *búlik*, dit-il d'une voix étouffée.

Bruno tapa du pied d'impatience et grinça des dents, mais obéit à son frère.

Ils s'approchèrent de l'autre groupe. Là, on armait le coq, on choisissait les navajas, l'attacheur préparait la soie rouge, l'enduisait de cire et la frottait à diverses reprises.

Társilo enveloppa l'animal d'un regard sombre; il lui semblait qu'il ne voyait pas le coq, mais autre chose dans l'avenir. Il se passa la main sur le front et, d'une voix sourde, interrogea son frère.

—Es-tu disposé?

—Moi? il y a longtemps; sans avoir besoin de les voir!

—Est-ce que... notre pauvre sœur...

—Bah! Ne t'a-t-on pas dit que le chef est D. Crisóstomo? ne l'as-tu pas vu passer avec le capitaine général? Quel péril courons-nous?

—Et si nous mourons?

—Notre pauvre père n'est-il pas mort d'avoir reçu des coups de bâton?

—Tu as raison.

Les deux frères cherchèrent José parmi les groupes.

Mais aussitôt l'hésitation reprit Társilo.

—Non! allons-nous en d'ici, nous allons nous perdre! s'écria-t-il.

—Va-t'en si tu veux, j'accepte!

—Bruno!

Malheureusement un homme s'approcha et leur dit:

—Vous pariez? Je suis pour le búlik.

Les deux frères ne répondirent point.

—Je paye!

—Combien? demanda Bruno.

L'homme compta ses pièces de quatre pesos. Bruno le regardait sans respirer.

—J'en ai deux cents; cinquante contre quarante!

—Non! dit Bruno résolu; mettez...

—Bon! cinquante contre trente!

—Doublez si vous voulez!

—Bien! le búlik est à mon patron et je viens de gagner; cent contre soixante.

—Entendu! Attendez que j'aille chercher l'argent.

—Mais je serai dépositaire, dit l'autre à qui la mine de Bruno n'inspirait guère confiance.

—Cela m'est égal, répondit celui-ci se fiant à la force de ses poings.

Et se retournant vers son frère, il lui dit:

—Va-t'en si tu veux, moi je reste.

Társilo réfléchit: il aimait Bruno et le jeu; il ne pouvait laisser seul son cadet.—Soit! murmura-t-il.

Ils vinrent vers José: celui-ci sourit en les voyant.

—Oncle! dit Társilo.

—Qu'y a-t-il?

—Combien donnes-tu?

—Je vous l'ai déjà dit: si vous vous chargez d'en chercher d'autres pour surprendre le quartier, je vous donne trente pesos à chacun et dix à chaque compagnon. Si tout réussit bien, chacun en recevra cent et vous le double: D. Crisóstomo est riche!

—Accepté! s'écria Bruno; donne l'argent.

—Je savais bien que vous étiez vaillants comme votre père! Venez par ici, que ceux qui l'ont tué ne nous entendent pas! dit José en leur montrant les gardes civils.

Et, les emmenant dans un coin, il ajouta en leur comptant l'argent:

—Demain D. Crisóstomo arrive; il apporte des armes. Après-demain soir, vers huit heures, allez au cimetière et là je vous transmettrai ses dernières instructions. Vous avez le temps de chercher des compagnons.

Il s'en alla. Les deux frères paraissaient avoir changé de rôle: Társilo était tranquille, Bruno pâle.

------

1 Du verbe *soltar*, lâcher.—N. des T.

2 *Corypha minor.*—N. des T.

3 Les habitués, les fervents.—N. des T.

4 *Rueda*, roue, cercle.—N. des T.

5 *Lasak*, coq blanc et rouge, *talisain*, coq de couleurs criardes. *Bûlik*, coq blanc et noir.—N. des T.

6 En Europe, ces chapeaux portent le nom de Panama.—N. des T.

7 Le favori et le délaissé (*outsider*).—N. des T.

8 Abréviatif de *compadre*, compère.—N. des T.

9 Le texte porte: *entre galos parisienses lo mismo que entre gallos filipinos.* Le jeu de mots sur *galos* (Gaulois, Français) et *gallos* (coqs) est intraduisible.—N. des T.

10 Partie.—N. des T.

XLVII

Les deux dames

Tandis que Capitan Tiago jouait son lásak, Da. Victorina se promenait à travers le pueblo pour voir ce qu'étaient les maisons et les cultures des indolents Indiens. Elle s'était habillée le plus élégamment qu'elle avait pu, ornant sa robe de soie de tous ses rubans et de toutes ses fleurs afin d'en imposer aux provinciaux et de leur montrer quelle distance les séparait de sa personne sacrée; donnant le bras à son mari boiteux elle se pavanait par les rues du pueblo à la grande stupéfaction des habitants. Le cousin Linares était resté à la maison.

—Quelles vilaines maisons ont donc ces Indiens! commença Da. Victorina en faisant la moue; je ne sais comment on peut y habiter, il faut être indien! Qu'ils sont donc mal élevés et orgueilleux! Ils passent à côté de nous sans se découvrir! Frappe sur leur chapeau comme font les curés et les lieutenants de la garde civile; enseigne-leur la politesse.

—Et, s'ils me battent? demanda le Dr. de Espadaña.

—N'es-tu pas un homme?

—Oui, mais... mais je suis boiteux!

Da. Victorina devenait de mauvaise humeur; les rues n'avaient pas de trottoir, la poussière salissait la queue de sa robe. Des jeunes filles passaient près d'elle qui baissaient les yeux et n'admiraient point comme elles le devaient sa luxueuse toilette. Le cocher de Sinang qui la conduisait avec sa cousine dans un élégant *tres-por-ciento1!* eut l'audace de lui crier: *tabi2!* d'une voix si imposante qu'elle dut se ranger:—Regarde cette brute de cocher, protesta-t-elle. Je vais dire à son maître qu'il ait à mieux éduquer ses domestiques.

Puis elle ordonna.

—Allons-nous en!

Son mari, craignant un orage, tourna sur ses talons et obéit au commandement.

Ils se rencontrèrent avec l'alférez; on se salua. Le mécontentement de Da. Victorina s'en accrut encore car, non seulement le militaire ne lui avait adressé aucun compliment sur son costume, mais elle avait cru remarquer qu'il l'avait regardée presque avec moquerie.

—Tu ne devais pas donner la main à un simple alférez, dit-elle à son mari, lorsque l'officier se fut éloigné; à peine s'il a touché son casque et toi tu as retiré ton chapeau; tu ne sais pas garder ton rang!

—I... ici, c'est lui le chef!

—Que nous importe? sommes-nous indiens par hasard?

—Tu as raison! répondit D. Tiburcio qui ne voulait pas se disputer.

Ils passèrent devant le quartier. Da. Consolacion était à la fenêtre, comme d'ordinaire, vêtue de flanelle et fumant son puro. Comme la maison était basse les deux dames se regardèrent et Da. Victorina la distingua très bien; la Muse de la Garde Civile l'examina de pied en cap, puis avançant la lèvre inférieure, elle cracha en tournant la tête d'un autre côté. Cette affectation de mépris mit à bout la patience de la doctoresse qui, laissant son mari sans appui, vint, tremblante de colère, impuissante à articuler une parole, se placer devant la fenêtre de l'alféreza. Da. Consolacion retourna lentement la tête, regarda son antagoniste avec le plus grand calme et, de nouveau, cracha à terre avec le plus grand dédain.

—Qu'avez-vous, Doña? demanda-t-elle.

—Pourriez-vous me dire, señora, pourquoi vous me dévisagez de cette façon? Etes-vous jalouse? put enfin dire Da. Victorina.

—Moi, jalouse, et de vous? répondit nonchalamment la Méduse; oui, je suis jalouse de vos frisures!

—Allons, vous! intervint le docteur; ne fais pas c... cas de ces sot... sottises!

—Laisse-moi, il faut que je lui donne une leçon à cette éhontée! répondit la doctoresse en bousculant son mari qui manqua d'embrasser la terre.

—Faites attention à qui vous parlez! dit-elle en se retournant vers Da. Consolacion. Ne croyez pas que je sois une provinciale ni une femme à soldats! Chez moi, à Manille, les alféreces n'entrent pas; ils attendent à la porte.

—Holà, Excellentissime Señora Puput! les alféreces n'entrent pas, mais vous recevez les invalides, comme celui-ci! ah! ah! ah!

Si elle avait été moins fardée on aurait vu rougir Da. Victorina; elle voulut se précipiter vers son ennemie, mais la sentinelle l'arrêta. La rue se remplissait de curieux.

—Sachez que je m'abaisse en parlant avec vous; les personnes de catégorie comme moi ne doivent pas... Voulez-vous laver mon linge, je vous paierai bien! Croyez-vous que je ne sache pas que vous êtes une blanchisseuse!

Da. Consolacion se redressa furieuse; être appelée blanchisseuse l'avait blessée:

—Croyez-vous que nous ne sachions pas qui vous êtes? Allez, mon mari me l'a dit! Señora, moi au moins je n'ai jamais appartenu qu'à un seul homme, mais vous? Il faut mourir de faim pour s'embarrasser du reste, du rebut de tout le monde.

Le coup atteignit Da. Victorina en pleine poitrine; elle se retroussa, ferma les poings et hurla:

—Descendez donc, vieille truie, que je casse cette figure malpropre! Maîtresse de tout un bataillon, prostituée de naissance!

Rapidement la Méduse disparut de la fenêtre; plus rapidement encore on la vit descendre en courant, agitant le terrible fouet de son mari.

D. Tiburcio, suppliant, s'interposa, mais il n'aurait pas empêché le combat si l'alférez n'était arrivé.

—Eh bien, señoras... D. Tiburcio!

—Donnez un peu plus d'éducation à votre femme, achetez-lui de plus beaux costumes et, si vous n'avez pas d'argent, volez-en à ceux du pueblo, vous avez des soldats pour cela! criait Da. Victorina.

—Je suis là, señora! pourquoi ne me cassez-vous pas la figure? Vous n'avez donc que de la langue et de la salive, Doña Excelencias!

—Señora! s'écria l'alférez furieux! vous êtes heureuse que je me souvienne que vous êtes une femme, car sinon je vous crèverais à coups de pied avec toutes vos boucles et tous vos rubans!

—Se... señor alférez!

—Allez, charlatan! Vous ne portez pas de pantalons, Juan Lanas3!

S'armant l'une de paroles et de gestes, l'autre de cris, d'insultes et d'injures, elles se jetèrent à la tête tout ce qu'il y avait en elles de sale et de honteux, ce fut un fleuve d'ordures qui les inonda toutes deux. Tous quatre parlaient à la fois; dans cette multitude de mots, de nombreuses vérités se révélèrent au grand jour, mais en de tels termes que nous renonçons à les reproduire. S'ils n'entendaient pas tout, les curieux ne laissaient pas de se divertir beaucoup; ils attendaient la bataille. Malheureusement pour les amateurs de spectacle, le curé vint à passer qui rétablit la paix.

—Señores, señoras! quelle honte! Señor alférez!

—Que venez-vous faire ici, hypocrite, carliston?

—D. Tiburcio, emmenez votre femme! Señora, contenez votre langue!

—C'est à ces voleurs de pauvres que je parlais!

Peu à peu le dictionnaire d'épithètes sonores s'épuisa, les deux mégères éhontées ne trouvèrent plus rien à se dire et tout en se menaçant, en s'injuriant encore, les deux couples se séparèrent peu à peu. Fr. Salvi allait de l'un à l'autre, se prodiguant; si notre ami le correspondant avait été là!...

—Nous repartons aujourd'hui même pour Manille et nous nous présenterons au capitaine général! disait Da. Victorina furieuse à son mari. Tu n'es pas un homme!

—Mais... mais, femme, et les gardes? je suis boiteux!

—Tu dois le provoquer au sabre ou au pistolet, ou sinon... sinon...

Et elle regarda sa denture.

—Fille, je n'ai jamais manié...

Da. Victorina ne le laissa pas terminer. D'un mouvement sublime elle lui arracha son dentier, le jeta au milieu de la rue et l'écrasa sous ses pieds. Lui pleurant presque, elle le criblant de sarcasmes, ils arrivèrent à la maison de Capitan Tiago. En ce moment Linares causait avec Maria Clara, Sinang et Victoria et, comme il ne savait rien de la dispute, l'arrivée si brusque de ses cousins l'inquiéta. Maria Clara, qui était couchée sur un fauteuil garni d'oreillers et de couvertures, ne fut pas peu surprise de la nouvelle physionomie de son docteur.

—Cousin, dit Da. Victorina, tu vas aller provoquer l'alférez à l'instant même ou sinon...

—Pourquoi? demanda Linares étonné.

—Tu vas le provoquer immédiatement ou sinon je dis ici et à tout le monde qui tu es.

—Mais, Da. Victorina!

Les trois amies se regardèrent.

—Qu'en dis-tu? L'alférez nous a insultés, il a dit que tu étais ce que tu es! La vieille sorcière est descendue avec un fouet pour nous frapper et celui-ci, celui-ci s'est laissé insulter... un homme!

—Tiens! dit Sinang, on s'est battu et nous n'avons rien vu!

—L'alférez a brisé les dents du docteur! ajouta Victorina.

—Aujourd'hui même nous partons pour Manille; toi, tu vas rester ici pour le provoquer; sinon je dis à D. Santiago que ce que tu lui as raconté n'est qu'un mensonge, je lui dis...

—Mais, Da. Victorina, Da. Victorina! interrompit Linares tout pâle. Et, s'approchant d'elle, il ajouta à voix basse:

—Ne me faites pas souvenir... Ne soyez pas imprudente, surtout en ce moment.

Capitan Tiago entra; il revenait de la gallera, triste, soupirant: il avait perdu son *lásak*.

Il n'eut pas le temps de souffler; en peu de mots, mélangés de beaucoup d'insultes, Da. Victorina lui raconta ce qui s'était passé en s'efforçant, naturellement, de se mettre en bonne posture.

—Linares va le défier, entendez-vous? ou bien ne le laissez pas se marier avec votre fille, ne le permettez pas! S'il n'est pas courageux, il ne mérite pas Clarita.

—Comment, tu te maries avec ce señor? lui demanda Sinang dont les yeux rieurs se remplirent de larmes; je savais que tu étais discrète, mais je ne te croyais pas inconstante.

Maria Clara, pâle comme la cire, se mit sur son séant, ses grands yeux effarés regardèrent son père, Da. Victorina et Linares. Celui-ci rougit, Capitan Tiago baissa la tête, mais la doctoresse ajouta:

—Rappelle-toi bien ce que je te dis, Clarita, ne te marie jamais à un homme qui ne porte pas de pantalons; ce serait t'exposer à ce que tout le monde t'insulte, même les chiens.

La jeune fille ne lui répondit pas.

—Conduisez-moi à ma chambre, dit-elle à ses amies, je ne puis pas encore y aller seule.

Elles l'aidèrent à se lever, leurs bras ronds entourèrent sa ceinture et, sa tête marmoréenne appuyée sur l'épaule de la belle Victoria, la jeune fille regagna son alcôve.

Le soir même, les deux époux firent leurs paquets, présentèrent à Capitan Tiago leur compte, qui se montait à quelques milliers de pesetas, et le lendemain matin, à la première heure, ils partaient pour Manille dans la voiture de leur hôte. Quant au timide Linares, ils lui confiaient le rôle de vengeur.

---

1 Sorte de calèche.—N. des T.

2 C'est le hop! des cochers de Manille.—N. des T.

3 Jean Bonasse, Jean Bêta, etc.—N. des T.

XLVIII

L'énigme

Elles reviendront les noires hirondelles...

GUSTAVO A. BECQUER.

Ainsi que José l'avait annoncé, Ibarra arriva le lendemain. Sa première visite fut pour la famille de Capitan Tiago; il espérait voir Maria Clara et lui annoncer que Son Illustrissime Grandeur l'avait réconcilié avec la Religion; il apportait pour le curé une lettre de recommandation, écrite de la main même de l'archevêque. La tante Isabelle, qui avait beaucoup d'affection pour le jeune homme et voyait avec plaisir son mariage avec sa nièce, en fut toute réjouie. Gapitan Tiago était sorti.

—Entrez, lui dit la tante en son mauvais castillan; Maria, D. Crisóstomo est rentré en grâce avec Dieu, l'archevêque l'a *désexcommunié*!

Mais le jeune homme ne put avancer, le sourire se gela sur ses lèvres, la parole s'enfuit de sa mémoire. Appuyé au balcon, debout, à côté de Maria Clara, était Linares; il faisait des bouquets avec les fleurs et les feuilles des plantes grimpantes; sur le sol gisaient des roses effeuillées et des sampagas; Maria Clara, couchée dans son fauteuil, pâle, pensive, le regard triste, jouait avec un éventail d'ivoire moins blanc que ses doigts effilés.

A la vue d'Ibarra, Linares blêmit et les joues de Maria Clara se teintèrent de carmin. Elle essaya de se lever mais, les forces lui manquant, elle baissa les yeux et laissa tomber son éventail.

Pendant quelques secondes régna un silence embarrassant. Enfin Ibarra put s'avancer et, tremblant, il murmura:

—J'arrive à l'instant, je suis accouru pour te voir... Je te trouve mieux que je ne le croyais.

On aurait dit que Maria Clara était devenue muette; les yeux toujours baissés elle ne répondit pas un mot.

Ibarra toisa Linares d'un regard que le timide jeune homme soutint avec hauteur.

—Allons, je vois que mon arrivée n'était pas attendue, reprit-il lentement. Pardonne-moi, Maria, de ne pas m'être fait annoncer, un autre jour je pourrai te donner des explications sur ma conduite... car nous nous verrons encore... sûrement!

Ces derniers mots furent accompagnés d'un regard à l'adresse de Linares. La jeune fille leva vers son fiancé ses beaux yeux, pleins de pureté et de mélancolie, si suppliants et si doux qu'Ibarra s'arrêta confus.

—Pourrai-je venir demain?

—Tu sais que pour moi tu es toujours le bienvenu, répondit-elle d'une voix faible.

Ibarra s'éloigna tranquille en apparence, mais une tempête agitait son cerveau, un froid intense glaçait son cœur. Ce qu'il venait de voir et de comprendre lui semblait incompréhensible: était-ce du doute, de l'oubli, une trahison?

—Oh, femme! murmura-t-il.

Sans s'en apercevoir, il était arrivé au terrain où se construisait l'école. Les travaux étaient très avancés; son mètre et son fil à plomb à la main, Nor Juan allait et venait au milieu des nombreux ouvriers. En voyant Ibarra, il courut à sa rencontre.

—D. Crisóstomo, lui dit-il, enfin vous voici! nous vous attendions tous; voyez où en sont les murs, ils ont déjà un mètre dix de haut; dans deux jours ils auront la hauteur d'un homme. Je ne me suis servi que de molave, de dungon, d'ipil, de langil; j'ai demandé du tindalo, du malatapay, du pino et du narra1 pour les œuvres mortes. Voulez-vous visiter les fondations?

Les travailleurs saluaient respectueux.

—Voici la canalisation que je me suis permis d'ajouter, disait señor Juan; ces canaux souterrains conduisent à une espèce de réservoir situé à trente pas. Ce réservoir donnera de quoi fumer le jardin; ceci n'avait pas été prévu par le plan. Vous n'approuvez pas...?

—Bien au contraire, je vous approuve et je vous félicite de votre idée. Vous êtes un véritable architecte; qui vous a appris?

—Moi-même, señor, répondit modestement le vieillard.

—Ah! que je n'oublie pas une chose assez importante: que ceux qui auraient des scrupules et qui craindraient de me parler sachent que je ne suis pas excommunié; l'Archevêque m'a invité à dîner.

—Ah! señor, nous ne faisons guère cas des excommunications! Excommuniés, mais nous le sommes tous, le P. Dámaso lui-même l'est aussi et cependant cela ne le fait pas maigrir.

—Que voulez-vous dire?

—Sans doute; l'an dernier il a donné un coup de bâton à un vicaire et les vicaires sont aussi prêtres que lui. Qui donc fait cas des excommunications?

Ibarra remarqua Elias parmi les travailleurs; celui-ci le salua comme les autres mais, d'un regard, lui fit comprendre qu'il avait à lui parler.

—Señor Juan, dit Ibarra, voulez-vous m'apporter la liste des travailleurs?

Le señor Juan disparut et Ibarra s'approcha d'Elias qui, seul, soulevait une grosse pierre et la chargeait sur un chariot.

—Si vous pouvez, señor, m'accorder quelques heures de conversation, nous nous promènerons ce soir, de bonne heure, sur les rives du lac et nous prendrons ma barque, car nous aurons à parler de choses graves.

Ibarra consentit d'un signe, Elias s'éloigna.

Le señor Juan apportait la liste; vainement D. Crisóstomo la parcourut: le nom d'Elias n'y figurait point.

---

1 Molave mucho, *Vitex geniculata, Bl.*; molave hembra (femelle), *Vitex op.* Dungon, *Heritiera littoralis* ou *Heritiera sylvatica Vid.* Ipil, *Afzelia bijuga* ou *Eperua decandra, P. Bl.*, légumineuses. Langil, *Mimosa lebbek (?), P. Bl.* Tindalo ou balayon, *Eperua rhomboidea*, Bl. Malatapay, *Diospyros embriópteris, Bl.*, Pino ou palo-pino, *Pinus merkusii, Jungh et Vrieuse, Pinus insularis, Lindl.* Narra colorada, bois rouge de grande dimension ressemblant à l'acajou, *Pterocarpus Santalinus, L.*; narra blanca ou arana, *Pterocarpus pallidus, Bl.*—N. des T.

XLIX

La voix des persécutés

Le soleil n'était pas encore couché lorsque, sur le bord du lac, Ibarra mit le pied dans la barque d'Elias. Le jeune homme paraissait contrarié.

—Pardonnez-moi, señor, dit Elias avec une certaine tristesse; pardonnez-moi de m'être permis de vous donner ce rendez-vous; je voulais vous parler librement et, ici, aucun témoin n'est à craindre; dans une heure nous pourrons être de retour.

—Vous vous trompez, ami Elias, répondit Ibarra s'efforçant de sourire; il vous faudra me conduire à ce pueblo dont nous voyons d'ici le clocher. La fatalité m'y oblige, je suis forcé de m'y rendre.

—La fatalité?

—Oui; figurez-vous qu'en venant je me suis rencontré avec l'alférez qui voulait absolument m'imposer sa compagnie; pensant à vous et sachant qu'il vous connaissait j'ai dû, pour l'éloigner, lui dire que je me rendais à ce pueblo où je devais rester toute la journée; il tient à venir m'y chercher demain soir.

—Je vous remercie de cette attention, répondit Elias du ton le plus naturel, mais vous auriez pu simplement lui dire que je vous accompagnerais.

—Comment? vous?

—Il ne m'aurait pas reconnu. Il ne m'a vu qu'une seule fois et je ne crois pas qu'il ait pensé à prendre mon signalement.

—C'est jouer de malheur! soupira Ibarra en pensant à Maria Clara. Qu'aviez-vous à me dire?

Elias regarda autour de lui. Déjà ils étaient loin de la rive; le soleil maintenant avait disparu derrière la crête des montagnes et comme, sous ces latitudes, le crépuscule dure peu, la nuit descendait rapidement, éclairée par le disque de la lune en son plein.

—Señor, répondit le pilote d'une voix grave; je suis le porte-parole de beaucoup de malheureux.

—Des malheureux? que voulez-vous dire?

En peu de mots, Elias le mit au courant de la conversation qu'il avait eue avec le chef des tulisanes, en omettant les doutes que le vieillard avait émis et les menaces qu'il avait proférées. Ibarra l'écouta avec attention mais, quand Elias eut terminé son rapport, il garda encore quelques instants le silence avant d'interroger.

—De sorte que l'on voudrait?...

—Des réformes radicales dans la force armée, dans le clergé, dans l'administration de la justice; en un mot on demande que le Gouvernement jette sur nous un regard paternel.

—Des réformes? dans quel sens?

—Par exemple: plus de respect pour la dignité humaine, plus de sécurité pour l'individu, moins de force à la force armée, moins de privilèges pour ce corps qui facilement en abuse.

—Elias, répondit le jeune homme, je ne sais rien de vous, mais je devine que vous n'êtes pas un homme vulgaire; vous pensez, vous travaillez autrement que personne en ce pays. Vous me comprendrez quand je vous dirai que, si défectueux que soit l'état actuel des choses, il le deviendrait plus encore si on le changeait. Je pourrais, *en les payant*, faire agir les amis que j'ai à Madrid, je pourrais causer au Capitaine général, mais ni les uns n'obtiendraient, ni l'autre n'aurait le pouvoir d'introduire tant de nouveautés; d'ailleurs, je ne ferai jamais un pas dans ce sens parce que je comprends très bien que, si les Congrégations ont leurs défauts, elles sont utiles en ce moment; elles sont ce que l'on appelle un mal nécessaire.

Surpris à l'extrême, Elias leva la tête et stupéfait le regarda.

—Vous aussi, señor, vous croyez au mal nécessaire? demanda-t-il d'une voix légèrement tremblante; vous croyez qu'il faut passer par le mal pour arriver au bien?

—Non; j'y crois comme à un violent remède dont nous nous servons quand nous voulons nous guérir d'une maladie. A l'heure actuelle, le pays souffre d'une affection chronique et, pour sa guérison, le Gouvernement se voit contraint d'user de moyens, durs et violents, si vous voulez, mais efficaces, indispensables même!

—C'est un mauvais médecin, señor, celui qui ne cherche qu'à faire disparaître les symptômes et à les étouffer sans chercher à découvrir l'origine de la maladie, ou bien qui, la connaissant, craint de l'attaquer dans son germe. La Garde civile n'a d'autre raison d'existence que la répression du crime par la force et la terreur, et ce but elle ne l'atteint guère que par hasard. Encore faudrait-il remarquer que la société n'a le droit d'être sévère avec les individus que lorsqu'elle a mis à leur disposition tous les moyens de développer leur perfectibilité morale. Dans notre pays, comme il n'y a pas de société puisque le peuple et le gouvernement ne forment pas une unité, un tout parfait, les détenteurs du pouvoir devraient être indulgents, non seulement parce qu'ils ont eux-mêmes besoin d'indulgence, mais parce que, négligé et abandonné par eux, l'individu n'a qu'une responsabilité moindre ayant été moins éclairé. De plus, en poursuivant votre comparaison, le traitement que l'on applique aux maux dont souffre le pays est si destructeur que ses effets se font sentir uniquement dans la partie de l'organisme encore saine, dont il affaiblit la vitalité et qu'il prédispose à la maladie. Ne serait-il pas plus raisonnable de fortifier les organes malades et de modérer un peu la violence du médicament?

—Affaiblir la Garde civile serait mettre en péril la sécurité des pueblos.

—La sécurité des pueblos! s'écria Elias avec amertume. Il y aura bientôt quinze ans que ces pueblos ont leur Garde civile, et voyez: nous avons encore des tulisanes, nous entendons encore dire que l'on pille des maisons, que l'on attaque sur les chemins; les vols continuent et les auteurs n'en sont jamais découverts; le crime subsiste mais le véritable criminel se promène librement, tandis que le pacifique habitant des pueblos est inquiété. Demandez à tous les gens honorables de ce pays s'ils considèrent cette institution comme un bien, comme une protection du Gouvernement ou bien comme une charge, un despotisme dont les abus font plus de ravages que les violences des brigands. Ces violences, pour grandes qu'elles soient, sont rares et de plus on peut s'en défendre; contre les vexations de la force légale la protestation n'est pas permise et, si elles sont moins retentissantes, elles sont continues et sanctionnées par les autorités supérieures. Aussi, quel rôle joue cette institution dans la vie de nos pueblos? Elle paralyse les communications, tous craignant d'être maltraités sous de futiles prétextes; elle s'attache plus aux formalités qu'au fond même des choses, ce qui est un premier symptôme d'incapacité; parce qu'un pauvre diable, fût-il honnête et bien considéré, aura oublié sa cédule, doit-on lui mettre les menottes et le maltraiter? Les chefs considèrent comme étant leur premier devoir de se faire saluer de gré ou de force, fût-ce par les nuits les plus obscures et leurs inférieurs les imitent; quand il s'agit de battre ou de dépouiller le malheureux paysan, tout prétexte leur est bon; le respect du foyer n'existe pas pour eux: il y a peu de temps, à Calamba, ils ont, en passant par la fenêtre, envahi la maison d'un pacifique habitant du pays à qui leur chef devait et argent et assistance; nulle sécurité personnelle: quand ils veulent nettoyer leur quartier ou leur habitation ils sortent et arrêtent le premier venu qui ne résiste pas pour le faire travailler tout le jour. Plus encore: pendant ces dernières fêtes les jeux prohibés n'ont pas été entravés, mais vous les avez vus brutalement troubler les réjouissances permises par l'autorité; vous avez vu ce que le peuple pensait d'eux. Que lui a-t-il servi de refréner ses colères et d'attendre satisfaction de la justice des hommes? Ah! señor, si c'est là ce que vous appelez conserver l'ordre...

—Je conviens qu'il y a des abus, répliqua Ibarra, mais nous acceptons ces abus pour les biens qu'ils accompagnent. L'institution peut être imparfaite, mais, croyez-le, la terreur qu'elle inspire empêche de s'accroître le nombre des criminels.

—Dites plutôt que cette terreur en crée chaque jour de nouveaux, rectifia Elias. Avant la création de ce corps, presque tous les malfaiteurs—à de rares exceptions près—étaient des affamés; ils pillaient, ils volaient pour manger; la disette passée, les chemins redevenaient libres; il suffisait, pour mettre en fuite ces malheureux, des pauvres mais vaillants *cuadrilleros*, si mal armés, si calomniés par tous ceux qui ont écrit sur notre pays, qui n'ont d'autre droit que de mourir, d'autre devoir que de combattre, d'autre récompense que l'insultante moquerie. Aujourd'hui, il y a des tulisanes qui le sont pour toute leur vie. Une faute, un premier délit châtié inhumainement, la résistance aux excès de pouvoir, la crainte de supplices atroces, les arrachent pour toujours de la société et les condamnent à tuer ou à être tués. Le terrorisme de la Garde civile leur ferme les portes du repentir et comme, dans la montagne où il s'est réfugié, un tulisan pour se défendre, guerroie beaucoup mieux que le soldat dont il se rit, nous ne pouvons remédier au mal que nous avons créé. Souvenez-vous des résultats obtenus par la prudente conduite du capitaine général de La Torre: l'amnistie, accordée par lui à ces malheureux, a prouvé que dans ces montagnes le cœur de l'homme bat encore pour le bien et démontré toute la puissance du pardon. Le terrorisme peut servir quand le peuple est esclave, que la montagne n'a pas de cavernes, que le pouvoir peut aposter une sentinelle derrière chaque arbre et que, dans le corps de l'opprimé, il n'y a qu'un estomac et un ventre; mais quand le désespéré luttant pour sa vie se sent un bras fort, un cœur vivant, que la rage l'anime, le terrorisme pourra-t-il éteindre l'incendie allumé par lui-même, dont il a lui-même entassé les combustibles?

—Je suis confondu, Elias, en vous entendant parler ainsi; je croirais que vous avez raison si mes propres convictions n'étaient déjà formées. Mais,—et je ne le dis pas pour vous offenser, car je vous considère comme une exception,—remarquez ceci: quels sont ceux qui demandent cette réforme? Presque tous sont des criminels ou des gens prêts à le devenir.

—Des criminels ou de futurs criminels! sans doute, mais pourquoi sont-ils devenus tels? Parce qu'on a troublé leur paix, détruit leur bonheur, blessé leurs plus chères affections et, qu'à demander protection à la justice ils ont appris qu'ils ne la pouvaient espérer que d'eux-mêmes! Mais vous vous trompez, señor, si vous croyez que les réformes ne sont réclamées que par ces infortunés; allez de pueblo en pueblo, de maison en maison, écoutez les secrets soupirs des familles, et vous vous convaincrez que les maux dont la Garde civile est continuellement l'auteur sont égaux, sinon supérieurs, à ceux auxquels elle remédie. Ou bien en conclurez-vous que tous les citoyens sont des criminels? Alors pourquoi les défendre contre les autres? Pourquoi ne pas les détruire tous?

—Quelque défaut existe ici qui maintenant m'échappe, quelque erreur dans la théorie qui vicie la pratique, car en Espagne, dans la Mère Patrie, la Garde civile a rendu et rend encore les plus grands services.

—Je n'en doute pas; peut-être là-bas, est-elle mieux organisée, le personnel est-il mieux choisi; peut-être aussi l'Espagne en a-t-elle un besoin qui n'existe pas aux Philippines? Nos mœurs, nos coutumes, que l'on invoque toujours chaque fois qu'il s'agit de nous dénier un droit, sont totalement oubliées quand on veut nous imposer quelque charge nouvelle. Dites-moi, señor, pourquoi les autres nations qui, par leur voisinage de l'Espagne doivent lui ressembler plus que les Philippines, n'ont-elles pas adopté cette institution? Serait-ce parce que les vols y sont moins nombreux, que les trains y sont moins souvent arrêtés sur les chemins de fer, que les insurrections y sont moins fréquentes, qu'on y assassine moins, que les rues de leurs capitales sont plus sûres?

Ibarra baissait la tête, il méditait les paroles d'Elias.

—Cette question, mon ami, répondit-il, mérite une sérieuse étude; si mes recherches me prouvent que ces plaintes sont fondées, j'écrirai à mes amis de Madrid puisque nous n'avons pas de députés. Cependant, croyez bien que le Gouvernement a besoin d'un corps dont la force soit illimitée, pour se faire respecter et dont l'autorité s'impose.

—Vous avez raison, señor, quand le Gouvernement est en guerre avec le pays; mais pour le bien même du Pouvoir nous ne devons pas faire croire au peuple qu'il est en opposition avec ses gouvernants. D'ailleurs, s'il en est ainsi, si nous préférons la force au prestige, encore devons-nous bien regarder à qui nous confions cette force illimitée, cette autorité toute-puissante. Une telle force dans la main d'hommes et d'hommes ignorants, pleins de passions, sans éducation morale, sans honorabilité prouvée, est une arme remise à un insensé au milieu d'une foule désarmée. J'accorde, je veux bien croire qu'il faille un bras au Gouvernement, mais qu'il choisisse bien ce bras, qu'il ne confie sa force qu'aux plus dignes et, puisqu'il préfère l'autorité qu'il se donne lui-même à celle que le peuple pourrait concéder, qu'au moins il fasse voir qu'il sait se la donner!

Elias parlait avec passion, avec enthousiasme; ses yeux brillaient et le timbre de sa voix résonnait vibrant. Un silence suivit ses derniers mots; la barque que la rame ne dirigeait plus semblait se maintenir immobile à la surface des eaux; la lune resplendissait majestueuse dans un ciel de saphir; au loin, vers la rive, brillaient quelques étoiles.

—Et, que demande-t-on encore? interrogea Ibarra.

—La réforme de l'organisation religieuse, répondit Elias d'une voix triste et découragée; les malheureux demandent à être mieux protégés...

—Contre les Ordres religieux?

—Contre leurs oppresseurs, señor.

—Les Philippines auraient-elles oublié ce qu'elles doivent à ces ordres? Renieraient-elles la dette de gratitude qu'elles ont contractée envers ceux qui les ont tirées de l'erreur pour leur donner la foi, qui les ont protégées contre la tyrannie du pouvoir civil? Le mal est que l'on n'enseigne pas l'histoire de la patrie!

Elias, surpris, semblait à peine certain de ce qu'il entendait.

—Señor, répondit-il d'une voix grave, vous accusez le peuple d'ingratitude; permettez que moi, qui suis de ce peuple qui souffre, je le défende. Les bienfaits, pour mériter la reconnaissance, doivent être désintéressés. Laissons de côté la mission divine, la charité chrétienne dont on a tant usé; faisons abstraction de l'Histoire, ne demandons pas ce qu'a fait l'Espagne du peuple juif qui a donné à toute l'Europe un livre, une religion et un Dieu; ce qu'elle a fait du peuple arabe qui lui avait donné sa civilisation, qui s'est montré tolérant pour sa religion, qui a réveillé son amour-propre national, tombé en léthargie, anéanti presque pendant la domination des Romains et des Goths. Vous dites que les Ordres nous ont donné la foi, qu'ils nous ont retirés de l'erreur; appelez-vous foi ces pratiques extérieures; religion, ce commerce de courroies et de scapulaires; vérité, ces miracles et ces contes que nous entendons tous les jours? Est-ce la loi de Jésus-Christ? Il n'était point nécessaire qu'un Dieu se laissât crucifier, que nous nous obligeassions à une gratitude éternelle: la superstition existait depuis longtemps, il suffisait de la perfectionner et de hausser le prix des marchandises. Vous me direz que, si imparfaite que soit notre religion actuelle, celle qu'elle a remplacée était pire encore; je le crois, j'en conviens, mais ne l'avons-nous pas payée trop cher par la perte de notre nationalité, de notre indépendance? Pour elle nous avons donné à ses prêtres nos meilleurs pueblos, nos champs les plus fertiles, et nous leur donnons encore nos économies pour l'achat d'objets religieux. On a importé pour notre usage un article d'industrie étrangère, nous l'avons largement payé, nous sommes en paix. Si vous me parlez de la protection accordée contre les *encomenderos*1, je pourrais vous répondre que c'est grâce aux religieux que nous sommes tombés sous le pouvoir des *encomenderos*; mais non, je reconnais qu'une foi sincère, qu'un véritable amour de l'humanité guidaient les premiers ministres qui abordèrent sur nos plages, je reconnais la dette de gratitude contractée envers ces nobles cœurs, je sais que l'Espagne d'alors abondait en héros de toutes classes, dans la religion comme dans la politique, dans l'ordre civil comme dans l'ordre militaire. Mais parce que les ancêtres furent vertueux, devons-nous consentir à tous les excès de leurs descendants dégénérés? Parce que l'on nous a fait un grand bien, sommes-nous si coupables de demander que l'on ne nous fasse pas de mal? Le pays n'exige pas l'abolition des Ordres, il demande seulement des réformes en rapport avec des circonstances nouvelles, avec des nécessités nouvelles.

—J'aime notre Patrie comme vous pouvez l'aimer, Elias; je comprends quelque peu ce que vous désirez, j'ai écouté avec attention ce que vous avez dit et surtout, mon ami, je crois que nous voyons un peu avec les yeux de la passion: en cette question, moins qu'en toute autre, je ne vois la nécessité de réformes.

—Serait-il possible, señor? demanda Elias. Mais vos propres malheurs de famille...

—Ah! je m'oublie, j'oublie mes propres malheurs lorsqu'il s'agit de la sécurité des Philippines, de la sécurité de l'Espagne! interrompit vivement Ibarra. Pour conserver les Philippines à la Mère Patrie, il faut que les moines restent ce qu'ils sont et, dans l'union avec l'Espagne, est le bien de notre pays.

Ibarra avait cessé de parler qu'Elias l'écoutait encore; sa physionomie s'était attristée, ses yeux avaient perdu leur éclat.

—Les missionnaires ont conquis le pays, c'est vrai, reprit-il, mais croyez-vous que ce soit par les moines que l'Espagne puisse garder les Philippines?

—Oui, et seulement par eux; cette opinion est celle de tous ceux qui ont écrit sur les Philippines.

—Oh! s'écria Elias en rejetant avec découragement la rame dans la barque; je ne croyais pas que vous eussiez une si pauvre idée du gouvernement et du pays. Pourquoi ne méprisez-vous ni l'un ni l'autre? Que diriez-vous d'une famille qui ne vivrait en paix que par l'intervention d'un étranger? Un pays qui n'obéit que parce qu'on le trompe, un gouvernement qui ne commande que parce qu'il se sert du mensonge, qui ne sait pas se faire aimer ni respecter par lui-même! Pardonnez-moi, señor, mais je crois que votre gouvernement se déshonore et se suicide lorsqu'il se réjouit de la croyance aveugle d'un peuple trompé! Je vous remercie de votre amabilité et vous prie de me dire où vous voulez que je vous conduise maintenant?

—Non, répondit Ibarra; discutons, il faut savoir qui a raison lorsque le sujet de la conversation est si important.

—Vous m'excuserez, señor, reprit Elias en secouant la tête; je ne suis pas assez éloquent pour vous convaincre; si j'ai reçu quelque éducation, je suis un Indien, mon existence est pour vous douteuse, et mes paroles vous sembleront toujours suspectes. Ceux qui ont exprimé des opinions contraires aux miennes sont Espagnols et, comme tels, quelque frivolité, quelque niaiserie qu'ils débitent, leur ton, leurs titres, leur origine les consacrent, leur donnent une telle autorité qu'ils désarment d'avance toute contradiction. De plus, quand je vois que vous qui aimez votre pays, vous dont le père repose sous ces tranquilles flots, vous qui avez été provoqué, insulté, poursuivi, vous conservez ces opinions malgré tout, quand je considère ce que vous valez, je commence à douter de mes convictions et j'admets qu'il soit possible que le peuple se trompe. Je dois dire à ces malheureux qui ont mis leur confiance dans les hommes qu'ils la placent en Dieu ou dans leurs propres bras. Je vous remercie de nouveau et vous prie de m'indiquer où je dois vous conduire.

—Elias, vos amères paroles pénètrent jusqu'à mon cœur et me font douter, moi aussi. Que voulez-vous? Je n'ai pas été élevé au milieu du peuple, je ne connais pas ses besoins; j'ai passé mon enfance au Collège des Jésuites, j'ai grandi en Europe, je ne me suis formé que par les livres et je n'ai pu lire que ce que les hommes ont apporté à la lumière; ce qui est resté dans l'ombre, ce que n'ont pas révélé les écrivains, je l'ignore. Et cependant, comme vous, j'aime notre patrie, non seulement parce que c'est le devoir de tout homme d'aimer le pays à qui il doit l'existence et à qui, peut-être, il devra son dernier asile; non seulement parce que mon père me l'a enseigné, parce que ma mère était indienne et que mes plus chers souvenirs vivent en lui, je l'aime de plus parce que je lui dois et lui devrai mon bonheur!

—Et moi, parce que je lui dois mon malheur, murmura Elias.

—Oui, ami, je sais que vous souffrez, que vous êtes malheureux; votre situation vous obscurcit la vision de l'avenir et influe sur votre manière de penser; c'est pour cela que j'écoute vos plaintes avec une certaine prévention. Si je pouvais apprécier les motifs, une partie de ce passé...

—Mes malheurs ont une autre origine; si je supposais que cela puisse être de quelque utilité, je vous les raconterais, car non seulement je n'en fais aucun mystère mais ils sont connus de beaucoup.

—Peut-être que les connaître rectifierait mes jugements; vous savez que je me méfie beaucoup des théories, je me guide surtout d'après les faits.

Elias resta quelques instants pensif:

—S'il en est ainsi, señor, je vous raconterai brièvement mon histoire.

---

1 Propriétaires de biens fonciers qu'ils faisaient exploiter par des Indiens asservis.—N. des T.

L

La famille d'Elias

—Il y a environ soixante ans, mon grand-père vivait à Manille; il était employé comme comptable chez un commerçant espagnol. Bien qu'il fût alors très jeune, il était marié et avait un fils. Une nuit, sans que l'on sût comment, le magasin prit feu et l'incendie se communiqua à toute la maison et aux habitations environnantes. Les pertes furent innombrables, on chercha un coupable et le commerçant accusa mon grand-père. En vain protesta-t-il de son innocence, il était pauvre, il ne pouvait payer les avocats célèbres, on le condamna à être bâtonné publiquement et promené par les rues de Manille. Il y a peu de temps qu'a été supprimé ce châtiment infamant, que le peuple appelle *caballo y vaca*1, pire mille fois que la mort elle-même. Mon aïeul, abandonné de tous, excepté de sa jeune épouse, se vit attaché à un cheval, suivi d'une foule cruelle, frappé à chaque carrefour, à la face des hommes, ses frères, dans le voisinage des nombreux temples d'un Dieu de paix. Quand le malheureux, marqué à jamais d'infamie, eut satisfait de son sang, de ses tortures et de ses cris, la vengeance des hommes, on le détacha, mais il eût mieux valu pour lui être mort! Par une de ces cruautés raffinées que savent parfois inventer les bourreaux, la liberté lui fût rendue; sa femme, alors enceinte, s'en alla vainement de porte en porte mendier du travail ou quelque aumône pour soigner son mari malade et son pauvre enfant; qui pouvait avoir confiance ou pitié? N'était-ce pas la femme d'un incendiaire et d'un infâme? L'épouse, donc, dut s'adonner à la prostitution!

Ibarra se leva de son siège.

—Oh! ne vous inquiétez pas! La prostitution n'était un déshonneur ni pour elle ni pour son mari; honneur et honte, n'existaient plus pour eux. Le mari guérit de ses blessures et, avec sa femme et son fils, il vint se cacher dans les montagnes de cette province. La femme y mit au jour un fœtus estropié et malade qui eut la chance de ne point vivre. Eux y restèrent quelques mois encore, misérables, isolés, détestés, repoussés de tout le monde. Mon grand-père, moins courageux que sa femme, ne put supporter une telle existence: il se pendit, désespéré de voir celle qu'il aimait malade, enceinte de nouveau, privée de tout secours et de tout soin. Le fils, qui pouvait à peine soigner sa mère, dut laisser se pourrir le cadavre que la mauvaise odeur signala bientôt à la justice. Mon aïeule fut accusée à son tour et condamnée pour n'avoir point révélé la mort de son mari; on lui attribua le crime, on prouva qu'elle l'avait commis: de quoi n'était point capable la femme d'un tel misérable qui, elle-même, avait été une prostituée? Si elle prêtait serment on l'appelait parjure, si elle pleurait on lui reprochait de jouer une comédie, on répondait blasphème si elle invoquait Dieu. Cependant, en considération de son état, on résolut d'attendre sa délivrance pour la bâtonner: vous savez que les moines ont répandu cette croyance que les Indiens ne doivent se traiter qu'à coups de bâtons: lisez ce qu'en dit le P. Gaspar de S. Augustin.

Une femme ainsi condamnée doit maudire le jour où son enfant verra la lumière; c'était donc à la fois prolonger son supplice et violer ses sentiments maternels. Par malheur sa délivrance s'opéra bien, par malheur aussi l'enfant naquit vivant et robuste. Deux mois après, la sentence s'accomplissait à la grande satisfaction des hommes qui croyaient ainsi remplir un devoir. Ayant perdu la tranquillité dans ces montagnes, elle s'enfuit avec ses deux enfants dans la province voisine et, là, ils vécurent comme des fauves, haïssant et haïs. L'aîné des deux fils qui, au milieu de tant de misères, se rappelait les joies de son enfance se fit tulisan dès qu'il en eut la force, et le nom sanguinaire de Bâlat s'étendit de province en province, terreur des pueblos, car dans sa soif de vengeance il mettait tout à feu et à sang. Le plus jeune, à qui la Nature avait donné un cœur bon, s'était résigné à son sort et à son infamie; il vivait à côté de sa mère, se nourrissant tous deux des fruits de la forêt, s'habillant des guenilles que leur jetaient les passants; elle avait perdu son nom; on ne la connaissait que par les sobriquets de *delincuente, prostituta, apaleada*2; lui, n'était connu que comme fils de sa mère, parce que la douceur de son caractère ne permettait pas de le croire né de l'incendiaire et qu'il est toujours permis de douter de la moralité des Indiens. Enfin, le fameux Bâlat tomba un jour entre les mains de la Justice qui lui demanda sévèrement compte de ses crimes, elle qui jamais n'avait rien fait pour lui enseigner le bien; un matin, le jeune garçon cherchant sa mère qui était allée au bois pour y cueillir des champignons et n'était pas encore revenue, la trouva étendue à terre, sur le bord du chemin, sous un cotonnier, la figure vers le ciel, les yeux fixes, hors des orbites, les doigts crispés, enfoncés dans le sol taché de sang. Quand le malheureux leva la tête et tourna sa vue vers où regardait le cadavre il aperçut un panier suspendu à une branche et, dans ce panier, la tête ensanglantée de son frère!

—Mon Dieu! s'écria Ibarra.

—C'est le cri qui échappa à mon père, continua froidement Elias. Les hommes avaient dépecé le brigand et enterré le tronc, mais les membres dispersés furent exposés en différents pueblos. Si parfois vous allez de Calamba à Santo Tomas vous trouverez encore un misérable arbre de lomboy3 où une jambe de mon oncle fut suspendue et se putréfia: la Nature l'a maudit, l'arbre n'a plus ni grandi ni donné de fruits. Il en fut de même des autres membres, mais la tête, comme étant le meilleur de l'individu, ce qui s'en reconnaît le plus facilement, on l'avait pendue devant la cabane de la mère!

Ibarra baissa la tête.

—Le jeune homme s'enfuit comme un maudit, de pueblo en pueblo, à travers les monts et les vallées, et quand il se crut assez loin pour ne plus être reconnu, il entra, comme travailleur, chez un riche de la province de Tayabas. Son activité, la douceur de son caractère lui assurèrent l'estime de tous, car on ignorait son passé. A force de travail et d'économie il arriva à se créer un petit capital, et comme la misère était passée, qu'il était jeune, il pensa à être heureux. Sa bonne prestance, sa jeunesse et sa situation quelque peu indépendante lui captèrent l'amour d'une jeune fille du pueblo dont il n'osait point demander la main de peur que son origine se découvrît. Mais l'amour fut le plus fort et tous deux manquèrent à leurs devoirs. Pour sauver l'honneur de sa maîtresse, il risqua tout et la demanda en mariage; on chercha les papiers; la vérité éclata: le père de la jeune fille était riche, il porta plainte contre l'homme, le procès fut instruit, le malheureux ne chercha pas à se défendre, admit tout ce dont on l'accusa et fut envoyé au presidio. La jeune fille mit au monde deux jumeaux, un fils et une fille qui furent élevés en secret; on leur fit croire que leur père était mort, ce qui n'était pas difficile, car ils avaient vu, encore en bas âge, mourir leur mère, et ne pensaient guère à rechercher leur généalogie. Comme notre grand-père était riche, notre enfance fut très heureuse; ma sœur et moi nous grandîmes ensemble, nous aimant comme peuvent seuls s'aimer deux jumeaux qui ne connaissent pas d'autres amours. Très jeune, on m'envoya étudier au Collège des jésuites et ma sœur, pour que nous ne fussions pas complètement séparés, entra à la pension de la Concordia. Notre éducation fut courte, car nous n'ambitionnions que d'être agriculteurs; aussitôt qu'elle fut terminée, nous revînmes au pueblo pour prendre possession de l'héritage de notre grand-père. Là, pendant quelque temps, nous vécûmes heureux, l'avenir nous souriait; nous avions de nombreux domestiques, nos champs donnaient de bonnes récoltes et ma sœur était à la veille de se marier avec un jeune homme qu'elle adorait et qui répondait à son amour. Pour des questions pécuniaires et aussi par mon caractère alors hautain, je m'étais attiré la rancune d'un lointain parent: un jour il me jeta à la face ma ténébreuse origine et l'infamie de mon ascendance. Je crus à une calomnie, je demandai satisfaction: la tombe où dormaient tant de misères s'ouvrit et la vérité en sortit pour me confondre. Pour comble de malheur, nous avions alors depuis quelques années un vieux domestique qui souffrait tous mes caprices sans se plaindre jamais, se contentant seulement de pleurer et de gémir quand les autres serviteurs l'accablaient de leurs moqueries. Je ne sais comment mon parent s'informa, toujours est-il qu'il cita le vieillard devant la justice et lui fit déclarer la vérité: notre vieux domestique était notre père que souvent j'avais maltraité et dont la déposition frappait ses enfants chéris. Notre bonheur s'évanouit, je renonçai à notre fortune, ma sœur perdit son fiancé, et, avec mon père, nous abandonnâmes le pueblo pour aller vivre ailleurs, n'importe où. La pensée qu'il avait contribué à notre malheur abrégea les jours du vieillard; ses lèvres me révélèrent tout le passé douloureux. Ma sœur et moi nous restions seuls.

Elle pleura beaucoup mais, en dépit de tant de malheurs qui fondaient sur nous elle ne pouvait oublier son amour. Sans une plainte, sans un mot, elle vit se marier avec une autre son ancien fiancé, mais moi, peu à peu et sans que rien pût la consoler, je la voyais dépérir. Un jour elle disparut: en vain je la cherchai de tous côtés, en vain je m'informai d'elle auprès de tous; six mois après seulement j'appris que, vers l'époque où je l'avais perdue, après un débordement du lac, on avait trouvé sur la plage de Calamba, dans les rizières, le cadavre d'une jeune fille noyée ou assassinée; elle avait, disait-on, un couteau cloué dans la poitrine. Les autorités de ce pueblo avaient fait publier le fait dans les pueblos voisins; personne ne s'était présenté pour réclamer le cadavre, aucune jeune fille n'avait disparu. Aux différents signes que l'on me donna ensuite, au costume, aux bijoux, à la beauté de son visage et de son abondante chevelure, je reconnus ma pauvre sœur. Et depuis lors, j'erre de province en province, ma renommée et mon histoire se transmettent de bouche en bouche, on m'attribue beaucoup de choses, parfois on me calomnie, mais je fais peu de cas des hommes et je continue mon chemin. Voici, en résumé, mon histoire et celle de l'un des jugements humains.

Elias se tut et continua à ramer.

—Je commence à croire que vous n'avez pas tort, murmura Crisóstomo à voix basse, quand vous dites que la justice devrait tendre vers le bien pour la récompense de la vertu et l'éducation des criminels. Seulement... c'est impossible, c'est une utopie, car d'où tirer l'argent qu'il faudrait, comment créer tant d'emplois nouveaux?

—Et pourquoi ne se servirait-on pas de ces prêtres qui prônent leur mission de paix et de charité? Serait-il plus méritoire de mouiller d'un peu d'eau la tête d'un enfant, de lui donner à manger quelques grains de sel, que de réveiller, dans la conscience obscurcie de chaque criminel, cette étincelle allumée par Dieu en chaque homme pour le guider à la recherche du bien? Serait-il plus humain d'accompagner un condamné à la potence que de lui indiquer le difficile sentier qui du vice conduit à la vertu? Et les espions, les bourreaux, les gardes civils, ne les paye-t-on pas? Bien que sale, cela aussi coûte de l'argent.

—Mon ami, quand nous le voudrions, ni vous ni moi, nous ne pourrions réussir.

—Seuls, c'est vrai, nous ne sommes rien; mais faites vôtre la cause du peuple, unissez-vous au peuple, ne refusez pas d'écouter sa voix, donnez l'exemple, propagez l'idée de ce qu'on appelle une patrie!

—Ce que demande le peuple est impossible; il faut attendre.

—Attendre, attendre c'est souffrir!

—Si je le demandais, on se moquerait de moi.

—Et si le peuple vous soutient?

—Jamais! je ne serai jamais celui qui conduira la foule pour qu'elle arrache de force ce que le gouvernement ne croira pas opportun de lui accorder, non! Et si je voyais un jour s'armer cette multitude, je me rangerais du côté du gouvernement et je la combattrais car, en cette tourbe, je ne reconnaîtrais pas mon pays. Je veux son bien, c'est pourquoi je bâtis une école; je le cherche ce bien au moyen de l'instruction, par le continuel progrès; sans lumière il n'y a pas de route, pas d'issue possible.

—Sans lutte il n'y a pas non plus de liberté! répondit Elias.

—C'est que je ne veux pas de cette liberté!

—Sans liberté pas de lumière! vous disiez que vous connaissez peu votre pays, je le crois. Vous ne voyez pas la lutte qui se prépare, vous ne voyez pas le nuage à l'horizon; le combat commence dans la sphère des idées pour descendre dans l'arène qui se teindra de sang; écoutez la voix de Dieu, malheur à ceux qui voudront résister! l'Histoire ne leur appartient pas.

Elias était transfiguré; debout, découvert, son visage mâle, illuminé par la blanche lumière de la lune, avait quelque chose d'extraordinaire. Il secoua son abondante chevelure et continua.

—Ne voyez-vous pas comme tout se réveille? Le sommeil a duré des siècles, mais un jour la foudre tombe, et la foudre, au lieu de détruire, appelle la vie; et voici que de nouvelles tendances travaillent les esprits, voici que ces tendances, aujourd'hui séparées s'unissent un jour, guidées par Dieu. Dieu n'a pas manqué aux autres peuples, il ne manquera pas non plus au nôtre; sa cause est la cause de la liberté!

Un solennel silence suivit ces paroles. La barque, entraînée par les vagues s'approchait de la rive. Le premier, Elias reprit la parole.

—Que dois-je dire à ceux qui m'envoient? demanda-t-il en changeant de ton.

—Je vous l'ai déjà dit; je déplore beaucoup leur situation, mais il faut qu'ils attendent! on ne guérit pas le mal par un autre mal et, dans nos malheurs, nous avons tous notre part de fautes.

Elias n'insista pas; il baissa la tête, continuant de ramer; quand le bateau toucha la rive, il prit congé d'Ibarra:

—Je vous remercie, señor, lui dit-il, de votre condescendance envers moi; dans votre intérêt, je vous demande de m'oublier désormais et de ne jamais me reconnaître en quelque situation que vous me trouviez.

Puis, tandis que Crisóstomo s'éloignait, il se remit à ramer, conduisant la barque vers une touffe de roseaux sur la plage. Seuls paraissaient occuper son attention les milliers de diamants que soulevait la rame et qui retombaient et disparaissaient aussitôt dans le mystère des flots doucement azurés.

Enfin, il toucha terre; un homme sortit des roseaux et s'approcha de lui.

—Que dois-je dire au Capitaine? demanda l'homme.

—Dis lui qu'Elias, s'il ne meurt pas avant, accomplira sa parole, répondit tristement le pilote.

—Alors, quand nous rejoindras-tu?

—Quand votre Capitaine croira que l'heure du péril est arrivée.

—C'est bien, adieu!

—Si je ne meurs pas avant! murmurait Elias.

---

1 Cheval et vache.—N. des T.

2 Criminelle, prostituée, bâtonnée.—N. des T.

3 Nom philippin des *Eugenia*.—N. des T.

LI

Commerce

Le timide Linares était inquiet et triste. Il venait de recevoir une lettre de Da. Victorina dont nous corrigeons un peu l'orthographe afin de la rendre intelligible:

«Estimé cousin: Je veux savoir avant trois jours si tu as été tué par l'alférez ou bien lui par toi. Je ne veux pas qu'un jour de plus s'écoule sans que cet animal soit puni. Si, passé ce délai, tu ne l'as pas encore provoqué, je dis à don Santiago que jamais tu n'as été secrétaire de personne, que tu n'as jamais plaisanté avec Canovas ni avec le général don Arsenio Martinez, je dis à Clarita que tout est mensonge et ne te donne plus un cuarto. Si tu le défies je te promets tout ce que tu voudras; je te préviens que je n'admettrai ni excuses ni motifs de retard.

Ta cousine qui t'aime de cœur:

VICTORINA DE LOS REYES DE DE ESPADANA.

Sampaloc, lundi, 7 h. du soir.»

L'affaire était grave: Linares connaissait le caractère de Da. Victorina, il savait de quoi elle était capable; lui parler raison, c'était parler honneur et politesse à un carabinier des douanes quand il cherche un contrebandier là où il n'y en a pas; supplier était inutile, jouer de ruse dangereux; il n'y avait qu'un seul parti à prendre: provoquer.

—Mais comment? se disait-il en se promenant de long en large. S'il m'envoie paître? Si je me trouve avec sa femme? Qui voudra être mon témoin? Le curé? Capitan Tiago? Maudite soit l'heure où j'ai écouté ses conseils! *Latera!*1 Qui m'obligeait à me donner de l'importance, à raconter des histoires, à les tromper par des fanfaronnades! que va dire de moi cette demoiselle...? Cela m'ennuie maintenant d'avoir été secrétaire de tous les ministres.

Le bon Linares continuait encore son triste soliloque quand entra le P. Salvi. En vérité, le franciscain était encore plus maigre et plus pâle que de coutume, mais ses yeux brillaient d'une lueur singulière et sur ses lèvres s'épanouissait un étrange sourire.

—Sr. Linares, vous êtes seul? dit-il en saluant le jeune homme, et il se dirigea vers le salon dont la porte entr'ouverte laissait entendre quelques notes de piano.

—Et D. Santiago? ajouta le curé.

Au même instant, Capitan Tiago entrait. Il baisa la main du curé, le débarrassa de son chapeau et de sa canne, souriant comme un bienheureux.

—Allons, allons! dit le curé en entrant dans le salon, suivi de Linares et de Capitan Tiago; j'ai de bonnes nouvelles à vous communiquer à tous. J'ai reçu de Manille des lettres qui me confirment celle que le Sr. Ibarra m'a apportée hier... de telle sorte, D. Santiago, que l'obstacle disparaît.

Maria Clara, assise au piano entre ses deux amies, fit un mouvement pour se lever, mais les forces lui manquèrent, elle dut se rasseoir. Linares devint blême et regarda Capitan Tiago qui baissait les yeux.

—Ce jeune homme me semble très sympathique, continua le curé; d'abord je l'avais mal jugé... il est d'esprit un peu vif, mais, quand il fait une faute, il sait si bien s'arranger qu'on ne saurait lui en garder rancune. Si ce n'était pour le P. Dámaso...

Et le curé lança un regard vers Maria Clara qui écoutait de toutes ses oreilles, mais ne quittait pas des yeux son cahier de musique, malgré les pinçons de Sinang qui exprimait ainsi son allégresse: si elles avaient été seules elle aurait dansé.

—Le P. Dámaso...? demanda Linares.

—Oui, le P. Dámaso a dit, continua le curé sans perdre de vue Maria Clara, que, comme parrain, il ne pourrait permettre... mais enfin, je crois que, si le Sr. Ibarra lui demande pardon, tout s'arrangera.

Maria Clara se leva, proféra une excuse et, accompagnée de Victoria, se retira dans sa chambre.

—Et, si le P. Dámaso ne lui pardonne pas? demanda Capitan Tiago à voix basse.

—Alors,... Maria Clara verra... le P. Dámaso est son père... spirituel; mais je crois qu'ils s'entendront.

Un bruit de pas se fit entendre, Ibarra entra, suivi de la tante Isabel; son entrée produisit une impression toute particulière, différente pour chacune des personnes présentes. Il salua avec affabilité Capitan Tiago qui ne savait s'il devait sourire ou pleurer, puis s'inclina profondément devant Linares. Le P. Salvi, lui, se leva et tendit la main à Ibarra si affectueusement que celui-ci ne put contenir un regard de surprise.

—Ne soyez pas étonné, dit le prêtre, à l'instant même je faisais votre éloge.

Ibarra remercia et s'approcha de Sinang.

—Où as-tu été toute la journée? lui demanda-t-elle dans son enfantin babil; nous nous interrogions et nous disions: Où aura pu aller cette âme rachetée du Purgatoire? Et chacune de nous disait son avis.

—Et ne puis-je savoir ce que vous disiez?

—Non, c'est un secret, mais je te le dirai quand nous serons seuls. Maintenant dis-nous où tu es allé, pour voir qui a le mieux deviné.

—Non, c'est aussi un secret, mais je te le dirai entre nous si ces señores le permettent.

—Mais certainement, certainement! dit le P. Salvi.

Sinang emmena Crisóstomo à un bout du salon; l'idée qu'elle allait connaître un secret la rendait toute joyeuse.

—Dis-moi, petite amie, demanda Ibarra, Maria est-elle fâchée contre moi?

—Je ne sais pas, mais elle dit qu'il vaut mieux que tu l'oublies, puis se met à pleurer. Capitan Tiago veut qu'elle se marie avec ce señor, le P. Dámaso aussi, mais elle ne dit ni oui ni non. Ce matin, quand nous lui avons causé de toi, j'ai dit: qui sait s'il n'est pas allé faire la cour à une autre? elle m'a répondu: Dieu le veuille!

Ibarra était grave.

—Dis à Maria que je voudrais lui parler à elle seule.

—Toute seule? s'écria Sinang en fronçant les sourcils et en le regardant.

—Toute seule, non; mais que celui-ci ne soit pas là.

—C'est difficile; mais, ne t'en occupe pas, je lui en parlerai.

—Et, quand saurai-je la réponse?

—Demain, viens de bonne heure. Maria ne veut jamais rester seule, nous lui tenons compagnie; Victoria et moi passons chacune une nuit près d'elle; demain, c'est mon tour. Mais, écoute, et le secret? tu t'en vas sans me dire le principal.

—C'est vrai; je suis allé au pueblo de Los Baños; je vais y exploiter les cocotiers, je pense construire une fabrique; ton père sera mon associé.

—Ce n'est que cela? En voilà un secret! s'écria Sinang à voix haute, du ton d'un usurier refait; je croyais...

—Prends garde! Je ne veux pas que tu le dises.

—Je n'en ai pas envie! répondit Sinang le nez pincé. Si c'eût été quelque chose d'important, je l'aurais dit à mes amies, mais acheter des cocos! des cocos! qui donc s'intéresse aux cocos?

Et elle s'enfuit vivement chercher ses amies.

Quelques moments après, voyant que la conversation ne pouvait que languir, Ibarra prit congé; Capitan Tiago avait l'air aigre-doux, Linares se taisait, seul le curé affectait la gaieté et racontait des histoires. Aucune des jeunes filles n'était revenue.

---

1 Mot d'argot qui pourrait se traduire à Paris par: *Raseuse.*—N. des T.

LII

La carte des morts et les ombres

Le ciel nuageux cache la lune; un vent froid, précurseur du prochain Décembre, entraîne quelques feuilles desséchées et soulève la poussière dans l'étroit sentier qui conduit au cimetière.

Sous la porte, trois ombres parlent entre elles à voix basse.

—Tu as causé à Elias? demande une voix.

—Non, tu sais qu'il est très bizarre et très circonspect, mais il doit être des nôtres; D. Crisóstomo lui a sauvé la vie.

—C'est aussi pour cela que j'ai accepté, dit la première voix; D. Crisóstomo fait soigner ma femme chez un médecin à Manille! Je me suis chargé du couvent pour régler mes comptes avec le curé.

—Et nous du quartier pour dire aux gardes civiles que notre père avait des fils.

—Combien serez-vous?

—Cinq; avec cinq c'est suffisant. Le domestique de D. Crisóstomo dit que nous serons vingt.

—Et, si cela finit mal?

—Pssit! fit quelqu'un; tous se turent.

Dans la demi-obscurité on voyait venir une ombre; elle se glissait en suivant le détour du sentier, s'arrêtant de temps à autre comme si elle se retournait pour regarder derrière elle.

Elle avait un motif pour se retourner. A vingt pas, en effet, une autre ombre la suivait, plus grande, et qui semblait plus sombre encore: elle foulait légèrement le sol, disparaissant aussitôt que celle qui marchait devant s'arrêtait et se retournait, comme si la terre s'entr'ouvrait pour la cacher.

—On me suit! murmurait l'une; serait-ce la garde civile? le sacristain m'aurait-il menti?

—Il paraît que le rendez-vous est ici, disait la seconde à voix basse; du moment que les deux frères me l'ont caché, c'est qu'il doit s'agir de quelque chose de mauvais.

La première ombre arriva enfin à la porte du cimetière. Les trois autres s'avancèrent.

—C'est vous?

—C'est vous?

—Séparons-nous, on m'a suivi! Demain vous aurez les armes, ce sera pour le soir. Le cri est: «Vive D. Crisóstomo!» Allez!

Les trois ombres disparurent derrière les murs en torchis. Le nouvel arrivé se cacha dans le creux de la porte et attendit silencieux.

—Voyons qui me suivait! murmura-t-il.

Avec beaucoup de précaution, la seconde ombre s'approcha et s'arrêta comme pour regarder autour d'elle.

—J'arrive en retard! dit-elle à mi-voix, mais peut-être reviendront-ils.

Et, comme une pluie fine et menue commençait à tomber, menaçant de durer, elle pensa à se mettre à l'abri sous l'auvent de la porte.

Naturellement elle se rencontra avec le premier occupant.

—Ah! qui êtes-vous? demanda-t-elle d'une voix mâle.

—Et vous, qui êtes-vous? répondit l'autre très tranquillement.

Un moment de pause; tous deux s'efforçaient de se reconnaître par le timbre de la voix et les manières.

—Qu'attendez-vous ici? demanda la voix mâle.

—Que sonnent huit heures pour avoir la carte des morts; je veux gagner beaucoup, cette nuit, répondit l'autre; et vous... pourquoi venez-vous?

—Pour... la même chose.

—Ah! tant mieux! je ne serai pas seul. J'ai apporté des cartes, au premier coup de cloche je pointe, au second, le coq: celles qui retournent sont les cartes des morts et l'on doit se les disputer à mort! Vous avez aussi apporté des cartes?

—Non!

—Alors?

—Simplement; de même que vous tenez la banque, j'attends qu'ils la prennent.

—Et si les morts ne la prennent pas?

—Que faire? Le jeu n'est pas encore obligatoire chez eux...

Il y eut un moment de silence.

—Vous êtes venu avec des armes? Comment allez-vous vous battre avec les morts?

—Avec mes poings, répondit le plus grand.

—Ah, diable! je me souviens maintenant! Les morts n'indiquent rien quand il y a plus d'un vivant, et nous sommes deux.

—C'est vrai? eh bien! je ne veux pas m'en aller.

—Moi non plus, j'ai besoin d'argent, répondit le plus petit; mais faisons ceci: jouons entre nous, le perdant s'en ira.

—Soit... répondit l'autre avec un certain déplaisir.

—Alors, entrons... avez-vous des allumettes?

Ils entrèrent et cherchèrent dans cette demi-obscurité un endroit propice; ils ne furent pas longs à trouver une niche où ils s'assirent. Celui qui avait apporté des cartes les tira de son salakot, l'autre fit flamber une allumette.

A la lumière, ils se regardèrent l'un l'autre, mais, à en juger par l'expression de leurs visages, ils ne se connaissaient pas. Cependant, nous qui les avons déjà vus, reconnaîtrons Elias dans le plus grand, à la voix mâle, et dans l'autre José, portant sa cicatrice à la joue.

—Coupez! dit celui-ci, sans cesser de l'observer.

Il écarta quelques os qui se trouvaient dans la niche et tira un as et un cheval. Elias allumait des allumettes l'une après l'autre.

—Au cheval! dit-il, et pour signaler la carte, il posa dessus une vertèbre.

—Je joue! dit José et, en quatre ou cinq cartes, il tira un as.

—Vous avez perdu, ajouta-t-il; maintenant laissez-moi seul, que je cherche ma vie.

Sans dire un mot, Elias s'éloigna et se perdit dans l'obscurité.

Quelques minutes après, huit heures sonnèrent au clocher de l'église et la cloche annonça l'heure des âmes, mais José n'invita personne à jouer; il n'évoqua pas les morts comme le lui commandait la superstition; il se découvrit seulement, murmurant quelques prières et multipliant les signes de croix avec autant de ferveur que s'il avait été le chef de la confrérie du Très Saint Rosaire.

La pluie continuait. Dans le pueblo, à neuf heures, les rues étaient déjà obscures et solitaires; les lanternes à huile que doit suspendre chaque habitant, éclairaient à peine un cercle de un mètre de rayon; elles ne paraissaient allumées que pour faire voir les ténèbres.

Deux gardes civils se promenaient d'un bout à l'autre de la rue, près de l'église.

—Il fait froid! dit l'un, en tagal, avec un accent visaya1, pas de sacristain à prendre, pas de quoi regarnir le poulailler de l'alférez... C'est ennuyeux, la mort de l'autre les a effrayés.

—Oui, c'est ennuyeux, lui répondit son compagnon; personne ne vole, personne ne fait de bruit; mais, grâce à Dieu! le bruit court que le fameux Elias est dans le pueblo. L'alférez a dit que celui qui le prendrait ne serait pas battu pendant trois mois.

—Ah! Connais-tu son signalement de mémoire? demanda le visaya.

—Je crois! taille, grande selon l'alférez, ordinaire selon le P. Dámaso; teint brun; yeux, noirs; nez, régulier; bouche, régulière; barbe, aucune; cheveux, noirs...

—Ah, ah! et signes particuliers?

—Chemise noire, pantalon noir, bûcheron...

—Ah! il ne s'échappera pas; il me semble déjà le voir.

—Ne le confonds pas avec un autre qui lui ressemblerait.

Et les deux soldats poursuivirent leur ronde.

A la lumière des lanternes nous voyons s'avancer deux ombres, l'une suivant l'autre en se dissimulant de son mieux. Un énergique: *Qui vive?* les arrêta toutes deux. D'une voix tremblante, la première répondit: *Espagne!*

Les deux soldats s'en saisirent et la conduisirent devant une lanterne pour la reconnaître. C'était José, mais les gardes, moins instruits que nous de sa personnalité, hésitaient, se consultaient du regard.

—L'alférez nous a dit qu'il avait une cicatrice! dit à voix basse le visaya. Où vas-tu?

—Commander une messe pour demain!

—N'as-tu pas vu Elias?

—Je ne le connais pas, señor! répondit José.

—Je ne te demande pas si tu le connais, imbécile! nous non plus nous ne le connaissons pas, je te demande si tu l'as vu.

—Non, señor.

—Écoute bien, je vais te dire son signalement. Taille à la fois haute et ordinaire, cheveux et yeux, noirs; tout le reste est ordinaire. Le connais-tu maintenant!

—Non, señor, répondit José ahuri.

—Alors, *sulung*2! brute, bourrique!—Et ils lui rendirent la liberté avec une bourrade.

—Sais-tu pourquoi Elias est grand pour l'alférez et ordinaire pour le curé? demanda pensif le tagal au visaya.

—Non.

—C'est parce que, quand ils l'ont vu, l'alférez était enfoncé dans la mare, tandis que le curé était debout.

—C'est vrai! s'écria le visaya; tu as du talent..... comment se fait-il que tu sois garde civil?

—Je ne l'ai pas toujours été; autrefois j'étais contrebandier! répondit le tagal avec jactance.

Mais une autre ombre attira leur attention. Ils l'arrêtèrent d'un *qui vive?* et l'amenèrent aussi à la lumière. Cette fois, c'était Elias lui-même qui se présentait.

—Où vas-tu?

—Je poursuis, señor, un homme qui a battu et menacé de tuer mon frère; il a une cicatrice à la figure et s'appelle Elias...

—Ha? s'écrièrent à la fois les deux gardes, et ils se regardèrent épouvantés, puis se mirent à courir dans la direction de l'église, du côté où, quelques minutes auparavant, José avait disparu.

––––––––––––

1 «Les Visayas ou Bisayas sont une population d'origine malaise qui, lors de l'arrivée des Espagnols possédait déjà une civilisation et une écriture spéciales. Ils demeurent dans les îles qui portent leur nom, excepté ceux qui se sont établis au Nord et sur la côte Est de Mindanao, dont la population *musulmane* se *bisayarisera* de plus en plus car certaines tribus ont accepté le christianisme et apprennent dans les écoles la langue bisaye. Au temps de la découverte, ils étaient tatoués; aussi avaient-ils reçu des Espagnols le nom de *Pintados* qui leur est resté jusqu'au XVIIIᵉ siècle. Ils sont chrétiens; leur langue comprend plusieurs dialectes dont les plus importants sont le Cebuano et le Panayano.» F. BLUMENTRITT.

En ces derniers temps, ils ont manifesté quelque disposition à séparer leur cause de celle des Tagals et à proclamer une République des Visayas, indépendante du gouvernement institué par Aguinaldo.—N. des T.

2 Va-t'en!—N. des T.

LIII

Il buon di si conosce da mattina1.

Dès le matin, la nouvelle se répandit dans le pueblo que, la veille au soir, de nombreuses lueurs avaient brillé dans le cimetière.

Le chef de la V. O. T. parlait de cierges allumés et décrivait leur forme et leur grosseur, mais il n'était pas bien certain du nombre, il en avait seulement compté plus de vingt.

Sœur Sipa, de la Confrérie du Très Saint Rosaire, ne pouvait tolérer qu'un membre de l'Association rivale pût seul se vanter d'avoir vu cet effet de la grâce de Dieu; Sœur Sipa, donc, bien qu'elle n'habitât pas près de là, avait entendu des lamentations et des gémissements, elle avait même cru reconnaître les voix de certaines personnes avec qui autrefois... mais, par charité chrétienne, non seulement elle leur pardonnait mais même elle priait pour elles et taisait leurs noms, ce qui la faisait incontinent déclarer sainte par tout l'entourage. Sœur Rufa en vérité n'avait pas l'oreille aussi fine, mais elle ne pouvait souffrir que Sœur Sipa eût entendu quelque chose et elle rien; aussi avait-elle eu un songe dans lequel lui étaient apparues non seulement des personnes mortes mais encore des vivantes; les âmes en peine demandaient une part de ses indulgences, notées régulièrement et thésaurisées. Elle pourrait dire les noms aux familles intéressées, ne demandant qu'une petite aumône pour secourir le Pape dans ses nécessités.

Un petit gamin, pasteur de son métier, qui se risqua à déclarer n'avoir vu rien de plus qu'une lumière et deux hommes coiffés de salakots eut peine à échapper aux insultes et aux coups de bâton. Il eut beau jurer, seuls ses carabaos étaient avec lui et auraient pu parler.

—Tu vas peut-être en savoir plus long que le zélateur et les Sœurs, *paracmason*2, hérétique? lui disait-on en le regardant avec de mauvais yeux.

Le curé monta en chaire et recommença à prêcher sur le Purgatoire; les pesos aussitôt sortirent de leurs cachettes pour payer des messes.

Mais laissons là les âmes en peine et écoutons la conversation de D. Filipo et du vieux Tasio, malade, dans sa petite maison solitaire. Depuis quelques jours le philosophe—ou le fou, comme on voudra—ne quittait pas le lit, prostré par une faiblesse qui progressait rapidement.

—En vérité, je ne sais si je vous féliciterai de ce qu'on ait accepté votre démission; l'autre jour, quand le gobernadorcillo refusa si impudemment de tenir compte de l'avis de la majorité, solliciter votre retraite eût été juste; mais maintenant que vous êtes en lutte avec la garde civile, votre départ est fâcheux. En temps de guerre on doit rester à son poste.

—Oui, mais pas quand le général est vendu à l'ennemi, répondit D. Filipo; vous savez que le lendemain de la fête le gobernadorcillo a mis en liberté les soldats que j'avais fait arrêter et qu'il s'est refusé à toute démarche pour obtenir justice. Sans l'appui de mon supérieur, je ne puis rien.

—Vous seul, rien, mais avec les autres, beaucoup. Vous auriez pu profiter de cette occasion pour donner un exemple aux autres pueblos. Au dessus de la ridicule autorité du gobernadorcillo, il y a le droit du peuple; c'était le commencement d'une bonne leçon et vous n'en avez pas profité.

—J'aurais été impuissant. Voyez le Sr. Ibarra, il s'est incliné devant les croyances de la foule; pensez-vous qu'il croie à l'excommunication?

—Vous n'étiez pas dans la même situation; le Sr. Ibarra veut semer et, pour semer, il faut se baisser et obéir à la matière; votre mission était de secouer et, pour secouer, il ne faut que de la force et de l'énergie. De plus, la lutte ne devait pas être dirigée contre le gobernadorcillo; la formule devait être: contre celui qui abuse de sa force, contre celui qui trouble la tranquillité publique, contre celui qui manque à son devoir. Et vous n'auriez pas été seul, le pays d'aujourd'hui n'est plus le pays d'il y a vingt ans.

—Le croyez-vous? demanda D. Filipo.

—Ne le voyez-vous pas? répondit le vieillard en se redressant sur sa couche. Ah! c'est que vous n'avez pas vu le passé, que vous n'avez pas étudié l'effet de l'immigration européenne, de l'introduction des nouveaux livres, des voyages de la jeunesse en Europe. Examinez et comparez: il est vrai que la Royale et Pontificale Université de Santo Tomás existe encore avec son sapientissime cloître et que quelques intelligences s'y exercent encore à formuler des *distingos* et à utiliser les subtilités de la scolastique; mais où voyez-vous maintenant cette jeunesse de notre temps, imprégnée de métaphysique, d'instruction archéologique, qui, l'encéphale torturé, mourait en sophistiquant dans un recoin de province, sans avoir achevé de comprendre les attributs de l'*ente*, sans avoir résolu la question de l'*esencia* et de l'*existencia*, concepts élevés sans doute, mais qui nous faisaient oublier les choses essentielles, notre propre existence, notre propre entité? Voyez l'enfance d'aujourd'hui! Pleine d'enthousiasme à la vue des plus larges horizons, elle étudie l'Histoire, les Mathématiques, la Géographie, la Littérature, les Sciences physiques, les Langues, toutes matières dont nous n'entendions parler qu'avec horreur comme d'autant d'hérésies; le plus libre penseur de notre époque n'hésitait pas à les déclarer inférieures aux catégories d'Aristote et aux lois du syllogisme. L'homme a compris enfin qu'il est homme; il renonce à l'analyse de son Dieu, à pénétrer l'impalpable, à expliquer ce qu'il n'a pas vu, à donner des lois aux fantômes créés par son cerveau; il comprend que son héritage est le vaste monde dont la domination est à sa portée; las d'un travail inutile et présomptueux, il baisse la tête et examine ce qui l'entoure. Voyez maintenant comment naissent nos poètes; les Muses de la Nature nous révèlent peu à peu leurs trésors et commencent à nous sourire pour nous enhardir au travail. Les sciences expérimentales ont déjà donné leurs premiers fruits: seul le temps les perfectionnera. Les nouveaux avocats se modèlent suivant la nouvelle philosophie du Droit; quelques-uns commencent à briller au milieu des ténèbres qui entourent notre tribune et annoncent un changement dans la marche des temps. Écoutez ce que dit la jeunesse, visitez les centres d'enseignement, de nouveaux noms résonnent sous les voûtes de ces cloîtres où nous n'entendions citer que ceux de saint Thomas, de Suarez, d'Amat, de Sanchez et autres idoles de mon temps. En vain, du haut de la chaire, les moines clament contre la démoralisation comme clament les vendeurs de poisson au marché contre l'avarice des acheteurs, sans vouloir remarquer que leur marchandise est désormais passée et hors d'usage! En vain les couvents étendent leurs ramifications, leurs tentacules, pour étouffer partout l'idée nouvelle qui court; les dieux s'en vont: les racines de l'arbre peuvent affaiblir les plantes qui s'appuient sur lui, elles sont impuissantes contre les autres êtres qui, comme l'oiseau, montent triomphants vers les cieux.

Le philosophe parlait avec animation, les yeux brillants.

—Cependant, le germe nouveau est bien faible; si tous s'y efforcent, le progrès, si cher acheté, peut encore être étouffé, objecta D. Filipo incrédule.

—L'étouffer! Qui? L'homme, ce nain infirme, étouffer le Progrès, le fils puissant du temps et de l'activité? Quand l'a-t-il pu? Le dogme, l'échafaud et le bûcher tentèrent de l'arrêter, de le repousser. *E pur si muove*, disait Galilée quand les dominicains l'obligeaient à déclarer que la terre était immobile; c'est aussi la devise du progrès humain. On violentera quelques volontés, on sacrifiera quelques individus, qu'importe: le Progrès poursuivra sa route et le sang de ceux qui sont tombés fertilisera le sol d'où s'élèveront de nouveaux rejetons. Voyez! la presse, si rétrograde qu'elle veuille être, fait aussi sans le vouloir un pas en avant; les dominicains eux-mêmes n'échappent pas à cette loi; ils imitent les jésuites, leurs irréconciliables ennemis, ils donnent des fêtes dans leurs couvents, élèvent de petits théâtres, composent des poésies, parce que, comme ils ne manquent pas d'intelligence bien que se croyant au XVe siècle, ils comprennent que les jésuites ont raison s'ils veulent encore prendre part à l'avenir des peuples jeunes qu'ils ont instruits.

—Selon vous, les jésuites vont avec le progrès? demanda étonné D. Filipo, pourquoi donc les combat-on en Europe?

—Je vous répondrai comme le fit un ecclésiastique ancien, répliqua, en reposant sa tête sur l'oreiller, le philosophe dont la physionomie reprit son air moqueur. Il y a trois manières de marcher avec le Progrès: devant, à côté et derrière; les premiers le guident, les seconds le suivent, les derniers sont entraînés; c'est de ceux-là que sont les jésuites. Ils auraient bien voulu diriger le mouvement, mais comme ils le voient puissant, animé de tendances contraires aux leurs, ils capitulent, préférant suivre qu'être écrasés ou que rester au milieu de la route, seuls, dans l'ombre. A l'heure actuelle, aux Philippines, nous suivons la marche générale avec au moins trois siècles de retard; à peine commençons-nous à sortir du Moyen-Age; aussi les jésuites qui, en Europe, sont la réaction, vus d'ici représentent le Progrès; les Philippines leur doivent leur instruction naissante, l'introduction des Sciences Naturelles, âme du XIXe siècle, de même qu'elles doivent aux dominicains le Scolasticisme, mort maintenant, en dépit de Léon XIII, car il n'y a pas de Pape qui puisse ressusciter ce qu'a condamné le sens commun... Mais, où allons-nous? demanda-t-il en changeant de ton; ah! nous parlions de l'état actuel des Philippines... Oui, nous entrons en ce moment dans une période de lutte; vous entrez, devrais-je dire, car notre génération appartient déjà à la nuit, nous nous en allons. La lutte est entre le passé qui s'accroche, se cramponne avec des malédictions au vacillant château féodal, et l'avenir dont le chant de triomphe s'entend au loin dans les splendeurs d'une naissante aurore et qui, des pays lointains, nous apporte la Bonne-Nouvelle... Qui donc doit tomber et s'ensevelir sous les ruines de ce qui s'écroule?

Le vieillard se tut, et voyant que D. Filipo le regardait pensif, il sourit et reprit:

—Je devine presque ce que vous pensez.

—Vraiment?

—Vous pensez que je puis très bien me tromper, dit-il en souriant tristement; aujourd'ui j'ai la fièvre et je ne suis pas infaillible: *homo sum et nihil humani a me alienum puto*3, disait Térence; mais quelquefois on se permet de rêver; pourquoi ne pas rêver agréablement aux dernières heures de la vie? Et puis, je n'ai jamais vécu que de songes! Vous avez raison; je rêve! nos jeunes gens ne pensent qu'aux amours et aux plaisirs: ils dépensent plus de temps et se donnent plus de travail pour tromper et déshonorer une fille que pour concourir au bien de leur pays; nos femmes, pour s'occuper de la famille et de la maison de Dieu, oublient et leur propre famille et leur propre maison; nos hommes n'ont d'activité que pour le vice, d'héroïsme que dans la honte; l'enfance se réveille dans la routine et les ténèbres, la jeunesse vit ses meilleures années sans idéal, et l'âge mûr, stérile, ne sert qu'à corrompre la jeunesse de son exemple... Je me réjouis de mourir... *claudite jam rivos, pueri*4.

—Voulez-vous quelque médicament? demanda D. Filipo pour changer le cours de la conversation en voyant s'assombrir le visage du malade.

—Ceux qui meurent n'ont pas besoin de médicaments; mais bien ceux qui restent. Dites à D. Crisóstomo qu'il vienne me voir demain; j'ai des choses très importantes à lui dire. D'ici quelques jours je m'en irai. Les Philippines sont dans les ténèbres.

Quelques minutes après, D. Filipo, grave et pensif, quittait la maison du malade.

---

1 Dès le matin on connaît la belle journée.—N. des T.

2 Franc-maçon.—N. des T.

3 Je suis homme et rien d'humain ne me reste étranger.—N. des T.

4 *Fermez les ruisseaux, esclaves,* dernier vers de la 3e élogue de Virgile. Traduction libre: c'est assez!—N. des T.

LIV

Quidquid latet, apparebit.

Nîl inultum remanebit1.

La cloche annonce la prière du soir; en entendant le religieux tintement tous, abandonnant leurs occupations, s'arrêtent et se découvrent; le laboureur qui revient des champs suspend son refrain, prend l'allure compassée du carabao qu'il monte et prie; les femmes, au milieu de la rue, se signent et remuent les lèvres avec affectation pour que personne ne doute de leur dévotion; l'homme cesse de caresser son coq et récite l'*Angelus* pour que la chance lui soit propice; dans les maisons on prie à voix haute, tout bruit qui n'est pas celui de l'*Ave Maria* se dissipe, s'arrête.

Cependant le curé, le chapeau sur la tête, traverse rapidement la rue au grand scandale de quelques vieilles et, scandale plus grand encore, c'est vers la maison de l'alférez qu'il se dirige. Les dévotes croient le moment venu de suspendre le mouvement de leurs lèvres pour baiser la main du prêtre, mais le P. Salvi semble ne pas les voir; il ne trouve aucun plaisir à placer sa main osseuse sous une chrétienne narine pour, de là, la glisser en cachette (selon que l'a observé Da. Consolacion) dans le sein d'une jeune dalaga qui s'incline pour demander la bénédiction. Une importante affaire doit le préoccuper pour qu'il oublie ainsi ses propres intérêts et ceux de l'Eglise!

En effet, il monte précipitamment les escaliers et frappe avec impatience à la porte de l'alférez; celui-ci vient ouvrir tout en grondant, suivi de sa douce moitié qui sourit comme doivent sourire les damnés.

—Ah! Père curé, j'allais aller vous voir, votre jeune bouc...

—J'ai une chose importante...

—Je ne puis permettre que l'on brise la clôture... s'il revient, je lui tire dessus!

—Qui sait si demain vous vivrez encore! dit le curé tout haletant en se dirigeant vers la salle.

—Quoi, vous croyez que cet avorton peut me tuer? Mais j'en aurai fini d'un coup de pied!

Le P. Salvi recula et instinctivement regarda le pied de l'alférez.

—De qui parlez-vous? demanda-t-il tremblant.

—De qui puis-je parler sinon de ce blanc bec qui me propose un duel au revolver à cent pas?

—Ah! respira le curé. Je viens, ajouta-t-il, vous parler d'une affaire très urgente.

—Laissez-moi avec vos affaires! Serait-ce comme celle des deux petits sacristains?

Si la lumière n'eût pas été la pâle lueur d'une lampe à huile tamisant péniblement à travers la poussière qui recouvrait le globe, l'alférez aurait vu la pâleur du curé.

—Aujourd'hui, c'est de la vie de tous qu'il s'agit! répondit le prêtre à mi-voix.

—Sérieusement! répéta l'alférez en pâlissant; il tire bien, ce jeune homme?

—Je ne parle pas de lui.

—Alors?

Le moine lui montra la porte qu'il ferma à sa manière, d'un coup de pied. Pour l'alférez les mains étaient superflues; il n'eût rien perdu à cesser d'être bimane. Du dehors une imprécation et un rugissement répondirent.

—Brutal! tu m'as fendu le front! cria son épouse.

—Maintenant, allez-y! dit-il au curé tranquillement.

Celui-ci le regarda un long moment; puis lui demanda de cette voix nasale et monotone qu'affectent les prédicateurs:

—Avez-vous vu comme je courais en venant?

—Redios! je croyais que vous aviez la colique!

—Eh bien! continua le P. Salvi sans se soucier de la grossièreté de l'alférez; quand je manque ainsi à mon devoir, c'est qu'il y a de graves motifs.

—Et lesquels donc? Parlez!

Et l'officier frappa le sol d'un nouveau coup de pied.

—Du calme!

—Alors, pourquoi courir si vite?

Le curé s'approcha de lui et mystérieusement lui demanda:

—Ne... savez... vous... rien de nouveau?

L'alférez haussa les épaules.

—Vous avouez ne savoir absolument rien.

—Vous voulez me parler d'Elias, que cette nuit votre sacristain principal a caché?

—Non, je ne m'occupe pas en ce moment de ces histoires, répondit le curé avec mauvaise humeur; je parle d'un grand péril.

—Eh bien, p.....! finissez-en, alors!

—Allez, dit le moine lentement avec quelque dédain; vous verrez une fois de plus de quelle importance nous sommes, nous autres, religieux; le dernier frère lui vaut un régiment, un curé donc...

Et baissant la voix, avec grand mystère:

—J'ai découvert une grande conspiration.

L'alférez fit un saut et, stupéfait, regarda le curé.

—Une conspiration terrible et bien ourdie qui doit éclater ce soir même.

—Ce soir même! s'écria l'alférez en s'élançant d'abord vers le P. Salvi; puis il courut à son revolver et à son sabre pendus au mur.

—Qui faut-il arrêter? qui? criait-il.

—Calmez-vous; il est encore temps grâce à la hâte que j'ai mise à vous avertir; jusqu'à huit heures...

—Je les fusille tous!

—Ecoutez! Tantôt, une femme dont je ne dois pas dire le nom (c'est un secret de confession) s'est approchée de moi et m'a tout découvert. A huit heures ils s'empareront du quartier par surprise, mettront à sac le couvent, s'empareront de la falua2 et nous assassineront avec tous les Espagnols.

L'alférez était anéanti.

—La femme ne m'a rien dit de plus que ceci, ajouta le curé.

—Elle n'a rien dit de plus? Mais je l'arrête!

—Je ne puis le permettre: le tribunal de la pénitence est le trône du Dieu des miséricordes.

—Il n'y a ni Dieu ni miséricordes qui tiennent! je l'arrête!

—Perdez-vous la tête? Ce que vous avez à faire, c'est de vous préparer; armez silencieusement vos soldats et placez-les en embuscade; envoyez-moi quatre gardes pour le couvent et avertissez ceux de la falua.

—La falua n'est pas là. Je vais demander du renfort aux autres sections.

—Non, car on le remarquerait et on ne poursuivrait pas ce qui se trame. Ce qu'il faut, c'est que nous les prenions vivants et les fassions chanter; je veux dire, que vous les fassiez chanter; moi, en ma qualité de prêtre, je ne puis me mêler de ces affaires. Attention! vous pouvez y gagner des croix et des galons; tout ce que je vous demande c'est de faire constater que je vous ai prévenu.

—On le constatera, Père, on le constatera, et peut-être cela décrochera-t-il une mitre! répondit l'alférez radieux en contemplant les manches de son uniforme.

—Surtout, envoyez-moi les quatre gardes déguisés; eh? de la discrétion! Ce soir à huit heures les étoiles et les croix vont pleuvoir.

Pendant que se déroulait cette conversation, un homme courait vers la maison d'Ibarra et, en hâte, montait les escaliers.

—Le señor est là? demanda la voix d'Elias au domestique.

—Il est dans son cabinet, il travaille.

Pour distraire son impatience en attendant l'heure où il pourrait avoir une explication avec Maria Clara, Crisóstomo s'était mis à travailler dans son laboratoire.

—Ah, c'est vous, Elias! s'écria le jeune homme; je pensais à vous; hier, j'avais oublié de vous demander le nom de cet Espagnol chez qui travaillait votre grand-père...

—Señor, il ne s'agit pas de moi...

—Voyez, continua Ibarra qui, sans remarquer l'agitation d'Elias, approcha de la flamme un morceau de bambou; j'ai fait une grande découverte: ce bois est incombustible...

—Ce n'est pas de bambou qu'il est question en ce moment, señor; il s'agit de prendre vos papiers et de fuir avant une minute.

Surpris, Ibarra regarda Elias. En voyant la gravité de son visage, l'objet qu'il tenait lui échappa des mains.

—Brûlez tout ce qui peut vous compromettre et que, d'ici une heure, vous ayez trouvé un endroit plus sûr!

—Mais, pourquoi?

—Mettez en sûreté ce que vous avez de plus précieux...

—Pourquoi?

—Brûlez tout papier écrit par vous ou pour vous, le plus innocent peut être mal interprété...

—Mais pourquoi, enfin?

—Pourquoi? parce que je viens de découvrir une conspiration que l'on vous attribue pour vous perdre.

—Une conspiration? Et qui la trame?

—Il m'a été impossible d'en trouver l'auteur; je viens à l'instant de causer avec un des malheureux payés pour cela et que je n'ai pu dissuader.

—Et cet homme ne vous a pas dit qui l'avait payé?

—Si, en exigeant le secret il m'a dit que c'était vous.

—Mon Dieu! s'écria Ibarra et il resta atterré.

—Señor, ne doutez pas, ne perdons pas de temps, peut-être la conjuration doit-elle éclater ce soir même!

Ibarra, les yeux démesurément ouverts, la tête dans les mains, semblait ne pas entendre.

—Le coup ne peut être paré, continua Elias; je suis arrivé tard, je ne connais pas leurs chefs ... sauvez-vous, señor, conservez-vous pour votre pays!

—Où fuir! On m'attend ce soir! s'écria le jeune homme en pensant à Maria Clara.

—Dans un autre pueblo quelconque, à Manille, chez quelque autorité, mais ailleurs, que l'on ne dise pas que vous dirigiez le mouvement!

—Et, si moi-même je dénonçais la conspiration?

—Vous, dénoncer? s'écria Elias le regardant et reculant d'un pas; vous passeriez pour traître et lâche aux yeux des conspirateurs et les autres vous tiendraient pour trop habile ou trop prudent; on dirait que vous aviez tendu un piège à de pauvres égarés pour vous en faire mérite; on dirait...

—Mais que faire?

—Je vous l'ai déjà dit: détruire tous les papiers que vous avez et qui vous touchent, fuir et attendre les événements...

—Et Maria Clara? s'écria Crisóstomo; non, mieux vaut mourir!

Elias se tordait les mains:

—Eh bien! dit-il, évitez au moins le coup, préparez-vous pour quand on vous accusera!

Ibarra regarda autour de lui l'air affolé.

—Alors, aidez-moi; ici, dans ces pupitres, j'ai les lettres de ma famille; choisissez celles de mon père qui, cette fois, pourraient me compromettre. Lisez les adresses.

Et le jeune homme, étourdi, anéanti, ouvrait et fermait des tiroirs, choisissait des papiers, lisait en hâte des lettres, rejetait les unes, gardait les autres, tirait des livres, les feuilletait, etc. Elias faisait de même avec moins de trouble mais autant de hâte; tout d'un coup il s'arrêta, ses yeux se dilatèrent; il tourna et retourna un papier dans sa main, puis d'une voix tremblante:

—Votre famille connaissait D. Pedro Eibarramendia?

—Certainement! répondit Ibarra en ouvrant un tiroir dont il sortit un monceau de papier, c'était mon bisaïeul!

—Votre bisaïeul, D. Pedro Eibarramendia? insista Elias, livide, l'air altéré.

—Oui, répondit Ibarra distrait; nous avons coupé ce nom qui était très long.

—Il était basque? répéta Elias en s'approchant de lui.

—Basque, oui, mais qu'avez-vous? demanda Crisóstomo surpris.

Elias ferma le poing, l'appuya contre son front et regarda Crisóstomo qui recula en voyant l'expression de sa figure.

—Savez-vous qui était D. Pedro Eibarramendia? interrogea-t-il entre ses dents. D. Pedro Eibarramendia est ce misérable qui a calomnié mon grand-père et causé tout notre malheur... Je cherchais son nom, Dieu vous livre à moi... vous allez me rendre compte de nos malheurs!

Crisóstomo anéanti le regarda, mais Elias lui secoua le bras et d'une voix amère où rugissait la haine:

—Regardez-moi bien voyez si j'ai souffert; et vous vivez, et vous aimez, vous avez de la fortune, un foyer, on vous estime, vous vivez... vous vivez!

Et hors de lui, il courut vers une petite collection d'armes; mais à peine avait-il arraché deux poignards qu'il les laissa tomber, regarda comme un fou Ibarra qui restait immobile:

—Qu'allais-je faire? murmura-t-il, et il s'enfuit hors de la maison.

---

1 Vers du *Dies iræ*. Tout ce qui était caché sera révélé, rien ne restera impuni.—N. des T.

2 Sorte de felouque.—N. des T.

LV

La catastrophe

Dans la salle à manger Capitan Tiago, Linares et la tante Isabel dînaient; du salon, l'on entendait le bruit des assiettes et des couverts. Maria Clara avait dit n'avoir pas faim et s'était assise au piano, accompagnée de la joyeuse Sinang qui lui murmurait à l'oreille de mystérieuses phrases, tandis que le P. Salvi inquiet se promenait de long en large.

Ce n'était pas que la convalescente n'eût pas faim, non; mais elle attendait quelqu'un et profitait du moment où son Argus ne pouvait être là: c'était l'heure de dîner pour Linares.

—Tu vas voir que ce fantôme va rester jusqu'à huit heures, murmura Sinang en montrant le curé; à huit heures *il* doit venir. Celui-ci est aussi amoureux que Linares.

Maria Clara regarda son amie avec épouvante. Celle-ci, sans le remarquer, continua avec son terrible babillage.

—Ah! je sais pourquoi il ne s'en va pas malgré les pointes que je lui lance: il ne veut pas dépenser de lumière chez lui! Sais-tu? depuis que tu es tombée malade, les deux lampes qu'il faisait allumer se sont de nouveau éteintes... Mais, regarde-le, quels yeux et quelle figure!

En ce moment, l'horloge de la maison sonna huit heures. Le curé frissonna et s'assit à l'écart, dans un coin.

—Il vient! dit Sinang à Maria Clara, le voilà, écoute! et elle lui pinça le bras.

Mais le premier coup de huit heures sonnant à l'église: tous se levèrent pour prier. D'une voix faible et tremblante le P. Salvi dit la consécration mais, chacun étant absorbé par ses propres pensées, personne ne s'occupa de lui.

A peine la prière terminée, Ibarra entra. Il était triste et ses habits rigoureusement noirs semblaient moins endeuillés que sa figure; Maria Clara surprise, se leva, fit un pas pour l'interroger, le bruit d'une fusillade lui coupa la parole. Muet, les yeux hagards, Ibarra resta cloué sur place, le curé courut se cacher derrière un pilier. Du côté du couvent, on entendit de nouveaux coups de feu, puis des cris, des clameurs. En même temps, Capitan Tiago, tante Isabel, Linares entrèrent en criant: *tulisan, tulisan!* suivis d'Andeng qui, brandissant une broche, venait rejoindre sa sœur de lait.

Tante Isabel tomba à genoux et, larmoyante, se mit à réciter le *Kyrie eleison*; pâle, à demi-mort de frayeur, Capitan Tiago emporta au bout d'une fourchette le foie d'une poule qu'il offrit en pleurant à la Vierge d'Antipolo; Linares, la bouche pleine, s'armait d'une cuiller; Sinang et Maria Clara s'embrassaient, seul Crisóstomo restait immobile, comme pétrifié, plus blanc qu'un mort.

Les cris, le tumulte continuaient, les fenêtres se fermaient en claquant, d'instant en instant on entendait l'éclat d'un coup de feu.

—*Christe eleyson!* Santiago, c'est la prophétie qui s'accomplit... ferme les fenêtres! gémit la tante Isabel.

—Cinquante grandes bombes et deux messes d'actions de grâce! répliqua Capitan Tiago. *Ora pro nobis!*

Peu à peu tout retomba dans un silence terrible... On entendait la voix de l'alférez criant en courant.

—Père curé! P. Salvi!! Venez!

—*Miserere!* L'alférez demande la confession! s'écria la tante Isabel.

—L'alférez est blessé! demanda enfin Linares. Ah!!!

Et la santé parut lui revenir.

—Père curé, venez! il n'y a plus rien à craindre! cria de nouveau l'alférez.

Tout bouleversé encore, Fr. Salvi se décida enfin à sortir de sa cachette; il descendit les escaliers.

—Les tulisanes ont tué l'alférez! Maria, Sinang, dans votre chambre, barricadez bien la porte! *Kyrie eleison!*

Ibarra, lui aussi, se dirigea vers les escaliers, malgré la bonne tante qui, se souvenant qu'elle avait été très amie de sa mère, ne voulait pas le laisser sortir qu'il ne se fût confessé.

Il était dans la rue: bouleversé, il lui parut que tout tournait autour de lui, ses oreilles bourdonnaient, ses jambes se mouvaient avec peine, des flots de sang, des lueurs entremêlées de ténèbres passaient dans ses yeux.

La rue était déserte, la lune brillait splendide au ciel et cependant ses pieds trébuchaient contre chaque pierre, contre chaque morceau de bois.

Près du quartier, baïonnette au fusil, des soldats parlaient avec animation, ils ne l'aperçurent pas.

Dans le tribunal on entendait des cris, des coups, des plaintes, des malédictions; la voix de l'alférez surpassait et dominait tout.

—Au cepo1! Les menottes! Deux coups de feu à qui bouge! Aujourd'hui ni personne ni Dieu ne passe! Capitan, ce n'est pas le moment de dormir.

Ibarra pressa le pas vers sa maison: ses domestiques l'attendaient, inquiets.

—Sellez le meilleur cheval et allez dormir! leur dit-il.

Il entra dans son cabinet et, à la hâte, voulut préparer une valise. Il ouvrit un coffre de fer, prit tout l'argent qui s'y trouvait et le mit dans un sac. Il se munit de ses bijoux, n'oublia pas un portrait de Maria-Clara et se dirigea vers une armoire où étaient renfermés ses papiers.

En ce moment, trois coups secs et forts résonnèrent à la porte.

—Qui est là? demanda-t-il d'une voix lugubre.

—Ouvrez, au nom du Roi, ouvrez de suite ou nous enfonçons la porte! répondit en espagnol une autre voix impérieuse.

Ibarra jeta un coup d'œil vers la fenêtre: son regard s'alluma, il arma son revolver; mais, changeant d'idée, il jeta ses armes et s'avança vers la porte qu'il ouvrit lui-même, au moment où arrivaient ses domestiques.

Trois gardes se saisirent immédiatement de lui.

—Je vous fais prisonnier, au nom du Roi! dit le sergent.

—Pourquoi?

—On vous le dira là-bas; il m'est défendu de parler.

Le jeune homme réfléchit un moment, et ne voulant pas que les soldats découvrissent ses préparatifs de fuite, il prit un chapeau et leur dit:

—Je suis à votre disposition! Je suppose que ce ne sera pas pour longtemps.

—Si vous me promettez de ne pas vous échapper, nous vous laisserons les mains libres; l'alférez vous fait cette faveur; mais si vous essayez de fuir...

Ibarra les suivit laissant ses serviteurs consternés.

Pendant ce temps, qu'avait fait Elias?

En sortant de la maison de Crisóstomo, il courut comme un fou, sans savoir où il allait. Violemment agité, il traversa les champs et arriva au bois; il fuyait les hommes, les maisons, il fuyait la lumière, la lune même le faisait souffrir, il s'enfonça sous les arbres dans l'ombre mystérieuse. Là, tantôt s'arrêtant, tantôt parcourant des sentiers inconnus, tantôt grimpant entre les broussailles, il regardait vers le pueblo qui, là-bas, se baignait dans la lumière de la lune, s'étendait dans la plaine, comme incliné vers le rivage du lac aux eaux tranquilles. Les oiseaux, réveillés de leur sommeil, voletaient; de gigantesques chauves-souris, des chouettes, des hiboux passaient d'une branche à l'autre, le saluant de leurs cris stridents, le regardant de leurs gros yeux arrondis. Elias ne les voyait pas, ne s'occupait pas d'eux. Il s'imaginait que les ombres irritées de ses ancêtres le suivaient; il voyait pendu à chaque branche le terrible panier contenant la tête ensanglantée de Bálat, telle que la lui avait dépeinte son père; il croyait trébucher au pied de chaque arbre contre le cadavre refroidi de sa propre grand'mère, il lui semblait que se balançait parmi les ombres le squelette pourri de son aïeul infâme;.... et le squelette, et le cadavre, et la tête sanglante lui criaient: lâche, lâche!

Il s'enfuit, il abandonna la montagne et redescendit vers la plage sur laquelle il erra fiévreux; mais ses yeux vagues se fixaient là-bas vers un point de la surface tranquille et voici qu'entourée par les reflets de la lune comme d'un nimbe argenté, une ombre s'élève, comme bercée par le flot. Il lui semble la reconnaître! Mais oui, ce sont ses cheveux épars si longs et si beaux; mais oui, c'est sa poitrine trouée d'un coup de poignard, c'est elle, c'est sa sœur!

Et le malheureux, à genoux sur le sable, tend les bras vers la vision chérie:

—Toi! toi aussi! s'écrie-t-il.

Le regard inébranlablement attaché sur l'apparition, il se relève, s'avance, entre dans l'eau, descend la douce pente du banc de sable; déjà il est loin de la rive, la vague lui arrive à la ceinture, il s'avance, il s'avance encore, fasciné. Il a de l'eau jusqu'à la poitrine, qu'importe, s'en aperçoit-il seulement?... Soudain, une détonation déchire l'air; grâce au calme, au silence de la nuit, le bruit des coups de feu arrive clair et distinct jusqu'à lui. Il s'arrête, écoute, se souvient... et la vision s'efface, et le rêve s'enfuit. Il remarque qu'il est dans l'eau; le lac est tranquille, il distingue les lumières des pauvres cabanes de pêcheurs.

Il a repris conscience de la réalité, s'en retourne vers la rive et se dirige vers le pueblo. Pourquoi? Il n'en sait rien.

San Diego est désert. Les maisons sont fermées; les animaux eux-mêmes se taisent, les chiens n'envoient point à la lune leur ordinaire sérénade, craintifs, ils se sont cachés tout au fond de leurs niches. La lumière argentée qui inonde les rues et détache vigoureusement les ombres semble augmenter encore la tristesse de cette solitude.

Craignant de rencontrer des gardes civils, il s'était caché dans les jardins et les enclos qui entourent les habitations; un moment il crut distinguer dans une de ces *huertas* deux formes humaines; sans chercher à les reconnaître, il poursuivit sa route, escaladant murs et haies, arrivant ainsi—au prix de quels efforts!—à l'autre bout du pueblo d'où il courut vers la maison d'Ibarra. Sur la porte, les domestiques se lamentaient, commentant l'arrestation de leur maître.

Il s'informa de ce qui s'était passé, fit semblant de s'éloigner puis, passant derrière la maison, il franchit le mur, grimpa par une fenêtre et pénétra dans le cabinet où brûlait encore la bougie qu'y avait laissée Crisóstomo.

Il vit les livres, les papiers; trouva les armes, les petits sacs renfermant l'argent et les bijoux; promptement il reconstitua ce qui s'était passé; ne voulant pas laisser tant de papiers qui pouvaient être compromettants, il songea à les prendre, à les emporter par la fenêtre et à les enterrer.

Il regarda vers le jardin et vit reluire des casques et des baïonnettes: c'étaient deux gardes civils accompagnés d'un adjudant.

Sa résolution fut vite prise: il mit en tas au milieu du cabinet les effets et les papiers, vida sur le tout une lampe à pétrole et mit le feu avec la bougie. Puis, s'emparant précipitamment des armes, il aperçut le portrait de Maria Clara, hésita... le mit dans un des petits sacs et, emportant le tout, sauta par la fenêtre.

Il était temps; les gardes civils forçaient l'entrée.

—Laissez-nous monter pour saisir les papiers de votre maître, disait l'adjudant.

—Avez-vous la permission? Sinon, vous ne monterez pas, répondait un vieillard.

A coups de crosse, les soldats chassèrent ces fidèles serviteurs et montèrent l'escalier... mais une épaisse fumée envahit toute la maison, puis de gigantesques langues de feu sortirent du cabinet.

—Au feu! au feu! crièrent à la fois domestiques et soldats.

Tous se précipitèrent pour essayer de sauver quelque chose, mais la flamme avait gagné le petit laboratoire; quelques-uns des produits chimiques qui s'y trouvaient firent explosion; les gardes civils durent reculer; l'incendie mugissant, menaçait de leur fermer le passage; en vain, on tira de l'eau du puits, en vain tous criaient, demandaient du secours, ils étaient isolés. Les autres appartements brûlaient à leur tour et la flamme s'élevait vers le ciel accompagnée de grosses spirales de fumée. Toute la maison était sa prisonnière; quelques paysans des environs accouraient contempler l'épouvantable foyer et l'effondrement de ce vieil édifice si longtemps respecté par les éléments.

---

1 Instrument de torture fait de deux pièces de bois entaillées où l'on place les jambes du prisonnier.—N. des T.

LVI

Ce que l'on dit et ce que l'on croit

Enfin, Dieu se manifesta au pueblo terrorisé.

La rue où se trouvent le quartier et le tribunal était encore déserte et solitaire; aucune maison ne donnait signe de vie. Cependant le volet d'une fenêtre s'ouvrit avec éclat, une tête d'enfant apparut, regardant de tous côtés, tendant le cou, se tournant et se retournant... *plas!* c'est le brusque contact d'un cuir tanné avec une fraîche peau humaine; la bouche de l'enfant fit la moue, ses yeux se fermèrent, il disparut et la fenêtre se retrouva close.

L'exemple n'en était pas moins donné. Le double bruit du volet avait été entendu; une autre fenêtre s'ouvrit avec précaution, la tête d'une vieille, ridée, édentée, s'y risqua en se dissimulant: c'était cette même sœur Puté qui avait causé un si grand tumulte pendant le sermon du P. Dámaso. Enfants et vieilles femmes sont les représentants de la curiosité sur la terre: les premiers cherchent les occasions de savoir, les secondes de se souvenir.

Sans doute, personne ne se risque à gifler la vertueuse vieille car elle reste, regarde au loin en fronçant les sourcils, se rince la bouche, crache avec bruit et fait le signe de la croix. La maison d'en face ouvre alors une timide lucarne qui donne passage à sœur Rufa, celle qui ne veut ni tromper ni qu'on la trompe. Toutes deux se regardent un moment, sourient, se font des gestes et se signent derechef.

—Jésus! on aurait dit d'une messe d'actions de grâce avec feu d'artifice! dit sœur Rufa.

—Depuis le sac du pueblo par Bálat, je n'ai pas vu pareille nuit, répondit sœur Puté.

—Que de coups de feu! On dit que c'est la bande du vieux Pablo.

—Des tulisanes? Ce n'est pas possible. On dit que ce sont les cuadrilleros contre les gardes civils. C'est pour cela que D. Filipo est arrêté.

—Sanctus Deus! on dit qu'il y a au moins quatorze morts.

D'autres fenêtres se sont ouvertes, différents visages se sont montrés échangeant des saluts et des commentaires.

A la lumière du jour, qui promet d'être splendide, on voit au loin, confusément, des soldats aller et venir comme de grises silhouettes.

—C'est un autre mort! dit une voix.

—Un? j'en vois deux?

—Et moi... mais enfin, savez-vous ce que c'était? demanda un homme sur la figure duquel se lisait la fourberie.

—Oui, les cuadrilleros!

—Non, señor, une révolte dans le quartier.

—Quelle révolte? le curé contre l'alférez?

—Mais non, rien de tout cela, dit celui qui avait posé la question; ce sont les Chinois qui se sont soulevés.

Et il referma sa fenêtre.

—Les Chinois! répètent tous avec le plus grand ennui.

—C'est pour cela qu'on n'en voit pas un!

—Ils sont tous morts.

—Moi, je me doutais bien qu'ils allaient faire quelque coup. Hier...

—Moi je le voyais! Le soir...

—Quel malheur! s'écriait la Rufa. Ils sont tous morts avant la Noël, c'est le moment où ils font leurs cadeaux... s'ils avaient attendu le jour de l'an...

La rue s'animait peu à peu; d'abord ce furent les chiens, les poules, les porcs et les pigeons qui commencèrent à circuler; puis quelques gamins déloquetés les suivirent, se prenant par le bras et timidement s'approchant du quartier; quelques vieilles vinrent ensuite, un mouchoir autour de la tête, noué sous le menton; un gros chapelet à la main, faisant semblant de prier pour ne pas être repoussées par les soldats. Quand il fut certain que l'on pouvait aller et venir sans risquer de recevoir un coup de feu, les hommes commencèrent à sortir, affectant l'indifférence; d'abord leurs promenades se limitèrent à la façade de leur maison; puis, tout en caressant leur coq, ils tentèrent d'aller plus loin, revenant de temps en temps sur leurs pas, et ainsi ils arrivèrent jusque devant le tribunal.

De quart d'heure en quart d'heure, d'autres versions circulaient. Ibarra avec ses domestiques avait voulu enlever Maria Clara et Capitan Tiago l'avait défendue, aidé de la garde civile.

Le nombre des morts n'était pas de quatorze mais de trente; Capitan Tiago était blessé et partait à l'instant même pour Manille avec sa fille et sa sœur.

L'arrivée de deux cuadrilleros, portant un brancard sur lequel était étendue une forme humaine, et suivis d'un garde civil produisit une grande sensation. On supposa qu'ils venaient du couvent; par la forme des pieds qui pendaient, l'un essaya de deviner qui ce pouvait être, un peu plus loin on dit qui c'était; plus loin encore le mort se multiplia renouvelant le miracle de la Sainte Trinité; puis ce fut le miracle des pains et des poissons qui se réédita et le nombre des morts s'éleva à trente et un.

A sept heures et demie, quand des pueblos voisins arrivèrent d'autres gardes civiles, la version qui rencontrait le plus de crédit était claire et détaillée.

—J'arrive du tribunal où j'ai vu prisonniers D. Filipo et D. Crisóstomo, disait un homme à sœur Puté; j'ai parlé à l'un des cuadrilleros de garde. Eh bien! Bruno, le fils de celui qui est mort bâtonné, a tout déclaré cette nuit. Comme vous le savez, Capitan Tiago marie sa fille avec le jeune Espagnol; D. Crisóstomo, offensé, voulut se venger et projeta de massacrer tous les Espagnols, même le curé; hier soir ils ont attaqué le quartier et le couvent; heureusement, par la miséricorde de Dieu, le curé était chez Capitan Tiago. On dit que beaucoup se sont sauvés. Les gardes civils ont brûlé la maison de D. Crisóstomo et, si on ne l'avait pas arrêté avant, ils l'auraient brûlé aussi.

—Ils ont brûlé la maison?

—Tous les domestiques sont arrêtés. Voyez, d'ici on distingue encore la fumée! dit le narrateur en s'approchant de la fenêtre; ceux qui viennent de là-bas, racontent des choses bien tristes.

Tous regardèrent vers l'endroit indiqué: une légère colonne de fumée montait lentement vers le ciel. Et les commentaires d'abonder, plus ou moins empreints de pitié, plus ou moins accusateurs.

—Pauvre jeune homme! s'écria un vieillard, le mari de la Puté.

—Oui! répondit celle-ci; mais remarque qu'hier il n'a pas commandé de messe pour l'âme de son père et, sans doute, elle en avait besoin plus que les autres.

—Mais, femme, n'as-tu pas pitié...?

—De pitié pour les excommuniés? C'est péché d'en avoir pour les ennemis de Dieu, disent les curés. Vous rappelez-vous? il courait dans le cimetière comme dans un enclos!

—Mais, si l'enclos et le cimetière se ressemblent! répondit le vieillard; il est vrai que dans celui-ci il n'entre que des animaux d'une seule espèce...

—Allons! lui cria sœur Puté: tu vas encore défendre celui que Dieu a puni si clairement. Tu verras qu'on t'arrêtera, toi aussi. Tu soutiens une maison qui tombe!

Le mari se tut; l'argument avait porté.

—Oui! poursuivit la vieille; après avoir frappé le P. Dámaso, il ne lui restait plus qu'à tuer le P. Salvi.

—Mais tu ne peux pas nier qu'il était bon quand il était enfant.

—Oui, il était bon, répliqua la vieille, mais il est allé en Europe, et tous ceux qui s'en vont en Europe en reviennent hérétiques, disent les curés.

—Ohoy! lui répliqua le mari qui tenait sa revanche; et le curé, et tous les curés, et l'Archevêque, et le Pape, et la Vierge, ils ne sont pas d'Espagne? Quoi! seraient-ils aussi hérétiques? quoi!

Heureusement pour sœur Puté, l'arrivée d'une servante qui accourait, effarée, pâle, coupa court à la discussion.

—Un pendu dans le jardin du voisin! disait-elle haletante.

—Un pendu! s'écrièrent-ils tous, pleins de stupeur.

Les femmes se signèrent; personne ne pouvait bouger.

—Oui, señor, continua la servante encore frissonnante; j'étais allée cueillir des pois... je regarde dans le jardin du voisin pour voir s'il y était... je vois un homme se balancer; je crus que c'était Teo, le domestique, qui me donne toujours... je m'approche pour... cueillir des pois, et je vois que ce n'est pas lui mais un autre, un mort; je cours, je cours et...

—Allons le voir, dit le vieux en se levant; conduis-nous.

—N'y va pas! lui cria sœur Puté en le saisissant par la chemise; il va t'arriver malheur! il s'est pendu? eh bien! tant pis pour lui!

—Laisse-moi le voir, femme; toi, Juan, cours au tribunal pour prévenir; peut-être n'est-il pas encore mort.

Et il s'en fut au jardin, suivi de la servante qui se cachait derrière lui; les femmes et sœur Puté elle-même venaient ensuite, pleines de crainte mais aussi de curiosité.

—Il est là-bas, señor! et la servante désigna du doigt un santol1.

Le groupe s'arrêta à distance respectable, laissant le vieillard s'avancer seul.

Pendu à une branche du santol, un corps humain se balançait doucement sous l'impulsion de la brise. Le brave homme l'examina: les pieds, les bras étaient déjà rigides, les vêtements tachés, la tête inclinée.

—Nous ne devons pas y toucher jusqu'à l'arrivée de la justice, dit le vieillard à voix haute; il est déjà roide, il y a longtemps qu'il est mort.

Peu à peu, les femmes s'approchèrent.

—C'est le voisin; il habitait cette petite maison; il était arrivé il y a quinze jours; voyez sa cicatrice à la figure.

—Ave Maria! s'écrièrent quelques femmes.

—Prions-nous pour son âme? demanda une jeune, quand elle eut achevé de le regarder sous toutes les faces.

—Sotte, hérétique! lui répondit avec colère la sœur Puté; ne sais-tu pas ce qu'a dit le P. Dámaso? C'est tenter Dieu de prier pour un damné; celui qui se suicide se damne sans rémission, c'est pour cela qu'on ne l'enterre pas en terre sainte.

Et elle ajouta:

—Je me doutais bien que cet homme finirait mal, on n'a jamais pu savoir de quoi il vivait.

—Je l'ai vu causer deux fois avec le sacristain principal, observa une jeune fille.

—Ce n'était pas pour se confesser ni pour commander une messe!

Les voisins accouraient: un cercle nombreux entourait le cadavre qui se balançait toujours. Au bout d'une demi-heure les autorités arrivèrent: un alguazil, le directorcillo et deux cuadrilleros. On descendit le cadavre qui fut placé sur un brancard.

—Les gens sont bien pressés de mourir! dit en riant le directorcillo tout en déposant la plume qu'il portait derrière l'oreille.

Il commença son interrogatoire, recueillit la déclaration de la servante qu'il s'efforça d'embrouiller, la regardant avec de mauvais yeux, lui attribuant des paroles qu'elle n'avait pas dites; la pauvre fille croyant qu'on allait l'envoyer en prison commença à pleurer et finit par déclarer qu'elle ne cherchait pas des pois, mais que..... et elle appela Teo en témoignage.

Pendant ce temps, un paysan coiffé d'un large salakot, le cou recouvert d'un grand emplâtre, examinait le cadavre et la corde.

La figure n'était pas plus violacée que le reste du corps; au-dessus du nœud se voyaient deux égratignures et deux petites ecchymoses; les traces de la corde étaient blanches et ne portaient pas de traces de sang. Le curieux paysan détaillait avec soin la chemise et le pantalon, il remarqua que ces vêtements étaient remplis de poussière et avaient été tout récemment déchirés en quelques endroits, mais ce qui appela le plus particulièrement son attention ce furent les semences d'amores-secos2, plantées jusque dans le cou de la chemise.

—Que regardes-tu? lui demanda le directorcillo.

—Je regardais, señor, si je pouvais le reconnaître, balbutia-t-il en se découvrant à demi; c'est-à-dire en baissant encore plus son salakot.

—Mais, n'as-tu pas entendu que c'est un nommé José? Tu dormais?

Tous se mirent à rire. Le paysan, confus, balbutia quelques mots et se retira la tête basse, à pas lents.

—Oy! où vas-tu? lui cria le vieillard; on ne sort pas par là, on va à la maison du mort.

—Cet homme n'est pas encore réveillé! dit en se moquant le directorcillo; il n'y a qu'à lui jeter un peu d'eau.

Les rires éclatèrent de nouveau.

Le paysan abandonna cet endroit où son rôle avait été si mal jugé et se dirigea vers l'église. Dans la sacristie, il demanda à causer au sacristain principal.

—Il dort encore! lui répondit-on grossièrement; vous ne savez donc pas que cette nuit le couvent a été attaqué?

—J'attendrai qu'il se réveille.

Les sacristains le regardèrent avec cette grossièreté particulière aux gens dont l'habitude est d'être maltraités.

Dans un coin, à l'ombre, le borgne dormait étendu sur une chaise longue. Ses lunettes étaient remontées sur le front entre deux longues touffes de poils; la poitrine nue s'élevait et s'abaissait régulièrement.

Le paysan s'assit près du dormeur, disposé à attendre avec patience, mais, ayant laissé tomber une pièce de monnaie, il dut pour la chercher s'aider d'une bougie et regarder sous le fauteuil du sacristain. Le paysan put remarquer que des semences d'amores-secos parsemaient aussi le pantalon et les manches de la chemise du dormeur qui se réveilla enfin, frotta son œil unique et, d'assez mauvaise humeur, reprocha à l'homme de le déranger.

—Je voulais commander une messe, señor, répondit celui-ci comme pour se disculper.

—Toutes les messes sont déjà dites, reprit le borgne en s'adoucissant un peu; si vous voulez pour demain... c'est pour les âmes du Purgatoire?

—Non, señor, répondit le paysan en lui donnant un peso.

Et, le regardant fixement, dans son œil unique, il ajouta:

—C'est pour une personne qui va bientôt mourir. Et il sortit de la sacristie.

—On aurait pu l'enlever cette nuit! dit-il en soupirant tandis qu'il retirait son emplâtre et se redressait pour reprendre la figure et la taille d'Elias.

---

1 *Sandoricum indicum, Cav.*

2 *Desmodium canescens* de De Candolle.—N. des T.

LVII

.

Væ victis

L'air sinistre, des gardes civils se promènent devant la porte du tribunal, menaçant de la crosse de leur fusil les intrépides gamins qui se dressent sur la pointe des pieds ou se font la courte échelle pour voir à travers les grilles.

La salle n'a plus le même aspect que le jour où s'y discutait le programme de la fête; il est maintenant sombre et peu rassurant. Les gardes civils et les cuadrilleros qui l'occupent ne prononcent qu'à voix basse de rares et brèves paroles. Sur la table, le directorcillo, deux greffiers et quelques soldats entassent des papiers; l'alférez va d'un côté à l'autre regardant de moment en moment vers la porte d'un air féroce: Thémistocle ne devait pas être plus orgueilleux lorsqu'il se montra aux Jeux Olympiques après la bataille de Salamine. Dans un coin, laissant voir une gorge noire et une denture quelque peu abîmée, bâille Da. Consolacion; son regard se fixe froid et sinistre sur la porte de la prison qu'ornent d'indécents dessins. Elle avait suivi son mari qui, amadoué par la victoire, lui permettait d'assister à l'interrogatoire et aux tortures s'il y avait lieu. La hyène sentait le cadavre, elle s'en léchait les babines et chaque minute lui paraissait longue qui n'annonçait pas le commencement du supplice.

Le gobernadorcillo avait un air de componction très solennel; son fauteuil, ce grand fauteuil placé sous le portrait de S. M., était vide et paraissait destiné à recevoir une autre personne.

Il était près de neuf heures quand le curé arriva, pâle, le front plissé.

—Eh bien! vous ne vous êtes pas fait attendre! lui dit l'alférez.

—Je préférerais n'être pas là, répondit le P. Salvi à voix basse, sans faire cas du ton persifleur de l'officier; je suis très nerveux.

—Comme personne n'est venu pour ne pas abandonner le poste, j'ai jugé que votre présence... Vous savez qu'ils partent tantôt.

—Le jeune Ibarra et le lieutenant principal...?

L'alférez désigna la porte de la prison.

—Il y en a huit ici, dit-il; le Bruno est mort à minuit, mais sa déclaration avait déjà été prise.

Le curé salua Da. Consolacion qui répondit d'un bâillement auquel elle ajouta un: aah! puis il s'assit dans le fauteuil d'honneur, sous le portrait de S. M.

—Nous pouvons commencer! dit-il.

—Sortez les deux qui sont au cepo! commanda l'alférez d'une voix qu'il s'efforça de rendre le plus terrible possible; puis changeant de ton, il ajouta en se retournant vers le curé:

—On leur a mis en sautant deux trous.

Pour ceux qui ne savent pas ce que sont les instruments de torture en usage aux Philippines, nous leur dirons que le cepo est un des plus innocents. Les trous dans lesquels on introduit les jambes des détenus sont distants d'environ un palmo1; quand on saute deux trous, le prisonnier se trouve dans une position un peu forcée, avec une singulière gêne dans les chevilles, les extrémités inférieures étant distantes d'environ une vare2: comme on peut bien le penser, cela ne tue pas de suite.

Le geôlier, suivi de quatre soldats, tira le verrou et ouvrit la porte. Une odeur nauséabonde, un air épais et obscur s'échappa de l'obscurité en même temps qu'on entendit des plaintes et des sanglots. Un soldat fit flamber une allumette mais, dans cette atmosphère viciée et corrompue, la flamme s'éteignit et l'on dut attendre que l'air se fût renouvelé.

A la vague clarté d'une bougie, se dessinèrent quelques formes humaines, entourant leurs genoux de leurs bras et s'y cachant la tête, couchés à plat ventre, ou bien debout, tournés contre le mur, etc. On entendit des coups, des cris, des jurons: le cepo s'ouvrit.

Da. Consolation s'inclinait à demi en avant, les muscles du cou tendus, les yeux saillants cloués sur la porte entr'ouverte.

Une figure sombre sortit, entre deux soldats, Társilo, le frère de Bruno. Il avait les menottes aux mains, ses vêtements déchirés découvraient une musculature bien développée. Ses yeux se fixèrent insolemment sur la femme de l'alférez.

—C'est celui qui s'est défendu avec le plus de bravoure et commanda de fuir à ses compagnons, dit l'alférez au P. Salvi.

Celui qui vint ensuite avait l'aspect malheureux, il se lamentait et pleurait comme un enfant; il boitait, son pantalon était taché de sang.

—Miséricorde, señor, miséricorde! je n'entrerai plus dans le patio! criait-il.

—C'est un gueux, fit observer l'alférez au curé, il a voulu fuir, mais il a été blessé à la cuisse. Ce sont les deux seuls que nous ayons vivants.

—Comment t'appelles-tu? demanda l'alférez à Társilo.

—Társilo Alasigan.

—Que vous a promis D. Crisóstomo pour que vous attaquiez le couvent?

—D. Crisóstomo n'a jamais communiqué avec nous.

—Ne niez pas! C'est pour cela que vous vouliez nous surprendre.

—Vous vous trompez; vous aviez tué notre père à coups de bâton, nous l'avons vengé et rien de plus. Cherchez vos deux compagnons.

L'alférez surpris, regarda le sergent.

—Ils sont là-bas dans un précipice, nous les y avons jetés hier, ils y pourriront. Maintenant, tuez-moi, vous ne saurez rien de plus.

Silence et surprise générale.

—Tu vas nous dire quels sont tes autres complices, menaça l'alférez en brandissant un jonc.

Un sourire de mépris se dessina sur les lèvres de l'accusé.

L'alférez conversa quelques instants à voix basse avec le curé, puis, se retournant vers les soldats.

—Conduisez-le où sont les cadavres, ordonna-t-il.

Dans un coin du patio, sur un vieux chariot, cinq cadavres étaient entassés, à demi-couverts par un morceau de natte déchirée, pleine de saletés. Un soldat les gardait, faisant les cent pas, crachant à chaque instant.

—Les connais-tu? demanda l'alférez en levant la natte.

Társilo ne répondit pas; il vit le cadavre du mari de la folle avec deux autres, celui de son frère, criblé de baïonnettes et celui de José, la corde encore pendue au cou. Son regard s'assombrit et un soupir parut s'échapper de sa poitrine.

—Les connais-tu? lui demanda-t-on à nouveau.

Társilo resta muet.

Un sifflement déchira l'air, le jonc frappa ses épaules. Il frémit, ses muscles se contractèrent. Les coups se répétèrent, mais Társilo était toujours impassible.

—Qu'on le bâtonne jusqu'à ce qu'il crève ou qu'il avoue! cria l'alférez exaspéré.

—Parle donc! lui dit le directorcillo; de toutes façons on te tuera.

On le reconduisit dans la salle où l'autre prisonnier invoquait les saints, claquant des dents et fléchissant sur ses jambes.

—Connais-tu celui-ci? demanda le P. Salvi.

—C'est la première fois que je le vois! répondit Társilo en regardant l'autre avec une certaine compassion.

L'alférez lui donna un coup de poing suivi d'un coup de pied.

—Attachez-le au banc!

Sans lui ôter les menottes tachées de sang, il fut attaché à un banc de bois. Le malheureux regarda autour de lui comme cherchant quelque chose; il vit Da. Consolacion et sourit sardoniquement. Les assistants surpris le suivirent du regard et virent la señora, qui se mordait légèrement les lèvres.

—Je n'ai jamais vu de femme aussi laide! s'écria Társilo au milieu du silence général; je préfère me coucher sur un banc comme celui-ci qu'à côté d'elle comme l'alférez.

La Muse pâlit.

—Vous allez me tuer à coups de bâton, señor alférez, continua-t-il; cette nuit, en vous embrassant, votre femme m'aura vengé.

—Bâillonnez-le! cria l'alférez furieux, tremblant de colère.

Il paraît que Társilo ne désirait que le bâillon car, dès qu'il l'eut, ses yeux lancèrent un éclair de satisfaction.

A un signe de l'alférez, un garde, armé d'un jonc, commença sa triste tâche.

Tout le corps de Társilo se contracta, un rugissement étouffé, prolongé, se laissa entendre malgré le mouchoir qui lui fermait la bouche; il baissa la tête; ses effets se tachèrent de sang.

Le P. Salvi, pâle, le regard égaré, se leva péniblement, fit un signe de la main et quitta la salle d'un pas vacillant. Dans la rue, il vit une jeune fille qui, le dos appuyé contre le mur, raide, immobile, écoutait attentive, regardant au loin, les mains crispées contre le vieux mur. Le soleil l'inondait de lumière. Elle comptait, semblant ne pas respirer, les coups secs, sourds, suivis de cette déchirante plainte. C'était la sœur de Társilo.

Dans la salle, la scène de torture continuait: le malheureux, exténué de douleur, se tut et attendit que ses bourreaux se lassassent. Enfin, le soldat haletant laissa tomber son bras; pâle de colère, sombre, l'alférez fit un geste et ordonna qu'on détachât sa victime.

Alors Da. Consolacion se leva et murmura quelques mots à l'oreille de son mari. Celui-ci hocha la tête en signe d'intelligence.

—Au puits avec lui! dit-il.

Les Philippins savent ce que cela veut dire; en tagal ils le traduisent par timbaîn3. Nous ne savons qui a inventé ce procédé d'instruction judiciaire, mais nous croyons qu'il doit être assez ancien. La vérité sortant d'un puits n'en est peut-être qu'une sarcastique interprétation.

Au milieu du patio du tribunal s'élève la pittoresque margelle d'un puits, faite grossièrement de pierres vives. Un rustique assemblage de bambou, en forme de manivelle, sert pour tirer l'eau, visqueuse, sale, puante. Des vases cassés, de la vidange, d'autres ordures s'y mélangent; mais ce puits est comme la prison; il est là pour recueillir ce que la société rejette comme mauvais ou inutile, l'objet qui y tombe, quelque bon qu'il ait été est désormais perdu. Cependant, il ne se bouchait jamais; parfois on condamnait les prisonniers à le creuser, à l'approfondir, non parce que l'on croyait retirer un profit quelconque de cette punition, mais à cause des difficultés que le travail présentait: le prisonnier qui y était une fois descendu y gagnait une fièvre dont régulièrement il mourait.

Társilo contemplait d'un regard fixe tous les préparatifs des soldats; il était très pâle, ses lèvres tremblaient, à moins qu'elles ne murmurassent une prière. L'orgueil de son désespoir semblait avoir disparu ou, tout au moins, s'être affaibli. Il baissa plusieurs fois sa tête jusqu'alors altière et regarda le sol, résigné à souffrir.

On l'amena à côté de la margelle, suivi de Da. Consolacion souriante. Le malheureux lança un regard d'envie vers le monceau de cadavres, un soupir s'échappa de sa poitrine.

—Parle donc! lui redit le directorcillo; n'importe comment tu seras pendu, mais au moins meurs sans tant souffrir.

—Tu ne sortiras d'ici que pour mourir, lui dit un cuadrillero.

Le bâillon lui fut enlevé, puis on lui lia les pieds. Il devait être descendu la tête en bas et rester quelque temps sous l'eau, comme on le fait pour le seau; seulement l'homme reste plus longtemps.

L'alférez s'éloigna pour chercher une montre et compter les minutes.

Pendant ce temps, Társilo était suspendu, sa longue chevelure ondoyant à l'air, les yeux à demi fermés.

—Si vous êtes chrétiens, si vous avez du cœur, supplia-t-il à voix basse, descendez-moi rapidement ou faites en sorte que ma tête cogne contre une pierre et que je meure. Dieu vous récompensera pour cette bonne œuvre... peut-être un jour vous verrez-vous comme moi!

L'alférez revint et présida à la descente, montre en main.

—Lentement, lentement, criait Da. Consolacion en suivant le malheureux du regard: prenez garde!

La manivelle tournait lentement; Társilo frottait et s'écorchait contre les pierres saillantes et les plantes immondes qui croissaient entre les crevasses. Puis, la manivelle s'arrêta; l'alférez comptait les secondes.

—Montez! commanda-t-il sèchement au bout d'une demi-minute.

Le bruit argentin et harmonieux des gouttes retombant dans l'eau annonça le retour du supplicié à la lumière. Cette fois, comme la pesanteur du contrepoids était plus grande, il monta avec rapidité. Les cailloux, les débris de pierre, arrachés des parois, tombaient en crépitant.

Le front et la chevelure couverts de fange bourbeuse, la figure remplie de blessures et d'écorchures, le corps mouillé et dégouttant, il apparut aux yeux de l'assemblée silencieuse: le vent le faisait trembler de froid.

—Veux-tu avouer? lui demanda-t-on.

—Prenez soin de ma sœur! murmura le malheureux en regardant suppliant un cuadrillero.

La manivelle de bambou grinça de nouveau et le condamné redescendit. Da. Consolacion observa que l'eau restait tranquille. L'alférez compta une minute.

Quand Társilo remonta, ses membres étaient contractés, violacés. Il dirigea un regard sur ceux qui l'entouraient et maintint ouverts ses yeux injectés de sang.

—Veux-tu avouer? lui demanda encore l'alférez avec ennui.

Társilo secoua négativement la tête; on le redescendit pour la troisième fois. Ses paupières se fermèrent peu à peu, ses pupilles continuèrent à regarder le ciel où flottaient quelques nuages blancs; il plia le cou pour voir le plus longtemps possible la lumière du jour, mais promptement il s'enfonça dans l'eau et ce voile infâme lui cacha le spectacle du monde.

Une minute se passa; la Muse, en observation, vit de grosses bulles d'air qui montaient à la surface.

—Il a soif, dit-elle en riant.

Et l'eau reprit sa tranquillité.

Cette fois ce ne fut qu'au bout d'une minute et demie que l'alférez fit un signe.

Les membres de Társilo n'étaient plus contractés; les paupières entr'ouvertes laissaient voir le fond blanc de l'œil; de la bouche sortait une bave sanguinolente; le vent soufflait, froid, mais déjà son corps ne frémissait plus.

Tous, pâles, consternés, se regardèrent en silence. L'alférez fit un signe pour qu'on le détachât et, pensif, s'éloigna quelques instants. A plusieurs reprises Da. Consolacion appliqua sur ses jambes dénudées le feu de son cigare, le feu s'éteignit, mais la chair n'eut pas un frisson.

—Il s'est asphyxié lui-même! murmura un cuadrillero, regardez comme il s'est retourné la langue, on dirait qu'il a voulu l'avaler.

L'autre prisonnier, tremblant et suant, contemplait cette scène, regardant de tous côtés comme un fou.

L'alférez chargea le directorcillo de l'interroger.

—Señor, señor, gémissait-il; je dirai tout ce que vous voudrez.

—C'est bon! nous allons voir: comment t'appelles-tu?

—Andong, señor!

—Bernardo... Leonardo... Ricardo... Eduardo... Gerardo... ou quoi?

—Andong, señor! répéta l'imbécile.

—Mettez Bernardo ou ce que vous voudrez, décida l'alférez.

—Nom de famille?

L'homme le regarda épouvanté.

—Quel nom as-tu, pour ajouter à celui de Andong?

—Ah, señor! Andong Medio-tonto4, señor!

Les assistants ne purent s'empêcher de rire; l'alférez lui-même suspendit sa promenade.

—Métier?

—Tailleur de cocos, señor, et serviteur de ma belle-mère.

—Qui vous a commandé d'attaquer le quartier?

—Personne, señor!

—Comment personne? ne mens pas ou l'on va te mettre au puits! Qui vous l'a commandé? Dis la vérité!

—La vérité, señor!

—Qui?

—Qui, señor!

—Je te demande qui vous a commandé de faire la révolution?

—Quelle révolution, señor!

—Allons, pourquoi étais-tu hier soir dans le patio du quartier?

—Ah, señor! s'écria Andong en rougissant.

—A qui en est la faute?

—A ma belle-mère, señor!

Le rire, puis la surprise accueillirent cette déclaration. L'alférez se retourna et regarda le malheureux d'un œil sévère. Celui-ci, croyant que ses paroles avaient produit bon effet, continua avec plus d'animation.

—Oui, señor, ma belle-mère ne me donne rien à manger que ce qui est pourri et hors de service; hier soir, quand je revins, le ventre me faisait mal; j'ai vu tout auprès le patio du quartier et je me suis dit: C'est la nuit, personne ne te verra. Je suis entré... et, au moment où je me relevais en entendant beaucoup de coups de fusil, j'attachai mon caleçon...

Un coup de rotin lui coupa la parole.

—A la prison! commanda l'alférez; et cette après-midi, au chef-lieu de la province!

---

1 Quart de la vara soit environ 21 centimètres.—N. des T.

2 Mesure de longueur équivalant à 83 centimètres 1/2.—N. des T.

3 Du verbe *timbâ*, tirer de l'eau d'un puits.—N. des T.

4 Demi-idiot.—N. des T.

LVIII

Le maudit

La nouvelle du départ des prisonniers se répandit rapidement dans le pueblo, soulevant la terreur d'abord, puis les plaintes et les lamentations.

Les familles des prisonniers couraient comme des folles, du couvent au quartier, du quartier au tribunal, ne trouvant nulle part de consolation, remplissant les airs de gémissements et de cris. Le curé s'était enfermé sous prétexte de maladie; l'alférez avait augmenté le nombre de ses gardes qui recevaient à coups de crosse les femmes suppliantes; le gobernadorcillo, être inutile s'il en fut, plus bête et plus insignifiant que jamais.

En face la prison, celles qui conservaient quelque force couraient d'une extrémité à l'autre, celles qui n'en avaient plus, s'asseyaient à terre, appelant les noms des personnes aimées.

Le soleil brûlait, et cependant aucune de ces malheureuses ne pensait à se retirer. Doray, la gaie et heureuse épouse de D. Filipo, errait désolée, portant dans ses bras son enfant; tous deux pleuraient.

—Retirez-vous, lui disait-on, votre enfant va prendre un coup de soleil.

—A quoi lui servira-t-il de vivre s'il n'a plus de père pour l'élever? répondait-elle, inconsolable.

—Votre mari est innocent, il reviendra!

—Oui, quand nous serons morts!

Capitana Tinay pleurait et appelait son fils Antonio; la valeureuse Capitana Maria regardait vers la petite grille derrière laquelle étaient ses deux jumeaux, ses uniques enfants.

—Avez-vous vu chose pareille? prendre mon Andong, tirer sur lui, le mettre au cepo et l'emmener au chef-lieu, tout cela pourquoi... parce qu'il avait des caleçons neufs? Ceci demande vengeance! Les gardes civils abusent! Je jure que, si j'en retrouve un, comme il est souvent arrivé, cherchant un endroit retiré dans mon jardin, je le châtre, oui, je le châtre! sinon... qu'on me châtre!!!

Mais peu de personnes faisaient cœur avec la musulmane belle-mère.

—La faute de tout est à D. Crisóstomo, soupirait une femme.

Confondu dans la foule, errait le maître d'école; señor Juan, sans plomb et sans mètre, ne se frottait plus les mains: il était vêtu de noir, car il avait eu de mauvaises nouvelles et, fidèle à sa coutume de considérer l'avenir comme réalisé, il portait déjà le deuil d'Ibarra.

A deux heures, après-midi, une charrette découverte, tirée par deux bœufs, s'arrêta devant le tribunal.

La foule l'entoura, menaçant de la dételer et de la briser.

—Ne faites pas cela, s'écria Capitana Maria, voulez-vous qu'ils aillent à pied?

Ce mot arrêta les familles. Vingt soldats sortirent du tribunal et entourèrent le véhicule, puis les prisonniers parurent.

Le premier était D. Filipo, attaché; il salua en souriant son épouse, Doray répondit par un amer sanglot et deux gardes durent faire tous leurs efforts pour l'empêcher d'embrasser son mari. Antonio, le fils de Capitana Tinay, pleurait con±me un enfant, ce qui ne fit qu'augmenter les cris de sa famille. L'imbécile Andong, à la vue de sa belle-mère, cause de sa mésaventure, gémit à fendre l'âme. Albino, l'exséminariste et les deux jumeaux de Capitana Maria, avaient les mains attachées; tous trois étaient sérieux et graves. Enfin sortit Ibarra, les mains libres, marchant entre deux gardes civils. Le jeune homme était pâle, ses yeux cherchaient une figure amie.

—C'est lui le coupable! crièrent de nombreuses voix; c'est lui le coupable et il a les mains libres!

—Mon gendre n'a rien fait et il a les menottes!

Ibarra se retourna vers ses gardes:

—Attachez-moi, mais attachez-moi bien, coude à coude, dit-il.

—Nous n'avons pas d'ordre!

—Attachez-moi!

Les soldats obéirent.

L'alférez parut, à cheval, armé jusqu'aux dents, suivi de dix à quinze autres soldats.

Chaque prisonnier avait là sa famille qui priait pour lui, le saluait de noms affectueux; seul Ibarra n'avait personne; le maître d'école et señor Juan lui-même avaient disparu.

—Que vous ont fait à vous mon mari et mon fils? lui disait Doray en pleurant. Voyez mon pauvre enfant, vous l'avez privé de son père!

La douleur se changeait en colère contre le jeune homme, accusé d'avoir provoqué la révolte. L'alférez ordonna le départ.

—Tu es un lâche! cria à Crisóstomo la belle-mère d'Andong. Tandis que les autres se battaient pour toi, tu te cachais, lâche!

—Sois maudit! lui dit un vieillard en le poursuivant. Maudit soit l'or amassé par ta famille pour troubler notre paix! Maudit! Maudit!

—Qu'on te pende, toi, hérétique! lui cria une parente d'Albino, et sans pouvoir se contenir, elle prit une pierre et la lui lança.

L'exemple fut promptement suivi: une pluie de poussière et de cailloux s'abattit sur le malheureux jeune homme.

Ibarra souffrit impassible, sans colère, sans plainte, l'injuste vengeance de tant de cœurs blessés. C'était là l'au revoir, l'adieu que lui faisait son pays adoré où étaient tous ses amours. Il baissa la tête: peut-être pensait-il à un homme qu'il avait vu frapper dans les rues de Manille, à une vieille femme tombant morte à la vue de la tête de son fils; peut-être se rappelait-il l'histoire d'Elias.

L'alférez crut nécessaire d'écarter la foule, mais les pierres ne cessèrent pas de tomber, les insultes de retentir. Seule, une mère ne vengeait pas sur lui ses douleurs: Capitana Maria. Sans un geste, les lèvres serrées, les yeux remplis de larmes silencieuses, elle voyait s'éloigner ses deux fils. Devant cette immobilité et cette douleur muette, Niobé cessait d'être fabuleuse.

Le cortège s'éloigna.

De toutes les personnes qui se montrèrent aux rares fenêtres ouvertes, les seules qui témoignèrent quelque compassion pour le jeune homme furent les indifférents et les curieux. Tous ses amis s'étaient cachés, tous, même Capitan Basilio qui défendit de pleurer à sa fille Sinang.

Ibarra vit les ruines fumantes de sa maison, de la maison de ses pères, où il était né, où vivaient les plus doux souvenirs de son enfance et de sa jeunesse; les larmes, longtemps refoulées, jaillirent de ses yeux, il baissa la tête et pleura sans avoir, attaché comme il était, la consolation de dissimuler son chagrin, sans que sa douleur éveillât quelque sympathie. Maintenant, il n'avait plus ni patrie, ni foyer, ni amour, ni amis, ni avenir!

D'une hauteur, un homme contemplait la triste caravane. C'était un vieillard, pâle, amaigri, enveloppé dans un manteau de laine, s'appuyant avec effort sur un bâton. A la nouvelle de l'événement, le vieux philosophe Tasio avait voulu quitter son lit et accourir, mais ses forces ne le lui avaient pas permis. Le vieillard maintenant suivit des yeux la charrette jusqu'à ce qu'elle eut disparu au loin; il resta quelque temps pensif et le front baissé, puis se leva et, péniblement, reprit le chemin de sa maison, se reposant à chaque pas.

Le lendemain, des pâtres le trouvèrent mort à l'ombre même de sa solitaire retraite.

LIX

Patrie et intérêts.

Le télégraphe avait transmis secrètement à Manille la nouvelle de cet événement et, trente-six heures après, les journaux augmentés, corrigés, mutilés par le fiscal1, en parlaient avec beaucoup de mystère et de nombreuses menaces. Entre temps, les nouvelles particulières, émanées des couvents, furent les premières qui coururent de bouche en bouche, en secret, à la grande terreur de ceux qui arrivaient à les connaître. Le fait, défiguré par mille versions, fut accepté comme vrai avec plus ou moins de facilité selon qu'il flattait ou contrariait les passions et la façon de penser de chacun.

Sans que la tranquillité publique en parût troublée, la paix des foyers devenait semblable à un étang: la superficie restant lisse et calme, tandis qu'au fond pullulent, courent, se poursuivent les poissons muets. Les croix, les décorations, les galons, les emplois, le prestige, le pouvoir, l'importance, les dignités, etc., commencèrent à voltiger comme des papillons dans une atmosphère dorée pour une partie de la population. Pour les autres un nuage obscur s'éleva à l'horizon, sur son fond cendré se détachaient, comme de noires silhouettes, des grilles, des chaînes et le fatidique bois de la potence. On croyait entendre dans les airs les interrogatoires, les sentences, les cris qu'arrachent les tortures; les Mariannes et Bagumbayan se présentaient enveloppés d'un voile déchiré et sanglant: dans le brouillard on voyait des pêcheurs et des pêchés. Le Destin présentait l'événement aux imaginations manilènes comme certains éventails de Chine: une face peinte en noir, l'autre dorée, de couleurs vives, ornée d'oiseaux et de fleurs.

Dans les couvents, la plus grande agitation régnait. Faisant atteler leurs voitures, les provinciaux se visitaient, tenaient de secrètes conférences. Ils se présentaient au palais pour offrir *leur appui au Gouvernement qui courait les plus grands périls*. On parlait à nouveau de comètes, d'allusions, de coups d'épingle, etc.

—Un *Te Deum*, un *Te Deum*! disait un moine dans un couvent. Cette fois que personne ne manque dans le chœur! C'est une grande bonté de Dieu de faire voir maintenant, précisément en des temps si mauvais, tout ce que nous valons!

—Ce petit général Mal-Agüero2, se sera mordu les lèvres après cette petite leçon, répondit un autre.

—Qu'en aurait-il été de lui sans les Congrégations?

—Et pour mieux célébrer la fête que l'on avertisse le Frère cuisinier et le procurateur... Réjouissances pour trois jours!

—Amen!—Amen!—Vive Salví!—Vive!

Dans un autre couvent, on parlait d'autre sorte.

—Voyez? c'est un élève des Jésuites; les flibustiers sortent de l'Ateneo!

—Et les anti-religieux!

—Je l'ai toujours dit: les Jésuites perdent le pays, ils corrompent la jeunesse; mais on les tolère parce qu'ils tracent quelques lignes sur du papier quand il y a des tremblements de terre...

—Et Dieu sait comment elles sont faites!

—Oui, allez donc les contredire! Quand tout tremble et remue, qui donc pourrait écrire des griffonnages! Rien, le P. Secchi...

Et ils sourirent avec un souverain mépris.

—Mais, et les ouragans? et les báguios3? demanda un autre avec une sarcastique ironie; n'est-ce pas divin?

—Un pêcheur quelconque les pronostique!

—Quand celui qui gouverne est un sot... dis-moi comment tu as la tête et je te dirai comment est ta patte! Mais vous verrez si les amis se favorisent les uns les autres; les journaux vont presque jusqu'à demander une mitre pour le P. Salví.

—Et il va l'avoir! il s'en consume!

—Tu le crois?

—Pourquoi pas! Aujourd'hui on la donne pour n'importe quoi. J'en sais un qui l'a coiffée pour moins; il avait écrit un petit travail où il démontrait que les Indiens n'étaient capables de rien que d'être artisans... fi! de vieilles vulgarités!

—C'est vrai! tant d'injustices nuisent à la Religion! s'écria l'autre; si les mitres avaient des yeux et pouvaient voir sur quels crânes...

—Si les mitres étaient des objets de la Nature! ajouta une voix nasale, *Natura abhorret vacuum*4...

—C'est pour cela qu'on se les arrache; le vide les attire!

Nous faisons grâce à nos lecteurs d'autres commentaires politiques, métaphysiques ou simplement spirituels. Nous allons entrer chez un simple particulier, et comme à Manille nous connaissons peu de monde, nous frapperons à la porte de Capitan Tinong, l'homme officieux et prévenant que nous avons vu inviter Ibarra avec tant d'insistance pour qu'il l'honorât de sa visite.

Dans son riche et spacieux salon, à Tondo, Capitan Tinong est assis dans un large fauteuil; il se passe la main sur le front, puis sur la nuque en signe de désespoir tandis que sa femme, la Capitana Tinchang, pleure et le sermonne devant ses deux filles qui, dans un coin, écoutent muettes, hébétées et émues.

—Ah! Vierge d'Antipolo! criait la femme, ah! Vierge du Rosaire et de la Courroie! ah! ah! Notre-Dame de Novaliches!

—Nanay!... répondit la plus jeune des filles.

—Je te l'avais dit! continua la femme sur un ton de récrimination; je te l'avais dit! ah! Vierge du Carmel! ah!

—Mais non, tu ne m'avais rien dit! se risqua à répondre en pleurnichant Capitan Tinong; au contraire, tu me disais que je faisais bien de conserver l'amitié et de fréquenter la maison de Capitan Tiago... parce que... parce qu'il était riche... et tu me disais...

—Quoi? que te disais-je? Je ne te l'avais pas dit? je ne t'avais rien dit? Ah! si tu m'avais écouté!

—Maintenant tu me rejettes la faute! répliqua-t-il d'un ton amer, en donnant un coup de poing sur le bras du fauteuil. Ne me disais-tu pas que j'avais bien fait de l'inviter à dîner avec nous, parce que, comme il était riche... tu disais que nous ne devions avoir d'amitiés qu'avec les riches? N'est-ce pas?

—Il est vrai que je te disais cela parce que... parce que déjà il n'y avait plus de remède; tu ne faisais que le louer; D. Ibarra par ci, D. Ibarra par là, D. Ibarra partout. Et voilà! Mais je ne t'ai pas conseillé de le voir ni de lui parler à cette réunion; cela tu ne peux-pas le nier.

—Savais-je moi, par hasard, qu'il devait y aller?

—Eh bien! tu aurais dû le savoir!

—Comment, si je ne le connaissais même pas?

—Eh bien! tu aurais dû le connaître!

—Mais, Tinchang, si c'était la première fois que je le voyais, que j'entendais parler de lui!

—Eh bien! tu aurais dû l'avoir vu avant, avoir entendu parler de lui; c'est pour cela que tu es homme, que tu portes des pantalons et que tu lis le *Diario de Manila*! répondit intrépidement l'épouse en lui lançant un regard terrible.

Capitan Tinang ne sut que répliquer.

Son épouse, non contente de cette victoire, voulut la compléter et s'approchant de lui les poings fermés.

—C'est pour cela que j'ai travaillé des années et des années, économisant, pour que toi, par ta bêtise, tu viennes perdre le fruit de mes fatigues? lui reprocha-t-elle. Maintenant on va t'envoyer en exil, nous dépouiller de nos biens, comme la femme de... Oh! si j'étais homme, si j'étais homme!

Et voyant que son mari baissait la tête, elle recommença à sangloter, répétant toujours:

—Ah! si j'étais homme! si j'étais homme!

—Et si tu étais homme, lui demanda enfin son mari vexé, que ferais-tu?

—Quoi? eh bien!... eh bien!... aujourd'hui même je me présenterais au capitaine général, pour lui offrir de me battre contre les révoltés, aujourd'hui même!

—Mais, n'as-tu pas lu ce que dit le *Diario*? Lis! «La trahison infâme et bâtarde a été réprimée avec énergie, force et vigueur, et promptement les rebelles ennemis de la Patrie et leurs complices sentiront tout le poids et toute la sévérité des lois...» Vois! il n'y a pas de soulèvement.

—Cela ne fait rien, tu dois te présenter; beaucoup l'ont fait en 1872 et ainsi n'ont pas été inquiétés.

—Oui! il l'avait fait aussi le P. Burg...

Mais il ne put achever le mot; sa femme accourut et lui ferma la bouche.

—Dis-le! prononce ce nom pour que demain on te pende à Bagumbayan! Ne sais-tu pas qu'il suffit de prononcer ce nom pour être exécuté sans autre forme de procès? Voyons, dis-le!

Quand même Capitan Tinong aurait voulu lui obéir, il n'aurait pas pu; sa femme lui fermait la bouche à deux mains, serrant sa petite tête contre le dossier du fauteuil et peut-être le pauvre homme serait-il mort asphyxié si un nouveau personnage n'était intervenu.

C'était le cousin D. Primitivo, qui savait par cœur l'Amat, homme d'environ quarante ans, vêtu avec recherche, pansu et bedonnant.

—*Quid video?* s'écria-t-il en entrant; que se passe-t-il? *Quare?*5

—Ah! cousin! dit la femme éplorée en courant vers lui, je t'ai fait appeler, car je ne sais ce qu'il va en être de nous... que nous conseilles-tu? Parle, toi qui as étudié le latin et qui connais les arguments...

—Mais avant *quid quaeritis? Nihil est in intellectu quod prius non fuerit in sensu; nihil volitum quin praecognitum*6.

Et il s'assit posément. Comme si les phrases latines avaient eu une vertu tranquillisatrice, les époux cessèrent de pleurer et s'approchèrent attendant le conseil de ses lèvres, comme autrefois les Grecs attendaient la phrase salvatrice de l'oracle qui allait leur livrer les Perses envahisseurs.

—Pourquoi pleurez-vous? *Ubinam gentium sumus7?*

—Tu sais déjà la nouvelle du soulèvement...

—*Alzamentum Ibarrae ab alferesio Guardiae civilis destructum? Et nunc?*8 Eh bien, quoi! D. Crisóstomo vous doit quelque chose.

—Non, mais sais-tu que Tinong l'avait invité à dîner, il l'a salué sur le Pont d'Espagne... en plein jour! On va dire qu'il est son ami!

—Ami? s'écria surpris le latin en se levant. *Amice, amicus Plato sed magis arnica veritas9!* Dis-moi qui tu hantes et je te dirai qui tu es. *Malum est negotium et est timendum rerum istarum horrendissimum resultatum. Hemn!*10

Tant de mots en *um* épouvantèrent Capitan Tinong; il pâlit effroyablement, ce son lui semblait d'un mauvais présage. Son épouse joignit des mains suppliantes:

—Cousin, tu nous parles maintenant en latin; tu sais que nous ne sommes pas philosophes comme toi; parle-nous en tagal ou en castillan, mais donne-nous un conseil.

—Il est à déplorer que vous n'entendiez pas le latin, cousine: les vérités latines sont des mensonges tagals; par exemple: *contra principia negantem fustibus est arguendum*11, en latin c'est une vérité aussi certaine que l'arche de Noé; je l'ai mise une fois en pratique en tagal et c'est moi qui ai reçu les coups de bâton. Aussi c'est un malheur que vous ne sachiez pas le latin. En latin, tout pouvait s'arranger.

—Nous savons aussi beaucoup d'*oremus, parce nobis* et *Agnus Dei catolis*12, mais maintenant nous ne nous comprendrions pas. Donne un conseil à Tinong pour qu'on ne le pende pas.

—Tu as mal fait, très mal fait, cousin, en liant amitié avec ce jeune homme! répondit le latin. Les justes paient pour les pécheurs, je te conseillerais presque de faire ton testament... *Væ illis. Ubi est fumus est ignis! Similis simili gaudet; atqui Ibarra ahorcatur, ergo ahorcaberis*13....

Et, ennuyé, il hochait la tête de côté et d'autre.

—Saturnino, qu'as-tu! cria Capitana Tinchang, pleine de terreur; ah! mon Dieu! il est mort! un médecin! Tinong, Tinongoy!

Les deux filles accoururent et toutes trois commencèrent à se lamenter.

—Ce n'est rien qu'un évanouissement, cousine, un évanouissement! J'aurais été content que... que... mais malheureusement ce n'est rien de plus qu'un évanouissement. *Non timeo mortem in catre sed super espaldonem Bagumbayanis14.* Apportez de l'eau!

—Ne meurs pas! pleurait la femme. Ne meurs pas, on viendrait te prendre! Ah! si tu mourais et si les soldats venaient! ah! ah!

Le cousin lui arrosa la figure avec de l'eau et le malheureux revint à lui.

—Allons, il ne faut pas pleurer! *Inveni remedium,* j'ai trouvé le remède. Transportons-le à son lit; allons! du courage! je suis ici avec vous et toute la sagesse des anciens... Qu'on appelle un docteur; et aujourd'hui même, cousine, va voir le capitaine général et porte-lui un cadeau, une chaîne d'or, une bague... *Davidæ quebrantant peñas;*15 dis que c'est un cadeau de Noël. Ferme les fenêtres, les portes et, si quelqu'un demande mon cousin, réponds qu'il est gravement malade. Pendant ce temps, je brûle toutes les lettres, papiers et livres pour que l'on ne puisse rien trouver, comme a fait D. Crisóstomo. *Scripti testes sunt! Quod medicamenta non sanant ferrum sanat; quod ferrum non sanat, ignis sanat16.*

—Oui, prends, cousin, brûle tout! dit Capitana Tinchang; voici les clefs, voici les lettres de Capitan Tiago. brûle-les! Qu'il ne reste aucun journal d'Europe, ils sont très dangereux. Voici quelques *Times* que je conservais pour envelopper des savons et du linge. Voici les livres.

—Va-t'en chez le capitaine général, laisse-moi seul. *In extremis extrema17.* Donne-moi le pouvoir d'un *director* romain et tu verras comment je sauverai la pat..., que dis-je, le cousin.

Et il commença à donner des ordres, à retourner les rayons de la bibliothèque, à déchirer les papiers, les livres, les lettres, etc. Puis il alluma un foyer dans la cuisine; on brisa avec une hache de vieilles escopettes, on jeta dans les cabinets des revolvers rouillés; la servante qui voulait conserver le canon de l'une de ces armes pour en faire un soufflet fut vertement reçue.

—*Conservare etiam sperasti, perfida18?* Au feu!

Et l'auto-da-fé continua.

Il aperçut un vieux tome en parchemin et en lut le titre:

—«Révolutions des globes célestes, par Copernic» pfui! *ite, maledicti, in ignem Kalanis19!* s'écria-t-il en le jetant dans la flamme. Des Révolutions et Copernic! Crime sur crime! Si je n'arrive pas à temps...

«La Liberté aux Philippines». Tatata! quels livres! au feu!

Et des livres innocents, écrits par les auteurs les plus simples, n'échappèrent pas au sort commun. Même le «Capitan Juan», œuvre très candide, suivit les autres. Le cousin Primitivo avait raison; les justes paient pour les pécheurs.

Quatre ou cinq heures plus tard dans une tertulia20 à prétentions, intra muros, on commentait les événements du jour. Beaucoup de vieilles dames et de vieilles filles y étaient réunies avec des femmes ou des filles d'employés, vêtues à l'européenne, s'éventant et bâillant. Parmi les hommes qui, par leurs manières, dénotaient comme les femmes leur instruction et leur origine, était un homme déjà âgé, tout petit, manchot, que l'on traitait avec beaucoup d'égards et qui gardait envers les autres un silence dédaigneux.

—En vérité, je ne pouvais auparavant souffrir ni les moines ni les gardes civils à cause de leur mauvaise éducation, disait une grosse dame, mais maintenant que je vois leur utilité et quels services ils rendent, je serais presque heureuse de me marier avec l'un d'eux. Je suis patriote.

—Je suis du même avis! ajouta une maigre; quel malheur que nous n'ayons pas l'ancien gouverneur; celui-là laisserait le pays net comme une patène.

—Et il en finirait avec la race des *filibusterillos*!

—Ne dit-on pas qu'il reste de nombreuses îles à peupler? Pourquoi n'y déporte-t-on pas tous ces Indiens mécontents? Si j'étais le capitaine général...

—Señoras, dit le manchot, le capitaine général sait son devoir; selon ce que j'ai entendu il est très irrité, car il avait comblé de faveurs cet Ibarra.

—Comblé de faveurs? répéta la maigre en s'éventant avec furie. Voyez combien ingrats sont ces Indiens! Peut-on par hasard les traiter comme des personnes? Jésus!

—Savez-vous ce que j'ai entendu? demanda un militaire.

—Non!—Qu'est-ce?—Que dit-on?

—Des personnes dignes de foi, reprit le militaire au milieu du plus grand silence, assurent que tout ce bruit fait pour élever une école était un pur conte.

—Jésus! Vous avez vu? s'écrièrent-elles toutes, croyant déjà au conte.

—L'école était un prétexte; ce qu'il voulait bâtir était un fort, où il aurait pu se défendre quand nous aurions été l'attaquer...

—Jésus! Quelle infamie! Un Indien seul est capable d'aussi lâches pensées, s'écria la grosse dame. Si j'étais le capitaine général, ils verraient... ils verraient...

—Je pense comme vous! s'écria la maigre en s'adressant au manchot. Que l'on arrête tous ces avocassons, tous ces petits clercs, tous ces commerçants et que, sans autre forme de procès on les exile, on les emprisonne! Il faut arracher la racine du mal!

—Mais on dit que ce flibustier-là est fils d'espagnol, ajouta le manchot sans regarder personne.

—Ah! voilà! s'écria la grosse; ce sont toujours les créoles! aucun Indien ne comprend quelque chose à la Révolution! Élève des corbeaux21... élève des corbeaux...

—Savez-vous ce que j'ai entendu dire, demanda une créole qui coupa ainsi la conversation. La femme de Capitan Tinong... vous rappelez-vous? celui chez qui nous avons dansé et dîné à la fête de Tondo...

—Celui qui a deux filles? eh bien, quoi?

—Eh bien, sa femme vient de donner cette après-midi au capitaine général une bague de mille pesos de valeur.

Le manchot se retourna.

—Vrai? et pourquoi? demanda-t-il, les yeux brillants.

—Elle a dit que c'était comme cadeau de Noël...

—La Noël ne vient que dans un mois!...

—Elle aura craint une averse... observa la grosse.

—Et elle se met à couvert, ajouta la maigre.

—Satisfaction non réclamée, faute confessée.

—C'est ce que je pensais; vous avez mis le doigt sur la plaie.

—Ceci est à voir, observa le manchot pensif; je crains qu'il n'y ait là quelque chat enterré.

—Un chat enterré, c'est cela! j'allais le dire, répéta la maigre.

—Et moi aussi, dit l'autre en lui coupant la parole; la femme de Capitan Tinong est très avare... elle ne nous a encore envoyé aucun cadeau et cependant nous sommes allés chez elle. De sorte que, quand une personne aussi chiche et aussi avide lâche un petit cadeau de mille petits pesos...

—Mais, est-ce certain? demanda le manchot.

—Absolument certain, c'est l'aide-de-camp de Son Excellence qui l'a dit à ma cousine, dont il est le fiancé. Je suis tentée de croire que c'est la même bague qu'elle portait le jour de la fête. Elle est toujours pleine de brillants!

—Un scarabée marchant!

—C'est une manière comme une autre de se faire de la réclame! Au lieu d'acheter un mannequin ou de payer une boutique...

Le manchot trouva un prétexte et abandonna la tertulia.

Deux heures après, quand tout le monde dormait, divers habitants de Tondo reçurent une invitation par l'entremise de soldats... L'Autorité ne pouvait tolérer que certaines personnes ayant une position ou des propriétés dormissent en des maisons si mal gardées et si peu fraîches: au Fort de Santiago et dans d'autres édifices du gouvernement leur sommeil serait plus tranquille et plus réparateur. Parmi ces personnes se trouvait le malheureux Capitan Tinong.

---

1 Procureur du roi.—N. des T.

2 De mauvais augure.—N. des T.

3 Nom philippin des typhons.—N. des T.

4 La Nature a horreur du vide.—N. des T.

5 Que vois-je? Pourquoi?—N. de l'Éd. esp.

6 Que demandez-vous? Il n'est rien dans l'intelligence qui d'abord n'ait existé pour les sens. On ne désire pas ce que l'on ne connaît pas.—N. de l'Éd. esp.

7 En quel lieu du monde sommes-nous?—N. de l'Ed. esp.

8 Le soulèvement étouffé d'Ibarra contre l'alférez de la Garde Civile! Et à présent?—N. des T.

9 Ami, Platon est mon ami, mais je lui préfère la vérité.—N. de l'Ed. esp.

10 L'affaire est mauvaise et je crains que ces choses n'aient une horrible fin.—N. de l'Ed. esp.

11 On argue en les fustigeant contre ceux qui nient les principes.—N. de l'Ed. esp.

12 *Catolis* pour *qui tollis*. Heureusement que le Dieu qui écoute les prières des dévotes en rectifie le latin et qu'il a plus de considération pour leur foi que pour leur science!—N. des T.

13 Malheur à eux! Où il y a fumée, il y a feu! Chacun recherche son semblable; aussi, si l'on pend Ibarra, tu seras ensuite pendu.—N. de l'Ed. esp.

14 Je ne crains pas la mort dans le lit mais sur l'échafaud de Bagumbayan.— N. de l'Ed. esp.

15 Corruption en latin de cuisine du proverbe espagnol: *Dádivas quebrantan peñas*, les offrandes brisent les rochers.—N. des T.

16 Les écrits sont des témoins. Ce que ne guérissent pas les médicaments, le fer le guérit; ce que ne guérit pas le fer, le feu le guérit.—N. de l'Ed. esp.

17 Dans les extrémités, les moyens extrêmes, ou, en français, aux grands maux les grands remèdes.—N. des T.

18 Ah! tu voulais le garder, scélérate?—N. des T.

19 Allez, maudits, dans le feu du fourneau.—N. des T.

20 Société, compagnie.—N. des T.

21 Proverbe espagnol: Elève des corbeaux, ils te crèveront les yeux.—N. des T.

LX

Maria Clara se marie

Capitan Tiago était très content. Pendant cette période terrible, personne ne s'était occupé de lui; on ne l'avait pas arrêté, on ne l'avait pas mis au secret, on ne l'avait pas soumis aux interrogatoires, aux machines électriques, aux bains de pieds continuels en de souterraines habitations, et autres plaisanteries bien connues de certains personnages qui s'appellent eux-mêmes civilisés. Ses amis, c'est-à-dire ceux qui l'avaient été (car il avait renié ses amis philippins aussitôt qu'ils avaient été suspects aux yeux du gouvernement), étaient retournés chez eux après quelques jours de vacances, dans les édifices de l'État. Le capitaine général lui-même avait ordonné qu'on les jetât hors de ses possessions, ne les jugeant pas dignes d'y rester, au grand déplaisir du manchot qui voulait célébrer la Noël prochaine en leur nombreuse et riche compagnie.

Capitan Tinong revint à son domicile malade, pâle, affecté,—l'excursion ne lui avait pas profité—et si changé qu'il ne dit pas un mot, ne salua pas sa famille qui riait, pleurait et devenait folle de joie. Le pauvre homme ne sortit plus de chez lui de peur de saluer un flibustier. Le cousin Primitivo lui-même, avec toute la sagesse des anciens, ne pouvait le tirer de son mutisme.

—*Crede, prime*, lui disait-il; si je n'étais pas arrivé à brûler tous tes papiers, on apprêtait ton cou; mais si j'avais brûlé toute la maison, on ne te touchait pas un cheveu. Mais *quod eventum, eventum; gratias agamus Domino Deo quia non in Marianis Insulis es, camotes seminando*1.

Les histoires semblables à celle de Capitan Tinang étaient nombreuses; Capitan Tiago ne les ignorait pas. Il regorgeait de gratitude, sans savoir exactement à qui il devait des faveurs si signalées. Tante Isabel attribuait le miracle à la Vierge d'Antipolo, à la Vierge du Rosaire, ou tout au moins à la Vierge du Carmel; à tout hasard—et c'était le moins qu'elle pouvait concéder—à Nuestra Señora de la Correa: selon elle, le miracle ne pouvait s'échapper de ce cercle. Capitan Tiago ne niait pas le miracle, mais il ajoutait:

—J'y crois, Isabel, mais la Vierge d'Antipolo ne l'aura pas fait seule; mes amis y auront aidé, mon futur gendre, le Señor Linares, qui, comme tu le sais, plaisante avec le Señor Antonio Canovas lui-même, celui dont l'*Illustration* nous a donné le portrait et qui ne daigne montrer aux yeux que la moitié de sa figure.

Et le bonhomme ne pouvait réprimer un sourire de satisfaction chaque fois qu'il entendait une nouvelle importante au sujet des événements. On chuchotait à voix basse qu'Ibarra serait pendu; que, bien que l'on manquât de beaucoup de preuves pour le condamner, on en avait trouvé une qui confirmait l'accusation; que les experts avaient déclaré qu'en effet les travaux de l'école pouvaient passer pour un rempart, une fortification, assez défectueuse comme étant l'œuvre d'ignorants Indiens. Ces rumeurs le tranquillisaient et le faisaient sourire.

De même que Capitan Tiago et sa cousine les amis de la famille se partageaient en deux partis: l'un tenant pour le miracle, l'autre pour le gouvernement, mais celui-ci était insignifiant. Les miraculistes étaient subdivisés: le sacristain principal de Binondo, la vendeuse de cierges et le chef d'une confrérie voyaient la main de Dieu, mise en mouvement par la Vierge du Rosaire; le marchand de bougies chinois, son fournisseur quand il allait à Antipolo, lui disait en s'éventant et en remuant la jambe:

—No siya osti gongong; Miligen li Antipulo esi! Esi pueli mas cón tolo; no siya osti gongong2.

Capitan Tiago avait en grande estime ce Chinois qui se faisait passer pour prophète, médecin, etc. En examinant la main de sa défunte épouse, au sixième mois de sa grossesse, il avait pronostiqué:

—Si esi no homele y no pactaylo, muje juete-juete3!

Et Maria Clara vint au monde pour accomplir la prophétie.

Capitan Tiago donc, homme prudent et craintif, ne pouvait se décider si facilement que le troyen Pâris; il ne pouvait donner la préférence à une Vierge de peur d'offenser l'autre, ce qui aurait pu lui attirer de graves ennuis.

—Prudence! se disait-il à lui-même, n'allons pas nous perdre maintenant.

Il se trouvait dans ces doutes quand arriva le parti gouvernemental: Da. Victorina, D. Tiburcio et Linares.

Da. Victorina parla pour les trois hommes et pour elle-même, mentionna les visites de Linares au capitaine général et insinua à plusieurs reprises les avantages que pouvait offrir un parent de catégorie.

—Na! concluait-elle, comme nous izons: zelui qui ze couche à une bonne ombre, z'appuie zur un bon bâton.

—C'est... c'est le contraire, femme, corrigea le docteur.

Car, depuis quelques jours, elle avait prétendu se naturaliser andalouse en supprimant les *d* et en remplaçant le son *s* par le son *z*; cette idée, personne n'avait pu lui ôter de la cervelle; il aurait fallu d'abord arracher les boucles postiches.

—Zi! ajoutait-elle, en parlant d'Ibarra; zelui-zi le méritait bien! ze l'avais it la première fois que ze l'avais vu: z'est un flibustier. Que t'a it à toi, cousin, le Général? Que lui as-tu it, quelles nouvelles lui as-tu onné zur Ibarra?

Et, voyant que le cousin tardait à répondre, elle poursuivit en s'adressant à Capitan Tiago.

—Croyez-moi, zi on le conamne à mort, comme z'est à ezpérer, ze zera grâce à mon cousin.

—Señora, señora, protesta Linares.

Mais elle ne lui donna pas le temps:

—Ah! quel iplomate tu fais. Nous zavons que tu es le conzeiller du général, qu'il ne peut rien faire zans toi... Ah! Clarita, quel plaisir de te voir!

Maria Clara paraissait pâle encore, bien que presque entièrement remise de sa maladie. Sa longue chevelure était attachée par un ruban de soie d'un bleu léger. Elle salua timidement, souriant avec tristesse, et s'approcha de Da. Victorina pour le baiser de cérémonie.

Après les phrases ordinaires, la pseudo-andalouse continua:

—Nous venions vous rendre visite; vous avez été zauvés graze à vos relazions!—ici, un regard significatif à Linares.

—Dieu a protégé mon père! répondit la jeune fille à voix basse.

—Oui, Clarita, mais le temps es miracles est éjà pazé. Nous, les Espagnols, nous isons: n'aie pas confianze en la Vierge et sauve-toi en courant!

—C'est... c'est... le contraire!

Capitan Tiago qui, jusqu'alors n'avait pas trouvé un moment pour parler, se risqua à demander en écoutant la réponse de toute son attention:

—De façon que vous croyez, Da. Victorina, que la Vierge...

—Nous venions prezizément causer avec vous e *la Vierge*, répondit-elle mystérieusement en désignant Maria Clara. Nous avons à causer affaires!

La jeune fille comprit qu'elle devait se retirer: elle chercha un prétexte et s'éloigna en s'appuyant aux meubles.

Ce qui se dit dans cette conférence fut si bas et si mesquin que nous préférons ne pas le rapporter. Qu'il suffise de noter que, lorsqu'ils se séparèrent, tous étaient contents. Capitan Tiago dit ensuite à la tante Isabel.

—Préviens le restaurant que demain nous donnons une fête. Va-t'en préparer Maria Clara et lui annoncer que nous la marions dans trois jours.

Tante Isabel le regarda épouvantée.

—Tu verras! quand le señor Linares sera notre gendre, tous les palais nous seront ouverts; on nous enviera, ils mourront tous d'envie.

Et c'est ainsi que, vers huit heures, le lendemain, la maison de Capitan Tiago était pleine encore une fois; seulement il n'avait invité que des Espagnols et des Chinois: le beau sexe était représenté par des Espagnoles péninsulaires et philippines.

La plus grande partie de nos connaissances s'y retrouvaient: le P. Sibyla, le P. Salvi, parmi divers franciscains et dominicains, le vieux lieutenant de la Garde civile, plus sombre que jamais; l'alférez racontant pour la millième fois sa victoire, regardant tout le monde par dessus les épaules, se croyant un Don Juan d'Autriche, maintenant qu'il est lieutenant avec le grade de commandant; De Espadaña qui le regarde avec respect et crainte et esquive ses regards; Da. Victorina qui ne peut le voir sans colère. Linares n'était pas arrivé encore car, comme personnage important, il devait se faire attendre. Il y a des êtres si candides qu'une heure de retard suffit à faire de grands hommes.

Dans le groupe des femmes, Maria Clara était l'objet des murmures de toutes. La jeune fille les avait saluées et reçues cérémonieusement, sans perdre son air de tristesse.

—Bah! disait l'une; petite orgueilleuse...

—Assez jolie! reprenait une autre, mais il aurait pu en choisir quelqu'une qui ait la figure plus intelligente.

—Et l'argent, ma petite, le bon garçon se vend.

D'un autre côté, on disait:

—Se marier quand son premier fiancé est pour être pendu!

—Cela s'appelle être prudente, avoir sous la main un remplaçant.

—Eh bien! quand on devient veuve...

Peut-être ces conversations arrivaient-elles aux oreilles de la jeune fille qui, assise sur une chaise, arrangeait une guirlande de fleurs, car on la voyait pâlir et, par moments, sa main tremblait, ses lèvres semblaient se mouvoir.

Dans le cercle des hommes on causait tout haut et, naturellement, les derniers événements défrayaient la conversation. Tous parlaient, même D. Tiburcio; le P. Salvi seul, gardait toujours son dédaigneux silence.

—J'ai entendu dire que V. R. quittait déjà le pueblo, P. Salvi; demanda le nouveau lieutenant que sa nouvelle étoile avait rendu plus aimable.

—Je n'ai plus rien à y faire; je dois me fixer pour toujours à Manille... et, vous?

—Je quitte aussi le pueblo, répondit-il en se redressant. Le gouvernement a besoin de moi pour que, avec une colonne volante, je désinfecte les provinces de tous les flibustiers.

Fr. Salvi le regarda rapidement des pieds à la tête et lui tourna complètement le dos.

—Sait-on certainement ce qu'il va en être du chef, du flibustier? demanda un employé.

—Vous parlez de D. Crisóstomo Ibarra? répondit un autre. Il est très probable qu'il sera pendu comme ceux de 1872 et ce sera très juste.

—Il sera exilé! dit sèchement le vieux lieutenant.

—Exilé! rien de plus qu'exilé! Mais ce sera un exil perpétuel! s'écrièrent de nombreuses voix en même temps.

—Si ce jeune homme, poursuivit à voix haute le lieutenant Guevara avait été plus prudent, s'il s'était moins confié à certaines personnes à qui il écrivait, si nos fiscaux ne savaient pas interpréter trop subtilement ce qu'ils lisent, il est certain que l'accusé aurait été absous!

Cette déclaration du vieux lieutenant et le ton de sa voix produisirent une grande surprise dans son auditoire; tous ne savaient que dire. Le P. Salvi regarda d'un autre côté, peut-être pour ne pas voir le regard sombre que le vieillard lui adressait, Maria Clara laissa tomber les fleurs et resta immobile. Le P. Sibyla, qui savait se taire, parut être aussi le seul qui sût questionner.

—Vous parlez de lettres, Sr. Guevara?

—Je parle de ce que m'a dit son défenseur, qui s'est intéressé à sa cause et la défend avec zèle. En dehors de quelques lignes ambiguës trouvées dans une lettre adressée à une femme avant de partir pour l'Europe, lignes dans lesquelles le fiscal a vu un projet et une menace contre le gouvernement et que le jeune homme a reconnues comme écrites par lui, on ne pouvait rien trouver pour l'accuser.

—Et la déclaration faite par le bandit avant de mourir?

—Le défenseur l'a annulée car, selon le bandit lui-même, ils n'ont jamais communiqué avec Ibarra, à part un nommé José qui était son ennemi, ainsi qu'il peut se prouver, et qui s'est suicidé, peut-être par remords. On a prouvé que les papiers trouvés sur le cadavre étaient faux, car l'écriture, en était semblable à celle qu'avait Ibarra il y a sept ans mais non à celle qu'il a aujourd'hui, ce qui fait supposer que la lettre accusatrice a servi de modèle. Bien plus, le défenseur disait que s'il n'avait pas voulu la reconnaître, cette lettre, on aurait pu faire beaucoup pour le sauver, mais à sa vue, il a pâli, s'est troublé et a ratifié tout ce qui y était écrit.

—Vous disiez, demanda un franciscain qu'il avait adressé cette lettre à une femme; comment est-elle parvenue entre les mains du fiscal?

Le lieutenant ne répondit pas: il regarda un moment le P. Salvi et s'éloigna, tordant nerveusement la pointe effilée de sa barbe grise, tandis que les assistants échangeaient leurs commentaires.

—C'est là que se voit la main de Dieu! disait l'un; même les femmes le haïssent.

—Il a fait brûler sa maison, croyant se sauver, mais il comptait sans son hôtesse, c'est-à-dire sans sa maîtresse, sa *babai*, ajoutait un autre en riant. Dieu le voulait! *Santiago cierra España4!*

Cependant le vieux soldat s'était approché de Maria Clara qui écoutait la conversation, immobile sur son siège: les fleurs restaient à ses pieds.

—Vous êtes une jeune fille très prudente, lui dit-il à voix basse. Vous avez très bien fait de livrer la lettre... vous vous assuriez ainsi un tranquille avenir.

Puis il s'éloigna tandis qu'elle le regardait avec des yeux hébétés, se mordant les lèvres. Heureusement la tante Isabel passa. Maria Clara eut la force suffisante pour la prendre par sa robe.

—Tante! murmura-t-elle.

—Qu'as-tu? demanda la vieille dame épouvantée en voyant la figure de sa nièce.

—Conduisez-moi à ma chambre!

Et la jeune fille prit le bras de sa tante pour se lever.

—Tu es malade, ma fille? On dirait que tu as perdu toute force? qu'as-tu?

—Mal au cœur... c'est la foule dans cette salle... tant de lumière... j'ai besoin de me reposer. Dites à mon père que je vais dormir.

—Tu es froide! Veux-tu du thé?

Maria Clara remua la tête négativement, ferma à clef la porte de son alcôve et, à bout de forces, se laissa tomber à terre au pied d'une image, en sanglotant:

—Mère, mère, ma mère!

Par la fenêtre, par la porte qui communiquait avec celle de la terrasse, entrait la lumière de la lune.

La musique poursuivait ses valses joyeuses; jusqu'à l'alcôve arrivaient l'éclat des rires et le *ron ron* des conversations; plusieurs fois on frappa à la porte, son père, tante Isabel, Da. Victorina, Linares même, Maria Clara ne bougea pas: un râle s'échappait de sa poitrine.

Des heures se passèrent. Les plaisirs de la table épuisés, on était passé à ceux du bal. Sa bougie consumée s'était éteinte, mais toujours à terre, sans mouvement, illuminée par la lumière de la lune, la jeune fille restait toujours étendue au pied de l'image de la Mère de Jésus.

Peu à peu la maison redevint silencieuse et rentra dans l'ombre; la tante Isabel vint encore une fois frapper à la porte.

—Allons, elle s'est endormie! dit la vieille femme à haute voix; à son âge, sans rien qui la tourmente, elle dort comme un cadavre!

Quand tout fut silencieux, Maria Clara se releva lentement, jeta un regard autour d'elle, vit la terrasse, les petites treilles baignées de blanches lumières.

—Un tranquille avenir! Dormir comme un cadavre! murmura-t-elle à voix basse, et elle se dirigea vers la terrasse.

La ville reposait muette; seul, de temps à autre s'entendait le bruit d'une voiture traversant, sur le pont de bois, le rio dont les eaux solitaires reflétaient tranquilles le mélancolique astre des nuits.

La jeune fille leva les yeux vers ce ciel d'une limpidité de saphir; lentement elle retira ses bagues, ses boucles d'oreilles, ses aiguilles à cheveux et son peigne, les plaçant sur la balustrade de la terrasse, puis elle regarda vers la rivière.

Une barque, chargée de zacate, s'arrêta au pied de l'embarcadère que chaque maison possède sur les rives du rio. Un des deux hommes qui la montaient gravit les marches de pierre, sauta le mur et, quelques secondes après, elle entendait ses pas dans l'escalier conduisant à la terrasse.

Maria Clara le vit s'arrêter lorsqu'il l'aperçut, puis reprendre lentement sa marche vers elle et, à trois pas, de nouveau s'arrêter. Elle recula.

—Crisóstomo! murmura-t-elle, terrifiée.

—Oui, je suis Crisóstomo! reprit le jeune homme d'une voix grave. Un ennemi, un homme qui a de graves raispns pour me haïr, Elias, m'a tiré de la prison où m'avaient jeté mes amis.

Un triste silence suivit ces paroles; Maria Clara inclina la tête.

Ibarra continua:

—Près du cadavre de ma mère j'ai juré de te faire heureuse, quelle que dût être ma destinée! Tu as pu manquer à ton serment, elle n'était pas ta mère; mais moi, moi qui suis son fils, je tiens sa mémoire pour sacrée, et au travers de mille périls, je suis venu ici pour accomplir le mien; le hasard permet que je te parle à toi-même Maria, nous ne nous reverrons plus; tu es jeune, peut-être quelque jour ta conscience te reprochera... je viens te dire, avant de disparaître, que je te pardonne. Maintenant, sois heureuse et adieu!

Il allait s'éloigner; elle le retint.

—Crisóstomo! dit-elle; Dieu t'a envoyé pour me sauver du désespoir... Écoute et juge-moi!

Ibarra voulut doucement se dégager d'elle.

—Je ne suis pas venu pour te demander de comptes... je suis venu pour te rendre la tranquillité.

—Je ne veux pas de cette tranquillité que tu me donnes; la tranquillité je me la donnerai moi-même. Tu me méprises, et ton mépris me rendra amère la mort elle-même!

Il vit le désespoir de la pauvre jeune fille et lui demanda ce qu'elle désirait:

—Que tu croies que je t'ai toujours aimé.

Il eut un amer sourire!

—Ah! tu doutes de moi, tu doutes de l'amie de ton enfance qui jamais ne t'a caché une seule de ses pensées! s'écria-t-elle. Je te comprends! Quand tu sauras mon histoire, la triste histoire que l'on m'a révélée pendant ma maladie, tu me plaindras et tu n'auras plus ce sourire pour répondre à ma douleur. Pourquoi ne m'as-tu pas laissée mourir dans les mains de mon ignorant médecin? Toi et moi, nous aurions été plus heureux!

Elle se reposa un moment, puis continua.

—Tu l'as voulu, tu as douté de moi, que ma mère me pardonne! Dans une de mes douloureuses nuits de souffrances, un homme me révéla le nom de mon véritable père et me défendit de t'aimer... S'il n'avait pas été mon père lui-même, il t'aurait pardonné l'injure que tu lui avais faite.

Ibarra recula et terrifié regarda la jeune fille.

—Oui, continua-t-elle; cet homme m'a dit qu'il ne pouvait permettre notre union, car sa conscience le lui interdisait; qu'il se verrait obligé de publier la vérité, au risque de causer un grand scandale, parce que mon père est...

Et à voix basse elle murmura un nom à l'oreille du jeune homme.

—Que faire? Devais-je sacrifier à mon amour la mémoire de ma mère, l'honneur de celui que l'on supposait être mon père et le bon renom de celui qui l'était? Aurais-je pu le faire sans soulever ton propre mépris?

—Mais, des preuves, tu as eu des preuves? Il te fallait des preuves! s'écria Crisóstomo bouleversé.

La jeune fille tira de son sein deux papiers.

—Deux lettres de ma mère, deux lettres dictées par ses remords quand elle me portait dans ses entrailles. Prends, lis-les, tu verras comme elle me maudit, comme elle désire ma mort... ma mort, que mon père s'efforça d'obtenir à l'aide de médicaments! Ces lettres, il les a oubliées dans la maison où il habitait autrefois, l'homme les a trouvées et conservées, et elles ne m'ont été livrées qu'en échange de ta lettre... pour s'assurer, disait-il, que je ne me marierais pas avec toi sans le consentement de mon père. Depuis que je les porte sur moi, à la place de la tienne, je sens le froid sur mon cœur. Je t'ai sacrifié, j'ai sacrifié mon amour... Que ne fait-on pas pour une mère morte et pour deux pères vivants? Pouvais-je prévoir l'usage que l'on allait faire de ta lettre?

Ibarra était atterré, Maria Clara poursuivit:

—Que me restait-il à faire? pouvais-je, par hasard, te dire qui était mon père, pouvais-je te dire de lui demander pardon, à lui qui a tant fait souffrir le tien? pouvais-je le dire à mon père qui, peut-être, t'aurait pardonné, pouvais-je lui dire que j'étais sa fille, à lui qui avait tant souhaité ma mort? Il ne me restait qu'à souffrir, à garder en moi mon secret, et à mourir en souffrant!... Maintenant, mon ami, maintenant que tu connais la triste histoire de ta pauvre Maria, auras-tu encore pour elle ce dédaigneux sourire!

—Maria, tu es une sainte!

—Je suis heureuse puisque tu crois en moi...

—Cependant, ajouta le jeune homme en changeant de ton, j'ai entendu dire que tu te mariais...

—Oui, sanglota la pauvre fille, mon père exige ce sacrifice... il m'a aimée et nourrie et ce n'était pas son devoir, je lui paye cette dette de gratitude en lui assurant la paix au moyen de cette nouvelle parenté, mais...

—Mais?

—Je n'oublierai pas les serments de fidélité que je t'ai jurés.

—Que médites-tu? demanda Ibarra en essayant de lire dans ses yeux.

—L'avenir est obscur et le destin est environné d'ombres; je ne sais ce que je dois faire; mais sache bien que je ne puis aimer qu'une fois et que, sans amour, je ne serai jamais à personne. Et toi? que vas-tu devenir?

—Je ne suis plus qu'un fugitif... je fuis, D'ici peu on découvrira ma fuite, Maria...

Maria prit dans ses mains la tête du jeune homme, l'embrassa plusieurs fois sur les lèvres, le serra dans ses bras, puis le repoussant brusquement:

—Fuis, fuis! lui dit-elle; fuis, adieu!

Ibarra, les yeux brillants, la regarda, mais elle fit un signe et il s'éloigna, vacillant, comme un homme ivre...

Il sauta de nouveau le mur et reprit sa place dans la barque.

Accoudée sur l'appui de la terrasse, Maria Clara le regardait s'éloigner.

Elias se découvrit et la salua profondément.

---

1 Crois-moi, cousin... ce qui arrive, arrive. Rendons grâces à Dieu de ce que tu n'es pas aux Iles Mariannes, à semer des camotes.—N. de l'Ed. esp.

Camotes, genre de la batata de Malaga, patates douces, tubercules de *Convolvulus Batatas, P. Bl.*—N. des T.

2 Espagnol prononcé à la chinoise: *No sea Usted tonto, es la Virgen de Antipolo! Esa puede mas que todo; no sea Usted tonto.* Ne soyez pas bête; c'est la Vierge d'Antipolo! Celle-là a plus de pouvoir que tous; ne soyez pas bête.—N. des T.

3 *Si no es hombre y no se muere, será una buena mujer.* Si ce n'est pas un homme et s'il ne meurt pas, ce sera une bonne femme.—N. de l'Ed. esp.

4 Saint Jacques protège l'Espagne! Cri de guerre semblable au *Montjoye Saint-Denis!* des chevaliers français.—N. des T.

LXI

La chasse sur le lac

—Écoutez, señor, le plan que j'ai conçu, dit Elias pensif tandis qu'ils se dirigeaient vers San Gabriel. Je vais maintenant vous cacher chez un ami que j'ai à Mandaluyong; je vous apporterai tout votre argent que j'ai sauvé et caché au pied du balitî, dans la tombe mystérieuse de votre aïeul; vous quitterez le pays...

—Pour aller à l'étranger? interrompit Ibarra.

—Pour vivre en paix les années qui vous restent à vivre. Vous avez des amis en Espagne, vous êtes riche, vous pourrez vous faire amnistier. De toutes façons l'étranger pour nous est une patrie meilleure que la vraie.

Crisóstomo ne répondit pas; il réfléchissait en silence.

Ils arrivaient au Pasig et la barque commença à remonter le courant. Sur le pont d'Espagne un cavalier hâtait sa course, un sifflement aigu et prolongé se fit entendre.

—Elias, reprit Ibarra, vous devez votre malheur à ma famille, vous m'avez sauvé deux fois la vie et je vous dois non seulement ma gratitude mais aussi la restitution de votre fortune. Vous me conseillez de partir à l'étranger, eh bien! venez avec moi, et vivons comme deux frères. Vous aussi êtes malheureux en ce pays.

Elias hocha tristement la tête et répondit:

—Impossible! Il est vrai que je ne puis ni aimer ni être heureux dans mon pays, mais je puis y vivre et y mourir, et peut-être même mourir pour lui; c'est toujours quelque chose. Que le malheur de ma patrie soit mon propre malheur et, puisqu'une noble pensée ne nous unit pas, puisque nos cœurs ne battent pas pour un seul nom, au moins qu'une commune souffrance m'unisse à mes compatriotes, au moins que je pleure avec eux nos douleurs et qu'une même infortune oppresse tous nos cœurs!

—Alors, pourquoi me conseillez-vous de partir?

—Parce qu'ailleurs vous pourrez être heureux, moi non; parce que vous n'êtes pas fait pour souffrir, parce qu'un jour vous détesterez votre pays si vous vous voyez malheureux par sa faute: et détester son pays est la plus grande des infortunes.

—Vous êtes injuste envers moi! s'écria amèrement Ibarra; vous oubliez que, à peine arrivé ici, je me suis consacré à rechercher son bien...

—Ne vous fâchez pas, señor, je ne vous ai fait aucun reproche. Puissent tous vous imiter! Mais je ne vous demande pas l'impossible; ne vous offensez pas si je vous dis que votre cœur vous trompe. Vous aimiez votre patrie parce que votre père vous l'avait enseigné, vous l'aimiez parce que vous y aviez amour, fortune, jeunesse, parce tout vous y souriait, qu'elle ne vous avait fait aucune injustice; vous l'aimiez comme nous aimons tout ce qui nous rend heureux. Mais le jour où vous vous verrez pauvre, affamé, poursuivi, dénoncé et vendu par vos compatriotes eux-mêmes, ce jour-là vous renierez tout, vous, votre pays et eux.

—Vos paroles me peinent! dit Ibarra avec colère.

Elias baissa la tête, médita et répondit:

—Je veux vous détromper, señor, et vous éviter un triste avenir.

Souvenez-vous de cette nuit où je vous parlais dans cette même barque, à la lueur de cette même lune; il y a un mois, à quelques jours près; alors vous étiez heureux. La supplication de ceux qui ne l'étaient pas n'arrivait pas jusqu'à vous; vous dédaigniez leurs plaintes parce que c'étaient des plaintes de criminels; vous écoutiez plutôt leurs ennemis et, malgré mes raisons et nos prières, vous vous mettiez du côté de leurs oppresseurs, et de vous dépendait alors que je devinsse criminel ou que je me laissasse tuer pour accomplir une parole sacrée. Dieu ne l'a pas permis, l'ancien chef des malfaiteurs est mort... Un mois s'est passé et maintenant vous ne pensez plus ce que vous pensiez alors.

—Vous avez raison, Elias, mais l'homme est un animal qui varie selon les circonstances; alors j'étais aveuglé, contrarié, que sais-je? Maintenant les revers ont arraché le bandeau de mes yeux; la misère et la solitude de ma prison m'ont instruit; je vois aujourd'hui l'horrible cancer qui ronge cette société; qui s'accroche à ses chairs et qui doit être violemment extirpé. Ils m'ont ouvert les yeux, m'ont fait voir la plaie et me forcent à être criminel. Et puisqu'ils l'ont voulu, je serai flibustier, mais flibustier véritable; j'appellerai tous les malheureux, tous ceux qui dans leur poitrine sentent battre un cœur, tous ceux qui m'enviaient moi-même... non, je ne serai pas criminel, il ne l'est jamais celui qui lutte pour sa patrie, au contraire! Pendant trois siècles, nous leur avons tendu la main, nous leur avons demandé leur amour, nous brûlions du désir de les appeler nos frères! comment nous ont-ils répondu? Par l'insulte et la moquerie, en nous déniant même la qualité d'êtres humains. Il n'y a pas de Dieu, il n'y a pas d'espérances, il n'y a pas d'humanité; il n'y a rien que le droit de la force!

Ibarra était nerveux, tout son corps tremblait.

Ils passèrent devant le palais du général et crurent remarquer une certaine agitation parmi les gardes.

—On aura découvert l'évasion? murmura Elias. Couchez-vous, señor, que je vous couvre avec le zacate, car nous passerons à côté de la poudrière et la sentinelle peut s'étonner que nous soyons deux.

La barque était une de ces fines et étroites pirogues qui ne voguent pas, qui volent à la surface de l'eau.

Comme Elias l'avait prévu, la sentinelle l'arrêta et lui demanda d'où il venait.

—De Manille, porter du zacate aux oidores1 et aux curés, répondit-il en imitant l'accent de ceux de Pandakan.

Un sergent sortit et s'informa de ce qui se passait.

—Sulung! dit-il à Elias, je t'avertis de ne recevoir personne dans ta barque; un prisonnier vient de s'échapper. Si tu l'arrêtes et que tu me le ramènes, je te donnerai une bonne récompense.

—C'est bien, señor, quel est son signalement?

—Il porte une lévite et parle espagnol; ainsi, attention!

La barque s'éloigna. Elias se retourna et vit la silhouette de la sentinelle, debout près de la rive.

—Nous perdrons quelques minutes, dit-il à voix basse; nous devons entrer dans le rio Beata pour faire croire que je suis de Peña Francia. Vous verrez le rio qu'a chanté Francisco Baltazar.

Le pueblo dormait sous la lumière de la lune. Crisóstomo se leva pour admirer la paix sépulcrale de la Nature. Le rio était étroit et ses rives formaient une plaine semée de zacate.

Elias jeta sa charge sur le rivage, cueillit un long roseau et tira de dessous l'herbe où ils étaient cachés quelques-uns de ces sacs en feuille de palmier que l'on appelle *bayones*. Puis ils continuèrent à naviguer.

—Vous êtes maître de votre volonté, señor, et de votre avenir, dit le pilote à Crisóstomo qui restait silencieux. Mais, si vous me permettez une observation, je vous dirai: Regardez bien ce que vous allez faire: vous allez allumer la guerre, car vous avez de l'argent, de l'intelligence et vous trouverez promptement des bras, les mécontents sont si nombreux! Mais, dans cette lutte que vous entreprendrez, qui souffrira le plus, sinon les innocents, les désarmés? Les mêmes sentiments qui, il y a un mois, me poussaient à m'adresser à vous, à vous demander de nous aider à obtenir des réformes, me font maintenant vous demander de réfléchir. Le pays, señor, ne pense pas à se séparer de la Mère Patrie; il ne demande qu'un peu de liberté, de justice et d'amour. Les mécontents, les désespérés, les criminels vous seconderont, mais le peuple s'abstiendra. Vous vous trompez si, voyant tout en noir, vous croyez que le pays est désespéré. Le pays souffre, oui, mais il espère encore, il croit, il ne se lèvera que lorsqu'il aura perdu patience, c'est-à-dire quand le voudront ceux qui le gouvernent: nous n'en sommes pas là. Moi-même, je ne vous suivrai pas; je ne recourrai jamais à ces moyens extrêmes tant que je verrai dans les hommes une espérance possible.

—Alors, je marcherai sans vous! répondit Crisóstomo résolu.

—C'est votre ferme décision?

—Ferme et unique, j'en atteste la mémoire de mon père! Je ne me laisserai pas impunément arracher la paix et le bonheur, moi qui ne désirais que le bien, moi qui ai tout accepté et tout souffert par respect pour une religion hypocrite, par amour pour ma patrie. Comment m'a-t-on répondu? En m'enfouissant dans un cachot infâme, en prostituant ma fiancée! Non, ne pas me venger serait un crime, ce serait les encourager à de nouvelles injustices! Non, ce serait lâcheté, puérilité de gémir et de pleurer quand il y a du sang et de la vie, quand le mépris s'unit à l'insulte et au défi! J'appellerai ce peuple ignorant, je lui ferai voir sa misère, je lui montrerai qu'on ne le traite pas fraternellement; il n'y a que les loups qui se dévorent, et je leur dirai que, contre cette oppression, se lève et proteste le droit éternel de l'homme à conquérir sa liberté.

—Le peuple innocent souffrira!

—Tant mieux! Pouvez-vous me conduire jusqu'à la montagne?

—Jusqu'à ce que vous soyez en sûreté! répondit Elias.

De nouveau ils voguèrent sur le Pasig. De temps à autre, ils causaient de choses indifférentes.

—Santa Ana! murmura Ibarra, connaîtriez-vous cette maison?

Ils passaient devant la maison de campagne des jésuites.

—J'y ai passé nombre de jours heureux et joyeux! soupira Elias. Dans mon enfance, nous y venions chaque mois... alors j'étais comme les autres: j'avais de la fortune, de la famille, je rêvais, j'entrevoyais un avenir. J'allais voir ma sœur dans un collège voisin; elle me donnait quelque travail de ses mains... une amie l'accompagnait, une belle jeune fille. Tout cela est passé comme un songe.

Ils restèrent silencieux jusqu'à ce qu'ils furent arrivés au poste de Malapad-na-batô2. Ceux qui parfois ont sillonné le Pasig par quelqu'une de ces nuits magiques des Philippines, quand de l'azur limpide la lune verse sa mélancolique poésie, quand les ombres cachent la misère des hommes et que le silence éteint les accents mesquins de leur voix, quand la Nature seule parle, ceux-là comprendront les méditations des deux jeunes gens.

A Malapad-na-batô le carabinier avait sommeil et, voyant que la barque était vide et n'offrait aucun butin à prendre, selon la traditionnelle coutume de son corps et l'usage de ce poste, il la laissa passer facilement.

Le garde civil de Pasig ne suspectait rien non plus et ne leur dit rien.

L'aurore commençait à poindre lorsqu'ils arrivèrent au lac, calme et tranquille comme un gigantesque miroir. La lune pâlissait, l'Orient se teignait de teintes rosées. A quelque distance, ils distinguèrent une masse grise qui s'avançait peu à peu.

—C'est la falúa, murmura Elias; elle vient; couchez-vous et je vous couvrirai de ces sacs.

Les formes de l'embarcation se faisaient plus claires et plus perceptibles.

—Elle se place entre le rivage et nous, observa Elias inquiet.

Et peu à peu il changea la direction de sa barque, ramant vers Binangonan. A sa grande stupeur, il nota que la falúa changeait aussi de direction, tandis qu'une voix l'appelait.

Elias s'arrêta et réfléchit. La rive était encore loin; avant peu ils seraient à portée des fusils de la falúa. Il pensa retourner vers le Pasig: sa barque était plus rapide que l'autre. Mais fatalité! une autre barque venait du Pasig, on y voyait briller les casques et les baïonnettes des gardes civils.

—Nous sommes pris! murmura-t-il en pâlissant.

Il regarda ses bras robustes et, prenant l'unique résolution possible, il commença à ramer de toutes ses forces vers l'île de Talim. Le soleil commençait à se montrer.

La barque glissait rapidement sur les eaux; sur la falúa qui virait de bord, Elias vit quelques hommes debout, faisant des signes.

—Savez-vous guider une barque? demanda-t-il à Ibarra.

—Oui, pourquoi?

—Parce que nous sommes perdus si je ne saute pas à l'eau pour leur faire perdre la piste. Ils me poursuivront, je nage et je plonge très bien... je les éloignerai de vous, et vous tâcherez de vous sauver.

—Non, restons et vendons chèrement nos vies!

—Inutile, nous n'avons pas d'armes et, avec leurs fusils, ils nous tueraient comme des oiseaux.

Au même moment, on entendit un *chiss* dans l'eau, produit par la chute d'un corps brûlant, immédiatement suivi d'une détonation.

—Voyez-vous? dit Elias en posant la rame dans la barque! Nous nous verrons à la *Nochebuena*3 à la tombe de votre grand-père. Sauvez-vous!

—Et vous?

—Dieu m'a tiré de plus grands périls.

Elias ôta sa chemise; une balle l'arracha de ses mains, et deux détonations se firent entendre. Sans se troubler, il serra la main d'Ibarra, toujours étendu dans le fond de la barque, puis se leva et sauta à l'eau repoussant du pied la petite embarcation.

On entendit divers cris; promptement, à quelque distance, apparut la tête du jeune homme, revenant à la surface pour respirer, puis se cachant immédiatement.

—Là-bas, il est là-bas! crièrent diverses voix, et les balles sifflèrent de nouveau.

La falúa et la barque se mirent à la poursuite du nageur: un léger sillage signalait son passage, s'éloignant de plus en plus de la barque d'Ibarra qui voguait comme abandonnée. Chaque fois qu'Elias montrait la tête pour respirer, les gardes civils et les hommes de la falúa tiraient sur lui.

La chasse continuait; la barquette d'Ibarra était déjà loin. Elias s'approchait du rivage, dont il n'était plus éloigné que d'environ cinquante brasses. Les rameurs étaient déjà las, mais Elias l'était aussi, car il sortait continuellement la tête de l'eau et toujours dans une direction distincte, comme pour déconcerter les poursuivants. Déjà le sillage perfide ne révélait plus la trace du plongeur. Pour la dernière fois on le vit à une dizaine de brasses de la rive, les soldats firent feu... des minutes et des minutes se passèrent, rien n'apparut plus sur la surface tranquille et déserte du lac.

Une demi-heure après, un des rameurs prétendait avoir découvert, près de la rive, des traces de sang, mais ses camarades secouaient la tête d'un air de doute.

---

1 Auditeur, juge d'un tribunal, magistrat.—N. des T.

2 Ce mot en tagal signifie: pierre large. Il désigne une roche escarpée qui domine le fleuve. En face est établi un poste de carabiniers dont la fonction est de surveiller les marchandises apportées à Manille par le Pasig.—N. des T.

3 La bonne nuit, la nuit de Noël.—N. des T.

LXII

Le P. Dámaso s'explique

En vain les précieux cadeaux de noce s'amoncelaient sur une table; ni les brillants dans leurs écrins de velours, ni les broderies de piña, ni les coupons de soie n'attiraient les regards de Maria Clara. La jeune fille regardait, sans voir ou sans lire, le journal qui relatait la mort d'Ibarra, noyé dans le lac.

Tout à coup elle sentit que deux mains se posaient sur ses yeux, lui tenant la tête, tandis qu'une voix joyeuse, celle du P. Dámaso, lui disait:

—Qui est-ce? qui est-ce?

Maria Clara sauta sur sa chaise et le regarda avec terreur.

—Petite folle, tu as eu peur, eh? tu ne m'attendais pas, eh? Eh bien, je suis venu de province pour assister à ton mariage.

Et, s'approchant avec un sourire de satisfaction, il lui tendit la main pour qu'elle la baisât. Elle la prit, tremblante, et la porta avec respect à ses lèvres.

—Qu'as-tu, Maria? demanda le franciscain, perdant son gai sourire et sentant l'inquiétude le gagner; ta main est froide, tu pâlis... es-tu malade, fillette?

Et le P. Dámaso l'attira à lui avec une tendresse dont on ne l'aurait pas cru capable, puis, prenant les deux mains de la jeune fille, il l'interrogea du regard.

—N'as-tu pas confiance en ton parrain? demanda-t-il d'un tonde reproche; allons, assieds-toi ici et raconte-moi tes petits chagrins, comme tu le faisais étant enfant, quand tu voulais des cierges pour faire des poupées de cire. Tu sais que je t'ai toujours aimée... jamais je ne t'ai grondée...

La voix du P. Dámaso n'avait plus son ordinaire brusquerie, les modulations en devenaient caressantes. Maria Clara se mit à pleurer.

—Tu pleures? ma fille, pourquoi pleures-tu? Tu t'es disputée avec Linares?

Maria Clara mit les mains sur les yeux.

—Non, ce n'est pas de lui... maintenant! cria la jeune fille.

Le P. Dámaso la regarda effrayé.

—Tu ne veux pas me confier tes secrets? Ne me suis-je pas efforcé de toujours satisfaire tes plus petits caprices?

La jeune fille leva vers lui ses yeux pleins de larmes, le regarda un moment, puis sanglota de nouveau amèrement.

—Ne pleure pas ainsi, ma fille, tes larmes me peinent. Raconte-moi tes chagrins; tu verras comme ton parrain t'aime!

Maria Clara s'approcha lentement de lui, tomba à genoux à ses pieds et, levant son visage baigné de larmes, lui dit d'une voix basse, à peine perceptible.

—M'aimez-vous encore?

—Enfant!

—Alors... protégez mon père et faites qu'il rompe mon mariage!

Et la jeune fille lui raconta sa dernière entrevue avec Ibarra, tout en se taisant sur le secret de sa naissance.

Le P. Dámaso pouvait à peine croire ce qu'il entendait.

—Tant qu'il vivait, continua-t-elle, je pouvais lutter, j'espérais, j'avais confiance! Je voulais vivre pour entendre parler de lui... mais maintenant qu'on l'a tué, je n'ai plus de motifs pour vivre ni pour souffrir.

Elle avait parlé lentement, à voix basse, avec calme, sans pleurer.

—Mais, sotte, Linares ne vaut-il pas mille fois mieux que...?

—Quand il vivait, je pouvais me marier... je pensais m'enfuir après... mon père ne voulant que la parenté! Maintenant qu'il est mort, nul autre ne m'appellera son épouse... Quand il vivait, je pouvais m'avilir, il me restait cette consolation de savoir qu'il existait et que peut-être il pensait à moi; maintenant qu'il est mort... le couvent ou la tombe!

L'accent de la jeune fille avait une telle fermeté que le P. Dámaso réfléchit.

—Tu l'aimais donc tant? demanda-t-il en balbutiant.

Maria Clara ne répondit pas. Fr. Dámaso inclina la tête sur sa poitrine et resta silencieux.

—Ma fille! s'écria-t-il enfin d'une voix comme brisée; pardonne-moi de t'avoir faite malheureuse sans le savoir! Je pensais à ton avenir, je voulais ton bonheur! Comment pouvais-je permettre ton mariage avec un homme du pays, pour te voir ensuite épouse malheureuse et mère infortunée? Je ne pouvais ôter de ta tête cet amour et je m'y suis opposé de toutes mes forces; j'ai usé de tous les moyens, pour toi, seulement pour toi. Si tu avais été sa femme, tu aurais pleuré ensuite, à cause de la situation de ton mari, exposé sans défense à toutes les vexations; mère, tu aurais pleuré sur le sort de tes enfants. Les aurais-tu instruits? tu leur préparais un triste avenir, ils devenaient ennemis de la Religion, la potence ou l'exil les auraient attendus. Les aurais-tu laissés dans l'ignorance? c'eût été pour les voir tyrannisés et dégradés. Je n'y pouvais consentir! C'est pour cela que je t'ai cherché un mari qui pût te rendre la mère heureuse d'enfants qui commandassent et n'obéissent pas, qui châtiassent et ne souffrissent pas... Je savais que ton ami d'enfance était bon, je l'aimais comme j'avais aimé son père, mais je les ai haïs tous deux dès que j'ai vu qu'ils allaient causer ton malheur, parce que je t'aime comme on aime une fille, parce que je t'idolâtre... Je n'ai d'autre amour que le tien, je t'ai vue grandir, il n'est pas une heure où je ne pense à toi, je rêve de toi, tu es mon unique joie...

Et le P. Dámaso se mit à pleurer comme un enfant.

—Eh bien, si vous m'aimez, ne me faites pas éternellement malheureuse; il est mort, je veux être religieuse!

Le vieillard appuya son front sur sa main.

—Religieuse! religieuse! répéta-t-il. Tu ne connais pas, ma fille, la vie, le mystère, tout ce qui se cache derrière les murs du couvent, tu ne le sais pas! Je préfère mille fois te voir malheureuse dans le monde qu'au cloître... Ici tes plaintes peuvent s'entendre, là tu n'auras que les murs... Tu es belle, très belle, tu n'es pas née pour cela, pour être épouse du Christ! Crois-moi, ma fille, le temps efface tout; plus tard, tu l'oublieras, tu aimeras, tu aimeras ton mari... Linares.

—Ou le couvent ou... la mort! répéta Maria Clara.

—Le couvent! le couvent ou la mort! s'écria le P. Dámaso. Maria, je suis vieux, je ne pourrai veiller bien longtemps sur toi, sur ta tranquillité... Choisis autre chose, cherche un autre amour, un autre jeune homme, celui que tu voudras, tout, mais pas le couvent.

—Le couvent ou la mort!

—Mon Dieu, mon Dieu! s'écria le prêtre, se couvrant la figure de ses mains; tu me châties, soit! mais veille sur ma fille!...

Et revenant à Maria Clara.

—Tu veux être religieuse? tu le seras, je ne veux pas que tu meures.

Maria Clara lui prit les deux mains, les serra, les embrassa en s'agenouillant.

—Parrain, mon parrain! répétait-elle.

Fr. Dámaso sortit ensuite, triste, tête basse et soupirant.

—Dieu, Dieu, tu existes puisque tu châties! Mais venge-toi sur moi et ne frappe pas l'innocente, sauve ma fille!

LXIII

La «Nochebuena»

Là-haut, sur le versant de la montagne d'où jaillit un torrent, se cache entre les arbres une cabane, construite sur des troncs tordus. Sur son toit de kogon1, grimpent les rameaux, chargés de fruits et de fleurs, de la calebasse; des cornes de cerf, des têtes de sanglier, quelques-unes portant de longues défenses, ornent le rustique foyer. C'est la demeure d'une famille tagale, vivant de la chasse et de la coupe des bois.

A l'ombre d'un arbre, l'aïeul fait des balais avec les nervures des palmes, tandis qu'une jeune fille place dans un panier des œufs, des citrons et des légumes. Deux enfants, un garçon et une fille, jouent à côté d'un autre pâle, mélancolique, aux grands yeux et au profond regard, assis sur un tronc renversé. A sa mine amaigrie nous reconnaîtrons le fils de Sisa, Basilio, le frère de Crispin.

—Quand ton pied sera guéri, lui disait la fillette, nous jouerons *pico-pico* avec cachette, je serai la mère.

—Tu monteras avec nous à la cime du mont, ajoutait le petit garçon, tu boiras du sang de cerf avec du jus de citron et tu engraisseras; alors je te montrerai à sauter de rocher en rocher par dessus le torrent.

Basilio souriait avec tristesse, examinait la plaie de son pied et regardait ensuite le soleil qui brillait splendide.

—Vends ces balais, dit l'aïeul à la jeune fille et achète quelque chose pour tes frères, c'est aujourd'hui Noël.

—Des pétards, je veux des pétards, cria le petit.

—Moi, une tête pour ma poupée! clama la petite.

—Et toi, que veux-tu? demanda le vieillard à Basilio.

Celui-ci se leva avec peine et s'approchant du grand-père:

—Señor, lui dit-il. J'ai donc été malade plus d'un mois?

—Depuis que nous t'avons trouvé évanoui et couvert de blessures, deux lunes se sont passées, nous croyions que tu allais mourir...

—Dieu vous récompense; nous sommes très pauvres, reprit Basilio, mais, puisque c'est aujourd'hui Noël, je veux m'en aller au pueblo voir ma mère et mon petit frère; ils m'auront cherché.

—Mais, fils, tu n'es pas encore bien et ton pueblo est loin; tu n'y seras pas arrivé à minuit.

—N'importe, señor! Ma mère et mon petit frère doivent être bien tristes; tous les ans nous passions ensemble cette fête... l'an dernier nous avons mangé un poisson à nous trois... ma mère aura pleuré en me cherchant.

—Tu n'arriveras pas vivant au pueblo, garçon! Ce soir nous avons de la poule et un morceau de sanglier. Mes fils te chercheront quand ils reviendront des champs.

—Vous avez beaucoup d'enfants et ma mère n'a que nous deux; peut-être me croit-elle déjà mort! Ce soir, je veux lui faire une joie, lui donner ses étrennes... un fils!

Le vieillard sentit s'humecter ses yeux; il mit la main sur la tête de l'enfant et, tout ému, lui dit:

—Tu es sage comme un vieillard! Va, cherche ta mère, donne-lui les étrennes... de Dieu, comme tu dis; si j'avais su le nom de ton pueblo, j'y serais allé quand tu étais malade. Va, mon fils, que Dieu et le Señor Jésus t'accompagnent. Lucia, ma petite-fille, ira avec toi jusqu'au prochain pueblo.

—Comment? tu t'en vas? lui demanda le garçon. Là-bas, en bas, il y a des soldats, il y a beaucoup de voleurs? Tu ne veux pas voir mes pétards? Pum purumpum!

—Tu ne veux pas jouer à la poule aveugle avec cachette? demandait la petite fille; t'es-tu caché quelquefois? Vrai, rien n'est plus amusant que d'être poursuivi et de se cacher?

Basile sourit, il prit son bâton, et, les yeux baignés de larmes:

—Je reviendrai bientôt, dit-il, j'amènerai mon petit frère, vous le verrez et vous jouerez avec lui; il est aussi grand que toi.

—Marche-t-il aussi en boitant? demanda la petite fille, alors nous en ferons la mère au pico-pico.

—Ne nous oublie pas, lui dit le vieillard; emporte cette tranche de sanglier et donne-la à ta mère.

Les enfants l'accompagnèrent jusqu'au pont de bambous, jeté sur le cours rapide et troublé du torrent.

Lucia le fit s'appuyer sur son bras et, bientôt, les enfants les perdirent tous deux de vue.

Basilio marchait légèrement malgré le bandage qui lui serrait la jambe.

Le vent du nord siffle et les habitants de San Diego tremblent de froid.

C'est la *Nochebuena*, et cependant le pueblo est triste. Pas une lanterne de papier pendue aux fenêtres, aucun bruit dans les maisons n'annonce la réjouissance comme les autres années.

A l'entresol de la maison de Capitan Basilio, près d'une grille, conversent le maître de la maison et D. Filipo—le malheur de ce dernier les avait fait amis,—tandis que par l'autre Sinang, sa cousine Victoria et la belle Iday regardent vers la rue.

La lune décroissante, commence à briller à l'horizon et argente les nuages, les arbres, les maisons, projetant de longues et fantastiques ombres.

—C'est une chance rare que la vôtre, sortir absous en ce moment! disait Capitan Basilio à D. Filipo; on vous a brûlé vos livres, c'est vrai, mais d'autres ont perdu plus.

Une femme s'approcha de la grille et regarda vers l'intérieur. Ses yeux étaient brillants, sa figure creuse, sa chevelure dénouée et éparse; la lune lui donnait un aspect singulier.

—Sisa! s'écria surpris D. Filipo et se retournant vers Capitan Basilio, tandis que la folle s'éloignait.

—N'était-elle pas chez un médecin? demanda-t-il, on l'a déjà guérie?

Capitan Basilio sourit amèrement.

—Le médecin a eu peur d'être accusé comme ami de D. Crisóstomo et il l'a chassée. Maintenant elle erre comme autrefois, toujours aussi folle; elle chante, est inoffensive et vit dans le bois...

—Quels autres changements se sont encore produits dans le pueblo depuis que nous l'avons quitté? Je sais que nous avons un nouveau curé et un nouvel alférez...

—Terribles temps, l'Humanité recule! murmura Capitan Basilio en songeant au passé. Voyez, le lendemain de votre départ, le sacristain principal fut trouvé mort, pendu dans le grenier de sa maison. Le P. Salvi fut vivement touché par cette mort et s'empara de tous les papiers du défunt. Ah! le philosophe Tasio est mort aussi, on l'a enterré dans le cimetière des Chinois.

—Pauvre D. Anastasio! soupira D. Filipo, et ses livres?

—Les dévots, croyant être agréables à Dieu, les ont brûlés. Rien n'a pu être sauvé, pas même les œuvres de Cicéron... le gobernadorcillo n'a rien fait pour empêcher quoi que ce soit.

Tous deux gardèrent le silence.

En ce moment on entendait le triste et mélancolique chant de la folle.

—Sais-tu quand Maria Clara se marie? demandait Iday à Sinang.

—Je ne le sais pas, répondit celle-ci; j'ai reçu une lettre d'elle, mais je ne l'ouvre pas par crainte de le savoir. Pauvre Crisóstomo!

—On dit que si ce n'avait pas été à cause de Linares, Capitan Tiago était pendu; que devait faire Maria Clara? observa Victoria.

Un enfant passa en boitant; il courait vers la place d'où partait le chant de Sisa. C'était Basilio. L'enfant avait trouvé sa maison déserte et en ruines; après beaucoup de demandes il avait appris que sa mère était folle et vaguait par le pueblo; de Crispin on ne lui avait pas dit un mot.

Basilio essuya ses larmes, étouffa son chagrin et, sans se reposer, partit à la recherche de sa mère. Il arriva au pueblo, s'informa d'elle et bientôt le chant vint frapper ses oreilles. Le malheureux, malgré la faiblesse de ses jambes, voulut courir pour se jeter dans les bras de sa mère.

La folle quitta la place et arriva devant la maison du nouvel alférez. Maintenant comme autrefois une sentinelle est à la porte et une tête de femme se montre à la fenêtre; mais ce n'est plus la Méduse, c'est une jeune femme: alférez et mal partagé ne sont pas toujours synonymes.

Sisa commença à chanter devant la maison, regardant la lune qui régnait dans le ciel bleu entre des nuages d'or. Basilio voyait sa mère et n'osait pas s'en approcher; il espérait peut-être qu'elle quitterait cet endroit: il allait d'un côté à l'autre, mais évitant toujours de s'approcher du quartier.

La jeune femme qui était à la fenêtre écoutait attentive le chant de la folle; elle commanda à la sentinelle de la faire monter.

Sisa, à la vue du soldat qui s'approchait, à sa voix, terrifiée se mit à courir, et Dieu sait comment peut courir une folle. Basilio la vit s'enfuir et, craignant de la perdre, oubliant la douleur de ses pieds, il se jeta à sa poursuite.

—Regardez comme ce gamin poursuit la folle! s'écria indignée une servante qui se trouvait dans la rue!

Et voyant qu'il ne cessait pas sa course, elle prit une pierre et la lança contre lui en disant:

—Quel malheur que le chien soit attaché.

Basilio sentit un coup frapper sa tête, mais il continua à courir sans s'en occuper. Les chiens aboyaient, les oies criaient, quelques fenêtres s'ouvraient pour donner passage à la tête d'un curieux, d'autres se fermaient par crainte d'une nouvelle nuit de troubles.

Promptement, ils furent hors du pueblo. Sisa commença à modérer sa course; une grande distance la séparait de son poursuivant.

—Mère! lui cria-t-il quand il la distingua.

La folle entendit à peine la voix qu'elle reprit sa course.

—Mère! c'est moi! criait l'enfant désespéré.

La folle n'entendait pas, le pauvre petit la suivait haletant. Les champs cultivés étaient maintenant dépassés, déjà ils étaient sur la lisière du bois.

Basilio vit sa mère y entrer; il l'y suivit. Les buissons, les arbustes, les joncs épineux, les racines des arbres saillant hors de terre entravaient leur marche. L'enfant suivait la silhouette de sa mère, éclairée par instant des rayons de la lune, traversant les branchages touffus. C'était le bois mystérieux de la famille d'Ibarra.

Basilio plusieurs fois trébucha et tomba, mais il se relevait, insensible à la douleur; toute son âme se concentrait dans ses yeux qui ne perdaient pas de vue la figure chérie.

Ils passèrent le ruisseau qui murmurait doucement; les épines des roseaux, tombées sur le bord du rivage, s'enfonçaient dans ses pieds nus: il ne s'arrêtait pas pour les arracher.

A sa grande surprise, il vit que sa mère s'enfonçait dans les fourrés et entrait par la porte de bois fermant la tombe du vieil Espagnol au pied du balitî.

Il s'efforça de la suivre, mais la porte était fermée. De ses bras décharnés, de sa tête échevelée, Sisa défendait l'entrée, maintenant la porte fermée de toutes ses forces.

—Mère, c'est moi, c'est moi, c'est Basilio, votre fils! cria l'enfant exténué en se laissant tomber.

Mais la folle ne cédait pas; s'appuyant des pieds contre le sol, elle offrait une énergique résistance.

Basilio frappa la porte de son poing, de sa tête baignée de sang, pleura, tout fut vain. Se levant péniblement il regarda le mur, pensant à l'escalader, mais il ne trouva rien qui l'y aidât. Il en fit alors le tour et vit une branche du fatidique balitî se croisant avec une de celles d'un autre arbre. Il grimpa; son amour filial faisait des miracles, de branche en branche, il parvint au balitî, et vit sa mère soutenant encore avec sa tête les planches de la porte.

Le bruit qu'il faisait dans les branches appela l'attention de Sisa; elle se retourna, voulut fuir, mais son fils, se laissant tomber de l'arbre, la saisit dans ses bras, la couvrit de baisers, puis, épuisé, s'évanouit.

Sisa vit le front baigné de sang; elle s'inclina vers lui; ses yeux tendus à sortir de leurs orbites se fixèrent sur cette figure dont la mine pâlie secoua les cellules endormies de son cerveau; quelque chose comme une étincelle en jaillit, elle reconnut son fils, et, poussant un cri, tomba sur l'enfant évanoui, le pressant sur son cœur, l'embrassant et pleurant.

Mère et fils restèrent immobiles.

Quand Basilio revint à lui, il trouva sa mère sans connaissance. Il l'appela, lui prodigua les noms les plus tendres et, voyant qu'elle ne respirait pas, qu'elle ne se réveillait pas, il se leva, courut à l'arroyo chercher un peu d'eau dans un cornet de feuilles de platane et en arrosa le pâle visage de sa mère. Mais la folle ne fit pas le moindre mouvement, ses yeux restèrent fermés.

Epouvanté, Basilio la regarda; il appuya son oreille sur le cœur de sa mère, mais le sein amaigri et flétri de la pauvre femme était déjà froid, le cœur ne battait plus: il posa les lèvres sur ses lèvres et ne perçut aucun souffle. Le malheureux embrassa le cadavre et pleura amèrement.

Dans le ciel la lune brillait toujours majestueuse, la brise soufflait en soupirant dans les branches et, dans l'herbe, les grillons fredonnaient.

La nuit de lumière et de joie pour tant d'enfants qui, au foyer bien chaud de la famille, célèbrent la fête des plus doux souvenirs, la fête qui rappelle le premier regard d'amour que le ciel envoya à la terre, cette nuit où toutes les familles chrétiennes mangent, boivent, dansent, chantent, rient, jouent, aiment, s'embrassent... cette nuit qui, dans les pays froids, est magique pour l'enfance avec son traditionnel sapin chargé de lumières, de poupées, de bonbons, de bibelots que regardent éblouis ces yeux arrondis où se reflète l'innocence, cette nuit n'offrait à Basilio que la solitude et le deuil. Qui sait? Peut-être au foyer du taciturne P. Salvi des enfants jouent-ils, peut-être y chante-t-on

La Nochebuena vient

La Nochebuena s'en va...

L'enfant pleura et gémit beaucoup; quand il leva la tête, un homme était devant lui qui le contemplait en silence.

L'inconnu lui demanda à voix basse:

—Tu es le fils?

L'enfant affirma d'un signe de tête.

—Que penses-tu faire?

—L'enterrer.

—Au cimetière?

—Je n'ai pas d'argent et le curé ne le permettrait pas.

—Alors...?

—Si vous voulez m'aider...

—Je suis trop faible, répondit l'homme qui se laissa tomber peu à peu sur le sol, en s'appuyant des deux mains à terre; je suis blessé... il y a deux jours que je n'ai ni mangé ni dormi... Personne n'est venu cette nuit?

L'homme restait pensif, regardant l'intéressante physionomie du jeune garçon.

—Écoute? continua-t-il d'une voix plus faible; je serai mort, moi aussi, avant le jour... A vingt pas d'ici, de l'autre côté de l'arroyo, il y a un gros tas de bois; apportes-en, fais un bûcher, places-y nos deux cadavres, recouvre-les et allume du feu, un grand feu, jusqu'à ce que nous soyons réduits en cendres...

Basile écoutait.

—Ensuite, si personne ne vient... tu creuseras ici, tu trouveras beaucoup d'or... et tout sera à toi. Étudie!

La voix de l'inconnu se faisait de plus en plus inintelligible.

—Va chercher le bois... je veux t'aider.

Basilio s'éloigna. L'inconnu tourna la tête vers l'Orient et murmura comme s'il priait:

—Je meurs sans voir l'aurore briller sur ma patrie...! vous, qui la verrez, saluez-la... n'oubliez pas ceux qui sont tombés pendant la nuit!

Il leva ses yeux au ciel, ses lèvres s'agitèrent, comme murmurant une ultime oraison, puis il baissa la tête et lentement, tomba à terre...

Deux heures plus tard, sœur Rufa était dans le *batalan*2 de sa maison, faisant ses ablutions matinales avant d'aller à la messe. La pieuse femme, regardant vers le bois voisin, vit monter une grosse colonne de fumée; elle fronça les sourcils et, saisie d'une sainte indignation, s'écria:

—Quel est l'hérétique qui dans un jour de fête fait *kaiñgin*3? C'est de là que viennent tant de malheurs! Va-t'en au Purgatoire, et tu verras si je te tire de là, sauvage!

---

1 Graminée longue et flexible dont on se sert pour recouvrir les cases indiennes, *Saccharum Kœnigii, L.* ou *Imperata arundinacea Brgn.*—N. des T.

2 Parvis.—N. des T.

3 Semailles, labour.—N. des T.

Épilogue

Comme beaucoup de nos personnages vivent encore et que nous avons perdu de vue les autres, un véritable épilogue est impossible. Pour le bien de tous, nous les tuerions avec plaisir en commençant par le P. Salvi et en terminant par Da. Victorina, mais ce n'est pas possible... Qu'ils vivent! c'est le pays et non nous qui doit les nourrir...

Depuis que Maria Clara est entrée au couvent, le P. Dámaso a quitté son pueblo pour habiter Manille, comme le P. Salvi qui, en attendant une mitre vacante, prêche souvent à l'église de Santa Clara, au couvent de laquelle il occupe un emploi important. Peu de mois après, le P. Dámaso recevait du T. R. P. Provincial l'ordre de retourner comme curé dans une province très lointaine. On dit qu'il en eut une telle contrariété que le lendemain on le trouva mort dans son lit. Selon les uns, c'était l'apoplexie qui l'avait tué, selon les autres un cauchemar, le médecin dissipa tous les doutes en déclarant qu'il était mort subitement.

Personne maintenant ne reconnaîtrait Capitan Tiago. Quelques semaines déjà avant la prise de voile de Maria Clara il était tombé dans un abattement tel qu'il commença à maigrir; en même temps son caractère changea: il devint triste, méditatif, méfiant comme son ex-ami, le malheureux Capitan Tinong. Aussitôt que se furent fermées les portes du couvent, il ordonna à sa cousine désolée, la tante Isabel, de recueillir tout ce qui avait appartenu à sa fille et à sa défunte épouse et de s'en aller à Malabon ou à San Diego car, désormais, il voulait vivre seul. Il s'adonna avec furie au *liampô* et à la gallera, et commença à fumer l'opium. Il ne va plus à Antipolo, il ne commande plus de messes; Da. Patrocinio, sa vieille concurrente, célèbre pieusement son triomphe en ronflant pendant les sermons. Si quelquefois, à la tombée de la nuit, vous passez par la première rue de Santo Cristo, vous verrez, assis dans la boutique d'un Chinois, un homme petit, jaune, maigre, courbé, les yeux creusés et somnolents, les lèvres et les ongles sales, regardant les gens comme s'il ne les voyait pas. À la tombée de la nuit, vous le verrez se lever avec peine, et, appuyé sur un bâton, se diriger vers une étroite impasse, entrer dans une cahute sale sur la porte de laquelle on lit en grandes lettres rouges:

FUMADERO PUBLICO DE ANFION[1].

C'est là ce capitan Tiago si célèbre, aujourd'hui complètement oublié, même du sacristain principal.

Da. Victorina a ajouté à ses fausses frisures et à son *andalousement*, si l'on nous permet cette expression, la nouvelle manie de vouloir conduire elle-même les chevaux de la voiture, obligeant D. Tiburcio à rester tranquille. Comme la faiblesse de sa vue est cause de beaucoup d'accidents, elle fait usage de lorgnons qui lui donnent un aspect bizarre. Le docteur n'a plus voulu être appelé pour assister personne: nombreux sont les jours de la semaine où les domestiques le voient sans dents, ce qui, on le sait, est de très mauvais augure.

Linares, seul défenseur de cette malheureuse, se repose quelque temps à Paco, victime d'une dyssenterie et des mauvais traitements de sa parente.

Le victorieux alférez est parti en Espagne, lieutenant avec le grade de commandant; il a laissé son aimable femme dans sa chemise de flanelle dont la couleur est déjà inqualifiable. La pauvre Ariane, se voyant abandonnée, s'est consacrée, comme la fille de Minos, au culte de Bacchus et à la culture du tabac; elle boit et fume avec une telle passion que les jeunes filles ne sont plus seules à la craindre, mais aussi les vieilles femmes et les enfants.

Beaucoup de nos connaissances du pueblo de San Diego vivent probablement encore, s'il ne s'en est pas trouvé parmi les victimes de l'explosion du vapeur

«Lipa» qui fait le voyage de Manille à cette province. Comme personne ne s'est inquiété de savoir quels furent les malheureux qui périrent dans cette catastrophe, ni à qui appartenaient les bras et les jambes éparpillés dans l'Ile de la Convalecencia et sur les rives du rio, nous ignorons complètement si, parmi ces malheureux, se trouvait quelqu'un de nos amis. Nous sommes satisfaits, comme le furent alors le gouvernement et la presse, de savoir que le seul moine qui était dans le vapeur s'est sauvé et nous n'en demandons pas davantage. Le principal pour nous est la vie des prêtres vertueux dont Dieu prolonge le règne aux Philippines pour le bien de nos âmes2.

De Maria Clara on ne sut plus rien sinon que le sépulcre semblait l'avoir gardée dans son sein. Nous nous sommes informé près de diverses personnes de beaucoup d'influence, mais aucune n'a voulu nous en dire un seul mot, pas même les dévotes bavardes, qui reçoivent de la fameuse friture de foies de poules et de la sauce plus fameuse encore, appelée «des religieuses», préparées par l'intelligente cuisinière des Vierges du Seigneur.

Cependant:

Une nuit de septembre, l'ouragan rugissait et frappait de ses gigantesques ailes les édifices de Manille; le tonnerre résonnait à chaque instant, les éclairs illuminaient par moments les ravages du vent déchaîné et plongeaient les habitants dans une épouvantable terreur. La pluie tombait à torrents. Aux lueurs qui zébraient l'obscurité on voyait parfois un morceau de toit, un volet emportés par le vent, s'abattre avec un horrible fracas: pas une voiture, pas un passant ne se risquait par les rues. Quand l'écho rauque du tonnerre, cent fois répercuté, se perdait au loin, on entendait le soupir du vent qui faisait tourbillonner la pluie, produisant un trac-trac répété contre les conchas des fenêtres fermées.

Des gardes s'étaient abrités dans un édifice en construction près du couvent: c'étaient un soldat et un *distinguido*3.

—Que faisons-nous ici? disait le soldat; il n'y a personne dans la rue... nous devrions aller quelque part; ma maîtresse demeure dans la calle del Arzobispo.

—D'ici là, il y a un bon bout, et nous nous mouillerons, répondit le distinguido.

—Qu'est-ce que cela fait, pourvu que la foudre ne nous tue pas?

—Bah! n'aie pas peur; les religieuses doivent avoir un paratonnerre pour se garer.

—Oui, dit le soldat, mais à quoi sert-il quand la nuit est aussi obscure.

Et il leva les yeux pour voir dans l'ombre: en ce moment, un éclair répété brilla, suivi d'un formidable coup de tonnerre.

—*Naku! Susmariôsep4!* s'écria le soldat en se signant. Et, secouant son camarade: Allons-nous en d'ici!

—Qu'as-tu?

—Allons-nous en, allons-nous en d'ici! répéta-t-il en claquant les dents de terreur.

—Qu'as-tu vu?

—Un fantôme! murmura-t-il tremblant.

—Un fantôme?

—Sur le toit... ce doit être la sœur qui recueille des braises pendant la nuit.

Le distinguido avança la tête et voulut voir.

Un autre éclair brilla, une veine de feu sillonna le ciel, laissant entendre un horrible éclat.

—Jésus! s'écria-t-il en se signant à son tour.

En effet, à la lueur brillante du météore, il avait vu une figure blanche, debout, presque sur le faîtage du toit, les bras et la figure dirigés vers le ciel comme pour l'implorer. Le ciel répondait par ses éclairs et son tonnerre! Après le coup de tonnerre on entendit une triste plainte.

—Ce n'est pas le vent, c'est le fantôme! murmura le soldat comme répondant à la pression de mains de son compagnon.

—Ay! ay! ce cri traversait l'air, dominant le bruit de la pluie; le vent ne pouvait couvrir de ses sifflements cette voix douce et plaintive, pleine de désespoir.

Un autre éclair brilla avec une intensité éblouissante.

—Non, ce n'est pas un fantôme! s'écria le distinguido, je l'ai vue autrefois; elle est belle comme la Vierge... Allons-nous en d'ici!

Le soldat ne se fit pas répéter l'invitation et tous deux disparurent.

Qui donc gémit ainsi au milieu de la nuit, malgré le vent, la pluie et la tempête? Qui, la timide vierge, l'épouse de Jésus-Christ; elle défie les éléments déchaînés et choisit la nuit redoutable et le libre ciel pour, d'une hauteur périlleuse, exhaler ses plaintes à Dieu? Le Seigneur aurait-il abandonné son temple dans le couvent, n'écouterait-il plus les supplications? Les voûtes saintes ne laisseraient-elles pas les soupirs de cette âme monter jusqu'au trône du Très-Miséricordieux?

La tempête hurla furieuse presque toute la nuit; pas une étoile ne brilla; les cris désespérés, mêlés aux soupirs du vent continuèrent, mais la nature et les hommes étaient sourds; Dieu s'était voilé, il n'entendait pas.

Le lendemain quand, le ciel débarrassé des nuages obscurs, le soleil brilla de nouveau au milieu de l'éther purifié, une voiture s'arrêta à la porte du couvent de Santa Clara, un homme en descendit qui excipa de sa qualité de représentant de l'Autorité et demanda à parler immédiatement à l'abbesse et à voir toutes les religieuses.

On raconte qu'il en parut une portant un habit tout mouillé, en lambeaux, qui demanda en pleurant la protection de cet homme contre les violences de l'hypocrisie et qui dénonça des horreurs. On raconte aussi qu'elle était très belle et avait les yeux les plus beaux et les plus expressifs qui se puissent voir.

Le représentant de l'Autorité n'accueillit pas cette plainte; il parlementa avec l'abbesse et, malgré ses larmes et ses prières, abandonna la malheureuse. La jeune religieuse vit se fermer la porte derrière lui, comme le damné doit voir se fermer les portes du ciel, si toutefois e ciel est aussi injuste et aussi cruel que les hommes. L'abbesse avait déclaré que la pauvre fille était folle.

L'homme ne savait-il pas qu'à Manille est un'hospice pour les déments? ou bien encore jugeait-il que le couvent de religieuses n'était par lui-même qu'un asile de folles? Encore que l'on prétende qu'il était suffisamment ignorant pour ne pas reconnaître quoi que ce soit, surtout s'il s'agissait de décider qu'une personne était ou n'était pas en possession de sa raison.

On raconte encore que, lorsque le fait lui fut connu, le général Sr. J.5, en eut une opinion différente. Il voulut protéger cette folle et demanda à la voir.

Mais cette fois, aucune jeune fille belle et désespérée n'apparut et l'abbesse, invoquant le nom de la Religion et les Saints Statuts, ne permit pas que l'on visitât le cloître.

On ne parla plus jamais ni de cet incident ni de la malheureuse Maria Clara.

FIN

---

1 Fumoir public d'opium.—N. des T.

2 2 Janvier 1883.—N. de l'Éd. esp.

3 Grade inférieur à celui de caporal, correspondant à celui de premier soldat dans l'armée française.—N. des T.

4 Oh! là là! Jésus, Marie, Joseph!—N. des T.

5 Jovellar(?)—N. des T.